KB146204

혼자
공부하는
C 언어

개정판

혼자 공부하는 C 언어(개정판)

1:1 과외하듯 배우는 프로그래밍 자습서

초판 1쇄 발행 2019년 6월 10일
개정판 1쇄 발행 2023년 5월 18일
개정판 3쇄 발행 2024년 3월 22일

지은이 서현우 / **펴낸이** 전태호
펴낸곳 한빛미디어(주) / **주소** 서울시 서대문구 연희로2길 62 한빛미디어(주) IT출판1부
전화 02-325-5544 / **팩스** 02-336-7124
등록 1999년 6월 24일 제 25100-2017-000058호
ISBN 979-11-6921-091-1 94000 / 979-11-6224-194-3(세트)

총괄 배윤미 / **책임편집** 이미향 / **기획·편집** 윤진호 / **진행** 석정아
디자인 박정화 / **일러스트** 이진숙 / **전산편집** 이소연 / **용어노트** 김도윤, 윤진호
영업 김형진, 장경환, 조유미 / **마케팅** 박상용, 한종진, 이행은, 김선아, 고광일, 성화정, 김한솔 / **제작** 박성우, 김정우

이 책에 대한 의견이나 오탈자 및 잘못된 내용은 출판사 홈페이지나 아래 이메일로 알려주십시오.
파본은 구매처에서 교환하실 수 있습니다. 책값은 뒤표지에 표시되어 있습니다.

한빛미디어 홈페이지 www.hanbit.co.kr / 이메일 ask@hanbit.co.kr
소스 코드 www.hanbit.co.kr/src/11091 / 학습 사이트 hongong.hanbit.co.kr

Published by HANBIT Media, Inc. Printed in Korea
Copyright © 2023 서현우 & HANBIT Media, Inc.
이 책의 저작권은 서현우와 한빛미디어(주)에 있습니다.
저작권법에 의해 보호를 받는 저작물이므로 무단 복제 및 무단 전재를 금합니다.

지금 하지 않으면 할 수 없는 일이 있습니다.
책으로 펴내고 싶은 아이디어나 원고를 메일(writer@hanbit.co.kr)로 보내주세요.
한빛미디어(주)는 여러분의 소중한 경험과 지식을 기다리고 있습니다.

혼자 공부하는 C 언어

개정판

서현우 지음

★ ★ 혼자 공부하는 **시리즈 소개**

누구나 혼자 할 수 있습니다! 야심 찬 시작이 작심삼일이 되지 않도록 돕기 위해서 〈혼자 공부하는〉 시리즈를 만들었습니다. 낯선 용어와 친해져서 책장을 술술 넘기며 이해하는 것, 그래서 완독의 기쁨을 경험하고 다음 단계를 스스로 선택할 수 있게 되는 것이 목표입니다.

지금 시작하세요. 〈혼자 공부하는〉 사람들이 '때론 혼자, 때론 같이' 하며 힘이 되겠습니다.

한빛미디어
Hanbit Media, Inc.

첫 독자가 전하는 말

'어떻게 하면 C 언어를 배우기 시작한 학습자가 더 쉽고 빠르게 C 언어를 익힐 수 있을까?'라는 고민에서 시작된 이 책은 독자 41명의 실제 학습 결과를 기반으로 만들어졌습니다. 독자의 의견을 적극적으로 반영해 한 단계 더 업그레이드한 C 언어 입문서를 지금 만나 보세요.

제가 개발자로 생활하면서 늘 중요하게 새기는 말이 "back to the basic"입니다. 'basic'을 잘 다져야 그 위에 경험과 지식을 견고하게 쌓을 수 있기 때문입니다. 이 책은 'basic'을 정말 친절하게 풀어내 주는 책입니다. 단순히 개념과 지식을 전달하는 것을 넘어 적절한 비유와 배경 설명, 〈확인 문제〉 그리고 실무에서 실수하거나 문제를 일으킬 수 있는 부분까지 꼼꼼히 알려 줍니다.

_ 베타리더 김삼영 님

다루는 내용도 알차지만, 실습 과정에서 발생 가능한 오류 및 에러를 입문자 눈높이에 맞춰 쉽고 자세하게 설명하고 있어, C 언어를 처음 접하는 사람도 큰 어려움 없이 완주할 수 있도록 배려하는 책입니다. _ 베타리더 양민혁 님

C 언어 책은 많지만, 읽기 쉬운 C 언어 입문서는 드뭅니다. 이 책은 쉬운 난도에 필수 개념을 모두 담은, 두 마리 토끼를 한 번에 잡는 책입니다. 중요한 내용을 한 번 더 짚어 주는 〈말풍선〉이나 더 알면 좋을 법한 내용을 담은 〈좀 더 알아보기〉는 정말 알짜배기입니다.

_ 베타리더 김준 님

입문자에게 친절한 책입니다. 입문자라면 누구나 한 번쯤 마주쳤을 법한 오류를 콕콕 집어서 설명해 줍니다. 절마다 〈마무리〉 섹션이 있는데, 키워드와 표로 학습한 내용을 일목요연하게 정리해 주니 입문자에게 꼭 필요한 책이 아닐까 싶습니다.

_ 베타리더 김창하 님

군더더기 없이 명확해서 이해하기 쉬운 문체로 쓰였으며, 자칫 지루할 수 있는 텍스트의 단점을 그림이 보완해 준 덕에 **지루할 틈 없이** 읽었습니다. 마무리의 〈핵심 포인트〉만 읽어도 배운 내용을 떠올리며 정리할 수 있었습니다. 많은 내용을 학습하다 보니 머릿속이 뒤죽박죽인 상황에서 〈핵심 포인트〉가 교통 정리해 주는 느낌입니다.

_ 베타리더 안선영 님

이론적인 내용이 충분히 뒷받침되어 있고, 〈직접 해보는 손코딩〉을 통해 간단한 예제를 '직접' 작성해 볼 수 있습니다. 이런 구성 덕분에 **혼자 공부할 때 느끼는 한계를 넘어** 이해와 적용을 동시에 진행하면서 기초를 쌓아갈 수 있어 좋았습니다.

_ 베타리더 나슬기 님

이 책은 '왜' 이렇게 코드가 작성되어야 하는지 그리고 어떻게 코드를 작성해야 하는지에 대한 답을 간결한 예제와 자세한 설명을 통해 알려 줍니다. 따라서 C 언어를 처음 배우고자 하는 분들에게 분명 큰 도움이 될 것입니다.

_ 베타리더 이영은 님

『혼자 공부하는 C 언어(개정판)』책이 만들어지기까지

강수진, 강채빈, 공민서, 곽경태, 김민규, 김민창, 김삼영, 김슬기, 김용범, 김준, 김진봉, 김진환, 김창하, 나슬기, 박성욱, 박수빈, 박재원, 박준현, 손계원, 신승필, 안기석, 안단희, 안선영, 양민혁, 오두영, 유지민, 유형진, 윤명식, 윤상일, 윤진수, 이영은, 이학인, 임승현, 임채영, 장종석, 전영식, 정승환, 최승혁, 최지우, 황승혜, 황은성

41명의 독자가 함께 수고해 주셨습니다.

감사합니다.

"C 언어를 왜, 어떻게 배워야 할까요?"

Q 어떤 독자를 생각하며 『혼자 공부하는 C 언어(개정판)』을 집필하셨나요?

A 저도 예전에 독학할 때 느꼈던 답답함을 생각하며 '처음 공부하거나 한 번쯤 실패한 경험이 있는' 독자를 기준으로 설명하고자 했습니다. 처음 배우는 독자가 책으로 혼자 공부할 수 있도록 쉽고 자세히 설명하고 그림과 예제 코드를 충분히 넣었습니다. 추가 설명이 필요한 곳에는 QR 코드를 넣어 영상을 통해 자세한 설명을 들을 수 있게 했습니다. 각 절 끝에는 핵심 내용을 정리할 수 있게 도와주는 키워드와 표, 그리고 확인 문제와 도전 실전 예제가 있습니다. 또한 책에 싣지 못한 다양한 문제를 온라인 카페에서 제공하고 동영상 강의를 통해 문제 풀이와 프로그래밍 방법을 설명합니다.

Q 이 책을 학습하는 최적의 방법을 소개해 주세요!

A 설명을 읽고 직접 예제 프로그램을 만들어 이해한 내용이 맞는지 확인하는 방법이 가장 좋습니다. 실행결과를 보고 자연스럽게 다른 결과에 대한 궁금증이 생기면 코드를 수정하고 새로운 결과를 통해 자신의 생각이 맞는지 다시 확인합니다. 이런 과정을 반복하면서 진도를 나가면 어느 시점에 스스로 프로그램을 만들고 싶은 욕심이 생깁니다. 그 이후에는 C 언어 공부로 스스로 밤을 새우게 될 거예요.

Q 이 책을 보려면 어떤 선행 지식이 필요할까요?

A 특별한 선행 지식이 필요하지는 않습니다. 윈도우와 같은 운영체제를 사용할 줄 알고, 진법, 거듭제곱 등과 같은 기본 수학 지식이 있으면 충분합니다. 다만, 앞에서 배운 내용이 이후 내용의 선행 지식이 될 수 있으니 1장부터 차근차근 공부할 것을 권합니다.

"C 언어는 반드시 거쳐야 할 기본 언어입니다!"

Q C 언어는 주로 어떤 분야에서 사용하나요?

A C 언어는 운영체제 개발을 위해 만들어진 언어입니다. 따라서 하드웨어를 제어하고 실행 효율을 높여야 하는 곳에 주로 쓰입니다. 특히 가전제품을 비롯한 의료 장비, 무기, 엔진 등 특정 하드웨어에 최적화된 기능이 필요한 임베디드 프로그래밍에 가장 많이 쓰입니다. 사물에 인터넷을 연결해 제어하는 IoT에도 C 언어를 사용합니다. 대량의 데이터를 빠르게 처리하기 위해 C 언어로 서버 프로그래밍을 하기도 합니다. 무엇보다 프로그래밍 절차를 이해하고 데이터 처리 과정을 메모리 상황과 함께 고민해 볼 수 있게 해주는 최고의 언어입니다. 그래서 다른 언어들을 배우기 전에 꼭 거쳐야 할 기본 언어라고 생각합니다. 게임 프로그래밍에 많이 사용되는 C++, C#은 C를 기반으로 파생된 언어며, 웹 개발에 쓰이는 자바, 빅데이터 분야에 쓰이는 파이썬의 클래스 개념은 C 언어의 구조체로부터 시작되었습니다. 결국 C 언어를 잘하면 다른 수많은 언어를 쉽게 배울 가능성이 높아집니다.

Q 위에서 언급한 분야로 가려면 독자들은 어떤 책을 읽고 어떤 공부를 해야 할까요?

A C 언어를 배우고 난 후에는 자바, 파이썬 등 객체지향 언어를 공부하는 것이 좋습니다. 또는 C 언어에서 파생된 C++을 공부하면서 객체지향 프로그래밍 방식에 대해 고민하는 시간을 갖는 것도 좋습니다. 다만, C++의 경우 심도가 깊고 배울 내용도 많으니 객체지향 언어에 대한 개념만 정리하고 자바나 파이썬으로 넘어가는 것도 좋습니다. C 언어를 배우고 난 후에는 꼭 자료구조와 알고리즘에 대한 공부를 시작해야 합니다. 같은 데이터를 처리할 때 메모리를 더 적게 사용하면서 빨리 실행되는 프로그램을 만들려면 상황에 맞는 적절한 자료구조와 알고리즘을 선택해 써야 합니다.

Q 독자 여러분께 꼭 당부하고 싶은 말이 있다면?

A 책과 동영상 강의, 예제와 도전 문제 등 C 언어 학습을 위해 잘 짜여진 시나리오가 여기 있습니다. 온라인 카페를 통한 콘텐츠 지원 등 훌륭한 무대장치도 준비되어 있습니다. 이제 멋진 공연을 위해 대본을 숙지하고 끊임없이 연습하는 것은 주인공인 여러분의 몫으로 남기겠습니다.

『혼자 공부하는 C 언어(개정판)』 7단계 길잡이

C 프로그램은
main 함수로 시작!!

형태가 다른 포인터를
대입하는 방법은?

직접 해보는 손코딩

소스 코드는 직접 손으로 입력한 후
실행시켜 보세요! 코드 이해가 어려
우면 주석, 실행결과, 앞뒤의 코드 설
명을 참고하세요.

시작하기 전에

해당 절에서 배울 주제 및
주요 개념을 짚어 줍니다.

Start **1** **2** **3** **4**

핵심 키워드

해당 절에서 중점적으로 볼
내용을 확인합니다.

말풍선

지나치기 쉬운 내용 혹은 꼭 기
억해 두어야 할 내용을 짚어 줍
니다. QR 코드로 추가 설명 영
상을 제공합니다.

시작하기 전에

키보드에서 타이핑하는 모든 내용은 문자
수나 실수로 사용하려면 변환 과정이 필요
formatted라는 뜻으로 '스캔에프'라고 일
이터로 바꿔 줍니다. 어떤 데이터로 변환
자료형에 따라 사용하는 변환 문자는 r

3-9 직접 해보는 손코딩

scanf 함수를 사용한 키보드 입력

```
01  #include <stdio.h>
02
03  int main(void)
04  {
05      int a;
06
07      scanf("%d", &a);
08      printf("입력된 값
```

마무리

▶ **4가지 키워드로 끝내는 핵심 ?**

• 키보드로 데이터를 입력할 때는 scanf 함?

• 둘 이상의 데이터를 입력할 때는 [Spac?

• 문자열 입력은 char 배열을 이용?

좀 더 알아보기

쉬운 내용, 핵심 내용도 좋지만, 때론 깊이 있는 학습이 필요할 때도 있습니다. 더 알고 싶은 갈증을 풀 수 있는 내용으로 담았습니다.

확인 문제

지금까지 학습한 내용을 문제를 풀면서 확인합니다.

5　　　**6**　　　**7**　　　**Finish**

핵심 포인트

절이 끝나면 마무리의 핵심 포인트에서 핵심 키워드의 내용을 리마인드하세요.

좀 더 알아보기　　**비정상 종료.**

하나 짚고 가야 할 내용이 있습니다. [3—루미'처럼 name 배열에서 지정한 크기? 있습니다. 예제에서 한글이 9자? 때문입니다. 이와 같은 비?

▶ **확인 문제**

지금까지 scanf 함수를 사용해 프로그램 실행 ? 자료형인 int, double, char, char 배열에 입력? 습해 보기 바랍니다. 그럼, 이제 문제를 풀며 배운?

1. 다음과 같이 변수가 선언되어 있을?

```
char ch;
```

『혼자 공부하는 C 언어(개정판)』 100% 활용하기

때론 혼자, 때론 같이 공부하기!

학습을 시작하기 전부터 책 한 권을 완독할 때까지, 곁에서 든든한 러닝 메이트^{Learning Mate}가 되어 드리겠습니다.

본격적으로 학습을 시작하기 전에

C 언어 실습 환경 구축하기

이 책에서는 윈도우 환경에서 비주얼 스튜디오 2022 커뮤니티 버전의 VC++ 컴파일러를 활용해 실습 환경을 구축합니다. 윈도우의 경우 개별적으로 라이선스를 구매 후 설치하시길 바라며, 비주얼 스튜디오의 자세한 설치 방법은 01장을 확인하세요. 🔍34쪽

?!

- 2023년 현재 무료로 다운로드해 사용할 수 있습니다. 다만, 추후 제조사의 라이선스 정책이 바뀌어 무료로 사용하지 못할 수도 있음을 미리 밝혀 둡니다.

- 로그인하지 않은 상태에서는 평가판 라이선스로 30일만 사용할 수 있습니다. 30일이 지난 후에는 마이크로소프트 계정을 만들고 로그인해 무료로 계속 사용할 수 있습니다.

https://visualstudio.microsoft.com/ko/downloads/

학습 사이트 100% 활용하기

예제 파일 다운로드,
동영상 강의 보기, 저자에게 질문하기를 한 번에!

사이트 바로가기

🔍 **hongong.hanbit.co.kr**　　**go**

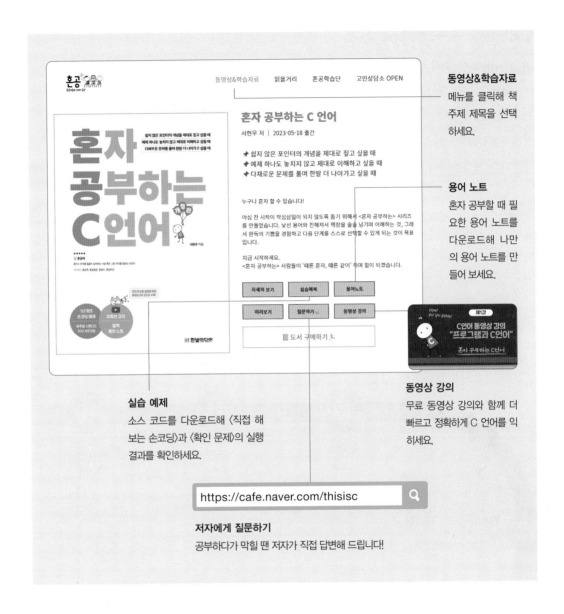

동영상&학습자료
메뉴를 클릭해 책
주제 제목을 선택
하세요.

용어 노트
혼자 공부할 때 필
요한 용어 노트를
다운로드해 나만
의 용어 노트를 만
들어 보세요.

실습 예제
소스 코드를 다운로드해 〈직접 해
보는 손코딩〉과 〈확인 문제〉의 실행
결과를 확인하세요.

동영상 강의
무료 동영상 강의와 함께 더
빠르고 정확하게 C 언어를 익
히세요.

https://cafe.naver.com/thisisc

저자에게 질문하기
공부하다가 막힐 땐 저자가 직접 답변해 드립니다!

때론 혼자, 때론 같이! '혼공 학습단'과 함께 하세요.

 한빛미디어에서는 '혼공 학습단'을 모집합니다.
C 언어 학습자들과 함께 학습 일정표에 따라 공부하며 완주의 기쁨을 느껴 보세요.

✉ 한빛미디어 홈페이지에서 '메일 수신'에 동의하면 학습단 모집 일정을 안내받으실 수 있습니다.

일러두기

기본편 **01~09장**

C 언어의 기본을 다룬 부분으로 프로그래밍의 핵심 과정만 이해하려는 독자는 기본편만 학습해도 좋습니다.

고급편 **10~19장**

C 언어를 활용해서 본격적인 개발을 하고 싶다면 고급편까지 모두 학습해야 합니다.

난이도 ●●●●●

01~04장

암기 위주의 내용입니다. 반복 학습으로 암기해야 할 필요가 있습니다.

☑ 제어 문자, 변환 문자 암기!

기본편

Start

01 프로그램 만들기
●○○○○

02 상수와 데이터 출력
●●○○○

08~09장의 내용을 이해하지 못하면 10장을 학습하기 어렵습니다.
10장이 이해되지 않는다면 08장부터 다시 읽어 보세요.

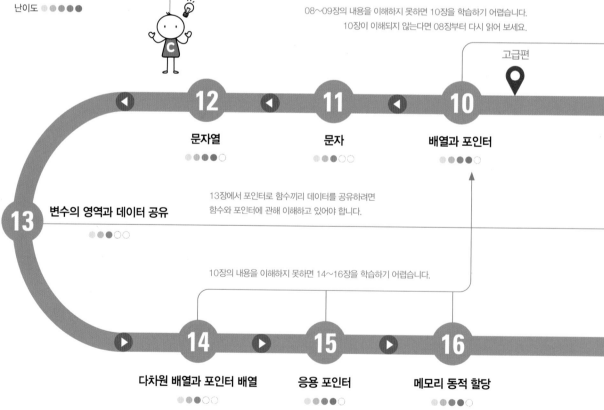

고급편

12 문자열
●●●●○

11 문자
●●●○○

10 배열과 포인터
●●●●○

13 변수의 영역과 데이터 공유
●●●○○

13장에서 포인터로 함수끼리 데이터를 공유하려면 함수와 포인터에 관해 이해하고 있어야 합니다.

10장의 내용을 이해하지 못하면 14~16장을 학습하기 어렵습니다.

14 다차원 배열과 포인터 배열
●●●○○

15 응용 포인터
●●●●○

16 메모리 동적 할당
●●●●○

14~16장 포인터로 할 수 있는 모든 것을 다룹니다. 이 과정을 무사히 마친다면 포인터를 다시 공부할 필요가 없습니다.

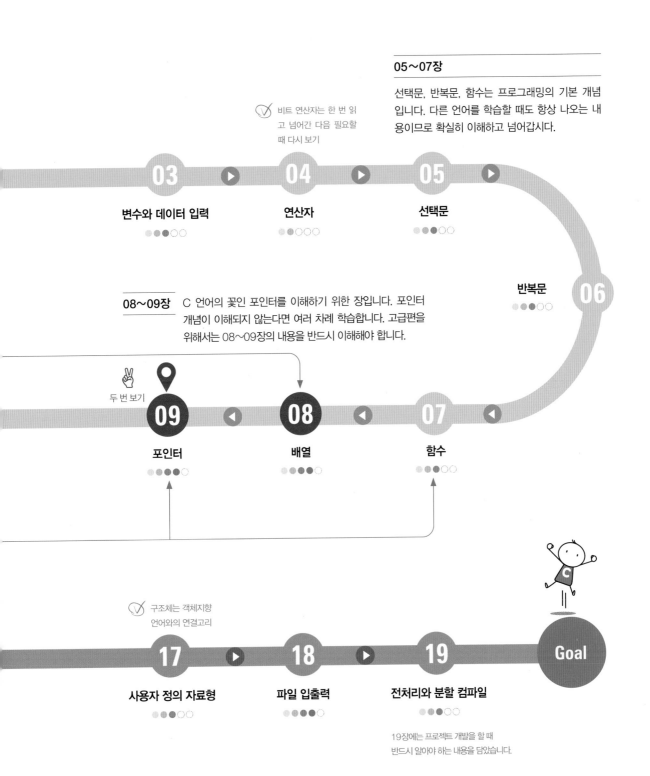

05~07장

선택문, 반복문, 함수는 프로그래밍의 기본 개념입니다. 다른 언어를 학습할 때도 항상 나오는 내용이므로 확실히 이해하고 넘어갑시다.

비트 연산자는 한 번 읽고 넘어간 다음 필요할 때 다시 보기

03 ▶ **04** ▶ **05** ▶

변수와 데이터 입력

연산자

선택문

08~09장 C 언어의 꽃인 포인터를 이해하기 위한 장입니다. 포인터 개념이 이해되지 않는다면 여러 차례 학습합니다. 고급편을 위해서는 08~09장의 내용을 반드시 이해해야 합니다.

반복문

06

두 번 보기

09 ◀ **08** ◀ **07** ◀

포인터

배열

함수

구조체는 객체지향 언어와의 연결고리

17 ▶ **18** ▶ **19** Goal

사용자 정의 자료형

파일 입출력

전처리와 분할 컴파일

19장에는 프로젝트 개발을 할 때 반드시 알아야 하는 내용을 담았습니다.

Chapter 05 선택문

05-1 if문 150

05-2 if문 활용과 switch ~ case문 165

Chapter 15　　**응용 포인터**

Chapter 18 파일 입출력

Chapter 19 전처리와 분할 컴파일

Chapter

01

프로그램 만들기

01-1 프로그램과 C 언어

프로그램   C 언어

우리가 이제부터 배우려고 하는 것은 무엇일까요? 이 절에서는 본격적인 학습에 앞서 프로그램이란 무엇인지 알아보고 C 언어의 역사를 간단히 살펴보겠습니다.

시작하기 전에

프로그램은 일의 순서를 말합니다. 우리는 프로그램이라는 말을 방송 프로그램이나 헬스 프로그램 등의 형태로 일상에서도 많이 사용합니다. 방송 프로그램이라는 말이 나온 만큼 집에서 재미있는 영상을 보며 먹을 팝콘을 만들어 볼까요? 필자는 이런 순서로 팝콘을 만듭니다.

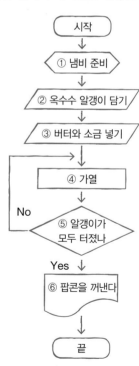

순서도로 표현한 프로그램

① 냄비를 준비한다. ➡ ② 옥수수 알갱이를 냄비에 담는다. ➡ ③ 버터와 소금을 넣는다. ➡ ④ 가열한다. ➡ ⑤ 알갱이가 모두 터질 때까지 ④를 반복한다. ➡ ⑥ 팝콘을 꺼낸다.

①~⑥과 같이 팝콘을 만드는 과정, 다시 말해 팝콘을 만드는 일의 순서를 나열하면 글로 쓴 프로그램이 됩니다. 이를 순서도로 표현하면 오른쪽 그림과 같습니다.

그러나 이런 방법은 표현이 명확하지 않아 컴퓨터가 일의 순서를 제대로 이해하기 어렵습니다. '버터와 소금을 넣는다'라는 설명에서 대체 버터와 소금을 얼마나 넣으라는 걸까요? 컴퓨터는 좀 더 정확한 명령만 실행할 수 있습니다.

이처럼 컴퓨터가 이해할 수 있는, 정확한 표현의 규칙을 정의해 놓은 것이 바로 **프로그래밍 언어**입니다. 프로그래밍 언어는 용도에 따라 다양한 종류가 있습니다. 우리가 지금부터 배울 C 언어도 프로그래밍 언어 중 하나입니다.

C 언어의 탄생

C 언어는 1972년, **유닉스**UNIX, 운영체제의 일종 시스템에 사용하기 위해 켄 톰슨^{Ken Thompson}이 만든 B 언어를 데니스 리치^{Dennis Ritchie}가 발전시켜 만든 언어입니다. 1969년에 개발된 초기 유닉스는 대부분 어셈블리어로 작성되어 컴퓨터의 하드웨어가 바뀌면 유닉스를 다시 개발해야 하는 문제가 있었습니다. 이런 불편을 해결하고자 데니스 리치는 하드웨어에 상관없이 사용할 수 있는 C 언어를 만들었습니다.

출처 : 위키피디아, bit.ly/ThompsonRitchie

C 언어의 개발자인
데니스 리치와 켄 톰슨

C 언어의 장점

장점1 **시스템 프로그래밍이 가능합니다.** 운영체제^{OS, Operating System}를 개발할 목적으로 만든 언어이므로 이를 사용해 하드웨어를 제어하는 시스템 프로그래밍이 가능합니다.

장점2 **이식성을 갖춘 프로그램을 만들 수 있습니다.** 이식성^{portability}이란 기종이 다른 컴퓨터에서도 올바르게 작동하는 성질을 의미합니다. 즉, 표준을 지켜 프로그램을 만들면 이식성을 갖추게 되어 컴퓨터의 종류가 바뀌더라도 그 프로그램을 계속해서 활용할 수 있습니다. 표준에 정의되지 않은 문법을 사용한 프로그램은 특정 컴파일러에서만 컴파일될 가능성이 있어 이식성이 떨어집니다.

장점3 **함수를 사용해 개별 프로그래밍이 가능합니다.** 무엇보다 함수를 사용해 기능별로 프로그래밍할 수 있으므로 개발 과정에서 에러를 수정하기 쉽고 개발된 후에도 프로그램의 유지보수에 도움이 됩니다. 물론 잘 만들어진 함수는 새로운 프로그램의 개발에 재활용할 수 있습니다.

이 책에서는 1999년에 제정된 C 언어의 국제 표준인 ISO/IEC 9899:1999(이를 줄여서 C99라 합니다)를 바탕으로 범용적으로 사용할 수 있는 코드를 설명합니다. 따라서 표준에 따라 구현된 컴파일러라면 그 종류와 상관없이 이 책의 내용을 공부하고 실습하는 데 큰 문제가 없습니다. 다만, 모든 예제는 MS 윈도우 11(64비트)에서 비주얼 스튜디오 2022 커뮤니티 ^{Visual Studio 2022 Community} 컴파일러를 사용해 실행했음을 미리 밝혀 둡니다.

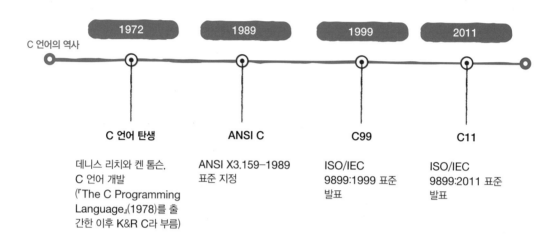

C 언어의 역사

1972

C 언어 탄생

데니스 리치와 켄 톰슨,
C 언어 개발
(『The C Programming
Language』(1978)를 출
간한 이후 K&R C라 부름)

1989

ANSI C

ANSI X3.159-1989
표준 지정

1999

C99

ISO/IEC
9899:1999 표준
발표

2011

C11

ISO/IEC
9899:2011 표준
발표

실습 환경
• MS 윈도우 11
• 비주얼 스튜디오 2022 커뮤니티 컴파일러

01-2 컴파일과 컴파일러 사용법

핵심 키워드

컴파일 컴파일러 비주얼 스튜디오 컴파일하고 실행하기

프로그래밍 언어를 배우는 가장 좋은 방법은 직접 만들어 보는 것입니다. 이 절에서는 C 언어를 배우기 전에 프로그램을 만드는 데 필요한 도구인 컴파일러의 사용법을 익히고 컴파일하는 과정을 연습하겠습니다.

시작하기 전에

프로그램을 만드는 과정을 요약하면 다음과 같습니다.

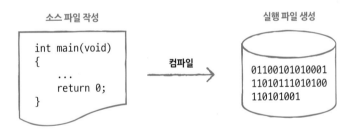

프로그램을 만들려면 먼저 **소스 파일** source file 을 만들어야 합니다. 이 책에서의 소스 파일은 앞으로 우리가 배울 C 언어로 작성한 문서를 뜻합니다. C 언어 외에도 대부분의 프로그래밍 언어는 사람이 읽고 쓰는 데 중점을 두었기에 컴퓨터는 이를 그대로 이해하지 못합니다. 컴퓨터는 0과 1로 된 특별한 신호인 기계어만을 이해하기 때문입니다. 따라서 소스 파일을 컴퓨터가 이해하는 언어, 다시 말해 기계어로 바꾸는 과정이 필요합니다. 소스 파일을 기계어로 바꾸는 과정이 바로 **컴파일** compile 입니다.

> C 언어를 컴파일하면 기계어가 된다.

com·pile [kəmˈpaɪl] (v)
1. [타동사] (여러 출처에서 자료를 따와) 엮다, 편집하다.
2. [타동사] (컴퓨터) 명령어를 번역(컴파일)하다.

비주얼 스튜디오 설치하기

컴파일러compiler 라는 프로그램으로 컴파일을 수행하며, 컴파일러에는 다양한 종류가 있습니다. 이 책에서는 비주얼 스튜디오 2022 커뮤니티 컴파일러를 사용하며 편의상 VC++로 줄여서 쓰겠습니다.

01 인터넷 브라우저에 https://visualstudio.microsoft.com/ko/downloads/ 주소를 입력하면 다음과 같은 화면이 나옵니다. 여기서 Community 항목에 있는 [무료 다운로드]를 클릭합니다. 단축 주소는 bit.ly/VSdown입니다.

> **note** 해당 컴파일러는 2023년 현재 무료로 다운로드해 사용할 수 있습니다. 다만, 앞으로 컴파일러의 이름이나 제조사의 라이선스 정책이 바뀌어 무료로 사용하지 못할 수도 있음을 미리 밝혀 둡니다.

02 다음 그림처럼 다운로드가 완료되면 아래쪽의 파일 아이콘을 클릭합니다.

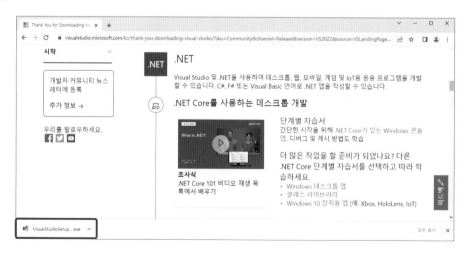

> **note** 브라우저에 따라 다운로드 완료 화면이 다를 수 있습니다.

03 [Visual Studio Installer] 대화상자가 나타나면 [계속] 버튼을 클릭해 설치를 진행합니다.

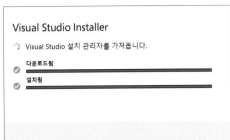

04 다음 그림처럼 설치할 개발툴을 선택하는 화면이 뜨면 아래쪽으로 스크롤해 [C++를 사용한 데스크톱 개발]을 체크하고 [설치] 버튼을 클릭합니다.

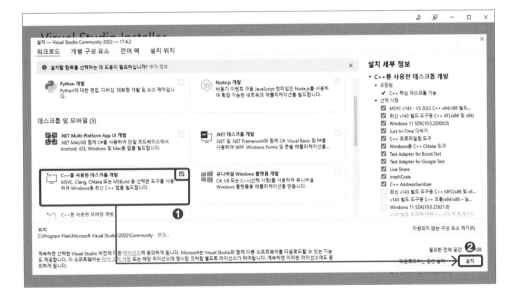

비주얼 스튜디오 설치 방법이 궁금하다면?

05 이 화면에서 바로 다운로드해 설치하는 터라 네트워크 속도에 따라서 설치에 오랜 시간이 걸릴 수 있습니다. [설치 후 시작]은 체크한 상태로 설치를 진행합니다.

06 설치가 모두 끝나면 온라인으로 지원되는 개발자 서비스를 이용하기 위해 마이크로소프트 계정으로 로그인하라는 대화상자가 열립니다. [지금은 이 항목을 건너 뜁니다.]를 클릭합니다. 환경 설정을 하는 대화상자가 열리면 [개발 설정] 드롭다운 버튼을 클릭해 Visual C++를 선택하고 원하는 색 테마를 선택한 후 [Visual Studio 시작] 버튼을 클릭합니다. 참고로 필자는 파랑 테마를 선택했습니다.

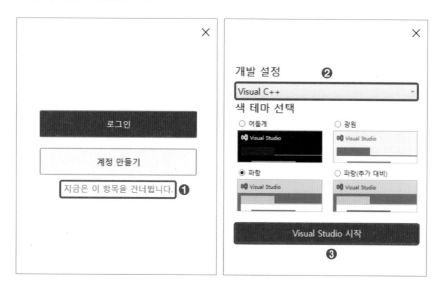

note 로그인하지 않은 상태에서는 평가판 라이선스로 30일만 사용할 수 있습니다. 30일이 지난 후에는 마이크로소프트 계정을 만들고 로그인해 무료로 계속 사용할 수 있습니다.

이제 컴파일러를 사용해 프로그램을 한번 만들어 보겠습니다.

프로젝트 생성과 소스 파일 작성

지금부터 VC++ 컴파일러 사용법을 간단히 배우겠습니다. 앞으로 실습 진행 간 지금 설명하는 방법을 계속 반복해서 사용할 테니 그냥 읽지 말고 꼭 따라해 보세요.

꼭 따라해 보세요!

프로젝트 만들기

01 비주얼 스튜디오 2022 커뮤니티를 설치한 후 마지막 창에서 [Visual Studio 시작] 버튼을 클릭하거나 윈도우 [시작]-[맞춤]-[Visual Studio 2022]를 클릭해서 실행하면 다음과 같은 화면을 볼 수 있습니다. 맨 아래의 [새 프로젝트 만들기] 항목을 선택합니다.

+ 여기서 잠깐   비주얼 스튜디오를 시작 화면에 고정하기

단순히 읽는 것만으로 프로그래밍을 학습하기는 어렵습니다. 반드시 손으로 따라서 코딩해 봐야 합니다. 그러려면 비주얼 스튜디오를 자주 실행해야 하니 시작 화면에 비주얼 스튜디오를 고정하겠습니다.

윈도우 [시작]-[맞춤]-[Visual Studio 2022]를 마우스 오른쪽 버튼을 클릭하고 [시작 화면에 고정]을 클릭합니다. 이제 언제든지 윈도우 [시작] 버튼만 누르기만 하면 비주얼 스튜디오 프로그램이 바로 보일 겁니다.

02 [새 프로젝트 만들기]가 열리면 [빈 프로젝트] 항목을 선택하고 [다음] 버튼을 클릭합니다. 프로젝트는 프로그램을 만들기 위한 작업 공간을 확보하고 관련 파일을 하나로 묶어 주는 역할을 합니다. 따라서 새로운 프로그램을 만들 때마다 프로젝트를 만들어야 합니다.

03 [새 프로젝트 구성]이 열리면 [프로젝트 이름]에 first라고 입력합니다. [위치]는 기본으로 설정된 경로를 사용해도 되지만, 기억하기 쉽도록 ⬚ 버튼을 클릭해서 별도의 폴더를 선택하는 것이 좋습니다. 이 책에서는 C 디렉터리에 studyC 폴더를 만들고, 앞으로 이 책에서 실습할 예제 모두를 이 폴더 밑에 만들겠습니다. 그리고 [위치] 항목 바로 아래의 [솔루션 및 프로젝트를 같은 디렉터리에 배치]를 체크합니다. 이를 체크하지 않으면 프로젝트 폴더 위에 솔루션 폴더가 하나 더 만들어지므로 폴더 구조가 복잡해집니다. 설정을 모두 완료한 후에 [만들기] 버튼을 클릭합니다.

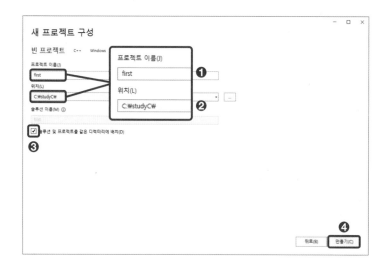

04 프로젝트 생성이 끝나면 다음과 같은 화면이 나옵니다. 이 화면 왼쪽 [솔루션 탐색기] 창에서 'first' 프로젝트가 생성되었음을 확인할 수 있습니다. 여기까지가 프로젝트를 만드는 과정입니다. 앞으로 자주 만날 화면이니 눈에 익혀 두길 바랍니다.

소스 파일 만들기

다음은 프로젝트에 소스 파일을 추가할 차례입니다.

01 [솔루션 탐색기] 창의 항목 중에 [소스 파일]을 마우스 오른쪽 버튼으로 클릭하고 [추가]–[새 항목]을 선택합니다.

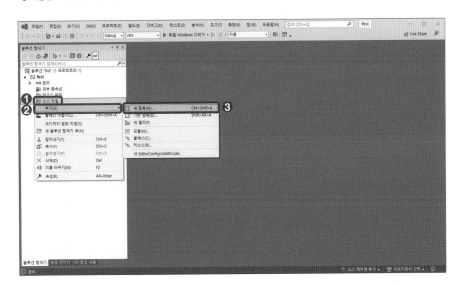

02 [새 항목 추가] 대화상자가 보이죠? 여기서 [Visual C++]−[C++ 파일(cpp)]을 선택합니다. 그다음 [이름]에 main.c를 입력합니다. 파일이 저장될 위치는 프로젝트 폴더로 자동 설정됩니다. 그리고 [추가] 버튼을 클릭합니다.

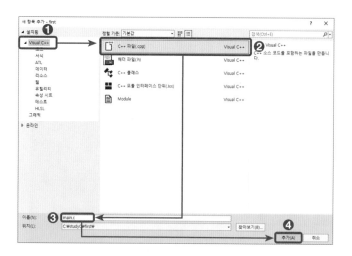

➕ 여기서 잠깐   확장자 이름은 반드시 .c로 저장합니다.

확장자 없이 이름을 입력하면 자동으로 cpp가 붙는데 이 경우 C++ 문법이 적용되어 실행결과가 책과 다를 수 있습니다. 따라서 확장자 이름은 꼭 .c로 지정해 주세요.

03 이제 다시 왼쪽의 [솔루션 탐색기] 창을 보면 소스 파일 항목에 'main.c'가 추가된 것을 확인할 수 있습니다. 또한 오른쪽에 문서를 작성할 수 있는 [텍스트 편집기]가 열리고 커서를 깜박이며 입력을 기다립니다.

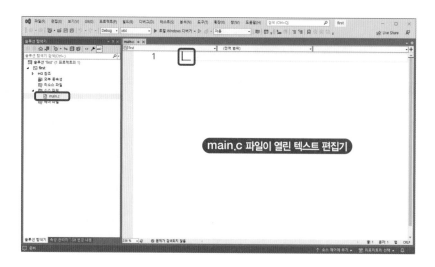

main.c 파일이 열린 텍스트 편집기

04 이제 [텍스트 편집기]에 다음과 같이 **소스 코드**source code를 입력합니다. 앞으로 직접 해보는 손코딩 표시가 나오면 꼭 하나하나 따라서 입력해 보세요.

> `first` **직접 해보는 손코딩**

"Be happy!"를 화면에 출력하는 프로그램   소스 코드 main.c

```
01  #include <stdio.h>
02
03  int main(void)
04  {
05      printf("Be happy!");
06
07      return 0;
08  }
```

↳ 줄 번호 : 입력하지 마세요!

✚ 여기서 잠깐   **줄 번호도 입력하나요?**

소스 코드의 왼쪽에 있는 번호는 설명의 편의를 위해 넣었으니 입력하지 마세요!
책에서처럼 줄 번호가 보이길 바란다면 VC++ 메뉴에서 [도구]–[옵션]을 선택한 다음에 [텍스트 편집기]–[C/C++]–[일반]을 선택한 후 [줄 번호]를 체크하고 [확인] 버튼을 클릭하세요.

---

05 지금은 컴파일러의 사용법을 익히는 과정이니 프로그램의 내용을 몰라도 괜찮습니다. 다만 오타가 나면 컴파일 과정에서 에러가 발생하므로 주의하며 입력하세요. 모두 입력한 후에 메뉴에서 [파일]–[모두 저장]을 선택하세요. 아니면 Ctrl + Shift + S 를 눌러도 됩니다. 이제 여러분은 첫 소스 파일을 만들었습니다. 여기까지가 소스 파일을 작성하는 과정입니다.

✚ 여기서 잠깐   **소스 파일을 메모장으로 작성할 수 있나요?**

소스 파일은 형태가 텍스트 파일이므로 메모장으로 작성하는 것도 가능합니다. 또한 전문 편집기나 일반 워드 프로그램을 사용할 수도 있습니다. 어떤 편집기를 사용하든 파일의 형태를 텍스트 파일로 저장하면 됩니다. 텍스트 파일은 파일의 내용이 아스키 코드(ASCII, American Standard Code for Information Interchange) 값(71쪽 참고)으로 저장된 파일이며 메모장이나 전문 편집기로 작성한 파일은 모두 텍스트 파일이 됩니다. 그러나 일반 워드 프로그램은 기본적으로 문서 파일의 형태가 다르므로 해당 프로그램의 메뉴 선택을 통해 반드시 텍스트 파일로 저장해야 합니다.

소스 파일 컴파일하기

이제 컴파일러가 제 역할을 할 단계입니다.

01 메뉴에서 [빌드]-[솔루션 빌드]를 선택해 컴파일합니다. 단축키인 Ctrl + Shift + B 를 눌러도 됩니다.

02 컴파일하면 아랫부분의 [출력] 창에서 메시지로 컴파일 결과를 알려 줍니다.

03 컴파일에 실패하면 에러 메시지를 표시합니다. 예시로 5행 끝에 있는 세미콜론(;)을 지우고 Ctrl + Shift + B 를 눌러 컴파일해 보겠습니다.

세미콜론이 있는 코드

```
printf("Be happy!");
```

→

세미콜론이 없는 코드(에러 발생)

```
printf("Be happy!")
```

이러면 다음 그림과 같은 에러를 볼 수 있을 겁니다.

04 이 경우 컴파일이 계속 진행되지 않으므로 에러를 수정해야 합니다. 에러를 수정하는 것을 **디버깅**debugging이라고 하며 에러의 위치를 찾는 방법은 간단합니다. 에러 메시지를 더블클릭하면 소스 코드에 문제가 있는 부분이 표시됩니다. 단, 컴파일러가 표시하는 위치와 에러가 발생한 곳이 정확히 일치하지 않을 수 있습니다.

> 디버깅은
> 에러 수정이다.

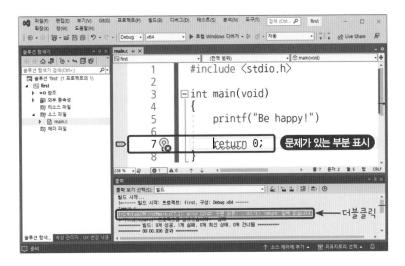

[출력] 창에 있는 **구문 오류**라는 곳을 더블클릭하면 [텍스트 편집기]의 7행으로 커서가 이동할 겁니다. 커서는 return 0; 문장의 왼쪽에 위치하지만, 실제 수정해야 할 부분은 5행입니다. 그런데 왜 7행으로 커서가 이동했을까요? 그 이유는 5행에서 printf("Be happy")의 끝에 세미콜론(;)이 생략되어 7행까지 한 문장으로 해석하므로 7행에 에러를 표시하기 때문입니다.

+ 여기서 잠깐   오류와 에러

오류와 에러(Error)는 같은 말입니다. 비주얼 스튜디오는 구문 오류처럼 오류라고 표기했기에 이 책에서는 비주얼 스튜디오에서 언급하는 내용의 경우 모두 오류라고 표기했습니다. 다만, 그외의 부분은 에러로 표기했습니다.

---

05 5행 마지막에 세미콜론을 다시 추가하고 [Ctrl]+[Shift]+[B]를 눌러 컴파일합시다. 여기까지 별 문제 없이 무사히 따라했다면 첫 프로그램을 완성한 것입니다.

실행 파일 실행하기

이제 남은 일은 완성된 프로그램을 실행하는 것입니다. VC++ 컴파일러에서 [Ctrl]+[F5]를 누르면 프로그램을 실행해 결과를 확인할 수 있습니다. 결과는 **Be happy!**입니다. **이 창을 닫으려면 아무 키나 누르세요.**는 출력 창을 닫는 방법을 안내하는 메시지입니다. 단축키가 아닌 메뉴로 프로그램을 실행할 때는 [디버그]-[디버그하지 않고 시작]을 선택합니다.

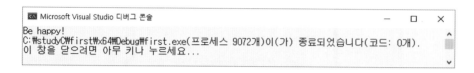

note 첫 프로그램의 경우 실행 화면을 확인하라는 의미로 실제 콘솔 창을 그대로 나타냈습니다. 다음 예제의 실행결과부터는 텍스트로만 보여 줍니다.

컴파일러에서 직접 실행하면 결과를 바로 확인할 수 있으며 프로그램을 수정하거나 다시 컴파일하는 작업이 편리합니다. 그러나 기본적인 실행 방법은 실행 파일을 찾아서 더블클릭하는 것입니다. 소스 파일을 컴파일하면 프로젝트 폴더에 Debug 폴더가 생기는데 그 안에 프로젝트명과 같은 이름으로 실행 파일이 저장됩니다. 책과 똑같이 따라했다면 C:\studyC\first\x64\Debug에 first.exe 파일이 보일 겁니다. 이 파일을 더블클릭해서 실행해 보세요.

확인했나요? 아마 실행된 후에 결과 창이 순식간에 닫혀서 결과를 보지 못했을 겁니다. 다음의 소스 코드와 같이 수정해서 결과 창을 확인해 보세요.

파일 실행 단축키는
[Ctrl]+[F5]

first   직접 해보는 손코딩

예제 소스의 파일 이름입니다.

출력 결과를 확인하는 프로그램   소스 코드 main.c

```
01  #include <stdio.h>
02  #include <stdlib.h>        // 추가한 코드      코드를 설명하는 주석문입니다.
03                                               이를 입력하지 않아도 코드는 잘 실행됩니다.
04  int main(void)                               자세한 내용은 54쪽에서 설명합니다.
05  {
06      printf("Be happy!");
07      system("pause");        // 추가한 코드
08
09      return 0;
10  }
```

앞으로는 이 책에서는 실행결과를
이렇게 보여 줍니다.

실행결과   ✕

Be happy!계속하려면 아무 키나 누르십시오...

2행에서 사용한 #include는 지정한 파일을 추가하는 지시자입니다. 자세한 사항은 19장 585쪽에서 설명합니다. 지금은 이런 것이 있다 정도로만 알아 두어도 괜찮습니다.

```
#include <stdlib.h>          // 2행
```

7행에서 사용한 **system**은 시스템 명령을 수행하는 함수입니다. 큰따옴표 안에 시스템에서 지원하는 명령을 쓰면 그대로 실행됩니다.

```
    system("pause");          // 7행
```

note 시스템 명령은 운영체제마다 다르며 이 책의 범위를 벗어나는 내용이므로 이를 더 자세히 다루지는 않습니다.

코드를 수정한 후에 Ctrl + Shift + B 를 눌러 새로 컴파일하고 다시 실행 파일을 찾아 더블클릭하거나 Ctrl + F5 를 누르면 컴파일러에서 실행한 것과 동일하게 창을 띄운 상태에서 결과를 확인할 수 있습니다.

제대로 작동하지 않는다면
코드를 제대로 입력했는지
다시 한번 살펴봐!

프로젝트 템플릿 만들기

비주얼 스튜디오는 컴파일 과정에서 보안 관련 검사를 엄격히 적용하므로 일부 함수를 사용한 경우 컴파일이 되지 않습니다. 책의 코드는 다른 컴파일러에서도 동작하도록 다양한 함수를 사용해 작성하였기에 비주얼 스튜디오가 엄격한 검사 기능을 사용하지 않도록 제한하는 템플릿을 만들고 프로젝트를 만들 때마다 그 템플릿을 사용하는 것이 좋습니다. 그러니 이제 그 템플릿을 만들어 볼까요?

01 비주얼 스튜디오를 실행하고 [새 프로젝트 만들기]에서 [빈 프로젝트]를 선택한 후 [다음] 버튼을 클릭합니다. 이어서 [새 프로젝트 구성]에 [프로젝트 이름]으로 HonGong을 입력하고 [위치]는 C:\studyC로 지정한 후 [만들기] 버튼을 클릭합니다.

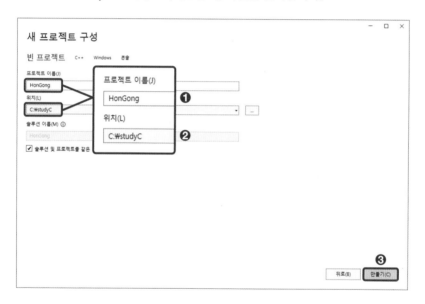

> **note** 메뉴에서 [파일]-[새로 만들기]-[프로젝트]를 선택해서도 [새 프로젝트 구성]을 실행할 수 있습니다.

02 [솔루션 탐색기] 창에서 [소스 파일]을 마우스 오른쪽 버튼으로 클릭하고 [추가]-[새 항목]을 선택합니다. [새 항목 추가] 창이 열리면 [Visual C++]-[C++ 파일]을 선택하고 [이름]에 HonGong.c를 입력한 후 [추가] 버튼을 클릭합니다.

03 [솔루션 탐색기] 창에서 [소스 파일]에 추가된 HonGong.c를 마우스 오른쪽 버튼으로 클릭하고 [속성]을 선택합니다. [속성 페이지] 대화상자에서 [구성 속성]–[C/C++]–[전처리기]를 선택한 다음 [전처리기 정의]를 클릭하면 오른쪽에 나타나는 드롭다운 버튼을 눌러 〈편집...〉을 클릭합니다.

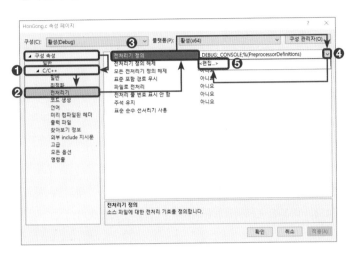

04 맨 위의 [전처리기 정의] 칸에 _CRT_SECURE_NO_WARNINGS를 입력한 후 [확인] 버튼을 클릭합니다. [속성 페이지] 창에서 [전처리기 정의]에 _CRT_SECURE_NO_WARNINGS가 추가되었으면 [적용]–[확인] 버튼을 클릭해 [속성 페이지] 대화상자를 닫습니다.

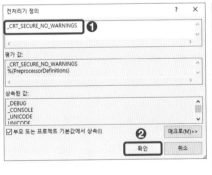

05 상단 메뉴에서 [프로젝트]-[템플릿 내보내기]를 선택하고 새 창이 뜨면 [저장] 버튼을 클릭합니다. 이어서 [템플릿 내보내기 마법사] 대화상자가 뜨면 [템플릿 형식 선택]에서 [프로젝트 템플릿]을 선택하고 [다음] 버튼을 클릭합니다.

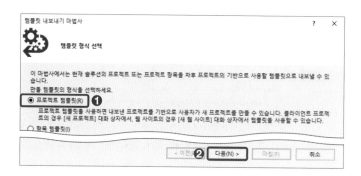

06 [템플릿 옵션 선택]에서는 [템플릿 이름]을 HonGong으로 입력하고, 아래의 두 체크박스가 체크되었는지 확인한 후 [마침] 버튼을 클릭합니다. 이어서 나타나는 탐색기와 VC++ 컴파일러는 그냥 종료합니다.

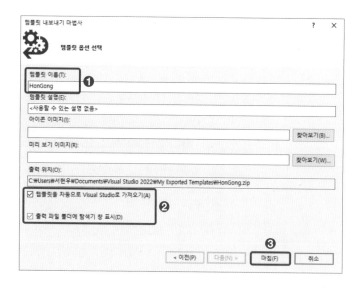

앞으로 새 프로젝트를 시작할 때 [새 프로젝트 만들기]에서 [빈 프로젝트] 대신 방금 추가한 [HonGong] 템플릿을 선택합니다. 템플릿이 보이지 않는다면 아래로 스크롤해 가장 마지막에 추가된 템플릿이 있는지 확인합니다. 그 이후의 프로젝트를 만드는 과정은 템플릿을 만들기 전과 같습니다. 다만, 템플릿에 이미 HonGong.c 소스 파일이 포함되어 있으므로 소스 파일 이름을 마우스 오른쪽 버튼으로 클릭하고 메뉴에서 [이름 바꾸기]를 선택해 원하는 이름으로 바꿔야 합니다. 아니면 HonGong.c 소스 파일을 그대로 두고 예제 파일을 추가해서 사용해도 됩니다.

마무리

▶ 6가지 키워드로 끝내는 핵심 포인트

- **프로그램**은 일의 순서를 나열한 것이다.

- **C 언어**는 유닉스에 사용하기 위해 만들어졌다.

- **컴파일**은 소스 코드를 **컴파일러**를 통해 컴퓨터가 이해하는 기계어로 만드는 과정이다.

- **비주얼 스튜디오**는 다양한 컴파일러 중 하나다.

- **컴파일하고 실행하기**는 각각 Ctrl + Shift + B (컴파일)와 Ctrl + F5 (실행) 단축키로 할 수 있다.

▶ 그림으로 정리하는 컴파일 과정 3단계

비주얼 스튜디오의 VC++ 컴파일러를 사용하면 메뉴 선택을 통해 쉽게 컴파일할 수 있습니다. 이런 컴파일 과정을 좀 더 자세히 살펴보면 3단계로 나눠집니다. 바로 **전처리−컴파일−링크**의 3단계입니다.

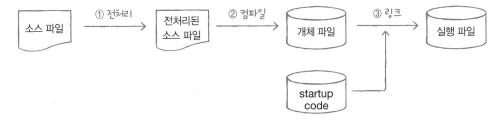

① **전처리** 전처리^{preprocess} 과정은 전처리 지시자에 따라 소스 파일을 가공하는 과정입니다. 앞서 예제 파일에서 #include가 전처리 지시자입니다. 보통 #include는 프로그램에 필요한 함수 중 외부에 있는 함수를 불러들입니다. 전처리 과정은 주로 소스 파일을 컴퓨터에 맞게 편집하는 일이므로 전처리를 수행해도 파일의 형태는 달라지지 않습니다. 자세한 설명은 19장에서 하겠습니다.

② **컴파일** 전처리가 끝난 파일을 컴파일^{compile}하면 개체 파일$^{object file}$이 됩니다. 개체 파일은 CPU가 해석할 수 있는 명령어^{instruction}들로 이루어진 기계어 파일이지만, 바로 실행하는 것은 불가능

합니다. 프로그램은 운영체제OS, Operating System에 의해서 실행되므로 개체 파일을 설치된 운영체제가 인식할 수 있는 형태의 실행 파일로 바꿔야 합니다.

③ 링크 따라서 개체 파일에 startup code를 결합하는 과정을 수행하는데 이 과정을 링크link라고 합니다. startup code는 프로그램을 실행하기 전에 필요한 준비 작업을 수행하며 main 함수를 호출해 우리가 작성한 프로그램의 코드가 실행되도록 합니다. 따라서 프로그램에는 항상 main 함수가 있어야 합니다.

▶ 확인 문제

지금까지 컴파일러의 사용법과 컴파일 과정을 살펴보았습니다. 복잡해 보이지만 프로그래밍 연습을 하다 보면 자연스럽게 익숙해집니다. 프로그램을 직접 작성해 보는 것이 C 언어를 배우는 지름길입니다. 앞으로 나오는 예제들은 직접 컴파일하고 실행해 보는 것이 좋습니다. 그러므로 확인 문제를 풀며 컴파일러 사용법을 정확히 배워 둡시다.

1. 다음 단어들을 컴파일 과정에 맞게 나열하세요.

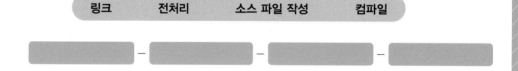

2. 다음 중 각 번호의 설명과 <u>일치</u>하는 것을 찾아보세요.

기계어   링크   개체 파일

① ▨▨▨▨ 컴퓨터가 바로 이해할 수 있는 0과 1로 기호화해 표현한 언어

② ▨▨▨▨ 소스 파일이 컴파일된 후에 생성되는 파일로 바로 실행시킬 수 없는 파일

③ ▨▨▨▨ 개체 파일에 startup code를 붙여 실행 파일을 만드는 과정

• C 프로그램의 구조를 살펴봅니다.

• C 프로그램에서 값을 표현하는 방법과 결과를 화면에 출력하는 방법을 살펴봅니다.

• 컴퓨터 내부에 값이 저장되는 방식을 알아봅니다.

Chapter

02

상수와 데이터 출력

02-1 C 프로그램의 구조와 데이터 출력 방법

핵심 키워드

(main 함수)　(주석문)　(printf 함수)　(제어 문자)　(변환 문자)

프로그래밍 언어를 배우는 일은 약속된 규칙을 배우는 것과 같다고 할 수 있습니다. 언어마다 규칙이 조금씩 다른데, 이 절에서는 C 언어를 사용할 때 지켜야 할 기본 형식과 실행결과를 확인할 때 필요한 출력 함수의 사용법을 알아보겠습니다.

시작하기 전에

C 프로그램은 함수로 만들어지며 **함수**는 일정한 기능을 수행하는 코드 단위를 의미합니다. 큰 프로그램일수록 함수를 많이 사용하지만, 간단한 프로그램의 경우 main 함수 하나만으로 만들기도 합니다. 실제로 당분간 우리가 만들 예제 프로그램 역시 main 함수만 사용해 만듭니다. main 함수는 프로그램의 시작을 의미하며 프로그램에 반드시 있어야 합니다.

```
01   /*   작성자 : 홍길동
02        제목 : 10과 20을 더하는 프로그램 */
03
04   int main(void)
05   {              → 이번 절의 주요 단어
06       10 + 20;
07
08       return 0;      // 프로그램 종료
09   }
```

C 프로그램은
main 함수로 시작!!

프로그램과 main 함수 구조

비주얼 스튜디오를 실행해 간단한 프로그램을 작성하고 이 프로그램을 통해 프로그램의 구조를 살펴보겠습니다.

1장 48쪽을 참고해 HonGong 템플릿으로 2-1이라는 이름의 새 프로젝트를 만듭니다. 프로젝트 위치는 C:\studyC입니다. 프로젝트가 열리면 [소스 파일]에서 HonGong.c 파일의 이름을 예제 2-1.c로 바꿉니다. [텍스트 편집기]가 나타나면 다음 예제 코드를 입력합니다.

2-1 직접 해보는 손코딩

10과 20을 더하는 프로그램   소스 코드 예제2-1.c

> 메뉴에서 [추가]-[새 항목]을 선택해 소스 파일 이름을 변경할 수 있어!

```
01   /*  작성자 : 홍길동
02       제목 : 10과 20을 더하는 프로그램 */
03
04   int main(void)
05   {
06       10 + 20;        // 10과 20을 더한다.
07
08       return 0;        // 프로그램 종료
09   }
```

main 함수 구조

4행부터 9행까지가 main 함수며, main 함수는 **머리**head와 **몸통**body으로 구성됩니다.

머리는 **함수 원형**function prototype 이라고 하며 함수의 이름과 필요한 데이터 등을 표시합니다. 함수에서 실행할 일은 몸통의 중괄호({ }) 안에 작성하며 필요에 따라 7행과 같이 한 행을 비워, 보기 좋게 할 수도 있습니다. 몸통의 마지막에는 return 0;을 넣어 프로그램을 종료합니다.

머리

```
int main(void)
```

몸통

```
{
    // 실행코드
    return 0;
}
```

note 함수는 7장에서 자세히 다루므로 당장 함수에 관해 이해할 필요는 없습니다. 지금은 main 함수의 구조를 기억해 두었다가 그대로 사용하는 것만으로도 충분합니다.

주석문 : 1~2행

1행과 2행은 주석문(주석)입니다.

```
/*   작성자 : 홍길동
     제목 : 10과 20을 더하는 프로그램 */
```
이 책에서는 코드와 다른 색으로 주석문(주석)을 표기했습니다.

주석문은 소스 코드를 설명하는 내용을 담는데, 다음과 같이 2가지 형태로 표현됩니다.

- /* ~ */ : /*과 */ 사이의 모든 내용을 주석 처리
- // : //부터 해당 줄의 끝까지 주석 처리

앞의 [직접 해보는 손코딩]에서 1행과 2행은 하나로 이어진 주석문이고 6행과 8행은 // 이후 그 줄의 끝까지가 주석문입니다. /* */는 보통 여러 행을 한 번에 주석 처리할 때 사용하지만, 행의 중간 부분을 주석 처리할 때도 쓰입니다. 예를 들어 6행의 수식에는 다음과 같이 주석을 넣을 수 있습니다.

/*과 */ 사이의 모든 내용은 주석 처리되고 // 이후 해당 줄의 끝까지 주석 처리된다.

```
10  /* 정수 상수 */  +  20  /* 정수 상수 */;
```

주석문은 전처리 단계에서 모두 제거되므로 컴파일러가 번역하지 않습니다. 다만, 사람이 읽고 수정하기 쉽도록 설명하는 것이므로 자세히 넣는 것이 좋습니다.

함수에서 실행할 일 : 5~9행

{에서 시작해서 }로 끝나는 5~9행을 몸통이라고 합니다.

```
{                        // 5 ~ 9행
    10 + 20;             // 10과 20을 더합니다.

    return 0;            // 프로그램 종료
}
```

이 부분에는 함수에서 실행할 일(코드)을 적습니다. 작성할 때는 다음과 같은 규칙을 따라야 합니다.

규칙1 **세미콜론(;)을 사용해 문장의 끝을 표시합니다.** 세미콜론은 문장의 마침표와 같습니다. 만약 6행 끝에 세미콜론이 없다면 컴파일러는 8행까지를 한 문장으로 인식하므로 에러를 표시합니다.

규칙2 **한 줄에 한 문장씩 작성합니다.** 컴파일러는 세미콜론으로 문장을 구분하므로 한 줄에 여러 문장을 작성하거나 여러 줄에 한 문장을 작성하는 것도 가능합니다. 그러나 한 줄에 한 문장씩 작성하는 편이 보기 좋고 읽기도 쉽습니다.

규칙3 **일정한 간격으로 들여 씁니다.** 들여 쓰는 칸 수는 정해져 있지 않으므로 적당한 간격을 띄우면 됩니다. 참고로 비주얼 스튜디오의 VC++ 컴파일러는 기본으로 4칸 자동 들여쓰기를 해주며 이 책의 모든 예제는 4칸 들여쓰기를 기본으로 해서 작성되었습니다.

note 53쪽의 [2-1 직접 해보는 손코딩]을 컴파일하고 실행하면 아무 결과도 나오지 않습니다. 단지 10과 20을 더할 뿐 그 결과를 어떻게 하라는 명령이 없기 때문입니다. 연산 결과를 화면으로 확인하려면 출력을 담당하는 함수를 사용해야 합니다.

문자열 출력 : 출력 함수(printf)의 사용법

화면에 데이터를 출력할 때는 **printf** 함수를 사용합니다. 이 함수는 print formatted라는 뜻을 가지며 일정한 형식에 따라 출력을 수행합니다. 보통 '프린트에프'로 읽습니다.

이제 코드를 보며 **printf** 함수의 사용법을 익혀 보겠습니다. 다음은 Be happy My friend라는 단순한 문장을 출력하는 예제입니다.

2-2 직접 해보는 손코딩

문자열을 화면에 출력하는 프로그램　　　소스 코드　예제2-2.c

```
01  #include <stdio.h>        // stdio.h 파일의 내용을 프로그램 안에 복사
02
03  int main(void)
04  {
05      printf("Be happy");   // 문자열 "Be happy" 출력
06      printf("My friend");  // 문자열 "My friend" 출력
07
08      return 0;
09  }
```

┌─ 📄 실행결과 ──────── ✕ ─┐
│ Be happyMy friend   │
└──────────────────────────┘

note 출력 함수에 printf만 있는 것은 아닙니다. puts와 같은 함수도 있는데 이 내용은 8장에서 설명합니다.

컴파일 단축키는
Ctrl + Shift + B
실행 단축키는
Ctrl + F5

1행은 전처리 단계에서 처리되는 문장입니다.

```
#include <stdio.h>                  // 1행. stdio.h를 불러온다.
```

1행은 **stdio.h** 파일의 내용을 프로그램 안에 복사한다는 의미입니다. **stdio.h**는 standard input output표준입출력을 의미하며 여기에는 C 언어에서 기본으로 사용하는 입출력 함수가 들어 있습니다. 당연히 출력 함수인 printf 함수도 포함됩니다(자세한 내용은 19장에서 설명하겠습니다).

5~8행처럼 main 함수 내에서 printf 함수를 호출하면 여러 형태의 값을 출력할 수 있는데, printf 함수의 기본 기능은 문자열을 화면에 출력하는 것입니다.

> printf 함수는 문자열을 화면에 출력한다.

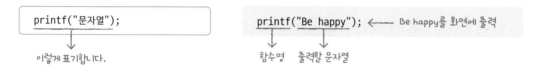

그런데 실행결과가 좀 이상하군요. 우리는 분명히 두 줄(5~6행)에 걸쳐 입력했는데 한 줄로 출력되었습니다. 줄을 바꿔 출력하는 방법을 이어서 알아보겠습니다.

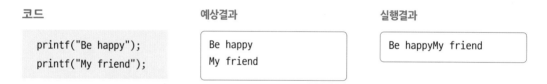

코드
```
printf("Be happy");
printf("My friend");
```

예상결과
```
Be happy
My friend
```

실행결과
```
Be happyMy friend
```

╋ 여기서 잠깐 **문자열은 무엇인가요?**

'a'처럼 글자 하나만 있으면 문자라고 하고, "apple"처럼 글자가 연달아 있으면 문자열이라고 합니다.

제어 문자 출력

printf 함수로 출력할 때 행을 바꾸려면 제어 문자를 사용해야 합니다. **제어 문자**란 문자는 아니지만, 출력 방식에 영향을 주는 문자를 의미합니다. 제어 문자를 문자열 안에 포함시키면 그 기능에 따라 출력 형태를 바꿉니다. 제어 문자는 일반 문자와 구분하기 위해 백슬래시(\, 키보드에서 ₩)와 함께 사용합니다.

> 제어 문자는 출력 방식에 영향을 주는 것으로 백슬래시와 함께 사용한다.

다음 예제로 각 제어 문자가 어떻게 출력에 영향을 주는지 확인해 보겠습니다.

제어 문자를 사용한 출력   소스 코드   예제2-3.c

```c
01  #include <stdio.h>
02
03  int main(void)
04  {
05      printf("Be happy\n");                    // "Be happy"를 출력하고 줄을 바꿈(\n)
06      printf("12345678901234567890\n");        // 화면에 열 번호 출력하고 줄을 바꿈(\n)
07      printf("My\tfriend\n");
        // "My"를 출력하고 탭 위치로 이동(\t) 후에 "friend"를 출력하고 줄을 바꿈(\n)
08      printf("Goot\bd\tchance\n");             // "Goot"를 출력하고 한 칸 왼쪽으로 이동(\b)해
        // t를 d로 바꾸고 탭 위치로 이동(\t) 후에 "chance"를 출력하고 줄을 바꿈(\n)
09      printf("Cow\rW\a\n");
        // 맨 앞으로 이동(\r)해 C를 W로 바꾸고 벨소리(\a)를 내고 줄을 바꿈(\n)
10
11      return 0;
12  }
```

```
📄 실행결과                              ✕
Be happy
12345678901234567890
My        friend
Good      chance
Wow
```

\n(개행, new line) : 다음 줄로 이동

실행결과와 코드만 비교해 봐도 어떤 의미인지 알 수 있죠? 5행은 Be happy를 출력하고 줄을 바꿉니다. 6행은 출력 위치를 확인하고자 열 번호를 출력해 둔 것입니다. 열 번호 출력 후 줄을 바꿉니다. 이게 가능한 이유는 5행과 6행의 문자열 끝에 있는 제어 문자 \n의 역할이 줄 바꿈이기 때문입니다.

```
printf("Be happy\n");                    // 5행
printf("12345678901234567890\n");        // 6행
```

```
📄 실행결과                              ✕
5행 결과 ──→ Be happy
6행 결과 ──→ 12345678901234567890
            _
```

7행을 살펴보겠습니다.

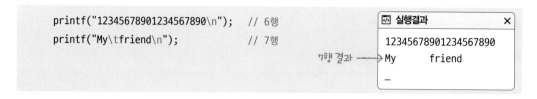

```
printf("12345678901234567890\n");    // 6행
printf("My\tfriend\n");              // 7행
```

실행결과
```
12345678901234567890
My      friend
_
```

My를 출력하고 제어 문자 \t에 의해 커서(_)가 다음 탭 위치로 이동합니다. 탭을 입력했을 때 커서가 이동하는 위치는 모니터 화면을 8칸씩 나누어 만들어진 각 영역의 첫 번째 열로 설정되어 있습니다. 따라서 My를 출력한 후에 커서는 두 번째 탭 위치인 9번 열로 이동합니다. 이어서 friend가 출력되고 마지막으로 제어 문자 \n에 의해 줄이 바뀝니다.

note \t는 현재의 커서 위치에서 다음 탭 위치로 이동하므로 커서가 1~8번 사이에 있다면 모두 다음 탭 위치인 9번으로 이동합니다. 따라서 열을 맞춰 출력할 때 \t를 사용하면 좋습니다.

\b(백스페이스, backspace) : 한 칸 왼쪽으로 이동

8행 코드를 보겠습니다.

```
printf("Goot\bd\tchance\n");                    // 8행
```

Goot 출력 후 제어 문자 \b에 의해 커서가 한 칸 왼쪽으로 이동합니다. 그리고 d를 출력하면 t가 d로 바뀌어 Good이 출력되고, 제어 문자 \t에 의해 다음 탭 위치로 이동해 chance가 출력되고 줄이 바뀝니다.

단계별 출력 과정

```
printf("Goot\bd\tchance\n");의 출력 흐름
```

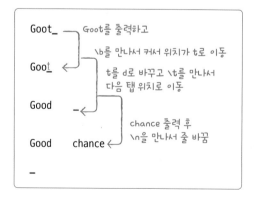

\r(캐리지 리턴, carriage return) : 맨 앞으로 이동

9행은 다음 코드입니다.

```
    printf("Cow\rW\a\n");                // 9행
```

Cow가 출력되고 제어 문자 \r에 의해 커서가 첫 번째 칸으로 이동합니다. 그 자리에 W를 출력하면 C가 W로 바뀝니다.

\a(알럿 경보, alert) : 벨소리

그리고 제어 문자 \a에 의해 벨소리를 내고 제어 문자 \n을 만나 줄이 바뀝니다.

단계별 출력 과정

```
 printf("Cow\rW\a\n");의 출력 흐름
```

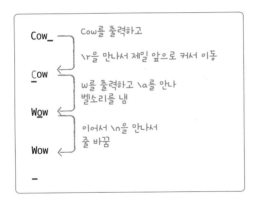

정수와 실수 출력

printf 함수는 기본적으로 문자열을 출력합니다. 따라서 숫자를 출력할 때는 변환 문자를 사용해서 문자열로 변환하는 과정이 필요합니다. 변환 문자는 데이터의 형태에 따라 다릅니다. 정수는 **%d**, 실수는 **%lf**(엘에프)를 사용합니다. 정수와 실수를 출력하는 예제를 따라 입력한 후 실행해 보겠습니다.

> 정수는 %d, 실수는 %lf 변환 문자를 사용한다.

note %d와 %lf는 각각 decimal, long float의 줄임말입니다.

정수와 실수의 출력   소스 코드   예제2-4.c

```
01   #include <stdio.h>
02
03   int main(void)
04   {
05       printf("%d\n", 10);              // %d 위치에 10 출력
06       printf("%lf\n", 3.4);            // %lf 위치에 3.4를 소수점 이하 여섯째 자리까지 출력
07       printf("%.1lf\n", 3.45);         // 소수점 이하 첫째 자리까지 출력(둘째 자리에서 반올림)
08       printf("%.10lf\n", 3.4);         // 소수점 이하 열째 자리 출력
09
10       printf("%d과 %d의 합은 %d입니다.\n", 10, 20, 10 + 20);
11       printf("%.1lf - %.1lf = %.1lf\n", 3.4, 1.2, 3.4 - 1.2);
12
13       return 0;
14   }
```

```
실행결과                              ✕
10
3.400000
3.5
3.4000000000
10과 20의 합은 30입니다.
3.4 - 1.2 = 2.2
```

숫자를 출력할 때는 괄호 안에 변환 문자와 숫자를 콤마(,)로 구분해 사용하며 숫자는 변환 문자의 위치에 출력됩니다.

> printf("변환 문자", 숫자)

```
printf("%d\n", 10);                              // 5행
```
10이 %d 위치에 출력됩니다.

```
printf("%lf\n", 3.4);                            // 6행
```
3.4가 %lf 위치에 출력됩니다.

소수점 자릿수 지정과 반올림

%lf로 실수를 출력하면 소수점 이하 여섯째 자리까지 출력됩니다. 이때 소수점의 자릿수를 바꾸려면 7행에서처럼 %와 lf 사이에 소수점을 찍고 자릿수를 지정해야 합니다.

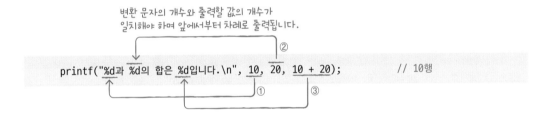

```
printf("%.1lf\n", 3.45);            // 7행
```
→ 소수점 이하 첫째 자리까지 출력
(둘째 자리에서 반올림)

잘리는 값은 반올림해서 출력됩니다. 7행을 보면 %.1lf로 소수섬 첫째 자리까지 출력하겠다고 했는데, 출력할 실수는 3.45입니다. 첫째 자리까지 출력해야 하므로 둘째 자리부터는 반올림해서 3.5가 출력됩니다.

변환 문자 여러 개 사용하기

10~11행은 문자열과 변환 문자, 제어 문자 등이 함께 사용되고 여러 개의 값을 한꺼번에 출력하는 예제입니다.

변환 문자의 개수와 출력할 값의 개수가
일치해야 하며 앞에서부터 차례로 출력됩니다.

```
printf("%d과 %d의 합은 %d입니다.\n", 10, 20, 10 + 20);            // 10행
```
① ② ③

printf 함수의 기본 출력 기능에 대해 여기까지만 알아도 이 책을 공부하며 예제를 풀어가는 데 충분합니다. 그 밖의 기능은 필요할 때마다 추가로 설명하겠습니다.

예제를 모두 따라서 입력하고
있는거지~? 난 너를 믿어!

▶ 5가지 키워드로 끝내는 핵심 포인트

- C 프로그램은 main 함수로 시작한다.

- //는 한 줄 주석문이고 /* */는 여러 줄을 한꺼번에 주석 처리하는 주석문이다.

- printf 함수는 데이터를 화면에 출력할 때 사용한다.

- 제어 문자를 문자열 안에 포함시키면 그 기능에 따라 출력 형태가 바뀐다.

- printf 함수로 숫자를 출력할 때 정수는 %d, 실수는 %lf 변환 문자를 사용한다.

▶ 표로 정리하는 핵심 포인트

표 2-1 printf 함수의 사용법

출력 데이터	사용 예	출력 결과
문자열	printf("Be happy!");	Be happy! 출력
제어 문자	printf("Be happy!\n");	Be happy! 출력 후 줄 바꿈
정수	printf("%d", 10);	정수 10 출력(변환 문자 %d)
실수	printf("%lf", 3.5);	실수 3.500000 출력(변환 문자 %lf)
수식	printf("%d", 10 + 20);	10과 20을 더한 결과인 30 출력

표 2-2 제어 문자의 종류

제어 문자	의미	기능
\n	개행(new line)	줄을 바꾼다.
\t	탭(tab)	출력 위치를 다음 탭(tab) 위치로 옮긴다.
\r	캐리지 리턴(carriage return)	출력 위치를 줄의 맨 앞으로 옮긴다.
\b	백스페이스(backspace)	출력 위치를 한 칸 왼쪽으로 옮긴다.
\a	알럿(alert) 경보	벨(bell)소리를 낸다.

▶ 확인 문제

지금까지 C 프로그램의 형태를 살펴보고 값이나 연산 결과를 화면에 출력하는 방법을 배웠습니다. 머릿속에 충분히 들어왔는지 문제를 풀며 확인해 보겠습니다.

1. 다음 설명 중 옳지 못한 것을 고르세요.

① 프로그램에는 하나의 **main** 함수가 있어야 한다.

② 세미콜론으로 구분하기만 하면 한 줄에 여러 문장을 작성할 수 있다.

③ /* */ 주석문과 달리 // 주석문은 **main** 함수 안에서만 사용할 수 있다.

④ **printf** 함수는 문자열 이외에 정수나 실수도 출력할 수 있다.

2. 다음 프로그램의 실행결과와 같도록 빈칸에 알맞은 변환 문자를 적으세요.

```
#include <stdio.h>
int main(void)
{
    printf("     ①     을     ②     로 나누면     ③     입니다.", 1, 2, 0.5);
    return 0;
}
```

📄 실행결과   ✕

1을 2로 나누면 0.500000입니다.

3. 다음 프로그램의 실행결과를 적으세요.

```
#include <stdio.h>
int main(void)
{
/*
    printf("Hello world!\n");
*/
    printf("Be\rHappy!\nBaby");
    return 0;
}
```

📄 실행결과   ✕

02-2 상수와 데이터 표현 방법

핵심 키워드

정수 상수 실수 상수 문자 상수 문자열 상수 양수 음수 부호 비트

C 언어는 메모리에 직접 접근하거나 비트 단위의 연산을 수행해 데이터를 효율적으로 처리할 수 있게 해줍니다. 이런 장점을 잘 활용하려면 데이터가 메모리에 저장되는 방식을 알아야 합니다. 이 절에서는 정수, 실수, 문자가 컴파일된 후에 어떤 형태로 바뀌는지 살펴봅니다.

시작하기 전에

프로그램은 일의 순서를 적은 것이며, 데이터는 프로그램이 처리하는 대상입니다. C 언어에서 다루는 데이터에는 정수, 실수, 문자, 문자열이 있습니다. 그리고 데이터의 형태로는 값을 바꿀 수 있는 변수와 바꿀 수 없는 상수 2가지가 있습니다. 그중 **상수**constant를 먼저 살펴보겠습니다. 상수는 원주율 값(3.14)처럼 값이 정해져 있고 변하면 안 되는 경우에 주로 사용됩니다.

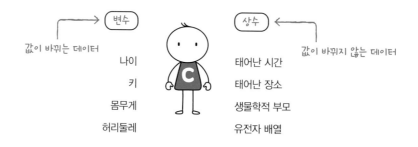

정수 상수 표현법

정수 상수는 기본적으로 아라비아 숫자 0~9, +,− 기호를 사용합니다. 그리고 이를 3가지 진법, 즉 10진수, 8진수, 16진수로 표현할 수 있습니다.

> 정수는 10진수, 8진수, 16진수로 표현할 수 있다.

진법별 수 표현 방법

진법은 수를 표현하는 방법입니다. 3가지 진법을 표현한 예시를 살펴보겠습니다.

									①							
10진수	0	1	2	3	4	5	6	7	8	9	10	11	12	13	14	15
8진수	0	1	2	3	4	5	6	7	10	11	12	13	14	15	16	17
16진수	0	1	2	3	4	5	6	7	8	9	A	B	C	D	E	F

② (A 가리킴)

단위 숫자로 10진법은 0에서 9까지 10개 숫자를, 8진법은 0에서 7까지 8개 숫자를 사용합니다. 8진수는 단위 숫자를 0에서 7까지 사용하므로 8을 표현하면 자릿수가 올라가서 10(①일영)이 됩니다. 반면에 16진수는 0에서 9까지 10개의 숫자에 A에서 F까지 6개의 영문자를 포함한 총 16개의 단위 숫자를 사용합니다. 따라서 0에서 15까지를 하나의 단위 숫자로 표현할 수 있습니다. 즉, 0에서 9까지는 10진수와 똑같고 10은 A(②), 11은 B, … , 15는 F가 됩니다.

> 진법이 더 궁금하다면?
>

➕ 여기서 잠깐　　**왜 2진수로 표시하지 않나요?**

2진수의 경우 컴퓨터 안에서 값이 저장되는 상태로 다음과 같이 표현합니다.

10진수	0	1	2	3	4	5	6	7	8	9	10	11	12	13 …
2진수	0000	0001	0010	0011	0100	0101	0110	0111	1000	1001	1010	1011	1100	1101 …

2진수는 단위 숫자가 0과 1(2개)뿐이라서 표현 형태가 길어지므로 사용하기에 비효율적입니다.

C 언어에서 진법 표현하기

그런데 6, 11, … 과 같은 표기로는 10진수인지 8진수인지를 구분할 수 없습니다. 수학에서는 6_8, 11_8과 같이 밑수($_8$)를 사용해서 표기하지만, 프로그래밍 언어에서는 밑수를 표기할 수 없습니다. 따라서 8진수는 숫자 앞에 0(영), 16진수는 0x(영엑스)를 붙여 구분합니다.

> 코드 안에 수를 표현할 때 8진수는 0(영), 16진수는 0x(영엑스)를 붙인다.

그러므로 다음 3개의 값은 진법에 따라 다르게 표현한 것일 뿐 모두 같은 값입니다.

10진수	8진수	16진수
12	014	0xc

같은 값의 정수를 3가지 진법으로 표현해 출력하면 다음과 같습니다.

2-5 직접 해보는 손코딩

3가지 진법의 정수 상수 소스 코드 예제2-5.c

```
01  #include <stdio.h>
02
03  int main(void)
04  {
05      printf("%d\n", 12);        // 10진수 정수 상수 출력
06      printf("%d\n", 014);       // 8진수 정수 상수 출력
07      printf("%d\n", 0xc);       // 16진수 정수 상수 출력
08
09      return 0;
10  }
```

실행결과 ✕
```
12
12
12
```

출력 결과를 보면 알 수 있듯이 코드 안에서 진법에 따른 수의 표현법은 다르지만, 값은 같으므로 결과가 모두 같다는 걸 알 수 있습니다. 이렇듯 하나의 정수는 모두 3가지 진법(10진수, 8진수, 16진수)으로 표현할 수 있습니다.

앞에서 본 65쪽의 표를 C 언어에서의 표기법으로 나타내면 다음과 같습니다.

10진수	0	1	2	3	4	5	6	7	8	9	10	11	12	13	14	15
8진수	00	01	02	03	04	05	06	07	010	011	012	013	014	015	016	017
16진수	0x0	0x1	0x2	0x3	0x4	0x5	0x6	0x7	0x8	0x9	0xa	0xb	0xc	0xd	0xe	0xf

+ 여기서 잠깐 **10진수를 8진수나 16진수로 출력할 수도 있나요?**

당연히 출력할 수 있습니다. 8진수로 출력하려면 **%o**, 16진수 소문자로 출력하려면 **%x**를, 대문자로 출력하려면 **%X**를 사용하면 됩니다. [2-5 직접 해보는 손코딩]에 다음 내용을 추가해서 컴파일해 봅시다.

```
printf("%o\n", 12);
printf("%x\n", 12);  7행과 9행 사이에 입력하세요.
printf("%X\n", 12);
```

실수 상수 표현법

실수는 소수점 형태와 지수 형태로 표현할 수 있습니다. 소수점 형태로 표현할 때 실수는 아라비아 숫자 0~9, +, - 기호와 소수점을 사용합니다. 예를 들어 다음과 같이 표현합니다.

```
3.4        -1.5        +10.0
.5         -10.  ←────── 소수점 앞이나 뒤의 무의미한 0은 생략할 수 있습니다.
```

그런데 이공계열에서 다루는 크고 작은 숫자는 지수 형태(지수 표기법)로 표기합니다. 0.0000314를 지수 형태로 바꿔 보겠습니다.

A 그룹은 소수점 형태를 지수 표기법으로 바꾼 것입니다. B 그룹은 A 그룹의 지수 표기법을 C 언어의 표현 형식으로 바꾼 것입니다. e는 밑수 10을 의미하며 대문자로 쓸 수도 있습니다. 즉, 3.14e-5나 3.14E-5는 같은 의미란 거죠. 소수점 부분에서 무의미한 0이나 소수점은 생략할 수 있습니다.

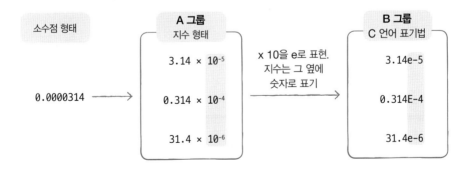

지수 형태를 지수 값의 크기에 따라 무수히 많은 방법으로 표현할 수 있습니다. 그중 소수점 앞에 0이 아닌 유효 숫자 한 자리를 사용해 지수 형태로 바꾼 것을 **정규화** normalization **표기법**이라고 합니다.

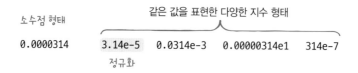

printf 함수가 실수를 지수 형태로 출력할 때는 기본적으로 정규화 표기법을 사용합니다. 이제 코드로 살펴보겠습니다.

2-6 직접 해보는 손코딩

지수 형태의 실수 상수   소스 코드 예제2-6.c

```
01  #include <stdio.h>
02
03  int main(void)
04  {
05      printf("%.1lf\n", 1e6);          // 지수 형태의 실수를 소수점 형태로 출력
06      printf("%.7lf\n", 3.14e-5);      // 소수점 이하 일곱째 자리까지 출력
07      printf("%le\n", 0.0000314);      // 소수점 형태의 실수를 지수 형태로 출력
08      printf("%.2le\n", 0.0000314);    // 지수 형태로 소수점 이하 둘째 자리까지 출력
09
10      return 0;
11  }
```

실행결과   ×
1000000.0
0.0000314
3.140000e-05
3.14e-05

실행결과에서 알 수 있듯이 출력 값을 지수 형태로 사용해도 printf 함수는 기본적으로 소수점 형태로 출력합니다. 지수 형태로 출력하려면 7~8행과 같이 **%le** 변환 문자를 사용합니다.

5행의 **1e6**은 실수형 상수 **1000000.0**을 지수 형태로 표현한 것입니다. 소수점 형태를 지수 형태로 바꾸는 방법은 위에서 설명했죠?

```
printf("%.1lf\n", 1e6);          // 5행
```

6행의 3.14e-5는 소수점 형태로는 0.0000314입니다.

```
    printf("%.7lf\n", 3.14e-5);                    // 6행
```

%lf 변환 문자로 실수를 출력하면 소수점 이하 여섯째 자리까지만 출력되는데(61쪽, 〈소수점 자릿수 지정과 반올림〉 참고) 여기는 총 7자리입니다. 기본 출력 방식을 따르면 소수점 이하 여섯째 자리까지만 출력되어 0.000031이 출력되니, %.7lf를 사용해 소수점 이하 일곱째 자리까지 출력하도록 했습니다. 이렇게 출력할 숫자가 많을 때는 소수점 이하 자릿수를 충분히 잡아서 유효 숫자가 잘리지 않도록 해야 합니다.

7행은 소수점 형태의 실수를 %le 변환 문자를 사용해서 지수 형태로 출력합니다. 이때는 항상 정규화 표현법으로 출력하며, 소수점 이하 자릿수를 지정하려면 8행과 같이 %와 le사이에 점을 찍고 원하는 숫자를 함께 사용합니다.

```
    printf("%le\n", 0.0000314);                    // 7행
    printf("%.2le\n", 0.0000314);                  // 8행
```

문자와 문자열 상수 표현법

이번에는 문자와 문자열 상수를 표현해 보겠습니다. 이 둘의 차이는 간단합니다. 문자는 작은따옴표(' ')로 묶고, 문자열은 큰따옴표(" ")로 묶습니다.

문자와 문자열을 구분하는 것은 따옴표의 종류다.

'A'   "A"

문자 상수 ← : 작은따옴표

문자열 상수 → : 큰따옴표

코드를 통해 사용법을 살펴보겠습니다.

문자와 문자열 데이터의 출력   소스 코드   예제2-7.c

```
01  #include <stdio.h>
02
03  int main(void)
04  {
05      printf("%c\n", 'A');                    // 문자 상수 출력
06      printf("%s\n", "A");                    // 문자열 상수 출력
07      printf("%c은 %s입니다.\n", '1', "first"); // 문자(%c)와 문자열(%s)을 함께 출력
08
09      return 0;
10  }
```

실행결과 ✕

```
A
A
1은 first입니다.
```

7행에서 '1'은 문자 상수이고 "first"는 문자열 상수입니다. 또한 6행의 "A"와 같이 하나의 문자라도 큰따옴표가 붙으면 문자열 상수가 됩니다.

앞서 printf 함수에서 변환 문자를 몇 가지 배웠습니다. 그때는 수를 출력하는 방법만 배웠죠. 문자와 문자열을 출력할 때도 변환 문자를 사용합니다. 문자는 **%c** 변환 문자를, 문자열은 변환 문자 없이도 바로 출력할 수 있으나 보통 **%s**를 사용합니다.

> 문자는 %c, 문자열은 %s 변환 문자를 사용한다.

상수가 컴파일된 후의 비트 형태

지금까지 정수, 실수, 문자, 문자열 상수에 대해 살펴봤습니다. 편집기에 코드를 입력하면 이 코드는 모두 컴퓨터가 이해하는 형태의 아스키 코드 값으로 저장됩니다.

예를 들어 10 + 20;을 입력했다면 1, 0, +, 2, 0, ;이 모두 하나의 문자로 저장되는 거죠. 이것이 컴파일 과정이 없으면 코드가 컴퓨터에서 실행되지 않는 이유입니다. 컴퓨터에서 +는 '덧셈을 하라'는 명령이 아니라 그저 '+' 문자며, 10과 20도 연산이 가능한 값이 아니라 그냥 문자입니다.

상수의 변경 형태

상수 종류	크기(byte)	크기(bit)	바뀌는 형태
정수	4	32	2진수
실수	8	64	IEEE 754 표준 double형
문자	4	32	아스키 코드 값과 같은 2진수

✚ 여기서 잠깐 **아스키 코드란?**

아스키 코드는 사람이 사용하는 기호를 컴퓨터 안에서 표현하는 방법에 대해 약속한 것입니다.

예를 들어 소스 파일에 A라는 문자를 사용하면 컴퓨터는 8개의 비트를 01000001과 같은 상태로 저장합니다. 또한 컴퓨터에 01000001과 같은 비트 열이 있으면 모니터는 화면에 A라는 문자를 보여 줍니다.

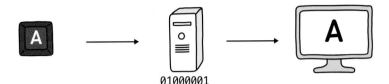

01000001

아스키 코드는 컴퓨터에서 필요한 128개의 문자를 코드화했으며 여기에는 영문 대문자, 소문자, 아라비아 숫자, 특수 문자, 제어 문자 등이 포함됩니다. C 언어에서는 아스키 코드 값을 프로그램에 직접 사용하기도 하므로 아스키 코드를 써야할 때는 부록의 아스키 코드표를 참고하세요. http://www.ascii-codes.com/ 사이트에서도 코드표를 확인할 수 있습니다.

아스키 코드가 더 궁금하다면?

코드가 컴파일러를 거쳐 컴파일되어야 비로소 연산자는 명령어가 되고 상수는 연산이 가능한 형태로 바뀝니다. 상수는 종류에 따라 각기 다른 형태로 바뀝니다.

앞서 컴퓨터는 모든 데이터를 **비트**bit로 변환한다고 했습니다. 1비트는 0과 1, 이렇게 2개의 값을 갖습니다. 비트가 8개면 이를 **1바이트**byte라고 합니다. 2^8은 256이니 1바이트의 값은 256가지입니다. 4바이트면 2^{32}이니 어마어마한 값을 가지겠군요!

결국 데이터의 크기가 커지면 프로그램에서 사용할 수 있는 값의 크기도 커집니다. 다만, 데이터의 크기가 커지면 메모리나 연산에 부담을 주므로 무조건 크게 할 수는 없습니다.

정수 상수와 실수 상수의 컴파일

정수 상수를 컴파일하면 4바이트로 표현됩니다. 반면, 실수는 8바이트로 표현됩니다. 정수 10과 실수 10.0을 컴파일하면 어떻게 바뀌는지 한번 살펴볼까요?

1바이트는 8비트다.

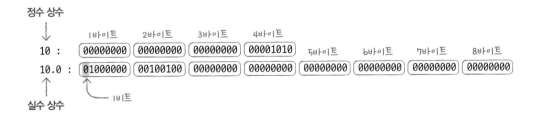

정수 상수

	1바이트	2바이트	3바이트	4바이트				
10 :	00000000	00000000	00000000	00001010	5바이트	6바이트	7바이트	8바이트
10.0 :	01000000	00100100	00000000	00000000	00000000	00000000	00000000	00000000

1비트

실수 상수

10과 10.0의 차이가 느껴지나요? 우리는 차이를 느끼지 못하지만, 컴퓨터는 이 둘을 다르게 인식하고 처리합니다. 따라서 어떤 상수를 쓰느냐에 따라 실행 속도나 정확도에서 차이가 날 수 있습니다. 정수는 가장 빠르고 정확하게 연산될 수 있는 형태이므로 프로그래밍할 때 가능하면 정수 상수를 사용하는 것이 좋습니다.

문자 상수의 컴파일

그러면 문자 상수는 어떻게 표현될까요? 문자 상수를 컴파일하면 2진수 형태의 아스키 코드 값으로 번역됩니다. 예를 들어 문자 'A'의 아스키 코드 값은 65이므로 정수 상수 65와 같은 형태로 번역됩니다.

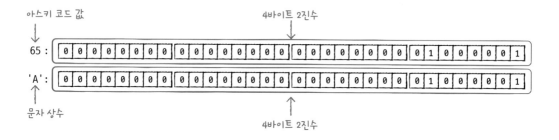

결국 문자 상수는 소스 코드에서 문자임을 표현하는 방법이며 컴퓨터 안에서는 정수와 같은 방식으로 처리됩니다.

> **+ 여기서 잠깐**　　**상수의 크기는 언제나 일정한가요?**
>
> 아니요, 값의 범위나 컴파일러에 따라 상수의 크기는 다를 수 있습니다. 예를 들어 4바이트로 표현할 수 없는 큰 범위의 정수를 사용하면 8바이트로 처리(번역)됩니다. C++ 문법을 적용하는 컴파일러는 문자 상수도 1바이트로 처리(번역)합니다. 상수의 크기는 sizeof 연산자를 사용해 확인할 수 있습니다. sizeof 연산자는 4장에서 자세히 다룹니다.

정수 상수가 컴파일된 후의 비트 형태

한 단계 더 들어가 보겠습니다. 정수는 0을 포함한 양수와 음수로 나뉩니다. 이 둘을 표현하는 방법을 살펴보겠습니다. 음수 데이터의 표현 방법은 독특하므로 먼저 양수를 기준으로 설명한 후 음수를 설명하겠습니다.

양수의 변환

정수를 컴파일하면 4바이트 크기의 2진수로 변환된다고 했습니다. 예를 들어 정수 13을 컴파일하면 어떻게 될까요? 정수 13은 2진수로 1101인데 4바이트 크기로 표현해야 하므로 빈 공간을 모두 0으로 채웁니다.

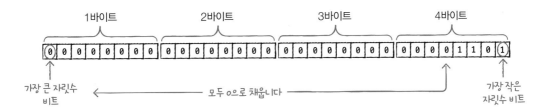

정수는 10진수를 그대로 2진수로 바꾼 것이므로 1을 갖는 비트가 왼쪽에 위치할수록 값의 크기가 커집니다. 만약 정수를 8비트로 표현한다면 오른쪽의 7비트가 전부 1인 값보다 가장 왼쪽의 비트가 1인 값이 더 큰 값이 됩니다.

그렇다면 1바이트로 정수를 표현할 때 최솟값과 최댓값은 각각 얼마일까요? 쉽게 알 수 있듯이 모든 비트가 0일 때 가장 작고 모든 비트가 1일 때 가장 큽니다. 모든 비트가 1인 2진수를 10진수로 바꾸면 255이므로 결국 1바이트(8비트)로 표현할 수 있는 값의 범위는 0~255입니다. 이 범위는 비트 수가 많을수록 더 넓어지겠지만, 다음 규칙에 따라 쉽게 계산할 수 있습니다.

비트 수	표현할 수 있는 값의 범위	
1비트	$0 \sim 2^1 - 1$	$0 \sim 1$
8비트	$0 \sim 2^8 - 1$	$0 \sim 255$
32비트	$0 \sim 2^{32} - 1$	$0 \sim 4294967295$

비트가 나오니 너무 어려워. 한 번 읽고 넘어간 후 필요할 때 다시 보자.

이 계산에 따르면 4바이트(32비트)로 표현할 수 있는 정수의 최댓값은 $2^{32}-1$로 4294967295입니다. 따라서 4294967295보다 큰 상수를 사용하면 컴파일러는 자동으로 데이터의 크기를 8바이트로 늘려 처리합니다. 만약 값의 크기와 상관없이 데이터의 크기를 8바이트로 만들고 싶을 때는 정수에 접미사 LL 또는 소문자 ll을 붙여 사용합니다. LL은 Long Long을 의미합니다.

> 값의 크기와 상관없이 데이터를 8바이트로 만들 때는 LL 또는 ll을 붙인다.

```
13              // 4바이트 크기로 처리
13LL            // 8바이트 크기로 처리
```

음수의 변환

음수는 절댓값을 2의 보수로 바꾸어 처리합니다. 2의 보수란 2진수의 0과 1을 바꾼 상태(이 상태를 1의 보수라 함)에서 1을 더한 값을 말합니다. 예를 들어 −10은 그 절댓값인 10을 2진수로 바꾸고 1의 보수를 구한 후에 다시 1을 더해 2의 보수로 만듭니다.

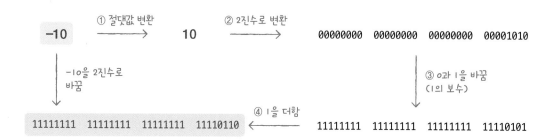

음수를 2의 보수로 처리하는 이유는 특별한 변환 과정 없이 바로 양수와 음수를 더할 수 있기 때문입니다. 실제로 10과 −10의 모든 비트를 더하면 가장 왼쪽의 비트에서 자리 올림이 발생하고 남은 32비트는 모두 0이 되어 결과적으로 값 자체가 0이 됩니다.

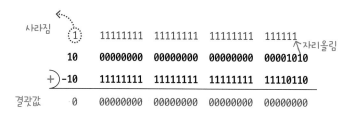

실수 상수가 컴파일된 후의 비트 형태

2진수로 값을 표현하는 방식은 값의 크기에 비례해 데이터의 크기도 커지므로 아주 큰 값이나 소수점 이하를 표현하는 데 한계가 있습니다. 따라서 데이터를 표현하는 효과적인 방법을 만들고 그 규칙에 따라 실수를 표현합니다.

실수의 경우 제한된 데이터 크기에 수를 표현하기 위해 IEEE 754 표준을 따릅니다. 이 표준에는 single, double, quad의 3가지 형식이 있는데, 그중 가장 많이 사용하는 double 형식만 간단히 살펴보겠습니다. double 형식은 실수를 8바이트, 즉 64비트로 표현하며 64비트는 다음과 같이 구성됩니다.

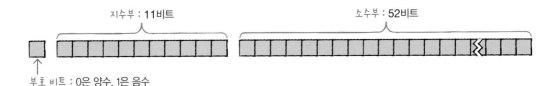

부호 비트 : 0은 양수, 1은 음수

- 부호 비트 : 가장 왼쪽 비트는 부호 비트이며 양수는 0, 음수는 1로 표시합니다.

- 지수부 : 부호 비트 다음부터 11비트는 지수값을 의미합니다.

- 소수부 : 나머지 52비트는 소수값을 의미합니다.

예를 들어 실수 −6.5는 컴파일 후 다음과 같은 비트열이 됩니다.

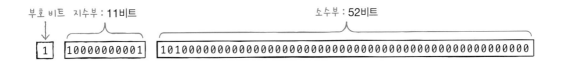

이 규칙에 따라 최댓값과 최솟값을 생각해 보겠습니다. 최댓값은 지수 부분과 소수 부분이 모두 가장 큰 값을 가질 때이며, 최솟값은 최댓값에 부호만 바꾸면 됩니다. 계산에 의하면 대략 다음과 같은 범위의 실수를 표현할 수 있습니다.

$$-1.79 \times 10^{308} \quad \sim \quad 1.79 \times 10^{308}$$

레벨업 스킬은 Q&A 카페에 정리한 추가 콘텐츠! 잠시 쉬면서 레벨업 스킬을 확인해 보자.

레벨업 스킬

10진수 실수를 2진수 실수로 바꾸는 방법

좀 더 알아보기 — 실수 상수의 오차

실수 상수의 경우 표현할 수 있는 값의 범위가 상당히 넓습니다. 그러나 값의 크기와 달리 정확한 값을 표현하는 데에는 한계가 있습니다. 실제로 0.123456789012345678처럼 유효 숫자가 많은 값은 정확히 표현하지 못하고 오차가 발생합니다. 오차가 발생하는 이유는 소수 부분을 나타내는 비트가 정확한 값을 표현할 수 없기 때문입니다. 예를 들어 소수 부분을 4비트로 표현할 때 각 비트가 나타내는 10진수 값은 다음과 같습니다.

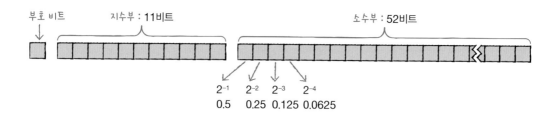

소수부 2진수	10진수 값 계산식	소수부 10진수
0 0 0 0	0	0
0 0 0 1	0.0625	0.0625
0 0 1 0	0.125	0.125
0 0 1 1	0.125 + 0.0625	0.1875
0 1 0 0	0.25	0.25
0 1 0 1	0.25 + 0.0625	0.3125
0 1 1 0	0.25 + 0.125	0.375
0 1 1 1	0.25 + 0.125 + 0.0625	0.4375
1 0 0 0	0.5	0.5
1 0 0 1	0.5 + 0.0625	0.5625
1 0 1 0	0.5 + 0.125	0.625
1 0 1 1	0.5 + 0.125 + 0.0625	0.6875
1 1 0 0	0.5 + 0.25	0.75
1 1 0 1	0.5 + 0.25 + 0.0625	0.8125
1 1 1 0	0.5 + 0.25 + 0.125	0.875
1 1 1 1	0.5 + 0.25 + 0.125 + 0.0625	0.9375

소수부의 값을 모두 조합해도 10진수로 소수점 이하 첫째 자리까지만 서로 다르게 표현할 수 있습니다.

따라서 0.09와 같은 값은 가장 가까운 값인 0.0625나 0.125로 저장할 수밖에 없습니다. 물론 비트 수가 늘어날수록 정확하게 표현할 수 있는 유효 숫자 수는 늘어납니다. 그러나 데이터의 크기는 정해져 있으므로 유효 숫자 수도 한계가 있습니다. 결론적으로 IEEE 754 표준 계산식에 의하면 double형의 경우 15자리까지 유효 숫자를 사용할 수 있습니다. 값에 따라 더 많은 자릿수를 서로 다르게 표현할 수 있으나 자릿수가 같은 모든 값을 서로 다르게 표현하지 못하므로 15자리 범위에서 사용하는 것이 바람직합니다.

마무리

▶ 7가지 키워드로 끝내는 핵심 포인트

- 상수는 그 값을 바꿀 수 없으며, 10은 **정수 상수**, 10.0은 **실수 상수**, 'a'는 **문자 상수**, "a"는 **문자열 상수**다.

- 정수 상수의 **양수**는 4바이트 크기의 2진수로, **음수**는 2의 보수로 컴파일된다.

- 실수는 IEEE 754 표준의 **double** 형식에 따라 번역되며, 첫 비트는 **부호 비트**, 이후 11개 비트는 지수부, 나머지 52비트는 소수부를 나타낸다.

▶ 표로 정리하는 핵심 포인트

표 2-3 상수 종류

종류	표현 방법	사용 예
정수	0~9, +, − 기호 사용	10, -5, +20, 0
실수	0~9, +, −, .(소수점) 기호 사용	3.4, -1.7, .5, 10.0
문자	문자를 작은따옴표로 묶음	'A', 'b', '0', '*',
문자열	하나 이상의 문자를 큰따옴표로 묶음	"A", "banana"

표 2-4 진법별 수의 표현 방법

컴퓨터에서 수를 다룰 때는 대부분 0으로 시작한다는 점을 꼭 기억하세요.

10진수	8진수	16진수	2진수	10진수	8진수	16진수	2진수
0	00	0x0	0	8	010	0x8	1000
1	01	0x1	1	9	011	0x9	1001
2	02	0x2	10	10	012	0xa	1010
3	03	0x3	11	11	013	0xb	1011
4	04	0x4	100	12	014	0xc	1100
5	05	0x5	101	13	015	0xd	1101
6	06	0x6	110	14	016	0xe	1110
7	07	0x7	111	15	017	0xf	1111

▶ 확인 문제

지금까지 상수 데이터의 종류를 정리하고 컴파일된 후 표현되는 비트열에 관해 살펴봤습니다. 정수는 빠르고 정확하게 연산되지만, 실수는 오차가 발생할 수 있다는 사실을 기억하세요. 이번에 배운 내용을 이해하기 쉽지 않겠지만, 정확하고 효율적인 프로그램을 만드는 데 도움이 되므로 문제를 풀며 배운 내용을 정리해 둡시다.

1. 각 진법에 맞게 빈칸을 채우세요.

10진수	8진수	16진수	2진수
			1011
17			
		1A	
	101		

2. 다음 중 정수 상수에는 '정', 실수 상수에는 '실'이라고 적으세요.

-10 (　　　) 1e4 (　　　) -1. (　　　) -1.5e-3 (　　　)

+032 (　　　) 3.14 (　　　) 0xff (　　　)

3. 자신의 학번, 이름, 학점을 출력하는 프로그램이 완성되도록 빈칸에 알맞은 코드를 적으세요.

> hint 학번은 정수, 이름은 문자열, 학점은 문자 상수를 사용합니다.

```c
#include <stdio.h>
int main(void)
{
    printf("학번 : ▨▨▨▨ \n", 32165);      // 정수는 %d로 출력
    ▨▨▨▨▨▨▨▨▨▨▨▨▨▨▨▨▨      // 문자열은 %s로 출력
    ▨▨▨▨▨▨▨▨▨▨▨▨▨▨▨▨▨      // 문자는 %c로 출력
    return 0;
}
```

</> 실행결과　　　　　　×
학번 : 32165
이름 : 홍길동
학점 : A

- 키보드로 값을 입력 받는 방법을 알아봅니다.
- 입력받은 값을 저장할 메모리 공간을 변수 선언으로 확보하는 방법을 배웁니다.
- 효율적인 데이터 처리를 위해 필요한 다양한 변수의 형태와 특징을 이해합니다.

Chapter

03

변수와 데이터 입력

03-1 변수

핵심 키워드

변수 선언　　쓰레기 값　　자료형　　const　　예약어　　식별자

프로그램이 처리하는 데이터(자료)의 형태는 다양하고 형태별 연산 방법도 다릅니다. 이런 특징을 잘 이해하면 효율적이고 신뢰성 있는 프로그램을 만들 수 있습니다. 이 절에서는 데이터의 종류에 따른 변수 선언과 사용 방법에 관해 살펴봅니다.

시작하기 전에

프로그램에서 데이터를 메모리에 저장해 놓으면 필요할 때마다 꺼내 사용할 수 있습니다. 이때 변수 선언을 통해 메모리에 저장 공간을 확보합니다. 변수는 데이터의 종류에 따라 각각 다른 형태를 사용하는데, 정수는 int, 실수는 double, 문자는 char, 문자열은 char 배열을 사용합니다. 자료형에 대한 호기심은 잠시 접어 두고 일단 변수를 선언하는 방법부터 하나씩 풀어가겠습니다.

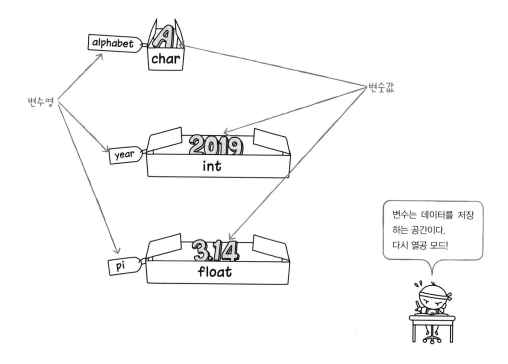

변수는 데이터를 저장하는 공간이다. 다시 열공 모드!

변수 선언 방법

변수 선언 방법부터 살펴보겠습니다. 변수를 선언하는 방법은 간단합니다. 데이터의 종류에 맞는 자료형과 변수명을 나란히 쓰면 됩니다. 예를 들어 정수를 저장할 변수는 다음과 같이 선언합니다.

int형 변수 선언

정수를 넣을 공간으로 **int**를 사용합니다. 정수를 의미하는 영어 integer의 앞글자입니다. 그냥 쉽게 **정수 a;** 라는 거죠. 이렇게 쓰면 정수를 저장할 공간을 a라 이름 붙여 메모리에 4바이트 할당하겠다고 컴파일러에 알려 주는 것과 같습니다. 변수명은 메모리에 붙이는 임시 주소와 같은 개념입니다.

변수를 선언하면 메모리에 저장 공간이 생기는데 처음 그 안에는 어떤 값이 들어 있을까요? 알 수 없습니다. 컴퓨터의 메모리 공간은 재활용됩니다. 프로그램이 종료되면 사용하던 메모리 공간을 반납하고 새로 실행된 프로그램이 그 공간을 사용하는 거죠. 이때 종료된 프로그램이 어떤 값을 메모리 공간에 남겨 놓았는지는 알 수 없습니다. 새 프로그램에서 이 값은 의미가 없으므로 이를 **쓰레기 값**garbage value이라고 합니다. 자칫 이 쓰레기 값 때문에 프로그램에 오류가 생길 수 있으므로 반드시 원하는 값으로 바꾸는 초기화 과정이 필요합니다. 초기화 방법은 다음과 같습니다.

```
a = 10;
```

무슨 의미일까요? = 기호가 보입니다. 수학에서 우리는 양쪽이 같다는 의미로 =를 사용했습니다. 프로그램에서는 =를 **대입 연산자**라 부르며, 이는 오른쪽 값을 왼쪽에 저장(할당)한다는 의미입니다. 왼쪽은 저장 공간을 의미합니다.

> 대입 연산자(=)는 오른쪽 값을 왼쪽에 저장(할당)한다는 의미다.

변수를 선언한 이후에는 변수명으로 값을 저장하고 연산하거나 출력에 사용할 수 있습니다. 예제를 통해 변수를 선언하고 사용해 보겠습니다.

3-1 직접 해보는 손코딩

변수의 선언과 사용 소스 코드 예제3-1.c

```
01  #include <stdio.h>
02
03  int main(void)
```

```
04  {  ←         4행의 { 부터 23행의 } 까지가
              하나의 코드 블록입니다.
05      int a;              // int형 변수 a 선언
06      int b, c;           // 2개의 int형 변수 b,c를 동시에 선언
07      double da;          // double형 변수 da 선언
08      char ch;            // char형 변수 ch 선언
09
10      a = 10;             // int형 변수 a에 정수 10 대입
11      b = a;              // int형 변수 b에 변수 a의 값 대입
12      c = a + 20;         // int형 변수 c에 변수 a의 값과 정수 20을 더한 값 대입
13      da = 3.5;           // double형 변수 da에 실수 3.5 대입
14      ch = 'A';           // char형 변수 ch에 문자 'A' 대입
15
16      printf("변수 a의 값 : %d\n", a);
17      printf("변수 b의 값 : %d\n", b);
18      printf("변수 c의 값 : %d\n", c);
19      printf("변수 da의 값 : %.1lf\n", da);
20      printf("변수 ch의 값 : %c\n", ch);
21
22      return 0;
23  }
```

실행결과

```
변수 a의 값 : 10
변수 b의 값 : 10
변수 c의 값 : 30
변수 da의 값 : 3.5
변수 ch의 값 : A
```

5~8행이 데이터의 종류별로 변수를 선언하는 부분입니다.

```
int a;              // 5행. int형 변수 a 선언
int b, c;           // 6행. 2개의 int형 변수 b,c를 동시에 선언
double da;          // 7행. double형 변수 da 선언
char ch;            // 8행. char형 변수 ch 선언
```

여기서 주의 깊게 볼 것은 변수의 선언 위치와 대입 규칙입니다.

변수 선언과 대입 규칙

규칙1 **중괄호의 블록({ }) 안에 변수를 선언하며 선언한 위치부터 블록 끝까지 사용할 수 있습니다.**

변수를 블록 전체에서 사용하려면 블록이 시작하는 부분에 선언합니다. 코드에서 4~23행이 중괄호의 범위이며 블록 시작 후 변수를 모아서 선언했습니다. 물론 중간에 새로운 변수를 선언할 수 있으며 그 이후부터 쓸 수 있습니다. 단, 앞에서 선언한 변수와 같은 이름은 사용할 수 없습니다.

규칙2 변수의 자료형이 같으면 동시에 둘 이상의 변수를 선언할 수 있습니다.

6행은 2개의 변수를 동시에 선언하는 부분입니다. 이때 자료형은 한 번만 쓰고 변수명을 콤마로 구분 지어 동시에 선언합니다.

```
int b, c;              // 6행. 2개의 int형 변수 b,c를 동시에 선언
```

응용하자면 5~6행을 int a, b, c;와 같이 한 줄로 적을 수도 있습니다.

```
int a;                          int a, b, c;
int b, c;
```

규칙3 대입 연산자는 연산자 왼쪽의 변수에 오른쪽의 값을 저장합니다.

변수를 선언하면 메모리에 일정한 크기의 저장 공간이 생기는데, 이 공간에 데이터를 넣을 때는 대입 연산자(=)를 사용합니다. 10~14행이 선언된 변수에 값을 저장하는 부분입니다. 따라서 대입 연산자 왼쪽에는 저장 공간을 뜻하는 변수만 사용할 수 있고 오른쪽에는 상수와 변수, 수식을 모두 사용할 수 있습니다.

```
변수    상수, 변수, 수식

a  =  10;        ←——— 변수에 상수 대입
b  =  a;         ←——— 변수에 변수 대입
c  =  a + 20;    ←——— 변수에 수식 대입
```

오른쪽에 변수를 사용하면 변수에 저장된 값이 복사되어 왼쪽 변수에 저장되고 수식을 사용하면 연산을 수행한 후에 그 결괏값이 왼쪽 변수에 저장됩니다.

규칙4 변수는 대입 연산자 왼쪽에서는 저장 공간이 되고, 오른쪽에서는 값이 됩니다.

다음과 같이 두 변수가 있다고 가정합시다.

```
                      int a, b;
① 저장 공간 ——→ (a) = 10;
                  b = (a) ←—— ② 값
```

① a와 ② a는 같은 a지만, ① a는 저장 공간, ② a는 값입니다. 즉, 같은 이름을 사용하더라도 어디에 있는지에 따라 컴파일러는 다른 의미로 해석합니다. 이렇게 변수의 용도가 다름을 설명하기 위해 저장 공간으로 사용하는 변수를 l-value^{left value}, 값으로 사용하는 변수를 r-value^{right value} 로 구분하기도 합니다.

이것만 기억하세요. 왼쪽에 있는 ① a는 저장 공간이므로 값이 10으로 변경되지만, 오른쪽에 있는 ② a는 저장 공간의 값(10)을 복사해서 사용하므로 변수 a의 값이 바뀌지 않습니다. 또한 연산하거나 출력할 때도 값을 복사해서 사용하므로 변수의 값이 바뀌지 않습니다.

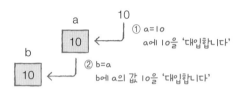

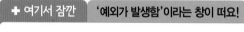

➕ 여기서 잠깐 **'예외가 발생함'이라는 창이 떠요!**

책을 따라하다 보면 '예외가 발생함'이라며 다음 그림과 같이 창이 뜨는 일이 있을 겁니다. 이는 F5를 누르면 진행되는 디버깅 과정 중에 발생하는 겁니다. 컴파일과 실행 시에는 발생하지 않습니다. 당장은 이에 관해 알 필요가 없습니다. 다만, 이런 화면을 발견했다면, 컴파일 시에는 Ctrl + Shift + B를, 실행 시에는 Ctrl + F5를 눌러야 한다는 점을 기억하세요.

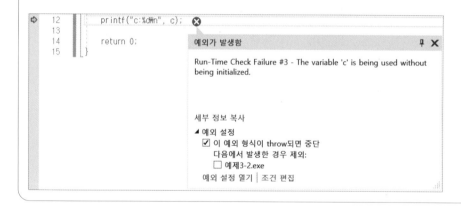

정수 자료형

변수는 데이터를 저장하는 메모리의 공간이며 데이터 종류에 따라 다양한 형태를 사용합니다. 이와 같은 변수의 형태를 **자료형** 혹은 **데이터형**^{data type}이라 하며, 크게 정수형과 실수형으로 구분됩니다.

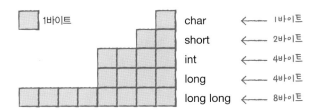

같은 정수형이라도 메모리 저장 공간의 크기에 따라 char, short, int, long, long long으로 구분됩니다. 물론 크기가 큰 자료형이 더 많은 범위의 값을 저장할 수 있으며 그 범위는 다음 공식에 따라 계산됩니다.

$$-2^{\text{비트 수}-1} \sim 2^{\text{비트 수}-1}-1$$

예를 들어 char형은 크기가 1바이트로 8비트입니다. 따라서 값의 저장 범위는 $-2^7 \sim 2^7-1$, 결국 $-128 \sim 127$의 값을 저장할 수 있습니다. char형은 작은 범위의 정수를 저장할 수 있지만, 그 이름 (문자를 뜻하는 character)에서 예상할 수 있듯이 주로 문자를 저장하는 용도로 쓰입니다.

> char형 변수에는
> 주로 문자를 저장한다.

컴파일러는 프로그램에서 사용하는 모든 문자를 0~127 사이의 정수(아스키 코드 값)로 바꾸어 처리하므로 char형 변수를 사용하면 문자를 가장 효과적으로 저장할 수 있습니다. char형 변수의 용도를 예제를 통해 살펴보겠습니다.

3-2 직접 해보는 손코딩

char형 변수의 사용 소스 코드 예제3-2.c

```
01  #include <stdio.h>
02
03  int main(void)
04  {
05      char ch1 = 'A';         // 문자로 초기화. 저장된 값은 문자의 아스키 코드 값
06      char ch2 = 65;          // 문자 'A'의 아스키 코드 값에 해당하는 정수로 초기화
07
08      printf("문자 %c의 아스키 코드 값 : %d\n", ch1, ch1);
09      printf("아스키 코드 값이 %d인 문자 : %c\n", ch2, ch2);
10
11      return 0;
12  }
```

실행결과 ✕

```
문자 A의 아스키 코드 값 : 65
아스키 코드 값이 65인 문자 : A
```

5행은 ch1에 문자 'A'를 저장하지만, 그 아스키 코드 값이 65이므로 결국 ch1에 65를 저장한 것과 같은 효과를 냅니다. 즉, 5행과 6행에서 각각 다른 방식으로 초기화했지만, 결국 같은 값이 저장되어 있다는 뜻입니다. 이 값을 문자로 출력하느냐 값으로 출력하느냐는 변환 문자가 결정합니다.

```
char ch1 = 'A';        // 5행. 문자로 초기화, 저장된 값은 문자의 아스키 코드 값
char ch2 = 65;         // 6행. 문자 'A'의 아스키 코드 값에 해당하는 정수로 초기화
```

char형 변수를 출력할 때 %c를 사용하면 변수에 저장된 값을 아스키 코드 값으로 해석해 그 값에 해당하는 문자를 출력하고, %d를 사용하면 정수로 출력합니다. 변환 문자는 59쪽 〈정수와 실수 출력〉에서 배웠습니다.

> 변환 문자 %c는 char형 변수의 값을 아스키 코드 값으로 해석해 그에 해당하는 문자를 출력한다.

정수형에는 char 외에도 많은 자료형이 있으므로 처리할 데이터의 크기에 따라 적절한 자료형을 선택해 사용하면 됩니다. 간단한 사용 예를 보겠습니다.

3-3 직접 해보는 손코딩

여러 가지 정수형 변수 소스 코드 예제3-3.c

```
01  #include <stdio.h>
02
03  int main(void)
04  {
05      short sh = 32767;                    // short형의 최댓값 초기화
06      int in = 2147483647;                 // int형의 최댓값 초기화
07      long ln = 2147483647;                // long형의 최댓값 초기화
08      long long lln = 123451234512345;     // 아주 큰 값 초기화
09
10      printf("short형 변수 출력 : %d\n", sh);
11      printf("int형 변수 출력 : %d\n", in);
12      printf("long형 변수 출력 : %ld\n", ln);
13      printf("long long형 변수 출력 : %lld\n", lln);   // long long형은 lld로 출력
14
15      return 0;
16  }
```

실행결과   ✕

```
short형 변수 출력 : 32767
int형 변수 출력 : 2147483647
long형 변수 출력 : 2147483647
long long형 변수 출력 : 123451234512345
```

각 자료형은 저장 값의 범위가 다르지만 출력할 때는 모두 **%d**를 사용합니다. 단, long형은 소문자 l(엘)을 붙여 **%ld**로 출력하고 long long형은 2개 붙여 **%lld**로 출력합니다.

예제를 통해 다양한 정수형을 살펴봤는데, 언제 어떤 자료형을 사용할지 고민된다면 다음 방법을 따르면 됩니다.

방법1 **특별한 경우가 아니면 정수형을 표현할 때는 int를 사용합니다.**

int형은 연산의 기본 단위로 컴퓨터에서 가장 빠르게 연산됩니다. short형은 int형보다 크기가 작아 메모리를 적게 사용하지만, 연산 과정에서는 int형으로 변환되므로 실행 속도가 느려질 수 있습니다. long long형은 크기가 8바이트이므로 int형으로 저장할 수 없는 큰 범위의 값을 저장할 수 있지만, 메모리의 낭비가 큽니다. 각 자료형의 크기는 컴파일러나 버전에 따라 다를 수 있으나 다음 기준에 따라 구현됩니다.

```
char  ≤  short  ≤  int  ≤  long  ≤  long long
```

방법2 **long형은 큰 값을 저장할 때 사용합니다.**

보통 컴파일러에서 int형은 4바이트입니다. 그런데 int형이 2바이트로 구현된 컴파일러가 간혹 있습니다. 이때 큰 값을 저장하기 위해 long형을 사용합니다. int형과 long형의 크기를 동일하게 인식하는 컴파일러를 사용한다면 long형을 쓸 필요가 없습니다.

✚ 여기서 잠깐　　**자료형의 크기를 알아내는 sizeof 연산자**

현재 사용하는 컴파일러에서 구현된 자료형의 크기가 궁금하면 sizeof 연산자로 확인할 수 있습니다. sizeof는 자료형의 크기를 바이트 단위로 계산해 주며 다음과 같이 사용됩니다. 자세한 기능은 4장 〈연산자〉 부분에서 설명합니다.

```
printf("long long형의 크기 : %d바이트\n", sizeof(long long));      // 14행에 추가
```

unsigned 정수 자료형

정수형은 보통 양수와 음수를 모두 저장하지만, 양수만 저장하면 두 배 더 넓은 범위의 값을 저장할 수 있습니다. 따라서 나이와 같이 음수가 없는 데이터를 저장할 때는 unsigned를 사용합니다. unsigned가 없으면 자동으로 signed로 선언됩니다. 사용법은 간단합니다. 앞서 설명한 자료형에 unsigned만 붙이면 됩니다.

> 정수형을 양수 전용으로 쓰고 싶을 때는 unsigned를 사용한다.

unsigned 자료형을 사용할 때는 출력 시 변환 문자 사용에 주의해야 합니다. unsigned 변수에 큰 양수를 저장하고 %d로 출력하면 음수가 출력될 가능성이 있으며, 음수를 저장하고 %u로 출력하면 양수가 출력됩니다. 예제를 보며 이해합시다.

3-4 직접 해보는 손코딩

unsigned를 잘못 사용한 경우　소스 코드　예제3-4.c

```
01  #include <stdio.h>
02
03  int main(void)
04  {
05      unsigned int a;
06
07      a = 4294967295;        // 큰 양수 저장
08      printf("%d\n", a);     // %d로 출력
09      a = -1;                // 음수 저장
10      printf("%u\n", a);     // %u로 출력
11
12      return 0;
13  }
```

실행결과 ✕
```
-1
4294967295
```

실행결과를 보면 저장한 값과 반대죠? 그 이유는 두 정수가 메모리에 저장되는 형태는 같으나 printf 함수가 데이터를 해석해서 보여 주는 방법이 다르기 때문입니다. 먼저 %d는 부호까지 생각해서 10진수로 출력하는 변환 문자고, %u는 부호 없는 10진수로 출력하는 변환 문자입니다.

기억을 더듬어 74쪽의 〈음수의 변환〉을 떠올려 보겠습니다. 음수는 그 절댓값을 2의 보수로 저장하는데, 9행에서 지정한 -1을 표현하면 7행의 4294967295와 메모리 내에 저장된 형태가 11111111 11111111 11111111 11111111로 같습니다.

8행에서 printf 함수에 %d(부호 있음) 변환 문자를 사용했으므로 7행의 데이터 4294967295의 가장 왼쪽 비트를 부호 비트로 간주해 -1을 출력합니다. 그러나 %u를 사용하면 부호 비트를 고려하지 않고 모든 비트를 10진수로 바꿔 4294967295를 출력합니다(9~10행).

```
a = 4294967295;        // 7행. 큰 양수 저장
printf("%d\n", a);     // 8행. %d로 출력
a = -1;                // 9행. 음수 저장
printf("%u\n", a);     // 10행. %u로 출력
```

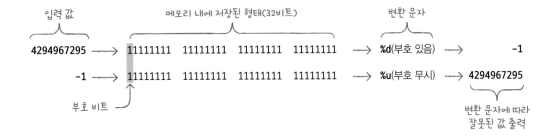

결국 unsigned형 변수에 음수도 저장하고 출력할 수 있습니다. 그러나 연산하거나 대소를 비교할 때는 부호 비트를 고려하지 않고 항상 양수로 처리하므로 결과가 예상과 다를 수 있습니다. 따라서 unsigned 자료형을 사용할 때는 항상 양수만 저장하고 %u로 출력하기를 권합니다.

> unsigned 자료형을 쓸 땐 항상 양수만 저장하고 %u로 출력한다.

실수 자료형

실수는 데이터를 구현하는 방법이 정수와 다르므로 이를 표현할 때는 별도의 자료형을 사용합니다. 크기에 따라 float, double, long double로 구별하며, 값을 저장할 수 있는 범위가 다릅니다. 가장 작은 float도 4바이트이므로 저장 범위가 큰 편입니다. 실수 자료형의 경우 값의 범위보다 유효 숫자의 개수에 주목해야 합니다. 예제를 통해 알아보겠습니다.

> 유효 숫자가 많을수록 더 정확한 값을 표현할 수 있다.

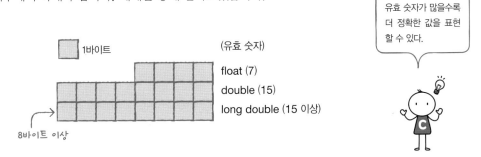

3-5 직접 해보는 손코딩

유효 숫자 확인   소스 코드 예제3-5.c

```
01  #include <stdio.h>
02
03  int main(void)
04  {
05      float ft = 1.234567890123456789;          // 유효 숫자가 많은 값으로 초기화
```

```
06      double db = 1.234567890123456789;
07
08      printf("float형 변수의 값 : %.20f\n", ft);    // 소수점 이하 20자리까지 출력
09      printf("double형 변수의 값 : %.20lf\n", db);
10
11      return 0;
12   }
```

⟨/⟩ 실행결과   ✕
float형 변수의 값 : 1.23456788063049316406
double형 변수의 값 : 1.23456789012345669043

실행결과에서 이상한 점이 보이나요? 신기하게도 출력한 값이 초깃값과 다릅니다. float형 변수의 값은 아홉 번째부터, double형 변수는 열일곱 번째부터 달라졌습니다.

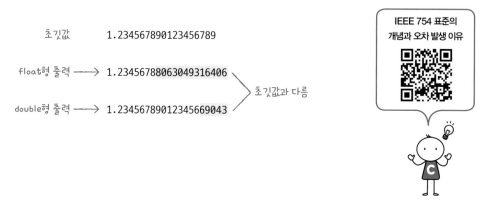

왜 그럴까요? 실수형은 저장하는 값에 따라 숫자가 정확하게 표현될 수도 있고 그렇지 않을 수도 있습니다. 이렇게 값이 달라지는 이유는 컴퓨터에서 실수를 표현하는 방식이 오차를 갖고 있기 때문입니다. 따라서 float형은 유효 숫자 7자리, double형은 15자리의 범위 내의 값을 사용하는 것이 좋습니다.

> 컴퓨터에서 실수 표현은 오차가 있으므로 자료형에 따라 유효 숫자 범위 내에서 사용해야 한다.

유효 숫자의 개수를 계산해 가며 프로그래밍하는 것이 걱정이라면 다음 2가지 방법을 사용합시다.

방법1 정수형을 기본으로 사용하고 꼭 필요한 경우에만 실수형을 사용합니다.

방법2 실수형은 유효 숫자가 많은 double형을 기본으로 사용합니다.

long double형이 가장 유효 숫자가 많다고 생각할 텐데 사실 크기가 컴파일러와 버전에 따라 다를 수 있습니다. gcc 컴파일러에서는 16바이트로 구현되어 있고 VC++ 컴파일러에서는 double형과 같은 8바이트로 처리합니다. 이렇게 컴파일러마다 구현 방식이 다르면 코드의 호환성을 보장할 수 없습니다. 따라서 long double형을 사용할 때는 이 점을 주의해야 합니다.

+ 여기서 잠깐 　　**[3-5 직접 해보는 손코딩]을 컴파일하면 경고 메시지가 떠요!**

아마 빌드 후 오류 목록에서 이런 메시지를 봤을 겁니다.

> ⚠ **경고** 　　✕
>
> warning C4305: '초기화 중' : 'double'에서 'float'(으)로 잘립니다.

이는 실수를 사용할 때 좀 더 조심하라고 알려 주는 경고 메시지입니다. 이 메시지는 8바이트 크기의 실수를 4바이트 크기의 float형 변수에 저장하면 값이 잘려 나갈 수 있다는 경고입니다. 따라서 가능하면 실수는 double형 변수에 저장해야 합니다. 만약 실수를 반드시 float형 변수에 저장해야 하는 상황이라면 저장할 값도 1.23f와 같이 값 뒤에 f(혹은 1.23F처럼 대문자 F)를 붙여 4바이트 크기의 상수로 처리될 수 있도록 작성하는 것이 좋습니다.

문자열 저장

프로그램을 작성하다 보면 숫자뿐 아니라 "apple" 같은 문자열도 변수에 담아야 할 때가 있습니다. 이런 경우에는 char형을 배열 형태로 만들어 거기에 문자열을 저장합니다.

```
char 배열명[문자열길이+1] = 문자열;
```

예를 들어 문자열 "apple"을 저장하려면 다음과 같이 선언하고 초기화합니다.

```
char fruit[6] = "apple" ;
```
　　　　배열명　문자열의 길이+1 이상

그런데 왜 문자열의 길이보다 배열의 크기를 하나 더 크게 잡아야 할까요? 바로 컴파일러가 문자열의 끝에 \0(**널 문자** null character)을 자동으로 추가하기 때문입니다. 널 문자는 문자열의 끝을 표시하는 특별한 문자인데 이에 관해서는 12장에서 설명합니다. 이렇게 기본 자료형을 여러 개 묶어 사용하는 것을 **배열** array이라고 합니다. 배열은 8장에서 자세히 다룹니다. 여기서는 문자열을 저장하는 용도로 쓰이는 char 배열의 사용법만 살펴보겠습니다.

char 배열에 문자열 저장   소스 코드   예제3-6.c

```
01  #include <stdio.h>
02
03  int main(void)
04  {
05      char fruit[20] = "strawberry";            // char 배열 선언과 문자열 초기화
06
07      printf("딸기 : %s\n", fruit);             // 배열명으로 저장된 문자열 출력
08      printf("딸기잼 : %s %s \n", fruit, "jam");  // 문자열 상수를 직접 %s로 출력
09
10      return 0;
11  }
```

```
▣ 실행결과                          ✕
딸기 : strawberry
딸기잼 : strawberry jam
```

5행에서 "strawberry"가 10자이므로 fruit 배열의 크기는 최소한 11보다 커야 합니다. 배열의 크기가 더 크더라도 문자열의 끝에는 항상 널 문자가 있으므로 printf 함수는 널 문자 이전까지 저장된 문자열만 출력합니다. 당장 문자열의 구현 방식을 파헤치는 것은 무의미합니다. 일단은 char 배열은 문자열을 저장하는 변수의 역할을 하며 %s로 출력한다는 점만 알아 두세요.

> 문자열은 char형을 배열 형태로 만들어 저장하며 %s로 출력된다.

✚ 여기서 잠깐   배열에는 대입 연산자를 사용할 수 없습니다.

대입 연산은 대상 자료형의 크기가 일정해야 수행할 수 있는데 선언에 따라 크기가 달라지는 char 배열을 사용하면 대입 연산을 할 수 없습니다. 또한 배열명은 주소 상수이므로 대입 연산자 왼쪽에 쓸 수 없습니다. 대입 연산자 왼쪽에는 변수 (l-value)가 와야 하는데 배열명이 오면 에러가 발생합니다. 좀 더 자세한 내용은 10장의 〈배열과 포인터〉에서 다룹니다. 비어 있는 6행에 다음과 같이 입력해 실제로 에러가 발생하는지 확인해 봅시다.

```
fruit = "banana";              // 배열은 선언된 이후에 대입 연산자로 문자열을 입력할 수 없다.
```

이제 다시 컴파일하면 다음과 같은 에러 메시지가 뜰 겁니다.

```
⊡ 에러      ✕
error C2106: '=': 왼쪽 피연산자는 l-value이어야 합니다.
```

note 에러 메시지는 컴파일러 버전에 따라 조금씩 다를 수 있습니다.

char 배열에 새로운 문자열을 저장하려면 어떻게 해야 할까요? char 배열에 초기화 이외에 문자열을 저장할 때는 **strcpy** 함수를 사용합니다. 자세한 내용은 12장 〈문자열〉에서 다루기로 하고 여기서는 간단한 예제를 통해 사용법만 확인하겠습니다.

> strcpy 함수는 string copy의 줄임말로 문자열을 복사한다.

먼저 **strcpy** 함수를 사용하려면 소스 코드에 **string.h** 헤더 파일을 포함시켜야 합니다.

3-7 직접 해보는 손코딩

char 배열에 문자열 복사 소스 코드 예제3-7.c

```
01  #include <stdio.h>
02  #include <string.h>                    // 문자열을 다룰 수 있는 string.h 헤더 파일 포함
03
04  int main(void)
05  {
06      char fruit[20] = "strawberry";     // strawberry로 초기화
07
08      printf("%s\n", fruit);             // strawberry 출력
09      strcpy(fruit, "banana");           // fruit에 banana 복사
10      printf("%s\n", fruit);             // banana 출력
11
12      return 0;
13  }
```

실행결과 ×

```
strawberry
banana
```

＋ 여기서 잠깐 **컴파일 오류가 나요.**

strcpy 함수를 사용한 코드가 컴파일되지 않는다면 다음 문장을 소스 코드 첫 줄에 추가합니다. 혹은 앞에서 설정한 템플릿을 사용합시다. 템플릿에 관한 자세한 내용은 46쪽을 참고하세요.

```
#define _CRT_SECURE_NO_WARNINGS
```

const를 사용한 변수

앞서 변수는 저장 공간이므로 언제든지 그 값을 바꿀 수 있다고 했습니다. 그러나 const를 사용한 변수는 예외입니다. 변수를 선언할 때 그 앞에 const를 붙이면 초기화된 값을 바꿀 수 없습니다.

const로 변수를 상수처럼 사용하는 예를 살펴보겠습니다.

3-8 직접 해보는 손코딩

const를 사용한 변수   소스 코드   예제3-8.c

```
01  #include <stdio.h>
02
03  int main(void)
04  {
05      int income = 0;                 // 소득액 초기화
06      double tax;                     // 세금
07      const double tax_rate = 0.12;   // 세율 초기화
08
09      income = 456;                   // 소득액 저장
10      tax = income * tax_rate;        // 세금 계산
11      printf("세금은 : %.1lf입니다.\n", tax);
12
13      return 0;
14  }
```

실행결과   ✕

세금은 : 54.7입니다.

7행을 볼까요?

```
    const double tax_rate = 0.12;       // 7행. 세율 초기화
```

const를 사용한 변수는 다음과 같은 형식으로 선언합니다.

```
const 자료형 변수명 = 값;
```

const를 사용하면 이후에는 값을 바꿀 수 없으므로 반드시 선언과 동시에 초기화해야 합니다. 초기화하지 않으면 변수의 쓰레기 값이 계속 사용되며, 만약 초기화 이후에 값을 바꾸고자 하면 컴파일 과정에서 다음과 같은 에러 메시지가 나타납니다.

> const는 반드시 선언과 동시에 초기화해야 한다.

```
⚠ 에러                    ✕
error C2166: l-value가 const 개체를 지정합니다.
```

다음처럼 8행에 **tax_rate**의 값을 바꾸는 문장을 추가하고 컴파일하면 위 에러를 볼 수 있습니다.

```
tax_rate = 0.15;                    // 8행에 추가하고 컴파일하세요.
```

그렇다면 const를 왜 사용하는 걸까요? 변수에 const를 사용하면 복잡한 값에 의미 있는 이름을 붙여 쓸 수 있고 값이 바뀌지 않음을 보장받을 수 있습니다. const를 사용하면 변수가 상수처럼 쓰이지만, C 문법이 제공하는 변수의 특성을 모두 가지는 엄연한 변수입니다. 따라서 앞으로 배우겠지만, 주소 연산자로 메모리의 위치를 알 수 있으며 사용 범위의 제한 규칙도 그대로 적용됩니다.

예약어와 식별자

예약어^{reserved word(key word)}는 컴파일러와 사용 방법이 약속된 단어이며, **식별자** identifier는 필요에 따라 만들어 사용하는 단어입니다. 예를 들어 변수 선언문에서 자료형 이름은 예약어이고, 변수명은 식별자입니다.

```
int age;
 ↑   ↑
예약어 식별자
```

자료형 **int**는 정수를 저장할 메모리 공간을 확보하도록 지시하는 약속된 단어이므로 단어를 마음대로 바꿀 수 없지만, 변수명 **age**는 확보한 저장 공간에 이름을 붙이는 것이므로 원하는 단어를 사용해 만들 수 있습니다. 식별자는 만들어 사용하는 단어이므로 중복되지 않는다면 어떤 것이든 사용할 수 있습니다. 다만, 다음 규칙을 지켜야 합니다.

> 예약어는 컴파일러가 사용법을 지정한 단어이고, 식별자는 필요에 따라 사용자가 지정하는 단어이다.

- 알파벳 대문자 A~Z, 소문자 a~z, 숫자 0~9, _(밑줄, underline)로 만듭니다.
- 숫자로 시작할 수 없습니다.
- 대문자와 소문자는 서로 다른 식별자로 인식합니다.
- 예약어는 식별자로 사용할 수 없습니다.

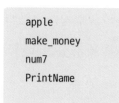

식별자로 사용 가능한 예

```
apple
make_money
num7
PrintName
```

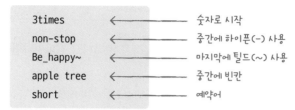

식별자로 사용 불가능한 예

```
3times          ←──────── 숫자로 시작
non-stop        ←──────── 중간에 하이픈(-) 사용
Be_happy~       ←──────── 마지막에 틸드(~) 사용
apple tree      ←──────── 중간에 빈칸
short           ←──────── 예약어
```

대소문자를 구분하므로 student와 Student는 다른 식별자입니다. 따라서 이 두 식별자를 동시에 사용할 수 있습니다. Int, INT도 예약어 int와 구분되므로 식별자로 사용할 수 있습니다(단, typedef와 #define을 사용하지 않았을 때 그렇습니다. 이에 관해서는 각각 17, 19장에서 다룹니다).

식별자는 프로그램에서 이름이 필요할 때 언제든지 만들어 사용하면 됩니다. 변수명이나 앞으로 배울 배열명, 함수명, 구조체명 등에도 식별자를 사용합니다. 읽기 쉬운 프로그램을 작성하려면 용도에 맞는 이름을 식별자로 쓰는 것이 좋습니다.

예를 들어 나이를 저장할 변수라면 age라는 이름을 쓰고, 덧셈을 수행하는 함수라면 add와 같은 이름을 사용할 수 있습니다. 2개의 단어를 써야 한다면 add_age와 같이 밑줄을 사용해 적절히 나눠 주는 방법도 고려할 수 있습니다. 식별자는 임의로 만들어 쓸 수 있지만, 많이 사용하는 표기법을 따르거나 소속 조직의 지침을 참고하는 것이 좋습니다.

> 용도에 맞는 이름을
> 식별자로 사용하자.

C 언어에는 자료형 이름(char, float, int, long 등)뿐 아니라 앞으로 배울 제어문의 if, for, while 등을 비롯한 다양한 예약어가 있습니다. 이는 차차 배워 가겠습니다.

▶ 6가지 키워드로 끝내는 핵심 포인트

- **변수 선언**으로 메모리에 저장 공간을 확보하며, 대입 연산자(=)로 변숫값을 초기화하거나 저장한다. 초기화하지 않은 변수에는 **쓰레기 값**이 들어 있다.

- 변수의 형태를 **자료형**이라 하며 기본적으로 정수형과 실수형으로 나뉜다.

- 변수에 const를 사용하면 상수처럼 사용할 수 있다.

- **예약어**는 컴파일러와 약속된 단어고, **식별자**는 사용자가 만들어 낸 단어이다.

▶ 표로 정리하는 핵심 포인트

표 3-1 데이터 종류에 따른 대표 자료형

데이터 종류	자료형	크기(Byte)	저장 값의 범위	출력 변환 문자
정수	int	4	−2147483648 ~ 2147483647	표 3-2 참고
실수	double	8	$-1.79 \times 10^{308} \sim 1.79 \times 10^{308}$	표 3-3 참고
문자	char	1	−128 ~ 127	%c
문자열	char 배열	가변적	'배열의 크기−1'개의 문자	%s

표 3-2 정수형의 종류

자료형	크기(Byte)	값의 저장 범위	출력 변환 문자
char	1	−128 ~ 127	%c 또는 %d
short	2	−32768 ~ 32767	%d
int	4	−2147483648 ~ 2147483647	%d
long	4	−2147483648 ~ 2147483647	%ld
long long	8	$-2^{63} \sim 2^{63}-1$	%lld
unsigned char	1	0 ~ 255	%u
unsigned short	2	0 ~ 65535	%u
unsigned int	4	0 ~ 4294967295	%u
unsigned long	4	0 ~ 4294967295	%lu
unsigned long long	8	$0 \sim 2^{64}-1$	%llu

표 3-3 실수형의 종류

자료형	크기(Byte)	값의 저장 범위	유효 숫자	출력 변환 문자
float	4	$-3.4 \times 10^{38} \sim 3.4 \times 10^{38}$	7	%f
double	8	$-1.79 \times 10^{308} \sim 1.79 \times 10^{308}$	15	%lf
long double	8 이상	double형과 같거나 큰 범위	15 이상	%Lf

표 3-4 예약어의 종류

구분	예약어
자료형	char double enum float int long short signed struct union unsigned void
제어문	break case continue default do else for goto if return switch while
기억클래스	auto extern register static
기타	const sizeof typedef volatile

▶ 확인 문제

지금까지 데이터를 메모리에 저장하기 위해 변수를 선언하는 방법과 자료형에 관해 살펴봤습니다. C 언어가 제공하는 모든 자료형의 특성을 정확히 이해하기란 쉽지 않습니다. 문제를 풀며 정리하는 시간을 갖도록 합시다.

1. 다음 자료형 중 실수형에 ◯를 표시하세요.

float   long   char   double   int   unsigned   short

2. 다음 프로그램의 실행결과를 적으세요.

```c
#include <stdio.h>

int main(void)
{
    int a = 0;

    a = a + 1;
    a = a + 2;
    a = a + 3;
    printf("a : %d", a);

    return 0;
}
```

</> 실행결과	✕

뒤에 한 문제 더 있어!
조금만 힘내!

3. 국어, 영어, 수학 점수를 저장할 변수(**kor, eng, mat**)를 선언하고 각각 70, 80, 90점으로 초기화합니다. 총점을 저장할 변수(**tot**)를 선언해 세 과목의 합을 구하고 세 과목의 점수와 총점을 출력하는 프로그램을 작성하세요.

```
#include <stdio.h>

int main(void)
{
                                    // 세 과목의 변수 선언과 초기화
                                    // 총점을 저장할 변수 선언


                                    // 세 변수의 값을 더해 총점 변수에 저장
                                    // 점수 출력
                                    // 총점 출력


    return 0;
}
```

```
▣ 실행결과                                    ✕
국어 : 70, 영어 : 80, 수학 : 90
총점 : 240
```

확인 문제까지
클리어! 야호!

03-2

데이터 입력

핵심 키워드

scanf 함수　　키보드로 데이터 입력　　둘 이상의 데이터 입력　　문자열 입력

프로그램을 이용해 우리가 원하는 결과를 얻으려면 그 결과 처리에 필요한 데이터를 입력할 수 있어야 합니다. 이 절에서는 프로그램을 실행하는 도중에 정수, 실수, 문자, 문자열을 입력하는 방법을 설명하겠습니다.

시작하기 전에

키보드에서 타이핑하는 모든 내용은 문자로 인식됩니다. 따라서 입력한 데이터를 연산이 가능한 정수나 실수로 사용하려면 변환 과정이 필요합니다. 이때 사용하는 것이 바로 scanf 함수입니다. scan formatted라는 뜻으로 '스캔에프'라고 읽습니다. 이 함수는 입력 문자들을 스캔해 원하는 형태의 데이터로 바꿔 줍니다. 어떤 데이터로 변환할 것인지는 변환 문자를 통해 결정됩니다. scanf 함수에서 자료형에 따라 사용하는 변환 문자는 printf 함수로 출력할 때 사용하는 변환 문자와 거의 같습니다.

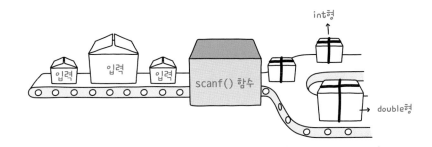

키보드로부터 데이터를 입력받아 변수에 저장할 때는 scanf 함수를 사용한다.

scanf 함수의 사용법

scanf 함수는 키보드에서 입력한 값을 변수에 저장할 때 사용합니다.

scanf 함수 사용법은 간단합니다. 변수의 형태에 맞는 변환 문자를 사용하고 입력할 변수 앞에 &(앰퍼샌드)를 붙이면 됩니다. 예를 들어 int형 변수 a에 정수를 입력하는 방법은 다음과 같습니다. 변환 문자와 변수 사이는 콤마로 구분합니다.

> &는 앰퍼샌드 (ampersand) 라고 읽는다.

변수명

```
scanf("%d", &a);
```
int형 변환 문자   변수명 앞에 붙인다

예제를 통해 scanf 함수의 사용법을 확인해 보겠습니다.

＋ 여기서 잠깐   scanf 함수와 VC++ 컴파일러

scanf 함수와 같이 메모리에 직접 접근하는 함수를 사용하면 VC++ 컴파일러는 시스템 보안 문제 때문에 에러 메시지를 보여 주고 컴파일을 중단합니다. 이런 문제로 1장 〈좀 더 알아보기〉에서 프로젝트 템플릿을 만드는 방법을 설명하고 해당 템플릿 사용을 권장했습니다. 1장에서 만든 템플릿에는 시스템 보안 검사 기능을 제한하는 문장을 속성으로 넣었습니다. 만약 템플릿을 사용하지 않고 실습을 진행 할 예정이라면 소스 코드의 첫 줄에 다음 문장을 추가하고 컴파일하면 됩니다.
자세한 내용은 이 장의 끝에 있는 〈좀 더 알아보기〉에서 설명합니다.

```
#define _CRT_SECURE_NO_WARNINGS
```

3-9   직접 해보는 손코딩

scanf 함수를 사용한 키보드 입력   소스 코드   예제3-9.c

```
01   #include <stdio.h>
02
03   int main(void)
04   {
05       int a;
06
07       scanf("%d", &a);        // 여기서 변수 a에 값 입력
08       printf("입력된 값 : %d\n", a); // 입력한 값 출력
09
10       return 0;
11   }
```

실행결과   ×

10 ⏎   ←── 키보드로 값을
입력된 값 : 10   입력한 후 엔터

프로그램을 실행하고 결과 창을 보면 커서(_)가 깜박이며 마냥 기다립니다. 이 커서는 7행의 scanf("%d", &a);를 실행한 결과며, 이 상태에서 값을 입력해야 다음 문장이 실행됩니다. 여기서 원하는 정수를 입력하면 그 값이 변수 a에 저장됩니다. 예를 들어 '10'을 입력하고 Enter 를 누르면 a 에 10이 저장되고 다음 문장인 8행이 실행되어 입력된 10이 출력됩니다.

scanf 함수 사용의 유의점

scanf 함수를 사용할 때에는 2가지 점을 유의해야 합니다.

유의점1 **scanf 함수에서 변수명을 지정할 때는 &를 붙여야 합니다.**

scanf 함수를 사용할 때 가장 많이 하는 실수는 변수명 앞에 &를 빠뜨리는 것입니다. 변수의 값을 출력할 때는 변수명만 사용하지만, 입력할 때는 변수명 앞에 &를 붙여야 합니다. &는 변수의 주소를 구하는 연산자로 9장 〈포인터〉에서 자세히 다룹니다.

유의점2 **scanf 함수에서 사용한 변환 문자와 맞는 형태의 데이터를 입력해야 합니다.**

scanf 함수는 변환 문자와 입력 형태가 다르면 데이터를 입력하지 못할 수 있습니다. 키보드로 입력하는 데이터는 모두 문자로 처리됩니다. scanf 함수는 변환 문자를 보고 정수로 변환할지 실수로 변환할지 아니면 그냥 문자열로 입력할지를 판단합니다. 그런데 만약 변환 문자와 다른, 예상치 못한 데이터가 입력되면 scanf 함수는 변환을 포기하고 실행을 중단합니다.

레벨업 스킬
short형 변수에 입력할 때 %d를 쓰면 안 되는 이유

예를 들어 %d를 지정했는데 abc를 입력하면 정수로 변환할 수 없으므로 함수 실행이 중단됩니다. 물론 그 이후의 프로그램은 계속 진행됩니다. 이 경우 변수에 값이 입력되지 않으므로 scanf 함수 실행 이전에 변수에 있던 값이 계속 사용됩니다. 결국 입력에 실패하면 변수 a에 있던 쓰레기 값이 그대로 출력되는 것입니다.

scanf 함수의 응용

scanf 함수는 여러 개의 변환 문자를 나열해 한 번에 2개 이상의 변수에 값을 입력할 수 있습니다. 예를 들어 int형 변수 a와 double형 변수 b에 입력한다면 다음처럼 사용할 수 있습니다.

```
scanf("%d%lf", &a, &b);
```

변환 문자들은 큰따옴표 안에 이어서 나열되며 변수 사이는 콤마로 구분합니다. 물론 각 변수의 형태에 맞는 변환 문자를 사용해야 합니다. 데이터를 입력할 때는 두 값을 구분해야 하는데 그 방법을 예제로 확인해 보겠습니다.

> scanf 함수에서 콤마로 구분 지어 2개 이상의 변수에 값을 입력할 수 있다.

note %d나 %lf가 무엇인지 잘 기억나지 않는다면 3-1의 〈마무리〉를 다시 읽어 보세요.

3-10   직접 해보는 손코딩

scanf 함수를 사용한 연속 입력   소스 코드 예제3-10.c

```
01  #include <stdio.h>
02
03  int main(void)
04  {
05      int age;                        // 나이는 정수형
06      double height;                  // 키는 실수형
07
08      printf("나이와 키를 입력하세요 : ");    // 입력 안내 메시지 출력
09      scanf("%d%lf", &age, &height);      // 나이와 키를 함께 입력
10      printf("나이는 %d살, 키는 %.1lfcm입니다\n", age, height);  // 입력값 출력
11
12      return 0;
13  }
```

> 실행결과   ✕
>
> 나이와 키를 입력하세요 : 17 187.5 ⏎
> 나이는 17살, 키는 187.5cm입니다

8행은 입력받기 전 안내 메시지를 출력하는 부분입니다. 실제 입력은 9행의 **scanf** 함수에서 받는데, 입력할 때 나이와 키를 Space Bar를 눌러 빈칸으로 구분해야 합니다. 또는 Tab이나 Enter를 눌러 구분할 수도 있습니다.

> 2개 이상의 값을 입력할 때는 Space Bar, Tab, Enter를 눌러 구분한다.

문자와 문자열의 입력

char형 변수에 문자를 입력할 때는 키보드로 입력하는 모든 문자가 대상이 됩니다. 즉, Space Bar (공백 문자)나 Enter(개행 문자)도 하나의 문자로 전달됩니다. 문자열은 char 배열에 **%s** 변환 문자를 사용해 입력하는데, 문자열을 입력할 때는 배열명에 &를 붙이지 않습니다. 또한 스페이스나 엔터, 탭 등을 만나면 바로 전까지만 저장되므로 공백 없이 연속으로 입력해야 합니다. 예제를 통해 살펴보겠습니다.

문자와 문자열 입력 　소스 코드　예제3-11.c

```
01  #include <stdio.h>
02
03  int main(void)
04  {
05      char grade;              // 학점을 입력할 변수
06      char name[20];           // 이름을 입력할 배열
07
08      printf("학점 입력 : ");
09      scanf("%c", &grade);     // grade 변수에 학점 문자 입력
10      printf("이름 입력 : ");
11      scanf("%s", name);        // name 배열에 이름 문자열 입력, &를 사용하지 않는다.
12      printf("%s의 학점은 %c입니다.\n", name, grade);
13
14      return 0;
15  }
```

> 🖥 실행결과 　　　　　　　　　✕
> 학점 입력 : A ⏎
> 이름 입력 : 홍길동 ⏎
> 홍길동의 학점은 A입니다.

6행에서 배열의 크기가 20바이트이므로 최대 19자의 문자열을 입력할 수 있습니다. 문자열에서는 문자열의 끝을 표시하기 위해 널 문자를 사용해야 합니다. 따라서 문자열 끝에 널 문자를 저장할 1바이트의 여유는 있어야 합니다. 널 문자는 scanf 함수가 자동으로 붙여 줍니다. 한글은 한 자당 2바이트를 차지하므로 9자까지 입력할 수 있습니다. 위의 실행결과는 맞게 입력한 경우를 보여 주고 있습니다.

> 한글은 2바이트, 영문은 1바이트 문자다.

만약 학점을 입력할 때 Enter만 누른다면 Enter에 해당하는 제어 문자 \n이 grade 변수에 저장되고 이어서 바로 이름을 입력합니다. 이름도 '홍'과 '길동'을 분리해서 입력하면 배열에는 '홍'만 입력됩니다. 결국 다음과 같이 이름은 '홍'이 되고 학점을 출력하는 부분에서는 줄이 바뀌게 됩니다.

> 🖥 실행결과 　　　　　　　　　✕
> 학점 입력: ⏎
> 이름 입력 : 홍 길동 ⏎
> 홍의 학점은
> 입니다.

note 빈칸을 포함해 문자열을 입력하는 방법은 12장 〈문자열〉에서 자세히 설명합니다.

비정상 종료되는 경우

하나 짚고 가야 할 내용이 있습니다. [3-11 직접 해보는 손코딩]에서 이름으로 '김수한무거북이와두
루미'처럼 name 배열에서 지정한 크기보다 큰 문자열을 입력하면 프로그램이 비정상적으로 종료될
수 있습니다. 예제에서 한글이 9자보다 더 큰 문자열로 입력되면 다른 변수의 저장 공간을 침범할 수
있기 때문입니다. 이와 같은 비정상적 종료는 프로그램이 실행될 때
의 메모리 상황에 따라 달라집니다. 따라서 VC++ 컴파일러는 다음
과 같은 에러 메시지를 내보내며 컴파일을 중단합니다.

> char 배열의 크기보다 큰 문자
> 열을 입력하면 프로그램이 비정
> 상적으로 종료될 수 있다.

```
📋 에러          ✕

C4996: 'scanf': This function or variable may be unsafe. Consider using scanf_s instead.
To disable deprecation, use _CRT_SECURE_NO_WARNINGS. See online help for details.
```

VC++ 컴파일러는 에러와 함께 scanf_s 함수의 사용을 권장하기도 합니다. 이 함수는 배열의 크
기까지만 문자열을 입력하도록 제한하므로 안전한 입력이 가능합니다. 다만, 만약 다른 컴파일러를
부득이하게 사용해야 하는 상황에서 그 컴파일러에서 이 함수를 지원하지 않으면 코드의 호환성에
문제가 생길 수 있습니다. 따라서 이 책에서는 호환성을 염두해 scanf 함수를 사용해 설명합니다.
scanf_s 함수 사용법은 〈레벨업 스킬〉을 통해 확인하길 바랍니다.

VC++ 컴파일러에서 scanf 함수를 계속 사용하려면 1장에서 만든 템플릿을 사용하거나 코드 첫 행
에 다음 내용을 추가합시다. 이후에 나올 scanf 함수뿐 아니라 이후에도 gets, strcpy 등의 함수를
사용할 때도 이와 같은 에러 코드(C4996)를 볼 수 있습니다. 그러므로 템플릿 사용을 권장합니다.

```
#define _CRT_SECURE_NO_WARNINGS
```

이 문장은 scanf 함수를 올바르게 사용할 것이니 에러 메시지를 내보니지 말고 컴파일해라는 의미입
니다. 이 문장을 추가한 후 컴파일하고 실행할 때 정상적인 값을 입력하면 프로그램의 실행에는 문제
가 없습니다. 다만, 주의하지 않고 배열의 크기보다 큰 데이터를 입력한다면 다음 그림과 같은 화면
이 나타나며 프로그램이 비정상적으로 종료됩니다. 앞 쪽의 소스 코드에서 큰 데이터를 입력해 확인
해 봅시다. 입력 데이터가 배열의 크기를 약간 넘어서는 경우에는 메모리 상황에 따라 에러 창이 뜨
지 않을 수 있으니 배열의 크기보다 훨씬 큰 데이터를 입력해 봅시다.

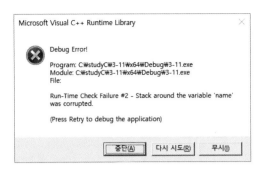

#define 선언은 scanf, gets, strcpy 등 메모리 침범 문제를 일으키는 함수를 사용할 때마다 항상 소스 코드에 포함해야 합니다. 이 경우 46쪽에서 만들었듯이 define이 되어 있는 프로젝트 템플릿을 만들어 사용하면 매번 define을 선언하지 않아도 됩니다.

또한 scanf 함수에서 변환 문자를 정확히 사용하지 않으면 실행 중에 비정상 종료될 수 있습니다. 예를 char형 변수에 입력할 때 %d 변환 문자를 사용하는 경우를 들 수 있습니다.

char형 변수는 정수형으로 작은 범위의 정수를 대입해 쓸 수 있습니다. 또한 그 값을 printf 함수의 %d 변환 문자로 출력하는 것도 가능합니다. 그러나 scanf 함수로 입력할 때는 %c 변환 문자를 써서 문자만 입력해야 합니다. %d를 사용하면 입력한 데이터를 저장하기 위해 4바이트 공간을 사용하므로 char형 변수가 할당하지 않은 메모리를 침범하는 문제가 발생합니다. 마찬가지로 short형 변수도 정수형이지만, 그 크기가 int형보다 작으므로 입력할 때 %hd 변환 문자를 사용해야 합니다.

레벨업 스킬

메모리 침범을 해결한 입력 함수!
scanf_s 함수의 사용법

▶ 4가지 키워드로 끝내는 핵심 포인트

- 키보드로 데이터를 입력할 때는 scanf 함수를 사용하며 변수 앞에 &를 사용한다.

- 둘 이상의 데이터를 입력할 때는 [Space Bar], [Tab], [Enter]로 각 데이터를 구분한다.

- 문자열 입력은 char 배열을 이용하며 배열명 앞에 &를 사용하지 않는다.

▶ 표로 정리하는 핵심 포인트

표 3-5 자료형에 따른 입력 변환 문자

데이터 종류	자료형	크기(Byte)	입력 변환 문자
정수	(unsigned) short	2	%hd (%hu)
	(unsigned) int	4	%d (%u)
	(unsigned) long	4	%ld (%lu)
	(unsigned) long long	8	%lld (%llu)
실수	float	4	%f
	double	8	%lf
	long double	8, 16	%Lf
문자	char	1	%c
문자열	char 배열	가변적	%s

변환 문자는 외우고 넘어가자!

▶ 확인 문제

지금까지 scanf 함수를 사용해 프로그램 실행 중 데이터를 입력하는 방법을 살펴보았습니다. 가장 기본이 되는 자료형인 int, double, char, char 배열에 입력하는 예를 살펴보았지만, 다른 자료형의 입력도 실습을 통해 연습해 보기 바랍니다. 그럼, 이제 문제를 풀며 배운 내용을 정리해 볼까요?

1. 다음과 같이 변수가 선언되어 있을 때, scanf 함수의 사용법이 <u>옳은</u> 것을 고르세요.

```
char ch;
short sh;
int in;
float ft;
double db;
```

① scanf("%d", &ch);

② scanf("%d", &sh);

③ scanf("%d%f", &in, &ft);

④ scanf("%f", &db);

2. 다음 프로그램이 완성되도록 빈칸에 알맞은 내용을 적으세요.

```
#include <stdio.h>

int main(void)
{
    char fruit[20];
    int cnt;

    printf("좋아하는 과일 : ");
    scanf("%s",         ①         );
    printf("몇 개 : ");
    scanf("%d",         ②         );
    printf("%s를 %d개 드립니다.", fruit, cnt);

    return 0;
}
```

실행결과   ✕

좋아하는 과일 : 망고 ⏎
몇 개 : 3 ⏎
망고를 3개 드립니다.

3. 키보드로 문자를 입력해 아스키 코드 값을 출력하는 프로그램이 완성되도록 빈칸에 알맞은 코드를 적으세요(어떤 문자가 입력될지는 실행할 때 결정합니다).

```c
#include <stdio.h>

int main(void)
{
    char ch;                        // 문자를 저장할 변수

    printf("문자 입력 : ");          // 입력 안내 메시지
                                    // 변수 ch에 문자 입력
                                    // 변환해서 출력

    return 0;
}
```

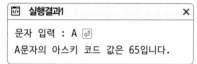

💻 실행결과1 ✕
문자 입력 : A ↵
A문자의 아스키 코드 값은 65입니다.

💻 실행결과2 ✕
문자 입력 : t ↵
t문자의 아스키 코드 값은 116입니다.

Chapter

04

연산자

04-1 산술 연산자, 관계 연산자, 논리 연산자

핵심 키워드 산술 연산자   대입 연산자   증감 연산자   관계 연산자   논리 연산자

프로그램은 연산을 통해 데이터를 처리하므로 다양한 연산자의 사용법을 익히는 일은 매우 중요합니다. 이 절에서는 기본적인 연산자인 산술 연산자, 제어문의 조건식에 주로 사용되는 관계 연산자 및 논리 연산자에 관해 살펴봅니다.

시작하기 전에

프로그램은 CPU가 처리하는 명령어의 묶음입니다. 일반적으로 **연산자**는 컴파일되면 명령어로 바뀌므로 연산자를 배우는 것은 결국 명령어를 익히는 겁니다. 연산 명령에는 연산의 대상이 되는 데이터가 필요한데 이를 **피연산자**라고 합니다. 1+a 또는 a+b라는 문장이 있다면 +는 연산자이고, 1, a, b는 피연산자인 거죠. 그런데 피연산자가 이렇게 상수와 변수만 있는 건 아닙니다. 때로는 수식을 피연산자로 직접 사용합니다.

> 피연산자로는 상수나 변수뿐 아니라 수식을 직접 사용하기도 한다.

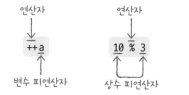 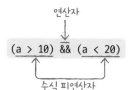

연산자는 보통 기능에 따라 분류하지만, 피연산자의 개수에 따라 나눌 수도 있습니다. 피연산자가 하나면 단항 연산자, 2개면 이항 연산자, 3개면 삼항 연산자가 됩니다.

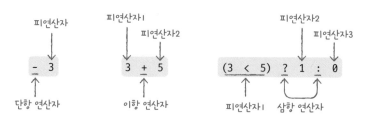

산술 연산자와 대입 연산자

산술 연산자와 대입 연산자 중 산술 연산자를 먼저 설명하겠습니다.

산술 연산자

산술 연산자는 수학에서도 많이 사용하는 더하기, 빼기 등의 연산을 의미하며, 컴퓨터에서는 가장 중요한 명령어입니다. 산술 연산자에는 더하기(+), 빼기(−), 곱하기(∗), 나누기(/), 나머지(%)가 있습니다. 모두 2개의 피연산자를 사용하며 이 중 빼기 연산자(−)는 피연산자를 하나만 사용할 때 피연산자의 부호를 바꾸는 역할도 합니다.

예제로 대입, 더하기, 빼기, 곱하기 연산자를 먼저 살펴보겠습니다. 나누기 연산자(/)와 나머지 연산자(%)는 따로 설명하겠습니다.

4-1 **직접 해보는 손코딩**

대입, 더하기, 빼기, 곱하기, 음수 연산   소스 코드   예제4-1.c

```
01  #include <stdio.h>
02
03  int main(void)
04  {
05      int a, b;
06      int sum, sub, mul, inv;
07
08      a = 10;                   // 대입 연산(=)
09      b = 20;                   // 대입 연산(=)
10      sum = a + b;              // 더하기 연산(+) 후 대입 연산(=)
11      sub = a - b;              // 빼기 연산(-) 후 대입 연산(=)
12      mul = a * b;              // 곱하기 연산(*) 후 대입 연산(=)
13      inv = -a;                 // 음수 연산(-) 후 대입 연산(=)
14
15      printf("a의 값 :%d, b의 값 :%d\n", a, b);
16      printf("덧셈 : %d\n", sum);
17      printf("뺄셈 : %d\n", sub);
18      printf("곱셈 : %d\n", mul);
19      printf("a의 음수 연산 : %d\n", inv);
20
21      return 0;
22  }
```

> **실행결과**   ✕
>
> a의 값 :10, b의 값 :20
> 덧셈 : 30
> 뺄셈 : −10
> 곱셈 : 200
> a의 음수 연산 : −10

대입 연산자

변수에서도 =를 다루었습니다. 이를 대입 연산자라 하며 오른쪽 수식의 결과를 왼쪽 변수에 저장합니다. 여기서 수식은 상수나 변수 또는 연산자를 사용한 식을 모두 포함합니다.

8행과 9행에서는 대입 연산자만 사용했습니다.

```
    a = 10;                    // 8행. 대입 연산
    b = 20;                    // 9행. 대입 연산
```

대입 연산은 변수의 값을 바꾸므로 이후에 a와 b의 값은 각각 **10**과 **20**이 됩니다. 대입 연산자를 다른 연산자와 함께 사용할 때는 우선순위에 따라 다른 연산을 먼저 수행하고 그 결과를 왼쪽 변수에 저장합니다.

상수 값을 변수에 저장   연산의 결괏값을 변수에 저장

note 연산자의 우선순위는 수학에서 배운 내용과 비슷하며 자세한 내용은 144쪽 표에서 설명합니다.

10~13행에 걸친 각 연산자의 의미는 따로 설명하지 않아도 이해할 수 있을 겁니다.

나누기 연산자와 나머지 연산자

나누기는 나누기 연산자인 /을 사용합니다. 나누기 연산자를 사용할 때는 피연산자의 형태에 따라 결과가 달라지니 주의해야 합니다. 정수로 연산할 때는 몫을 구하고 실수로 연산할 때는 소수점까지 구합니다. 다음 예제는 5를 2로 나누는 간단한 계산입니다. 얼마가 나올까요?

4-2 직접 해보는 손코딩

몫과 나머지를 구하는 연산   소스 코드 예제4-2.c

```
01  #include <stdio.h>
02
03  int main(void)
04  {
05      double apple;          // 실수
```

```
06        int banana;                // 정수
07        int orange;                // 정수
08
09        apple = 5.0 / 2.0;         // 실수와 실수의 나누기 연산(/)
10        banana = 5 / 2;            // 정수와 정수의 나누기 연산(/)
11        orange = 5 % 2;            // 정수와 정수의 나머지 연산(%)
12
13        printf("apple : %.1lf\n", apple);
14        printf("banana : %d\n", banana);
15        printf("orange : %d\n", orange);
16
17        return 0;
18  }
```

┌─────────────────────────────┐
│ 🔲 실행결과   ✕ │
├─────────────────────────────┤
│ apple : 2.5   │
│ banana : 2   │
│ orange : 1   │
└─────────────────────────────┘

apple의 값은 예상한 대로 2.5가 나왔습니다. 9행에서 나누기 연산의 피연산자가 모두 실수이므로 소수점까지 계산되어 결과는 2.5가 됩니다.

```
apple = 5.0 / 2.0;          // 9행. 실수와 실수의 나누기 연산(/)
```

그런데 10행에서 계산한 banana의 출력값은 2입니다. 피연산자가 모두 정수이므로 몫만 계산되었습니다.

```
banana = 5 / 2;             // 10행. 정수와 정수의 나누기 연산(/)
```

이와 같이 나눗셈 연산은 결괏값이 정수 또는 실수가 될 수 있으므로 그 값을 저장하는 변수도 그에 맞게 사용해야 합니다. 따라서 9행의 연산 결과는 실수이므로 double형 변수에, 10행의 연산 결과는 정수이므로 int형 변수에 저장합니다. 만약 **정수/실수**와 같이 피연산자의 형태가 다르거나 실수를 정수형 변수에 저장하면 얘기는 복잡해집니다. 이 내용은 129쪽의 〈형 변환 연산자〉에서 자세히 다룹니다.

마지막으로 몫을 뺀 나머지만 구할 때는 나머지 연산자인 **%**를 사용합니다.

```
orange = 5 % 2;             // 11행. 정수와 정수의 나머지 연산(%)
```

실수 연산에는 나머지의 개념이 없으므로 나머지 연산자의 피연산자로는 반드시 정수만을 사용합시다.

> 나머지 연산자의 피연산자로 실수를 사용하면 에러가 발생한다.

증감 연산자

a라는 int형 변수에 1을 더하려면 a = a + 1;이라고 쓰면 됩니다. 그런데 이렇게 쓰지 않고 ++a;로 간단히 표현할 수도 있습니다. 이는 빼기 연산에서도 마찬가지입니다.

이런 표현은 앞으로 배울 for문, while문, do while문 같은 반복문에서 루프마다 하나씩 더하거나 뺄 때 자주 사용됩니다. 증감 연산자(++, --)는 하나의 연산자로 대입 연산까지 수행하므로 변수의 값을 1씩 증가시키거나 감소시킬 때 쉽게 사용할 수 있습니다.

> 증감 연산자는 단항 연산자로 피연산자의 값을 1 증가시키거나 1 감소시킨다.

4-3 직접 해보는 손코딩

증감 연산자의 연산 소스 코드 예제4-3.c

```
01  #include <stdio.h>
02
03  int main(void)
04  {
05      int a = 10, b = 10;
06
07      ++a;                // 변수의 값을 1만큼 증가
08      --b;                // 변수의 값을 1만큼 감소
09
10      printf("a : %d\n", a);
11      printf("b : %d\n", b);
12
13      return 0;
14  }
```

실행결과 ✕
```
a : 11
b : 9
```

증감 연산자를 사용해서 a = a + 1을 ++a로 표현한다는 말은 증감 연산자가 대입 연산을 포함하므로 피연산자의 값이 바뀐다는 의미입니다. 당연하겠지만, ++10과 같이 상수에 직접 증감 연산자를 사용할 수는 없습니다. 10에 1을 더할 수는 있지만, 상수 10에 11을 저장할 수 없고 그 값을 바꿔서도 안 되기 때문입니다.

> 증감 연산자의 피연산자로 상수를 사용할 수 없다.

전위 표기와 후위 표기

지금까지 우리는 ++a나 --b 형태의 증감 연산자를 다뤘습니다. 그런데 증감 연산자의 위치를 a++ 혹은 a--와 같이 피연산자 뒤로 옮길 수도 있습니다. 증감 연산자가 피연산자 앞에 놓이면 **전위 표기**prefix, 뒤에 놓이면 **후위 표기**postfix라고 합니다. 그렇다면 두 방식은 어떻게 다를까요? 전위 표기는 값이 증감하고 나서 연산에 사용하고, 후위 표기는 연산에 사용하고 나서 값이 증감합니다.

> 증감 연산자는 위치에 따라 전위 표기와 후위 표기로 사용한다.

어떤 방법이 더 좋으냐의 문제가 아닙니다. 때에 따라 같은 결과를 내거나 다른 결과를 낼 수도 있습니다. 필요에 따라 사용하면 됩니다. 더 자세한 사용법과 연산 결과는 다음 예제에서 확인해 보겠습니다.

4-4 직접 해보는 손코딩

전위 표기와 후위 표기를 사용한 증감 연산 소스 코드 예제4-4.c

```
01  #include <stdio.h>
02
03  int main(void)
04  {
05      int a = 5, b = 5;
06      int pre, post;
07
08      pre = (++a) * 3;        // 전위형 증감 연산자
09      post = (b++) * 3;       // 후위형 증감 연산자
10
11      printf("증감 연산 후 초깃값 a = %d, b = %d\n", a, b);
12      printf("전위형: (++a) * 3 = %d, 후위형: (b++) * 3 = %d\n", pre, post);
13
14      return 0;
15  }
```

실행결과 ✕

증감 연산 후 초깃값 a = 6, b = 6
전위형: (++a) * 3 = 18, 후위형: (b++) * 3 = 15

증감 연산자를 단독으로 사용하면 전위 표기와 후위 표기의 결과는 같습니다. 즉, ++a와 a++는 모두 a의 값을 1씩 증가시킵니다. 그러나 다른 연산자와 함께 쓰이면 연산의 결과에 영향을 미칩니다.

8행의 (++a) * 3은 a의 값을 6으로 증가시킨 후에 3을 곱하므로 결괏값이 18이 됩니다. 하지만 9행의 (b++) * 3은 b가 증가되기 전의 값을 3과 곱하므로 15가 됩니다. 물론 연산이 끝난 후에 a와 b의 값은 모두 1씩 증가됩니다. 연산 과정이 어찌되었든 결과만 놓고 본다면 증감 연산자의 후위 표기는 다른 연산자와 함께

> a++ 형태의 증감 연산자는 다른 연산자와 함께 사용할 때 가장 마지막에 계산한다.

사용될 때 가장 나중에 연산된다고 생각해도 좋습니다.

➕ 여기서 잠깐 **(++a) + a + (++a)의 결과는 얼마인가요?**

하나의 수식에서 같은 변수를 두 번 이상 사용할 때는 그 변수에 증감 연산자를 사용하면 안 됩니다. C 언어 표준에는 이와 관련된 내용이 정의되어 있지 않으므로 컴파일러에 따라 실행결과가 다를 수 있습니다. 따라서 (++a) + a + (++a) 수식의 결과에는 정답이 없으며 따라서 이런 코드를 절대 사용해서는 안 됩니다.

관계 연산자

놀이공원에 가면 나이에 따라 입장료가 다릅니다. 이를 프로그래밍으로 구현하려면 나이를 기준으로 값을 출력하면 됩니다. 이처럼 프로그래밍을 하다 보면 조건에 따라 명령을 실행해야 하는 경우도 있는데 이때 특정한 기준, 조건에 관해 명령을 실행하려면 관계 연산자가 필요합니다.

관계 연산자에는 대소 관계 연산자와 동등 관계 연산자가 있습니다. 대소 관계는 < 또는 > 등의 기호를 사용하고, 동등 관계는 ==(같다)나 !=(같지 않다) 기호를 사용합니다. 이들 연산자는 모두 피연산자를 2개 사용하며, 연산의 결괏값은 1 또는 0입니다. 컴파일러는 참과 거짓을 1과 0으로 판단하므로 관계식을 실행 조건 검사에 사용할 수 있습니다. 일단 다음 예제를 살펴보겠습니다.

➕ 여기서 잠깐 **컴퓨터의 참과 거짓 표현**

컴퓨터는 0을 거짓(false)으로, 0이 아닌 값을 참(true)으로 판단합니다. 다만, 참은 0이 아닌 수 중 1을 대표로 사용합니다. 따라서 0은 거짓(false), 1은 참(true)을 표현합니다.

4-5 직접 해보는 손코딩

관계 연산의 결괏값 확인 소스 코드 예제4-5.c

```
01   #include <stdio.h>
02
03   int main(void)
04   {
05       int a = 10, b = 20, c = 10;    // a, b, c 값을 대입
06       int res;                       // 결괏값을 저장할 변수
07
08       res = (a > b);                 // 10 > 20은 거짓이므로 결괏값은 0
```

```
09        printf("a > b : %d\n", res);
10        res = (a >= b);                // 10 >= 20은 거짓이므로 결괏값은 0
11        printf("a >= b : %d\n", res);
12        res = (a < b);                 // 10 < 20은 참이므로 결괏값은 1
13        printf("a < b : %d\n", res);
14        res = (a <= b);                // 10 <= 20은 참이므로 결괏값은 1
15        printf("a <= b : %d\n", res);
16        res = (a <= c);                // 10 <= 10은 참이므로 결괏값은 1
17        printf("a <= c : %d\n", res);
18        res = (a == b);                // 10 == 20은 거짓이므로 결괏값은 0
19        printf("a == b : %d\n", res);
20        res = (a != c);                // 10 != 10은 거짓이므로 결괏값은 0
21        printf("a != c : %d\n", res);
22
23        return 0;
24  }
```

┌─────────────────────────────┐
│ 🖥 실행결과   ✕ │
├─────────────────────────────┤
│ a > b : 0   │
│ a >= b : 0   │
│ a < b : 1   │
│ a <= b : 1   │
│ a <= c : 1   │
│ a == b : 0   │
│ a != c : 0   │
└─────────────────────────────┘

10행의 a >= b의 결과는 a가 b보다 커도 참이고 a와 b가 같아도 참이 됩니다. 즉, 둘 중 하나만 만족해도 참이 되는데 둘 다 만족하지 못하므로 거짓(false)이 되어 0을 출력합니다.

```
    res = (a >= b);          // 10행. 10 >= 20은 거짓이므로 결괏값은 0
```

20행에서 사용한 동등 관계 연산자 !=는 피연산자가 같지 않다는 의미입니다. ! 연산자는 잠시 뒤 살펴보겠습니다.

```
    res = (a != c);          // 20행. 10 != 10은 거짓이므로 결괏값은 0
```

예제에서는 연산자의 기능을 확인하고자 결괏값을 출력하고 끝냈지만, 대부분 프로그래밍에서는 주로 판단의 근거로 관계 연산의 결과를 사용합니다.

예를 들어 a와 b의 값이 무엇인지 모르지만 둘 중에 큰 값을 택해야 하는 상황이라면 a > b 연산을 수행해 결괏값을 확인하면 됩니다. 결과가 1이면 a가 b보다 크므로 a를 택하고 결과가 0이면 b가 크거나 최소한 같으므로 b를 택하면 됩니다. 관계 연산자는 5~6장에서 제어문을 다룰 때 본격적으로 사용되니 당장 활용법이 궁금하더라도 잠시 참아 봅시다.

+ 여기서 잠깐 **a = 5와 a == 5는 어떻게 다른가요?**

관계 연산자 기호에 익숙하지 않으면 찾기 힘든 버그가 생길 수 있습니다. '같다'를 =로 사용하거나 '같지 않다'를 =!로 잘 못 표기하면 컴파일은 성공하지만, 논리 에러가 발생합니다. =는 대입 연산자이고 A =! B는 B에 논리부정 연산을 수행한 후에 그 결괏값을 A에 대입하게 됩니다. 따라서 이들 연산자를 쓸 때는 순서에 주의해야 합니다.

아직도 a = 5와 a == 5가 헷갈리나요? a = 5는 변수 a에 5를 대입하는 것이고, a == 5는 a의 값이 5와 같은지를 물어 보는 것입니다. 참고로 >=를 =>로, <=를 =<로 표기하면 컴파일러에서 친절하게도 컴파일 에러를 발생시켜 줍니다.

논리 연산자

논리 연산자는 논리 관계를 판단하는 데 사용하며 &&(AND), ||(OR), !(NOT) 3가지뿐입니다.

&&는 논리곱(AND) 연산자로 2개의 피연산자가 모두 참일 때만 연산 결과가 참이 됩니다. ||는 논리 합(OR) 연산자로 둘 중에 하나라도 참이면 참이 됩니다. !는 논리부정(NOT) 연산자이며 피연산자 를 하나 사용해 그 참과 거짓을 바꿀 때 사용합니다. 예제로 논리 연산자를 살펴보겠습니다.

4-6 **직접 해보는 손코딩**

논리 연산의 결괏값 확인 소스 코드 예제4-6.c

```
01  #include <stdio.h>
02
03  int main(void)
04  {
05      int a = 30;
06      int res;
07
08      res = (a > 10) && (a < 20);          // 좌항과 우항이 모두 참이면 참
09      printf("(a > 10) && (a < 20) : %d\n", res);
10      res = (a < 10) || (a > 20);          // 좌항과 우항 중 하나라도 참이면 참
11      printf("(a < 10) || (a > 20) : %d\n", res);
12      res = !(a >= 30);                    // 거짓이면 참으로, 참이면 거짓으로
13      printf("! (a >= 30) : %d\n", res);
14
15      return 0;
16  }
```

실행결과 ✕
```
(a > 10) && (a < 20) : 0
(a < 10) || (a > 20) : 1
! (a >= 30) : 0
```

8행을 살펴보겠습니다.

```
res = (a > 10) && (a < 20);        // 8행. 좌항과 우항이 모두 참이면 참
```

이 연산은 10 < a < 20처럼 관계 연산자만 사용해서 표현할 수 있을 것 같습니다. 과연 그럴까요? 컴퓨터는 다음과 같이 왼쪽부터 오른쪽으로 차례대로 계산을 실행합니다.

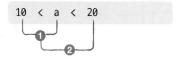

① 단계 ① 10 < a 에서 a 값 30을 대입한다.
　　　　 ② 10 < 30은 참이므로 ① 자리에 1을 대입한다.

② 단계 ① ① < 20에서 ①의 결괏값인 1을 대입한다.
　　　　 ② 1 < 20은 참이므로 해당 식의 값은 1이다.

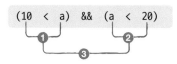

① 단계 ① 10 < a 에서 a 값 30을 대입한다.
　　　　 ② 10 < 30은 참이므로 ① 자리에 1을 대입한다.

② 단계 ① a < 20에서 a 값 30을 대입한다.
　　　　 ② 30 < 20은 거짓이므로 ② 자리에 0을 대입한다.

③ 단계 ① ① && ② 에 각 식에서 나온 값을 대입한다.
　　　　 ② 1 && 0은 거짓이므로 해당 식의 값은 0이다.

이처럼 두 경우는 전혀 다른 결과를 도출하므로 수식을 만들 때 늘 유의해야 합니다.

숏 서킷 룰

&&와 ||는 **숏 서킷 룰**short circuit rule이 적용됩니다. 숏 서킷 룰이란 좌항만으로 &&와 || 연산 결과를 판별하는 기능입니다. 예를 들어 &&는 좌항이 거짓이면 우항과 관계없이 결과는 거짓이므로 우항을 살펴볼 필요가 없습니다.

또한 ||는 좌항이 참이면 우항과 관계없이 결과가 참입니다. 즉, && 연산 때 좌항이 거짓이거나, || 연산 때 좌항이 참이면 우항은 아예 실행되지 않습니다. 숏 서킷 룰을 잘 모른다면 아주 중요한 논리 에러를 낼 수도 있습니다. 만약 (a < 0) && (++b > 20) 같은 식에서 항상 ++b가 실행되길 기대한다면, 프로그램은 이 기대를 저버릴 겁니다. 왜냐하면 a가 0보다 크면 b 값은 증가되지 않기 때문입니다. 결국 숏 서킷 룰은 불필요한 연산을 줄여 실행 속도를 높일 수 있으나 예상치 못한 결과를 만들 수 있습니다. 따라서 &&와 ||를 사용할 때는 숏 서킷 룰에 주의해야 합니다.

연산의 결괏값을 처리하는 방법

연산을 실행한 후 연산의 결괏값을 변수에 저장하지 않으면 그 값은 버려집니다. 따라서 연산 결과를 곧바로 사용하거나 대입 연산을 통해 다른 변수에 저장해야 합니다. 다음 예제는 연산의 결괏값을 처리하는 다양한 방법을 보여 줍니다.

4-7 직접 해보는 손코딩

연산의 결괏값을 사용하는 방법 소스 코드 예제4-7.c

```c
01  #include <stdio.h>
02
03  int main(void)
04  {
05      int a = 10, b = 20, res;
06
07      a + b;                              // 연산 결과는 버려짐
08      printf("%d + %d = %d\n", a, b, a + b);   // 연산 결과를 바로 출력에 사용
09
10      res = a + b;                        // 연산 결과를 변수에 저장
11      printf("%d + %d = %d\n", a, b, res);     // 저장된 값을 계속 사용
12
13      return 0;
14  }
```

```
/> 실행결과                    X
10 + 20 = 30
10 + 20 = 30
```

7행을 살펴보겠습니다.

```
    a + b;                              // 7행. 연산 결과는 버려짐
```

컴파일러는 7행에서 연산 결과를 저장하지 않으면 다음과 같이 연산이 무의미함을 알려 주는 경고 메시지를 보여 줍니다.

```
⊞ 경고      X
warning C4552   '+' : 식의 결과가 사용되지 않습니다.
```

연산의 결과를 사용하지 않으면 연산할 이유가 없으니 이런 문장은 삭제하는 편이 좋습니다. 연산의 결과를 어떻게 처리하느냐는 전적으로 프로그래머의 선택입니다. 여기에 나오지는 않았지만, DB에 저장하거나 네트워크로 전송할 수도 있습니다. 결국 연산의 결과는 때에 맞게 사용하면 됩니다.

연산식은 컴퓨터 내부에서 어떻게 처리될까요?

똑똑한 컴파일러가 알아서 연산식을 필요한 명령어로 변환해 주니 크게 걱정할 필요는 없습니다만, 그 과정을 이해하면 버그를 줄이고 효율적인 프로그램을 작성할 수 있습니다. 일단 수식 sum = a + b 의 연산 과정을 그림을 통해 살펴보겠습니다.

sum = a + b의 연산 과정

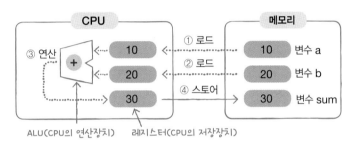

연산을 하려면 메모리에 있는 a와 b의 값을 CPU의 저장 공간인 레지스터에 복사해야 합니다. 이 과정을 **로드**^{load}라고 하며 연산 명령 이전에 먼저 수행됩니다(①, ②번). 데이터가 레지스터에 저장되면 연산장치인 ALU에 의해 덧셈 연산이 수행되고 그 결괏값은 일단 레지스터에 저장됩니다(③번). 이후 대입 연산을 수행하면 메모리 공간인 **sum**에 복사되어 수식의 모든 과정이 완료됩니다(④번). 이 과정을 **스토어**^{store}라고 합니다. 연산할 때는 메모리에 있는 변수의 값을 CPU로 복사해서 사용하므로 아무리 많은 연산을 수행해도 피연산자 a, b의 값은 변하지 않습니다. 반면 대입 연산을 수행한 sum은 연산장치 ALU에서 어떤 연산이 수행되느냐에 따라 값이 변할 수 있습니다.

CPU의 메모리와
우리가 알고 있는 메모리(RAM)는 어떻게 다른가요?

CPU의 메모리를 레지스터라고 하며, 여기에 연산할 데이터와 연산 후의 결과를 임시 저장합니다. 보통 레지스터는 CPU의 클럭과 1:1 동기화되어 있어 메모리(RAM)에 비해 엄청나게 빠릅니다. 따라서 실행 속도만 생각한다면 메모리보다 레지스터를 사용하는 편이 훨씬 유리합니다. 다만, 레지스터는 다음 연산을 위해 계속 사용되므로 연산 결과를 메모리로 옮겨 놓지 않으면 그 값은 사라집니다.

▶ 5가지 키워드로 끝내는 핵심 포인트

- **대입 연산자**(=)는 오른쪽 수식의 값을 왼쪽 변수에 저장하며, 두 값이 같은지를 확인할 때는 **관계 연산자**(==)를 사용한다.

- **산술 연산자** 중 나누기 연산자(/)로 정수를 나누면 몫이 계산되며, 나머지는 나머지 연산자(%)로 계산한다.

- a++처럼 **증감 연산자**를 후위 표기하면 변수의 값을 사용하고 난 후에 증가시킨다.

- **논리 연산자**는 AND, OR, NOT과 같은 논리 관계를 판단하며, 결과는 1(참) 또는 0(거짓)이 된다(관계 연산의 결과도 같다).

▶ 표로 정리하는 핵심 포인트

표 4-1 관계 연산자

연산식	결괏값
a > b	a가 b보다 크면 1(참, true), 그렇지 않으면 0(거짓, false)
a >= b	a가 b보다 크거나 같으면 1(참), 그렇지 않으면 0(거짓)
a < b	a가 b보다 작으면 1(참), 그렇지 않으면 0(거짓)
a <= b	a가 b보다 작거나 같으면 1(참), 그렇지 않으면 0(거짓)
a == b	a와 b가 같으면 1(참), 다르면 0(거짓)
a != b	a와 b가 다르면 1(참), 같으면 0(거짓)

표 4-2 논리 연산자

연산식	논리관계	결괏값
a && b	논리곱(AND)	a와 b가 모두 참이면 1, 그렇지 않으면 0
a || b	논리합(OR)	a와 b 중 하나라도 참이면 1, 그렇지 않으면 0
!a	논리부정(NOT)	a가 거짓이면 1, 참이면 0

▶ 확인 문제

지금까지 사칙연산을 포함한 산술 연산자와 주로 조건식에 사용되어 프로그램의 흐름을 바꾸는 관계 연산자, 논리 연산자에 관해 살펴보았습니다. 이들 연산자를 한 번 살펴보고 그 기능을 모두 익히기는 쉽지 않습니다. 따라서 주어진 문제에 맞게 정확한 연산식을 작성하는 연습이 뒤따라야 합니다. 그러니 연습을 해 볼까요?

1. 4.0과 1.2를 덧셈, 뺄셈, 곱셈, 나눗셈한 값을 소수점 이하 첫째 자리까지 출력되도록 빈칸에 알맞은 수식을 적으세요.

```
#include <stdio.h>

int main(void)
{
    double a = 4.0, b = 1.2;

    printf("        +        =        \n", a, b, a + b);
    printf("                         \n", a, b, a - b);
    printf(                          , a, b, a * b);

    // double형이므로 소수점까지 계산한다.
    // 소수점 이하 첫째 자리까지 출력해야 하므로 % 다음에 .1을 사용한다.
    return 0;
}
```

실행결과 ✕

```
4.0 + 1.2 = 5.2
4.0 - 1.2 = 2.8
4.0 * 1.2 = 4.8
4.0 / 1.2 = 3.3
```

3장에서 배운 출력 변환 문자도 참고하면 될 것 같아.

2. 두 과목의 점수를 입력해 평균을 출력하는 프로그램을 완성할 수 있도록 빈칸에 알맞은 수식을 적으세요(평균은 소수점 이하 첫째 자리까지 출력하세요). 평균은 소수점 이하 첫째 자리까지 출력하세요.

```c
#include <stdio.h>

int main(void)
{
    int a, b, tot;
    double avg;

    printf("두 과목의 점수 : ");
              ("            ", &a, &b);    // 점수 입력
    tot = a + b;                           // 두 점수를 더해 총점을 구한다.
    avg = tot / 2.0;
    // 평균 계산, tot가 정수형이므로 나누는 값을 2.0과 같이 실수값으로 사용해야 한다.
    // 그렇지 않으면 피연산자가 모두 정수 값이므로 몫을 계산한다.

    printf("평균 :           \n", avg);

    return 0;
}
```

실행결과   ×

두 과목의 점수 : 70 85
평균 : 77.5

3. 태희가 신청한 전체 학점과 평점을 계산해 신청 학점이 10학점 이상이고 평점 평균이 4.0을 넘는 경우 1을 출력하고, 그렇지 않으면 0을 출력하는 프로그램을 작성하세요. 태희가 이전 학기에 신청한 과목당 학점과 얻은 점수는 다음과 같습니다.

- 국어–3학점–3.8
- 영어–5학점–4.4
- 수학–4학점–3.9

각 변수명은 다음과 같습니다.

국어	영어	수학	전체 학점	결과 저장	국어 평점	영어 평점	수학 평점	평점 평균
kor	eng	mat	credits	res	kscore	escore	mscore	grade

```
#include <stdio.h>

int main(void)
{
                                        // 국어, 영어, 수학의 학점 초기화
                                        // 전체 학점을 저장할 변수
                                        // 연산 결과를 저장할 변수
                                        // 각 과목의 평점 초기화
                                        // 평점의 평균을 저장할 변수


                                        // 전체 학점 계산
                                        // 평점의 평균 계산
                                        // 전체 학점이 10학점 이상이고
    // 평점 평균이 4.0보다 크면 참이므로 결과는 1, 그렇지 않으면 거짓이므로 결과는 0


    return 0;
}
```

실행결과 ✕

04-2 그 외 유용한 연산자

핵심 키워드   형 변환 연산자   sizeof 연산자   복합대입 연산자   비트 연산자

강력하고 다양한 연산자는 프로그래머에게 큰 힘이 됩니다. C 언어가 제공하는 효율적이면서 특별한 연산자에는 어떤 것이 있는지 알아보고 이를 적재적소에 쓰기 위한 사용법을 배워 봅니다.

시작하기 전에

이 절에서 배울 연산자는 생김새가 특이하고 사용법도 생소할 수 있습니다. 조건 연산자처럼 피연산자를 3개 사용하기도 합니다. 이들 연산자에 익숙하다는 것은 C 언어에서 가능한 모든 연산을 자유롭게 수행할 수 있음을 의미합니다. 자, 이제 (double), sizeof, +=, ?: 같은 앞서 배운 연산 기능보다 좀 더 고급 연산 기능을 배워 보겠습니다!

형 변환 연산자

형 변환 연산자는 피연산자를 하나 가지며 피연산자의 값을 원하는 형태로 바꿉니다. 예를 들어 정수를 실수로, 실수를 정수로 바꿀 수 있다는 말입니다. 형 변환 연산자를 사용해서 피연산자의 형태를 바꿀 때는 피연산자의 값을 복사해 일시적으로 형태를 바꾸므로 연산 후 메모리에 남아 있는 피연산자의 형태나 값은 변하지 않습니다.

> 형 변환 연산자는 일시적으로 피연산자의 값을 원하는 형태로 바꾼다.

int a = 10;이라고 선언하면 a는 정수형, 그 안의 값은 정수가 됩니다. 이 값을 일시적으로 실수로 바꿔서 사용하고 싶으면 a 앞에 괄호로 (double)처럼 원하는 자료형을 넣으면 됩니다.

> (자료형)피연산자

정수를 실수로 바꾸는 경우	실수를 정수로 바꾸는 경우
(double)10 ⟶ 10.0	(int)10.7 ⟶ 10
연산자 피연산자(정수) 연산 결과(실수)	연산자 피연산자(실수) 연산 결과(정수)

예제를 통해 형 변환 연산자가 어떤 경우에 쓰이는지 좀 더 자세히 살펴보겠습니다.

4-8 직접 해보는 손코딩

형 변환 연산자가 필요한 경우 소스 코드 예제4-8.c

```
01  #include <stdio.h>
02
03  int main(void)
04  {
05      int a = 20, b = 3;
06      double res;
07
08      res = ((double)a) / ((double)b);   // (double)을 사용해 a와 b의 값을 실수로 변환
09      printf("a = %d, b = %d\n", a, b);
10      printf("a / b의 결과 : %.1lf\n", res);
11
12      a = (int)res;                       // (int)를 사용해 res의 값에서 정수 부분만 추림
13      printf("(int) %.1lf의 결과 : %d\n", res, a);
```

```
14
15      return 0;
16  }
```

실행결과   ×

a = 20, b = 3
a / b의 결과 : 6.7
(int) 6.7의 결과 : 6

a를 b로 나눈다고 생각해 봅시다. 값을 대입하면 20/3이고 정수의 나누기 연산은 몫만 구한다고 했으니 결괏값은 6입니다. 그런데 소수점 이하까지 값을 구하려면 연산 대상이 정수가 아니라 실수여야 합니다. 따라서 8행에서는 a와 b 앞에 (double)을 붙여 형 변환 연산을 구현했습니다.

```
res = ((double)a) / ((double)b);    // 8행. (double)을 사용해 a와 b의 값을 실수로 변환
```

처음부터 a와 b를 double형으로 선언하면 편할 듯하지만, double형은 저장 공간이 크고 연산 속도가 느리며 무엇보다도 오차가 발생하므로 int형을 기본적으로 사용하고 실수 연산 결과가 필요할 때만 형 변환해서 사용하는 편이 좋습니다.

> int형을 기본으로 사용하고 실수 연산이 필요할 때 형 변환한다.

이밖에도 12행처럼 실수에서 정수 부분만을 추릴 때도 유용하게 쓰입니다. 이때 소수점 이하의 값은 반올림하지 않고 무조건 버립니다.

```
a = (int)res;                       // 12행. (int)를 사용해 res의 값에서 정수 부분만 추림
```

자동 형 변환

컴퓨터는 데이터의 형태에 따라 다른 연산 방법을 사용하므로 피연산자가 2개 이상이라면 피연산자의 형태는 같아야 합니다. 따라서 컴파일러는 컴파일 과정에서 피연산자의 형태가 다르면 형태를 일치시키는 작업을 수행합니다. 이를 **자동 형 변환**(또는 암시적인 형 변환, 묵시적인 형 변환)이라고 합니다.

이런 형 변환의 기본 규칙은 데이터 크기가 작은 값이 크기가 큰 값으로 바뀌는 겁니다. 예를 들어 정수(4바이트)와 실수(8바이트)를 연산하면 정수가 실수로 자동 변환되어 연산됩니다. 다만, 대입 연산은 메모리에 값을 저장하므로 무조건 좌항의 변수형에 맞게 저장됩니다. 자동 형 변환은 형태가 다른 데이터를 자유롭게 연산할 수 있도록 도와주지만, 예상치 못한 값의 변형이 생길 수 있으니 가능하면 피연산자의 형태를 같게 맞춰 사용하는 편이 좋습니다.

sizeof 연산자

sizeof 연산자는 피연산자를 하나만 사용할 수 있으며 피연산자의 크기를 바이트 단위로 계산해서 알려 줍니다. sizeof(피연산자)로 표기하며 피연산자의 대상은 변수, 상수, 수식, 자료형 등이 될 수 있습니다.

이 연산자는 데이터의 크기를 확인하거나 메모리를 동적으로 할당하는 작업 등에 유용하게 사용됩니다.

> sizeof 연산자는 피연산자의 크기를 바이트 단위로 알려 준다.

다음 예제를 통해 sizeof 연산자의 사용법을 익혀 보겠습니다.

4-9 직접 해보는 손코딩

sizeof 연산자의 사용 예 소스 코드 예제4-9.c

```
01  #include <stdio.h>
02
03  int main(void)
04  {
05      int a = 10;
06      double b = 3.4;
07
08      printf("int형 변수의 크기 : %d\n", sizeof(a));
09      printf("double형 변수의 크기 : %d\n", sizeof(b));
10      printf("정수형 상수의 크기 : %d\n", sizeof(10));
11      printf("수식의 결괏값의 크기 : %d\n", sizeof(1.5 + 3.4));
12      printf("char 자료형의 크기 : %d\n", sizeof(char));
13
14      return 0;
15  }
```

실행결과 ✕

```
int형 변수의 크기 : 4
double형 변수의 크기 : 8
정수형 상수의 크기 : 4
수식의 결괏값의 크기 : 8
char 자료형의 크기 : 1
```

+ 여기서 잠깐　　**경고 메시지가 떠요**

[4-9 직접 해보는 손코딩]을 컴파일하면 다음과 같은 경고 메시지가 뜹니다.

> **⊡ 경고**　　**✕**
>
> warning C4477: 'printf' : 서식 문자열 '%d'에 'int' 형식의 인수가 필요하지만 variadic 인수 1의
> 형식이 'size_t'입니다.

sizeof 연산의 결괏값 형태와 변환문자가 일치하지 않아서 나오는 경고인데요. 컴파일러에 따라 다를 수 있으니 무시해도
됩니다. 경고 메시지가 불편하다면 변환문자를 %zd로 바꾸거나 다음 문장을 소스 코드 첫 줄에 추가합니다.

```
#pragma warning(disable:4477)
```
⟵ #pragma에 관해서는 19장에서 설명합니다.

실행결과를 보니 int형 변수의 크기는 4바이트입니다. 1바이트는 8비트이므로 int형 변수는 메모리
에 32비트의 데이터를 저장할 수 있습니다. 앞서 잠깐 언급했듯이 자료형의 크기는 컴파일러에 따라
다를 수 있습니다. 따라서 int형의 크기를 확인할 필요가 있을 때 sizeof 연산자를 사용합니다. 변
수의 크기뿐 아니라 상수나 수식의 크기를 확인하는 것도 가능합니다.

10행의 상수 10은 4바이트이지만, 4바이트 범위를 넘는 상수를 사용하면 8바이트가 되기도 합니다.

```
    printf("정수형 상수의 크기 : %d\n", sizeof(10));                    // 10행
```

11행은 수식 결괏값의 크기를 계산하며 결괏값이 실수이므로 그 크기가 8바이트입니다. 정수 연산식
이라면 결괏값의 크기는 4가 될 수 있습니다.

```
    printf("수식의 결괏값의 크기 : %d\n", sizeof(1.5 + 3.4));          // 11행
```

sizeof 연산자는 sizeof("A")처럼 문자열의 크기를 확인하는 데도 사용할 수 있습니다. 이때 문자
열 끝에는 널 문자 \0이 삽입되므로 값은 2가 됩니다. 또한 배열의 크기를 확인하는 용도로도 사용할
수 있습니다.

sizeof 연산자와 괄호

sizeof는 연산자이므로 기본적으로 피연산자에 괄호를 사용할 필요가 없습니다. 예를 들어 8행을
sizeof a처럼 적어도 결과는 같습니다. 그러나 11행과 12행의 경우라면 말이 달라집니다.

```
        printf("수식의 결괏값의 크기 : %d\n", sizeof(1.5 + 3.4));        // 11행
        printf("char 자료형의 크기 : %d\n", sizeof(char));              // 12행
```

11행에서 괄호가 없으면 어떨까요?

```
        printf("수식의 결괏값의 크기 : %d\n", sizeof 1.5 + 3.4);
                                           ↑         ↑
                                        1차 연산    2차 연산
```

sizeof 연산자는 1.5만 두고 계산(1차 연산)해서 8을 계산합니다. 그리고 거기에 3.4가 더해져 (2차 연산) 결괏값이 11.4가 됩니다. 또 12행은 char형 변수 선언문으로 인식되어 에러가 발생합니다.

note 이런 차이를 일일이 기억하기 번거로우니 sizeof 연산자를 사용할 때는 편의상 피연산자에 괄호를 사용합시다. 이때 기호가 특이하고 괄호를 사용하므로 함수로 오해하는 경우가 있지만, 연산자임을 기억합시다.

복합대입 연산자

대입 연산자(=)와 증감 연산자(++, --)를 제외한 다른 연산자는 연산하고 나서 피연산자의 값을 바꾸지 않습니다. 만약에 연산 결과를 피연산자에 저장할 필요가 있다면 추가로 대입 연산을 수행해야 합니다. 이때 복합대입 연산자를 사용하면 간편합니다.

복합대입 연산자는 연산 결과를 다시 피연산자에 저장합니다. 산술 복합대입 연산자로는 이렇게 +=, -=, *=, /=, %= 총 5가지가 있습니다. 예제를 통해 연산 방법을 확인해 보겠습니다.

4-10 직접 해보는 손코딩

복합대입 연산자   소스 코드 예제4-10.c

```
01  #include <stdio.h>
02
03  int main(void)
04  {
05      int a = 10, b = 20;
06      int res = 2;
07
08      a += 20;                // a와 20을 더한 결과를 다시 a에 저장(+=)
```

```
09      res *= b + 10;          // b에 10을 더한 결괏값에 res를 곱하고 다시 res에 저장(*=)
10
11      printf("a = %d, b = %d\n", a, b);
12      printf("res = %d\n", res);
13
14      return 0;
15  }
```

> **🖵 실행결과**　　　　　　　　　　　　　✕
>
> a = 30, b = 20
> res = 60

복합대입 연산자는 대입 연산자의 특징을 그대로 가집니다.

- 왼쪽 피연산자는 반드시 변수가 와야 한다.
- 오른쪽 항의 계산이 모두 끝난 후, 즉 가장 마지막에 복합대입 연산자를 계산한다.

9행을 보면 b + 10을 먼저 수행한 후 그 결과와 res 값을 곱해 다시 res에 저장합니다.

```
res *= b + 10;                  // 9행
```

수식이 연산되는 과정을 하나씩 살펴보면 다음과 같습니다.

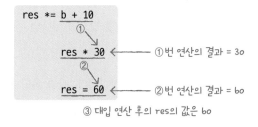

쉽게 이해되지 않는다면 다음 그림을 천천히 살펴보기 바랍니다.

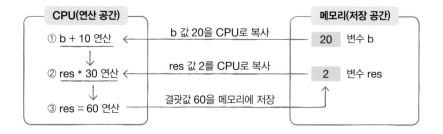

복합대입 연산자는 저장되는 공간과 연산되는 공간이 다르다는 개념을 이해해야 합니다. 이 부분이 이해되지 않는다면 113쪽의 〈산술 연산자와 대입 연산자〉를 다시 한번 살펴보기 바랍니다. 복합대입 연산자는 비트 연산자 및 대입 연산자와 결합되어 쓰이기도 합니다. 이 내용은 이후 비트 연산자를 다룰 때 함께 설명하겠습니다.

> 저장 공간과 연산 공간은 다르다.

콤마 연산자

콤마 연산자(,)는 한 번에 여러 개의 수식을 차례로 나열해야 할 때 사용합니다. 콤마 연산자는 왼쪽부터 오른쪽으로 차례로 연산을 수행하며 가장 오른쪽의 피연산자가 최종 결괏값이 됩니다.

4-11 직접 해보는 손코딩

콤마 연산자 소스 코드 예제4-11.c

```
01  #include <stdio.h>
02
03  int main(void)
04  {
05      int a = 10, b = 20;
06      int res;
07
08      res = (++a, ++b);          // 차례로 연산이 수행되며 결과적으로
09                                  // res에 저장되는 값은 증가된 b의 값이다.
10      printf("a:%d, b:%d\n", a, b);
11      printf("res:%d\n", res);
12
13      return 0;
14  }
```

실행결과 ✕
```
a:11, b:21
res:21
```

콤마 연산자는 대입 연산자보다 우선순위가 낮은 유일한 연산자입니다. 따라서 대입 연산자와 함께 사용할 때는 반드시 괄호가 필요합니다. 8행을 살펴보겠습니다.

```
res = (++a, ++b);              // 8행
```

8행의 수식에서 괄호가 빠진 res = ++a, ++b;라면 어떤 결과가 출력될까요? 콤마 연산자는 대입 연산자보다 우선순위가 낮다고 했습니다. 따라서 res = ++a 연산 후에 ++b의 연산이 수행됩니다. 결

과적으로 res에는 증가된 a의 값이 저장되고, b에는 1만큼 커진 값이 저장됩니다. 즉, res = ++a; ++b;와 같습니다. 혹시라도 별개의 두 문장을 한 줄에 작성한 거라면 콤마 연산자 대신 세미콜론을 사용하는 것이 좋습니다.

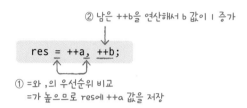

note 콤마 연산자는 제어문에서 조건식을 나열하는 괄호 안과 같이 세미콜론 사용이 불가능한 구조에서 사용합니다. 예를 들어 앞으로 배우겠지만, for (i = 0, j = 10; i < j; i++)와 같은 반복문에서 초깃값을 설정하는 두 문장(i = 0, j = 10)을 세미콜론으로 구분하면 for 문의 구문에 맞지 않아 에러가 발생합니다.

조건 연산자

조건 연산자는 유일한 삼항 연산자로 ?와 : 기호를 함께 사용해 표현됩니다. 조건 연산자는 첫 번째 피연산자가 참이면 두 번째 피연산자가 결괏값이 되고, 첫 번째 피연산자가 거짓이면 세 번째 피연산자가 결괏값이 됩니다.

첫 번째 피연산자로는 주로 조건식이 사용되며 사용 방법은 다음과 같습니다.

4-12 직접 해보는 손코딩

조건 연산자 　소스 코드　예제4-12.c

```
01  #include <stdio.h>
02
03  int main(void)
04  {
05      int a = 10, b = 20, res;
```

```
06
07        res = (a > b) ? a : b;                    // a와 b 중에 큰 값이 res에 저장
08        printf("큰 값 : %d\n", res);
09
10        return 0;
11  }
```

실행결과

```
큰 값 : 20
```

7행은 먼저 (a > b)를 수행합니다. a는 10이고 b는 20이므로 > 연산의 결과는 거짓을 뜻하는 0이 됩니다. 조건 연산자에서 조건식이 거짓이면 세 번째 피연산자 값이 선택되므로 결국 res는 b 값인 20을 갖게 됩니다. 연산 순서를 좀 더 자세히 살펴보겠습니다.

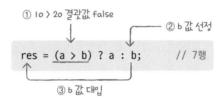

① a = 10, b = 20을 대입하면 10 > 20은 거짓이다.
② 조건 연산자에서 거짓일 때는 세 번째 값(b)을 선정한다.
③ 선정한 세 번째 값(b)을 res에 대입한다.

조건 연산자의 피연산자에 대입식 사용하기

조건 연산자의 피연산자에 대입식을 직접 사용할 수도 있습니다. 다시 7행을 보겠습니다. 7행을 다음과 같이 바꿀 수 있습니다.

기존 코드(7행)

```
res = (a > b) ? a : b;
```

피연산자에 대입식을 넣은 코드

```
(a > b) ? (res = a) : (res = b);
```
조건식   대입식   대입식

하지만 이 경우에는 res =를 중복해서 사용하므로 바람직한 사용법은 아닙니다.

이런 표기법은 (a > b) ? (res1 = a) : (res2 = b);처럼 참일 때와 거짓일 때 그 결과를 반영하는 대상이 다를 경우 유용합니다. 조건 연산자는 코드를 간략히 만들어 주는 효과가 있으며 매크로 함수에

사용하면 좋으나 가독성을 떨어뜨릴 가능성이 있으므로 필요한 곳에만 사용하기 바랍니다.

note 매크로 함수에 관해서는 19장에서 상세히 다룹니다.

일반적으로 조건 연산자를 연산자라고 설명하지만 일치하는 명령어가 있는 것은 아닙니다. if ~ else문과 동일한 명령으로 번역되므로 연산자보다는 제어문으로 보는 것이 맞습니다. 다만, 수식 형태로 제어 구조를 사용할 수 있게 해주므로 연산자 부분에서 함께 설명했습니다.

비트 연산자

비트 연산자는 데이터를 비트 단위로 연산합니다. 비트 연산자에는 논리 연산을 수행하는 &, ¦, ^ 같은 비트 논리 연산자와 비트를 좌우로 움직이는 >>, << 같은 비트 이동 연산자가 있습니다. 비트 연산자는 데이터를 비트로 정확히 표현할 수 있는 정수에만 사용할 수 있습니다.

> 비트 연산자는 정수에만 사용 가능하다.

예제를 통해 각 연산자의 사용법을 살펴보겠습니다.

4-13 직접 해보는 손코딩

비트 연산식의 결과 소스 코드 예제4-13.c

```
01   #include <stdio.h>
02
03   int main(void)
04   {
05       int a = 10;          // 비트열 00000000 00000000 00000000 00001010
06       int b = 12;          // 비트열 00000000 00000000 00000000 00001100
07
08       printf("a & b : %d\n", a & b);
09       printf("a ^ b : %d\n", a ^ b);
10       printf("a ¦ b : %d\n", a ¦ b);
11       printf("~a : %d\n", ~a);
12       printf("a << 1 : %d\n", a << 1);
13       printf("a >> 2 : %d\n", a >> 2);
14
15       return 0;
16   }
```

실행결과   ✕
a & b : 8
a ^ b : 6
a ¦ b : 14
~a : -11
a << 1 : 20
a >> 2 : 2

비트별 논리곱 연산자

8행은 2개의 피연산자 a와 b를 각각 비트별로 논리곱 연산(&)합니다.

```
printf("a & b : %d\n", a & b);      // 8행
```

즉, 변수 a에 저장되어 있는 비트와 b에 저장되어 있는 비트의 각 위치별로 하나씩 피연산자로 생각하고 논리곱 연산을 수행합니다. 0은 거짓이고 1은 참입니다.

> & 연산은 두 비트가 모두 1인 경우에만 1로 계산한다.

```
     00000000 00000000 00000000 00001010   a == 10
&  ) 00000000 00000000 00000000 00001100   b == 12
     ─────────────────────────────────────
     00000000 00000000 00000000 00001000   a & b == 8
```

비트별 배타적 논리합 연산자

9행은 비트 단위로 배타적 논리합exclusive or 연산(^)을 수행합니다.

```
printf("a ^ b : %d\n", a ^ b);      // 9행
```

배타적 논리합의 진리값은 두 피연산자의 진리값이 서로 다를 때만 참이 됩니다. 즉, 둘 다 참이거나 둘 다 거짓이면 거짓이고, 하나는 참이고 다른 하나가 거짓인 경우에 참이 됩니다.

> ^ 연산은 두 비트가 서로 다른 경우만 1로 계산한다.

```
     00000000 00000000 00000000 00001010   a == 10
^  ) 00000000 00000000 00000000 00001100   b == 12
     ─────────────────────────────────────
     00000000 00000000 00000000 00000110   a ^ b == 6
```

비트별 논리합 연산자

10행은 두 피연산자를 각각 비트별로 논리합 연산(|)합니다.

> | 연산은 두 비트 중에서 하나라도 참이면 1로 계산한다.

```
printf("a | b : %d\n", a | b);        // 10행
```

```
00000000 00000000 00000000 00001010   a == 10
00000000 00000000 00000000 00001100   b == 12
00000000 00000000 00000000 00001110   a ¦ b == 14
```

비트별 부정 연산자

11행의 비트별 부정 연산자(~)는 피연산자가 하나며, 피연산자의 비트를 반전시킵니다.

> ~ 연산은 1을 0으로 바꾸고 0을 1로 바꾼다.

```
printf("~a : %d\n", ~a);              // 11행
```

따라서 양수인 경우 부호 비트가 0에서 1로 바뀌므로 음수가 됩니다.

```
~ )00000000 00000000 00000000 00001010   a == 10
   11111111 11111111 11111111 11110101   ~a == -11
```

비트 이동 연산자

<<은 비트를 왼쪽으로 이동시키고, >>은 오른쪽으로 이동시킵니다.

```
printf("a << 1 : %d\n", a << 1);      // 12행
printf("a >> 2 : %d\n", a >> 2);      // 13행
```

즉, 12행의 a << 1은 a의 비트를 모두 왼쪽으로 한 비트씩 이동시킵니다. 이때 왼쪽으로 밀려나는 비트는 사라지고 오른쪽의 남는 비트는 0으로 채워집니다.

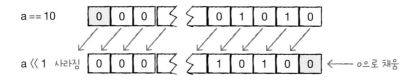

연산의 결괏값을 보면 $1 \times 2^4 + 1 \times 2^2 = (1 \times 2^3 + 1 \times 2^1) \times 2 = a \times 2 = 20$이 되는데, 값을 왼쪽으로 한 비트씩 이동할 때마다 2가 곱해짐을 알 수 있습니다.

> << 연산자는 비트를 왼쪽으로 이동시킨다.

반대로 오른쪽 비트 이동 연산(>>)을 수행하면 2로 나눈 몫이 되는데 이때 오른쪽으로 밀려나는 비트는 사라지며, 왼쪽의 남는 비트는 부호 비트로 채워집니다.

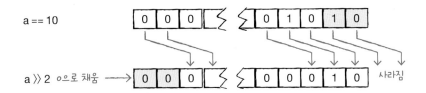

13행에서 a 값이 양수이고 부호 비트가 0이므로 왼쪽의 남는 비트는 0으로 채워집니다. 만약 a 값이 음수라면 왼쪽의 남는 비트는 모두 1로 채워집니다. 따라서 a에 비트 이동 연산을 수행한 후에도 a의 부호는 변하지 않습니다. 단, a의 자료형이 unsigned로 선언되었다면 부호 비트의 의미가 없으므로 왼쪽의 남는 비트는 항상 0으로 채워집니다.

> >> 연산자는 비트를 오른쪽으로 이동시킨다.

note 비트 연산자가 잘 이해되지 않는다면 2장의 데이터가 메모리에 저장되는 방식을 설명하는 내용을 복습하길 바랍니다. 그리고 비트 연산자가 갖는 데이터 처리의 효율성이 있지만 꼭 필요한 경우는 드뭅니다. 따라서 당장 비트 연산자를 이해하기에 부담스럽다면 일단 건너뛰고 필요할 때 다시 살펴보길 바랍니다.

➕ 여기서 잠깐 비트 연산자를 복합대입 연산자로 사용할 수 있나요?

비트 연산자를 대입 연산자와 결합해 사용할 수 있습니다. 예들 들어 a = a << 2;와 같은 문장은 a <<= 2;와 같이 쓸 수 있습니다. 결국 &=, ^=, |=, <<=, >>= 이렇게 5개의 복합대입 연산자를 사용할 수 있습니다. 단, 비트부정 연산자(~)는 단항 연산자이므로 복합대입 연산자로 사용할 수 없습니다.

연산자 우선순위와 연산 방향

하나의 수식에서 2개 이상의 연산자가 함께 쓰일 때는 연산자의 우선순위에 따라 연산됩니다. 연산자 우선순위는 이 절의 〈표로 정리하는 핵심 포인트〉(144쪽)에 정리되어 있지만, 큰 흐름에 따라 요약하면 다음과 같습니다.

- 단항 연산자 > 이항 연산자 > 삼항 연산자 순서로 연산된다.
- 산술 연산자 > (비트 이동 연산자) > 관계 연산자 > 논리 연산자 순서로 연산된다.

예제를 통해 연산자의 우선순위를 따져 보겠습니다.

연산자 우선순위와 연산 방향 소스 코드 예제4-14.c

```c
01  #include <stdio.h>
02
03  int main(void)
04  {
05      int a = 10, b = 5;
06      int res;
07
08      res = a / b * 2;            // 우선순위가 같으므로 왼쪽부터 차례로 연산
09      printf("res = %d\n", res);
10      res = ++a * 3;             // a의 값을 1증가시키고 3을 곱한다.
11      printf("res = %d\n", res);
12      res = a > b && a != 5;     // a > b의 결과와 a != 5의 결과를 && 연산
13      printf("res = %d\n", res);
14      res = a % 3 == 0;          // a % 3의 값이 0과 같은지 확인
15      printf("res = %d\n", res);
16
17      return 0;
18  }
```

실행결과 ×
```
res = 4
res = 33
res = 1
res = 0
```

우선 10, 12, 14행은 다음과 같이 연산됩니다. 그림에서 번호는 연산 순서입니다.

10행의 수식은 ++ 연산자가 단항 연산자이므로 이항 연산자인 *보다 먼저 연산됩니다.

```
++a * 3    // 10행
 ↑    ↑
① 단항  ② 이항
```

12행의 수식에서는 관계 연산자가 논리 연산자보다 우선순위가 높으므로 >와 != 연산자가 && 연산자보다 먼저 연산됩니다. 단, ①과 ②는 연속으로 사용된 연산자가 아니므로 어떤 걸 먼저 하든 상관없습니다.

```
a > b && a != 5    // 12행
  ↑    ↑     ↑
① 관계 ③ 논리 ② 관계
```

14행의 수식에서는 산술 연산자인 %가 먼저 연산됩니다.

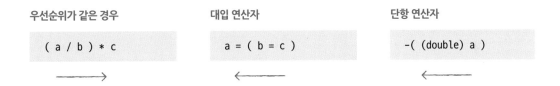

8행의 /와 * 연산자는 우선순위가 같으므로 왼쪽부터 순서대로 연산됩니다. 즉, a를 b로 나눈 몫에 2를 곱해 res에 저장합니다. 단, 대입 연산자와 단항 연산자의 경우 오른쪽에서 왼쪽으로 연산이 수행됩니다. 이해하기 쉽게 연산 방향을 괄호로 표시하면 다음과 같습니다.

> 우선순위가 같거나 동일한 연산자를 반복해서 사용하면 왼쪽부터 차례로 연산된다.

우선순위가 같은 경우

(a / b) * c

———→

대입 연산자

a = (b = c)

←———

단항 연산자

-((double) a)

←———

연산자의 종류는 굉장히 많습니다. 그 많은 연산자의 연산 순서를 줄줄이 외우고 다니는 일은 쉽지 않습니다. 따라서 여러 연산자를 함께 사용할 때 의심되거나 분석이 까다롭다고 느껴진다면 주저 없이 괄호를 사용하기 바랍니다. 예를 들어 12행의 코드를 다음과 같이 표기하면 더 쉽게 소스 코드를 분석할 수 있을 겁니다.

```
res = (a > b) && (a != 5);        // a > b의 결과와 a != 5의 결과를 && 연산
```

그밖에 소개하지 않은 연산자는 관련 내용을 배울 때 같이 설명하겠습니다.

- 주소 연산자(&)와 간접 참조 연산자(*) → 9장 〈포인터〉
- 멤버 접근 연산자(.)와 간접 멤버 접근 연산자(->) → 17장 〈구조체〉

> 비트 연산자 때문에 머리 아프지? 지금은 이런 것도 있다는 정도만 알아 둬도 좋아.

마무리

▶ 4가지 키워드로 끝내는 핵심 포인트

- **형 변환 연산자**는 피연산자의 값을 잠깐 원하는 형태로 바꾸나 변수의 형태를 바꾸지는 않는다.

- **sizeof 연산자**는 괄호와 함께 사용하지만 함수는 아니다.

- **복합대입 연산자**의 우선순위는 대입 연산자와 같다.

- **비트 연산자**는 비트 단위로 연산하며 그 종류로는 비트 논리 연산자(&, ^, ¦)와 비트 이동 연산자(>>, <<)가 있다.

▶ 표로 정리하는 핵심 포인트

표 4-3 연산자의 종류와 우선순위

종류	우선순위	연산자	연산 방향
1차 연산자	1	( ) [ ] . ->	⟶
단항 연산자	2	- ++ -- ~ ! * & sizeof (type)	⟵
산술 연산자	3	* / %	
	4	+ -	
비트 이동 연산자	5	<< >>	
관계 연산자	6	< <= > >=	
동등 연산자	7	== !=	
비트 논리 연산자	8	&	⟶
	9	^	
	10	¦	
논리 연산자	11	&&	
	12	¦¦	
조건 연산자	13	?:	
대입 연산자	14	= += -= *= /= %= &= ^= ¦= <<= >>=	⟵
콤마 연산자	15	,	⟶

표 4-4 기타 연산자

연산자	연산식 예	결괏값
형 변환 연산자	res = (int)10.7;	res 값은 10
sizeof 연산자	res = sizeof(double);	res 값은 8
복합대입 연산자	a += 10;	a의 값을 10 증가
콤마 연산자	res = (a , b);	res에 b 값 저장
조건 연산자	res = (a > b) ? a : b;	a가 b보다 크면 res 값은 a 작거나 같으면 res 값은 b
비트 연산자	a & b; ~a; a << b;	a와 b의 비트 상태에 따라 결괏값이 다름

표 4-5 복합대입 연산자

복합대입 연산식	동일한 연산식	복합대입 연산식	동일한 연산식
a += b	a = a + b	a &= 2	a = a & 2
a -= b	a = a - b	a ^= 2	a = a ^ 2
a *= b	a = a * b	a ¦= 2	a = a ¦ 2
a /= b	a = a / b	a <<= 2	a = a << 2
a %= b	a = a % b	a >>= 2	a = a >> 2

표 4-6 비트 연산자 종류

구분	연산자	연산 기능
비트 논리 연산자	&	비트 단위 논리곱(AND) 연산자
		& 연산은 두 비트가 모두 1인 경우에만 1로 계산한다.
	^	비트 단위 배타적 논리합(XOR) 연산자
		^ 연산은 두 비트가 서로 다른 경우만 1로 계산한다.
	¦	비트 단위 논리합(OR) 연산자
		¦ 연산은 두 비트 중에서 하나라도 참이면 1로 계산한다.
	~	비트 단위 부정(NOT) 연산자
		~ 연산은 1을 0으로 바꾸고 0을 1로 바꾼다.
비트 이동 연산자	<<	왼쪽 비트 이동 연산자
		<< 연산자는 비트를 왼쪽으로 이동시킨다.
	>>	오른쪽 비트 이동 연산자
		>> 연산자는 비트를 오른쪽으로 이동시킨다.

▶ 확인 문제

지금까지 C 언어에 있는 조금 특별한 연산자를 살펴보았습니다. 이들 연산자는 사용하기 까다롭지만, 익혀 두면 유용하니 확인 문제를 풀며 기억해 둡시다.

1. short형과 long형의 자료형 크기를 비교해 크기가 큰 자료형이 무엇인지 출력하는 프로그램이 완성되도록 빈칸을 채우세요.

```c
#include <stdio.h>

int main(void)
{
    int res;                    // 결과 변수

    ▨▨▨▨▨▨▨▨▨▨▨▨▨▨▨▨▨▨
    // sizeof의 피연산자로 자료형 이름을 사용해 크기를 바이트 단위로 계산한다.
    // short형의 크기가 long형보다 크면 참이므로 1, 그렇지 않으면 0을 res에 저장한다.

    ▨▨▨▨▨▨▨▨▨▨▨▨▨▨▨▨▨▨
    // res가 1과 같으면 short형의 크기가 크므로 출력하고
    // 그렇지 않으면 long형을 출력한다.

    return 0;
}
```

실행결과 ✕

```
long
```

2. 야구경기장의 좌석 수가 70개고 입장객 수가 65명일 때 입장률을 표시하는 프로그램이 완성되도록 빈칸을 채우세요.

```c
#include <stdio.h>

int main(void)
{
    ▨▨▨▨▨▨▨▨▨     // 경기장의 좌석 수(seats) 초기화
                   // 입장객 수(audience) 초기화
                   // 입장률(rate)을 저장할 변수
```

```
// 'audience / seats'를 바로 연산하면 둘 다 int형이므로 몫을 계산한다.
// 이 경우 입장객 수가 좌석 수보다 크지 않으므로 항상 0이 출력된다.
// 따라서 소수점까지 계산할 수 있도록 double형으로 형 변환한다.
// 나누기(/)와 곱하기(*)는 우선순위가 같으므로 연산 방향에 따라 왼쪽부터
// 나누기 연산이 먼저 수행된다.

                                              // 입장률 출력
```

실행결과　✕

입장률 : 92.9%

```
    return 0;
}
```

3. 3.76시간은 몇 시간, 몇 분, 몇 초인지 출력하는 프로그램이 완성되도록 빈칸을 채우세요.

```
#include <stdio.h>

int main(void)
{
    int hour, min, sec;        // 시, 분, 초를 저장할 변수
    double time = 3.76;        // 시간 초기화



                               // 형 변환으로 정수 부분만을 골라낸다.
                               // 한 시간이 안 되는 부분만을 다시 저장한다.
                               // 분 단위로 환산
                               // 정수 부분만을 골라내어 분으로 저장한다.
                               // 일분이 안 되는 부분만을 다시 저장한다.
                               // 초 단위로 환산
                               // 정수 부분만을 골라내어 초로 저장한다.
                               // 변환한 시간 출력
```

실행결과　✕

3.76시간은 3시간 45분 35초입니다.

```
    return 0;
}
```

3번 문제의 핵심은 형 변환 연산자인가?

▶ 도전 실전 예제

도전 **체중관리 프로그램**

체중(kg)과 키(cm)를 입력해 BMI(신체질량지수)를 구한 후 BMI의 값이 20.0 이상 25.0 미만
이면 "표준입니다"를 출력하고 그렇지 않으면 "체중관리가 필요합니다"를 출력합니다.

BMI는 표준체중, 저체중, 과체중을 판별하는 수치로 몸무게를 키의 제곱으로 나누어 구합니다.
이때 키는 미터(m)단위로 계산합니다.

```
</> 실행결과                                              ✕

몸무게(kg)와 키(cm) 입력 : 66 185.6 ↵
체중관리가 필요합니다.
```

도전! 빼먹지 말고 이 문제들도 꼭
풀어 봐! 풀다가 모르겠으면, 카페
에 와서 막히는 부분을 질문하거
나 QR 코드의 영상을 참고해!

풀이가 궁금하다면?

- 조건에 따라 실행 문장을 선택해야할 때 사용하는 선택문에 관해 알아봅니다.
- 가장 기본적인 선택문인 IF문에 관해 알아봅니다.
- 상황에 따라 실행할 문장을 결정하는 switch ~ case문에 관해 알아봅니다.

Chapter

05

선택문

05-1 if문

핵심 키워드

선택문   if문   if ~ else문   if ~ else if ~ else문

프로그램은 연산 결과나 입력값에 따라 처리 방법을 바꿔야 할 때가 많으므로 조건에 따라 실행 문장을 선택할 수 있는 구문이 필요합니다. 이 절에서는 선택문으로 가장 많이 사용되는 if문을 살펴봅니다. 선택문은 조건문이라고도 합니다.

시작하기 전에

1~4장까지 학습했던 내용 중 프로그램의 작성 순서를 살펴보면 이렇습니다.

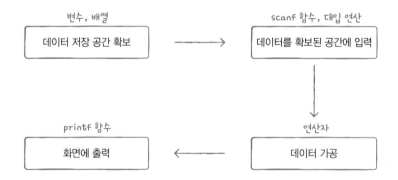

지금까지는 항상 차례대로 실행되는 프로그램을 다뤘습니다. 그런데 조건에 따라 실행되거나 실행되지 않아야 할 때는 어떻게 해야 할까요? 이럴 때 필요한 것이 바로 제어문입니다. 제어문은 보통 다음처럼 구분합니다. 우선 선택문부터 자세히 다뤄 보겠습니다.

> if문을 쓰면 조건에 따라 실행할 문장을 고를 수 있다.

제어문
- 선택문 : if, switch ~ case
- 반복문 : while, for, do ~ while
- 분기문 : break, continue, goto, return

> 이미 봤던 내용이죠?
> 이 부분은 함수에서 다룹니다.

if문의 기본 형식

'크리스마스 때까지 애인이 생기지 않으면' 친구가 '소개팅을 주선해 준다'고 했습니다. 소개팅을 주선해 주는 행위에 전제가 붙어 있습니다. if문도 이와 비슷하게 전제인 조건식과 조건을 만족해야 수행되는 실행문으로 구성됩니다. 따라서 소개팅을 if문에 비유하면 '크리스마스 때까지 애인이 생기지 않으면'은 조건식이고 '소개팅을 주선해 준다'는 실행문이 됩니다.

if문도 여러 가지가 있는데 그중 가장 기본인 if문을 살펴보겠습니다. 예를 들어 a 값이 10보다 클 때만(조건) b에 a를 대입하고 싶다(실행)면 다음과 같이 작성하면 됩니다.

> 기본 if문은 조건식을 만족하면 실행문을 실행하고, 만족하지 않으면 실행하지 않고 지나간다.

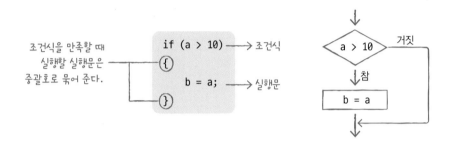

a 값이 10보다 클 때만 b에 a를 대입하는 예제를 통해 구체적인 실행 과정을 살펴보겠습니다.

5-1 직접 해보는 손코딩

if문의 기본 형식 소스 코드 예제5-1.c

```
01  #include <stdio.h>
02
03  int main(void)
04  {
05      int a = 20;
06      int b = 0;
07
08      if (a > 10)          // 조건식 : a가 10보다 크므로 조건식은 참
09      {
10          b = a;           // 실행문 : b = a 대입문 실행
11      }
12
13      printf("a : %d, b : %d\n", a, b);      // 대입이 수행되면 두 값은 같음
```

```
14
15        return 0;
16   }
```

```
a : 20, b : 20
```

5행에서 a가 20으로 초기화되므로 8행의 조건식 a > 10이 참이 되어 실행문 b = a가 수행됩니다. 따라서 b는 a와 같은 값 20을 갖게 됩니다. 만약 5행에서 a를 5로 초기화했다면 a > 10은 거짓이 되어 실행문이 실행되지 않으므로 b는 초깃값 0을 그대로 유지합니다.

```
int a = 20;              // 5행
int b = 0;               // 6행

if (a > 10)     ◀─── 조건식 만족 : a는 20이므로 10보다 큽니다(8행).
{
    b = a;      ◀─── 실행문 실행 : 조건식(a>10)을 만족하므로 실행됩니다(10행).
}
```

읽기 쉬운 코드를 위한 규칙

규칙1 if문은 중괄호({ })를 사용하고 들여쓰기해 실행문을 명확히 구분하는 것이 좋습니다.

if문은 다양한 모양으로 쓸 수 있습니다. 다음은 8~11행 코드입니다. 시작 중괄호는 if문의 조건식 끝에 붙여도 되고 중괄호를 생략할 수도 있습니다. 또한 한 줄에 모두 작성할 수도 있습니다. 즉, 다음 4개는 모두 같은 if문입니다.

다양하게 표현된 if문

```
if (a > 10)
{
    b = a;
}
```

```
if (a > 10){
    b = a;
}
```

```
if (a > 10)
    b = a;
```

```
if (a > 10) b = a;
```

읽기 쉬운 코드를 작성하기 위해 조건식과 실행문을 위, 아래로 구분해 쓰고 가능하면 한 가지 방식으로 통일하는 편이 좋습니다.

> 실행문이 한 문장일 때만 중괄호를 사용하지 않을 수 있다.

규칙2 실행할 문장이 두 문장 이상이면 반드시 중괄호로 묶어야 합니다.

8행에서 a가 10보다 큰 경우 a를 b에 대입하고 그 결과를 출력한다면 다음과 같이 작성해야 합니다.

```
            if (a > 10)
중괄호 ──→ {
실행문 ──→ ┌ b = a;                          // ① a를 b에 대입하고
          └ printf("a와 b는 같습니다.");       // ② 그 결과를 출력
중괄호 ──→ }
```

실행문을 중괄호로 묶지 않으면 어떻게 될까요? 다음과 같이 됩니다.

```
if (a > 10)
    b = a;                  ←─── 여기까지가 if문
printf("a와 b는 같습니다.");  ←─── if문과 독립된 문장으로 항상 실행
```

첫 문장만 if문의 조건식에 따라 실행되며 그 이후의 문장은 조건식과 관계없이 항상 실행됩니다. 따라서 앞의 코드에서 a가 7이면 10보다 작아 조건식은 거짓으로 판단되어 a를 b에 대입하는 첫 번째 문장(①)은 실행되지 않지만, 두 번째 문장(②)은 실행되어 a와 b는 같습니다를 출력합니다.

> 중괄호를 항상 써 주어야 실수를 줄일 수 있다.

if ~ else문

그렇다면 조건을 만족하지 못할 때 수행되는 실행문을 작성하려면 어떻게 해야 할까요? if ~ else문을 쓰면 됩니다. 변수 a가 0보다 크거나 같으면 a에 1을 대입하고 0보다 작으면 −1을 대입하는 경우를 살펴봅시다.

> if ~ else문은 둘 중 하나를 반드시 선택하는 경우에 사용한다.

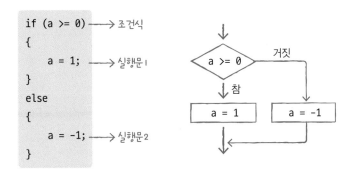

```
if (a >= 0) ──→ 조건식
{
    a = 1; ──→ 실행문1
}
else
{
    a = -1; ──→ 실행문2
}
```

간단한 예를 살펴보겠습니다.

if ~ else문의 사용 　소스 코드　 예제5-2.c

```c
01   #include <stdio.h>
02
03   int main(void)
04   {
05       int a = 10;
06
07       if (a >= 0)
08       {
09           a = 1;                  // a가 0보다 크거나 같으면 a에 1 대입
10       }
11       else
12       {
13           a = -1;                 // a가 0보다 작으면 a에 -1 대입
14       }
15
16       printf("a : %d\n", a);
17
18       return 0;
19   }
```

실행결과　✕

```
a : 1
```

7행부터 14행까지가 **if ~ else**문입니다. a의 초깃값이 **10**이므로 7행의 조건식 a >= 0은 참이 되어 9행을 수행하고 else의 실행문은 건너뜁니다. 따라서 16행에서 a 값으로 1이 출력됩니다.

```
if (a >= 0)                 // 7행
{                           // 8행
    a = 1;                  // 9행
}                           // 10행
```

만약 a의 초깃값이 –5라면 조건식이 거짓이므로 9행의 실행문은 건너뛰고 else의 실행문인 13행만 수행합니다. 이 경우는 16행에서 -1이 출력됩니다.

```
else                        // 11행
{                           // 12행
    a = -1;                 // 13행
}                           // 14행
```

결국 두 실행문 중 하나만 실행되며, 반드시 하나는 실행되는 구조를 갖습니다. 단, 다음 규칙은 지켜야 합니다.

if ~ else문의 규칙

규칙1 **if ~ else문의 else에는 조건을 사용하지 않습니다.**

즉, 조건을 만족하지 않을 때 무조건 else 부분을 실행하므로 둘 중에 하나는 반드시 실행합니다. 또한 if ~ else문도 기본 if문처럼 실행문이 한 문장인 경우는 다음과 같이 중괄호를 생략할 수 있습니다.

```
if (a >= 0)
    a = 1;
else
    a = -1;
```

규칙2 **실행할 문장이 두 문장 이상이면 반드시 중괄호로 묶어야 합니다.**

예를 들어 7행에서 조건을 만족하는 경우 a를 출력하는 문장과 1을 대입하는 문장을 모두 실행하려면 다음과 같이 작성해야 합니다.

> else에서 실행할 문장이 두 문장 이상이라면 중괄호를 써야 한다.

```
if (a >= 0)
{
    printf("현재 a의 값 : %d\n", a);    // 현재 a 값을 출력하고
    a = 1;                              // a를 1로 바꾼다.
}
else
    a = -1;
```

규칙3 **경우에 따라 if문을 두 번 사용하는 것보다 if ~ else문을 한 번 사용하는 것이 좋습니다.**

2개의 기본 if문은 다음과 같이 if ~ else문으로 바꿀 수 있습니다.

if문 두 문장 사용

```
if (a >= 0)      // 2개의 if문은 자칫 조건식을 잘못 쓰면 둘 다 실행한다.
{
    a = 1;
}
if (a < 0)
{
    a = -1;
}
```

if ~ else문 한 문장 사용

```
if (a >= 0)      // 조건에 따라 실행문 2개 중 하나를 선택해야 할 때는 if ~ else문을 사용한다.
{
    a = 1;
}
else
{
    a = -1;
}
```

기본 if문을 두 번 사용해도 조건이 서로 겹치지 않으면 하나만 참이 되므로 결국 한 문장만 실행됩니다. 그러나 조건식을 정확히 사용하지 않으면 두 조건식이 모두 참이 되어 둘 다 실행되거나 모두 거짓이 되어 하나도 실행되지 않을 수 있습니다. 또한 항상 조건식을 두 번 검사하므로 한 번 검사할 때보다 실행 속도가 느려질 수 있습니다. 따라서 2개의 실행문 중 하나를 선택하는 경우에는 주저 없이 if ~ else문을 쓰도록 합니다.

if ~ else if ~ else문

3개 이상의 실행문에서 반드시 하나를 선택하는 경우 if ~ else if ~ else문을 사용합니다. 예를 들어 다음과 같이 변수 a의 값에 따라 b의 값을 1, 2, 3 중 하나로 결정할 때 이를 사용할 수 있습니다.

- a가 0보다 크면 b는 1이 된다.
- a가 0이면 b는 2가 된다.
- a가 0보다 작으면 b는 3이 된다.

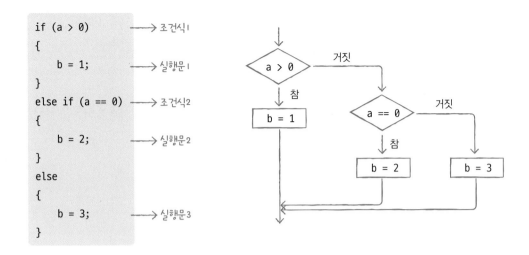

예제를 통해 코드에서의 실행 흐름을 살펴보겠습니다.

5-3 직접 해보는 손코딩

if ~ else if ~ else문 사용 소스 코드 예제5-3.c

```
01  #include <stdio.h>
02
03  int main(void)
04  {
05      int a = 0, b = 0;
06
07      if (a > 0)              // ① 조건식1 : a가 0보다 크면 b에 1 대입
08      {
09          b = 1;
10      }
11      else if (a == 0)        // ② 조건식2 : a가 0보다 크지 않고 a가 0이면 b에 2 대입
12      {
13          b = 2;
14      }
15      else                    // ③ a가 0보다 크지 않고 0도 아니면 b에 3 대입
16      {
17          b = 3;
18      }
19
20      printf("b : %d\n", b);  // if문으로 결정된 b 값 출력
```

```
21
22        return 0;
23    }
```

실행결과   ✕

b : 2

조건이 여러 개인 경우는 우선 첫 번째 조건(①)부터 검사합니다. 7행의 조건식 a > 0을 검사해 결과가 참이면 9행의 b = 1을 실행하고 그 이후의 모든 실행문은 건너뜁니다.

```
if (a > 0)                    // 7행. ① 조건식1 : a가 0보다 크면 b에 1 대입
{
    b = 1;
}
```

첫 번째 조건이 거짓이면 두 번째 조건(②)을 검사합니다. 11행의 두 번째 조건식 a == 0이 참이면 실행문 b = 2를 실행하고 else 부분은 건너뜁니다.

```
else if (a == 0)              // 11행. ② 조건식2 : a가 0이면 b에 2 대입
{
    b = 2;
}
```

만약 두 조건을 모두 만족하지 못하면 마지막으로 else 부분(③)의 실행문 b = 3을 실행합니다. 결국 3개의 실행문 중 반드시 하나를 선택하게 됩니다.

```
else                          // 15행. ③ a가 0보다 크지 않고 0도 아니면 b에 3 대입
{
    b = 3;
}
```

그런데 5행에서 a를 0으로 초기화했으므로 두 번째 조건식 a == 0을 만족해 실행문 b = 2를 실행합니다. 원하는 조건을 찾았으므로 그 이후의 else 부분은 건너뛰어 20행에서는 b에 저장된 2가 출력됩니다.

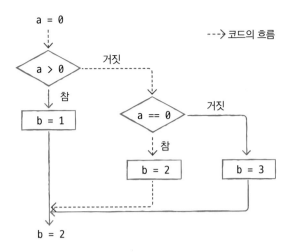

만약 조건이 추가되면 마지막 else에 if ~ else문을 이어서 작성합니다. 예를 들어 a == 0의 조건이 거짓이 되어 마지막 else에 왔을 때, a가 -1이면 b에 3을 대입하고 그 이외에는 4를 대입하는 경우 다음과 같이 작성합니다.

```
if (a > 0)
{
    b = 1;
}
else if (a == 0)
{
    b = 2;
}
else if (a == -1)     // a가 -1인 경우 b에 3 대입
{
    b = 3;
}
else                  // a가 0보다 크지 않고 0도 아니고 -1도 아닌 경우 b에 4 대입
{
    b = 4;
}
```

그리고 다른 형식의 if문과 마찬가지로 다음 규칙은 지켜야 합니다.

조건을 추가하려면 else if를 추가하면 되는구나!

if ~ else if ~ else문의 규칙

규칙1 각 조건에 따라 실행할 문장이 두 문장 이상이면 반드시 중괄호로 묶어야 합니다.

예를 들어 각 조건에 따라 대입할 값을 화면에 출력하고 대입하는 경우 다음과 같이 작성합니다.

```
if (a > 0)
{
    printf("b에 1을 대입합니다\n");
    b = 1;                        ─ a가 0보다 크면 실행
}
else if (a == 0)
{
    printf("b에 2를 대입합니다\n");
    b = 2;                        ─ a가 0이면 실행        셋 중 하나만
}                                                         실행하고 나머지는
else                                                      건너뛴다.
{
    printf("b에 3을 대입합니다\n");
    b = 3;                        ─ a가 0보다 작으면
}                                   실행
```

규칙2 조건식을 차례로 검사하므로 이전 조건의 결과가 반영됩니다.

if ~ else if ~ else문을 사용할 때는 조건식을 검사하는 순서에 주의해야 합니다. 예를 들어 다음과 같은 경우를 살펴보겠습니다.

```
if (a >= 10)
{
    b = 1;
}
else if (a >= 0)
{
    b = 2;
}
else
{
    b = 3;
}
```

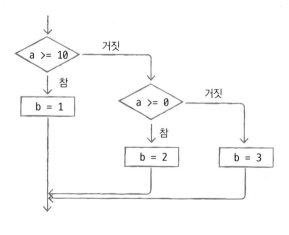

두 번째 실행문 b = 2의 실행 조건이 a >= 0이지만, a가 20일 때 실행되지 않습니다. 이미 첫 번째 조건인 a >= 10을 만족하므로 b = 1이 실행되고 끝나기 때문입니다. 따라서 두 번째 조건은 첫 번째 조건이 거짓인 경우를 포함하게 됩니다. 결국 각 문장의 실행 조건은 다음과 같습니다.

- b = 1의 실행은 a >= 10의 조건만 만족하면 됩니다.
- b = 2의 실행은 (a < 10) && (a >= 0)의 조건을 만족해야 합니다.
- b = 3은 a < 0인 경우 실행됩니다.

즉, 다음과 같이 if문을 작성해도 됩니다.

```
if (a >= 10)
{
    b = 1;
}
else if ((a < 10) && (a >= 0))
{
    b = 2;
}
else if (a < 0)
{
    b = 3;
}
```

그러나 이 경우 불필요한 조건 검사를 더 많이 하므로 조건식의 순서를 논리적 흐름에 맞게 작성해서 중복 검사를 피하는 것이 좋습니다.

순서가 중요하지 않다면 참이 될 가능성이 많은 조건식을 먼저 사용해 조건식을 검사하는 횟수를 줄일 수 있습니다.

설계에 따라 조건식의 검사 횟수를 줄일 수 있겠군.

▶ 4가지 키워드로 끝내는 핵심 포인트

• 조건에 따라 실행 문장을 선택해야 할 때 **선택문**을 사용한다.

• **if문**은 1가지의 선택을 고민할 때 사용한다.

• **if ~ else문**은 2가지 중 하나를 고를 때 사용한다.

• **if ~ else if ~ else문**은 3가지 이상에서 하나를 고를 때 사용한다.

▶ 표로 정리하는 핵심 포인트

표 5-1 if문의 형식

구분 형식	실행 방식
if (조건식) 　　실행문;	조건식이 참이면 실행문 실행 거짓이면 아무것도 실행하지 않음

if (조건식)
　　실행문1;
else
　　실행문2;
	조건식이 참이면 실행문1 실행
	
	거짓이면 실행문2 실행

if (조건식1)
　　실행문1;
else if (조건식2)
　　실행문2;
else
　　실행문3;
	조건식1이 참이면 실행문1만 실행
	
	조건식1이 거짓이고 조건식2가 참이면 실행문2만 실행
	
	모든 조건식이 거짓이면 실행문3 실행

▶ 확인 문제

지금까지 살펴본 if문의 3가지 형식은 선택문으로 가장 많이 사용됩니다. 따라서 문제를 풀면서 문법 구조와 실행 방식을 익혀 두는 것이 좋습니다. 기본 형식에 익숙해지면 자연스럽게 응용하는 능력도 생깁니다.

1. 다음 그림과 실행 순서가 같도록 if문을 작성하세요.

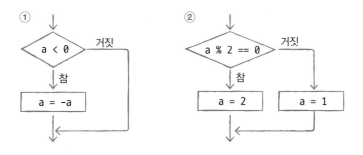

2. 다음 조건에 맞도록 if문의 빈칸을 채우세요.

- 가슴둘레가 90보다 작거나 같으면 S 선택
- 가슴둘레가 90보다 크고 100보다 작거나 같으면 M 선택
- 가슴둘레가 100보다 크면 L 선택

```
int chest = 95;        // 가슴둘레의 크기를 저장할 변수
char size;             // 옷의 사이즈를 결정해서 저장할 변수
if (          ①          )
{
    size = 'S';
}
else if (        ②        )
{
    size = 'M';
}
else
{
    size = 'L';
}
```

3. 키가 187.5cm 이상이고 몸무게가 80.0kg 미만이면 ok를 출력하고 그 이외의 경우에는 cancel을 출력하는 프로그램이 완성되도록 빈칸을 채우세요(키는 179.5, 몸무게는 75.0으로 double형 변수에 초기화합니다).

```c
#include <stdio.h>
int main(void)
{
          height = 179.5;          // 키를 저장할 변수 선언과 초기화
          weight = 75.0;           // 몸무게를 저장할 변수 선언과 초기화
    if (                 )         // 키가 187.5 이상이고 몸무게가 80 미만이면
    {
        printf("ok\n");            // ok 출력
    }
                                   // 그 외의 경우
    {
        printf("cancel\n");        // cancel 출력
    }
    return 0;
}
```

실행결과 ✕
```
cancel
```

05-2

if문 활용과 switch ~ case문

핵심 키워드

(if문 중첩) (switch ~ case문) (break) (default)

일상 생활과 마찬가지로 프로그램에도 다양하고 복잡한 선택의 순간이 많습니다. 따라서 if문을 자유롭게 응용하는 능력이 반드시 필요합니다. 이 절에서는 if문을 중첩해서 사용하는 방법과 주의할 점을 살펴보고 다중 선택이 필요한 상황에 알맞은 switch ~ case문에 관해 살펴봅니다.

시작하기 전에

문제를 해결하다 보면 선행조건이 필요한 경우가 있습니다. 대학교에서 4.5 만점 학점에 4.0 이상이면 전액 장학금을 준다고 했을 때, 가장 먼저 확인할 사항은 해당 대학교 학생 여부입니다.

이처럼 선행조건이 꼭 필요할 때 if문을 중첩해서 사용합니다. 또 학점에 따라 장학금의 지급액이 다를 때도 있겠죠? 이때는 if문보다는 switch ~ case문을 사용하는 것이 더 편리합니다.

> if문의 실행문으로 다른 if문이 사용되면 if문 중첩이다.

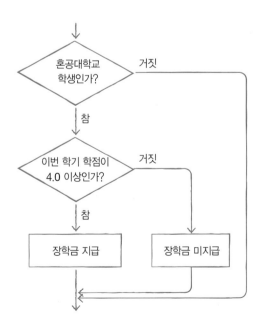

if문 중첩

어떤 조건을 검사하기 전에 선행조건이 있다면 if문 안에 if문을 넣어 사용합니다. 예제 코드를 통해
if문의 실행문으로 if ~ else문이 사용된 경우를 살펴보겠습니다.

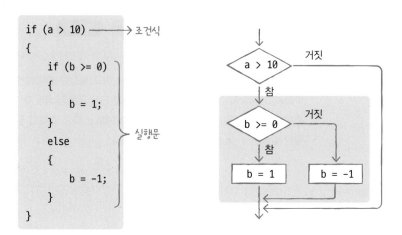

5-4 직접 해보는 손코딩

중첩된 if문   소스 코드   예제5-4.c

```
01  #include <stdio.h>
02
03  int main(void)
04  {
05      int a = 20, b = 10;
06
07      if (a > 10)              // a가 10보다 크면 9 ~ 16행 실행, 작거나 같으면 18행으로 이동
08      {
09          if (b >= 0)         // b가 0 이상이면 b에 1 대입하고 18행으로 이동
10          {
11              b = 1;
12          }
13          else
14          {
15              b = -1;         // b가 0보다 작으면 b에 -1 대입하고 18행으로 이동
16          }
17      }
18
19      printf("a : %d, b : %d\n", a, b);
```

```
20
21       return 0;
22 }
```

실행결과 ✕
a : 20, b : 1

5행에서 a의 초깃값이 20이므로 7행의 조건식 a > 10은 참이 되어 9~16행을 실행합니다. 여기서 다시 b의 값에 따라 b = 1이나 b = -1 둘 중 하나를 선택합니다. 만약 a의 값이 10보다 크지 않다면 7행의 조건이 거짓이므로 실행문 블록인 9~16행은 생각할 필요조차 없습니다. 결국 7행의 조건식이 참일 경우만 b의 값이 1이나 -1로 바뀌므로 7행의 조건이 선행조건이 됩니다.

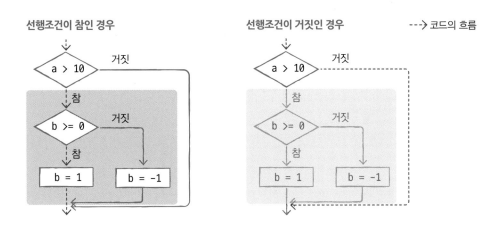

if문의 문법 구조 하나만은 확실히 정리하고 넘어갑시다. if ~ else문은 실행문이 많고 형태가 복잡하더라도 전체를 한 문장으로 취급합니다. 따라서 7행의 if문은 조건식이 참일 때 실행할 문장이 9~16행의 if ~ else문 한 문장이므로 8행과 17행의 중괄호는 생략할 수 있습니다. 다만, 실행문의 범위를 쉽게 구분할 수 있도록 가능한 한 중괄호를 사용하는 것이 좋습니다.

> if ~ else문은 한 문장이다.

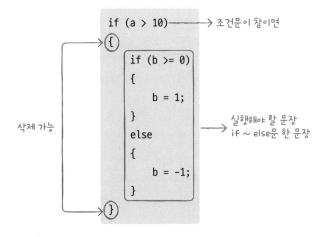

if문을 중첩해서 쓰는 이유

이유1 선행조건이 있으면 불필요한 조건 검사를 하지 않습니다.

[5-4 직접 해보는 손코딩]의 7~17행의 중첩 if문은 다음과 같이 2개의 if문을 연속으로 사용한 것과 실행결과가 같습니다.

[5-4 직접 해보는 손코딩]의 7~17행

```
if (a > 10)
{
    if (b >= 0)
    {
        b = 1;
    }
    else
    {
        b = -1;
    }
}
```

논리 조건식과 연속된 if문으로 바꾼 코드

```
if ((a > 10) && (b >= 0))
    // a가 10보다 크고 b가 0 이상이면 b에 1 대입
{
    b = 1;
}
if ((a > 10) && (b < 0))
    // a가 10보다 크고 b가 0보다 작으면 b에 -1 대입
{
    b = -1;
}
```

논리곱(&&) 연산은 두 조건을 모두 만족해야 하므로 a > 10의 조건이 거짓이면 두 if문의 조건식은 모두 거짓이 되어 b 값은 바뀌지 않습니다. 따라서 a > 10의 조건이 참일 때만 b의 값에 따라 둘 중 한 문장을 실행하게 됩니다.

결국 논리적으로는 if문을 중첩해 사용한 것과 결과는 같습니다. 다만, 이 경우 두 if문의 조건을 모두 검사하므로 실행 효율이 떨어질 수 있습니다. if문을 중첩하면 a > 10의 조건을 먼저 확인하고 참인 경우만 다음 조건을 따지므로 선행조건이 거짓이면 불필요한 연산을 줄일 수 있습니다. 또한 작성하기도 편하고 이해하기도 쉽습니다.

> if문을 중첩하면 실행 효율을 높일 수 있다.

이유2 선행조건이 없어도 실행 효율을 위해 의도적으로 중첩해 사용할 수 있습니다.

예를 들어 다음과 같이 a가 1~6 중에 어떤 값인지 판단하는 경우 1부터 하나씩 차례로 검사하는 방법보다 중간값인 3과 먼저 비교해 두 범위로 나누고 그 범위에서 다시 비교하는 방식을 쓰면 평균 조건 검사 횟수를 줄일 수 있습니다.

1부터 하나씩 검사

```c
if (a == 1)
{
    printf("일");
}
else if (a == 2)
{
    printf("이");
}
else if (a == 3)
{
    printf("삼");
}
else if (a == 4)
{
    printf("사");
}
else if (a == 5)
{
    printf("오");
}
else
{
    printf("육");
}
```

두 범위로 나누어 검사

```c
if (a <= 3)
{
    if (a == 1)
    {
        printf("일");
    }
    else if (a == 2)
    {
        printf("이");
    }
    else
    {
        printf("삼");
    }
}
else
{
    if (a == 4)
    {
        printf("사");
    }
    else if (a == 5)
    {
        printf("오");
    }
    else
    {
        printf("육");
    }
}
```

이 방법을 **분할 정복 기법** divide and conquer 이라고 하는데 비교 항목이 많은 경우 if문을 여러 번 중첩해서 쓰면 실행 시간을 줄이는 데 도움이 됩니다. 그러나 얼핏 보면 선행조건이 필요하다고 오해할 수 있으며 코드가 읽기 어려워지므로 주의해서 사용해야 합니다.

➕ 여기서 잠깐　**if ~ else if ~ else문도 if ~ else문이 중첩된 구조입니다.**

예를 들어 다음 if ~ else문에서 a >= 10의 조건이 거짓일 때, else 부분에서 실행할 문장이 안쪽의 if ~ else문 한 문장이므로 중괄호를 생략할 수 있습니다. 그리고 들여쓰기를 보기 좋게 맞추면 if ~ else if ~ else문이 됩니다.

1단계 : 중괄호를 모두 사용

```
if (a >= 10)
{
    b = 3;
}
else
{
    if (a >= 0)
    {
        b = 2;
    }
    else
    {
        b = 1;
    }
}
```

2단계 : else 중괄호 생략

```
if (a >= 10)
{
    b = 3;
}
else
    if (a >= 0)
    {
        b = 2;
    }
    else
    {
        b = 1;
    }
```

3단계 : if를 else 옆에 붙임

```
if (a >= 10)
{
    b = 3;
}
else  if (a > = 0)
{
    b = 2;
}
else
{
    b = 1;
}
```

결국 이 3가지 형태는 기능이 같은 문장입니다. 다만, 논리적으로는 여러 개의 실행문 중에 하나를 선택하는 것이므로 시각적으로 쉽게 확인할 수 있도록 if ~ else if ~ else문의 형태로 작성하는 것이 좋습니다.

else 결합 문제

문법적으로 if문은 조건에 따라 실행할 문장이 한 문장인 경우 중괄호를 생략할 수 있습니다. 그러나 이 경우에도 중첩 if문에서 중괄호를 반드시 써야 하는 경우가 있습니다. if ~ else문이 참일 때 실행문으로 기본 if문이 쓰이면 반드시 중괄호가 필요합니다. 무슨 말인지 예제를 통해 살펴보겠습니다.

> if ~ else문 안에 단독으로 if문을 쓸 때는 반드시 중괄호를 붙여 준다.

중첩 if문에서 중괄호가 반드시 필요한 경우 소스 코드 예제5-5.c

```
01  #include <stdio.h>
02
03  int main(void)
04  {
05      int a = 10, b = 20;
06
07      if (a < 0)              // a가 0보다 작지만
08      {
09          if (b > 0)          // b가 0보다 크면 ok 출력
10          {
11              printf("ok");
12          }
13      }
14      else                    // a가 0 이상이면 ok 출력
15      {
16          printf("ok");
17      }
18
19      return 0;
20  }
```

실행결과   ✕

ok

7~17행은 하나의 **if ~ else**문입니다. 여기서 7행의 조건식이 참일 때 실행문은 9행에 있는 기본 **if**문 한 문장입니다. 따라서 문법적으로 8행과 13행의 중괄호는 생략할 수 있습니다. 직접 8행과 13행의 중괄호 앞에 //을 붙인 다음 컴파일하고 실행해 봅시다.

```
{                   // 8행
    ...
}                   // 13행
```

막상 중괄호를 생략하면 컴파일러는 전혀 다른 구문으로 해석합니다. 왜 그럴까요?

컴파일러는 **if**문이 중첩된 경우 **else**를 가장 가까운 **if**와 연결합니다. 따라서 14행의 **else**를 9행의 **if**와 짝을 지어 기본 **if**문 안에 실행문으로 **if ~ else**문을 사용한 구문으로 해석합니다. 이 경우 7행의 조건이 거짓이므로 아무것도 출력하지 않습니다.

✚ 여기서 잠깐 | **매달린 else 문제**

Dangling else Problem(댕글링 else 문제)라고도 합니다. if문을 중첩해 사용하다 보면 한 번은 꼭 만나게 되는 문제입니다. if문을 중첩해 사용할 때 뒤따르는 else의 위치가 모호해지면서 생기는 문제입니다. 다음 그림처럼 중괄호의 사용 여부에 따라 전혀 다른 프로그램이 되므로 반드시 중괄호를 써서 다른 구문으로 해석되지 않도록 주의해야 합니다.

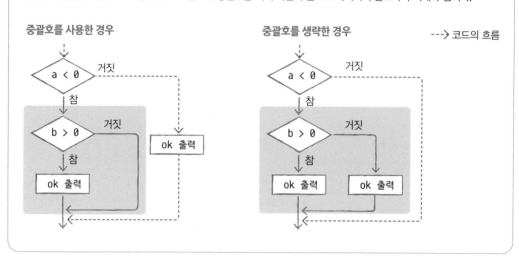

switch ~ case문

등수에 따라 상금을 차등 지급한다고 합시다. 1등은 300만 원, 2등은 200만 원, 3등은 100만 원을 지급합니다. 여기서 상금의 지급 조건은 등수고 해당 등수는 상수 1, 2, 3입니다. 이렇게 여러 개의 상수 중 조건에 해당하는 하나를 골라 실행하는 것이 switch ~ case문입니다.

switch ~ case문의 일반 형식은 다음과 같습니다.

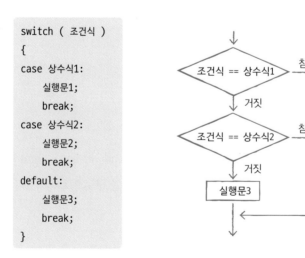

```
switch ( 조건식 )
{
case 상수식1:
    실행문1;
    break;
case 상수식2:
    실행문2;
    break;
default:
    실행문3;
    break;
}
```

switch ~ case문을 쓸 때는 2가지 규칙을 꼭 지켜야 합니다.

규칙1 조건식으로 정수식만 사용해야 합니다.

규칙2 기본적으로 case는 break를 포함합니다.

＋ 여기서 잠깐   break는 어떤 역할을 하나요?

break는 해당 블록을 탈출하는 데 사용합니다. 이 절에서는 switch문을 빠져나올 때 사용합니다.

정수식은 정수형 상수나 변수를 쓸 수 있고 수식을 사용할 때는 결괏값이 정수여야 합니다. 또한 case에 사용하는 상수식 역시 정수만 가능합니다. 다음 예제는 순위에 따라 상금을 결정하는 프로그램으로 switch ~ case문의 실행 과정을 자세히 보여 줍니다.

5-6   직접 해보는 손코딩

switch ~ case문의 사용   소스 코드   예제5-6.c

```
01  #include <stdio.h>
02
03  int main(void)
04  {
05      int rank = 2, m = 0;
06
07      switch (rank)              // rank의 값이 얼마인지 확인
08      {
09      case 1:                    // rank가 1이면
10          m = 300;              // m = 300을 수행하고
11          break;               // 블록을 벗어나 22행으로 이동
12      case 2:                    // rank가 2면
13          m = 200;              // m = 200을 수행하고
14          break;               // 블록을 벗어나 22행으로 이동
15      case 3:                    // rank가 3이면
16          m = 100;              // m = 100을 수행하고
17          break;               // 블록을 벗어나 22행으로 이동
18      default:                   // rank와 일치하는 case의 값이 없으면
19          m = 10;              // m = 10을 수행하고
20          break;               // 블록을 벗어나 22행으로 이동
21      }
22
```

```
23        printf("m : %d\n", m);
24
25        return 0;
26    }
```

실행결과   ✕

m : 200

일단 7행에서 **switch** 괄호 안의 조건식을 확인합니다.

```
switch (rank)                    // 7행
```

그다음 rank 값과 일치하는 상수를 가진 case의 위치로 건너뜁니다. 예제에서는 5행에서 rank를 2로 초기화했으므로 12행으로 이동합니다. 그리고 break가 나올 때까지 모든 문장을 실행하므로 m에 200을 대입하고 블록을 벗어납니다.

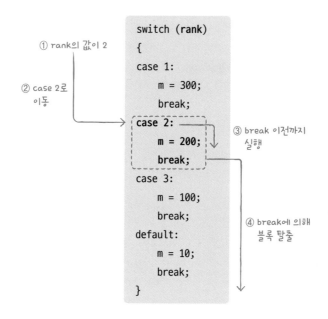

그런데 1, 2, 3등을 못하고 5등을 했다면 어떻게 될까요? 이렇게 rank의 값이 1~3이 아니면 default로 이동하므로 m은 10이 됩니다. default는 상수식을 쓰지 않으며 생략할 수도 있습니다. default를 생략한 경우 rank와 일치하는 case의 상수가 없으면 바로 블록을 벗어나므로 블록 내의 어떤 문장도 실행되지 않습니다.

> 조건식과 일치하는 case의 상수가 없으면 default로 건너뛴다.

case와 default는 건너뛸 위치를 표시하는 레이블label의 역할을 합니다. 따라서 해당 case에서

실행할 문장이 두 문장 이상이면 순서대로 작성하면 됩니다. 예를 들어 case 2에서 m에 200을 저장하고 출력까지 한다면 다음과 같이 작성합니다.

```
case 2:                          // case 2 레이블에 오면
    m = 200;                     // m에 200을 대입하고
    printf("m의 값 : %d\n", m);   // m을 출력하고
    break;                       // 블록 탈출
```

break 생략

break는 필요에 따라 생략할 수 있습니다. break를 사용하면 적절한 시점에 블록을 탈출해 필요한 부분만 선택적으로 실행할 수 있습니다. 그러나 반드시 사용해야 하는 것은 아닙니다. 필요에 따라 전부나 일부를 생략할 수 있습니다. break가 있고 없고는 굉장히 큰 차이가 납니다. 다음 그림을 한 번 살펴봅시다.

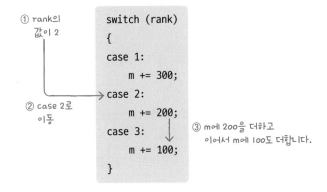

break가 없으면 1등인 경우 2등과 3등 상금을 함께 받고 2등은 3등 상금을 함께 받습니다. 예를 들어 rank가 2인 경우에 case 2로 건너뛰고 그 이후부터 break가 없으므로 블록의 끝까지 모든 문장을 실행합니다. 결국 += 연산자에 의해 m의 값은 300이 증가합니다. 다만, switch ~ case문 대부분은 break를 사용한 다중 선택구문으로 쓰이므로 break를 생략한 경우 잘못 작성한 코드로 오해할 수 있으니 유의해서 사용하세요.

> 제한적으로 break를 생략해야 하며 생략할 때는 자세한 설명을 주석으로 남겨야 한다.

switch ~ case문을 if문으로 바꿔 보기

경우에 따라 switch ~ case문을 if문으로 바꾸어도 동일한 결과를 얻을 수 있습니다. 즉, 다음 두 문장의 실행결과는 같습니다.

switch ~ case문 사용

```
switch (rank)
{
case 1:
    m = 300;
    break;
case 2:
    m = 200;
    break;
case 3:
    m = 100;
    break;
default:
    m = 10;
    break;
}
```

if문 사용

```
if (rank == 1)
{
    m = 300;
}
else if (rank == 2)
{
    m = 200;
}
else if (rank == 3)
{
    m = 100;
}
else
{
    m = 10;
}
```

실행결과가 같다면 어떤 구문을 사용할 것인지는 선택의 문제입니다. 다만, switch ~ case문은 정수 값에 따라 실행 문장을 선택하기에 좋은 구조며 범위를 검사하는 경우에는 적합하지 않습니다.

+ 여기서 잠깐 **default의 위치**

switch ~ case문은 조건에 따라 case의 상수를 모두 비교한 후 일치하는 상수가 없는 경우 마지막에 default로 갑니다. 따라서 default는 switch의 블록 안 어디에 있어도 결과는 같습니다. 보통 모든 case문을 적은 다음 마지막에 넣어 예외 상황을 처리할 때 사용합니다.

▶ 4가지 키워드로 끝내는 핵심 포인트

• **if문 중첩**은 if문 안에 실행문으로 if문을 사용한 것을 말한다.

• **switch ~ case문**은 정수 값으로 실행할 문장을 결정한다.

• **break**는 자세한 설명과 함께 제한적으로 생략해야 한다.

• **default**는 블록 안 어디에 위치해도 상관 없으나 보통 블록 마지막에 두어 예외 상황을 처리한다.

▶ 표로 정리하는 핵심 포인트

표 5-2 if문이 중첩된 예

구분	if문에 if ~ else문 중첩	if ~ else문에 if문 중첩

사용 예	```if (조건식1)
	{
	    if (조건식2)
	    {
	        실행문1;
	    }
	    else
	    {
	        실행문2;
	    }
	}```
		``if (조건식1)
		{
		    if (조건식2)
		    {
		        실행문1;
		    }
		}
		else
		{
		    실행문2;
		}```

실행 과정	조건식1이 거짓이면 아무것도 실행하지 않음	조건식1이 참이어도, 조건식2가 거짓이면 아무것도 실행하지 않음

▶ 확인 문제

지금까지 if문을 중첩해서 사용하는 방법과 switch ~ case문을 살펴보았습니다. 선택문의 경우 문법을 배우는 것보다 활용법을 익히는 것이 더 중요합니다. 문제를 통해 구문을 효과적으로 구현하는 방법을 알아보겠습니다.

1. 다음 중 if문과 switch ~ case문에 관한 설명으로 <u>옳지 않은</u> 것을 고르세요.

① if ~ else if ~ else문은 if ~ else문이 중첩된 구조다.

② if ~ else문이 중첩된 경우 else는 가장 가까운 if와 짝이 된다.

③ if문이 중첩된 경우 안쪽 if문을 벗어날 때 break를 사용한다.

④ switch ~ case문은 결괏값이 정수인 수식만 조건식으로 사용할 수 있다.

2. 다음 프로그램의 실행결과를 참고해 빈칸을 채우세요.

```c
#include <stdio.h>
int main(void)
{
    int n;
    printf("정수 입력 : ");
    scanf("%d", &n);
    switch (n % 3)
    {
    case 0:
        printf("거짓");
        break;
                        :
        printf("참");
        break;
    }
    return 0;
}
```

실행결과1 ✕
정수 입력 : 1 ↵
참

실행결과2 ✕
정수 입력 : 2 ↵
참

실행결과3 ✕
정수 입력 : 3 ↵
거짓

3. 다음 표에 따라 옷의 사이즈가 결정될 때, 나이가 25이고 가슴둘레가 95인 사람의 사이즈를 출력하는 프로그램을 `if`문을 사용해 작성하세요.

나이	20세 미만			20세 이상		
가슴둘레	85 미만	85 이상 95 미만	95 이상	90 미만	90 이상 100 미만	100 이상
사이즈	S	M	L	S	M	L

```
#include <stdio.h>
int main(void)
{
    int age = 25, chest = 95;
            size;
    if (age < 20)                        // 나이가 20 미만이면
    {
                                         // 20세 미만 chest 값에 따라 사이즈를 결정



    }
    else                                 // 나이가 20보다 크거나 같으면
    {
                                         // 20세 이상 기준으로 사이즈를 결정



    }
    printf("사이즈는 %c입니다.\n", size);  // 결정된 사이즈 출력

}
```

실행결과

```
사이즈는 M입니다.
```

▶ 도전 실전 예제

도전 계산기 프로그램

키보드로 수식을 입력하면 계산 결과를 출력하는 프로그램을 작성하세요. 정수 사칙연산만 입력합니다.

tip 연산기호(+, −, *, /)도 하나의 문자입니다.

```
</> 실행결과1                    ✕

사칙연산 입력(정수) : 11/3 ⏎
11/3=3
```

```
</> 실행결과2                    ✕

사칙연산 입력(정수) : 10-6 ⏎
10-6=4
```

풀이가 궁금하다면?

학습목표

- 단순 반복 작업을 쉽게 처리하도록 도와주는 while문, for문, do ~ while문에 관해 알아봅니다.
- 반복문을 중첩하는 방법을 알아봅니다.
- 실행 방식을 바꿔 주는 break와 continue에 관해 알아봅니다.

Chapter

06

반복문

while문, for문, do ~ while문

핵심 키워드   while문   for문   do ~ while문

어떤 코드를 되풀이해서 실행하려고 같은 문장을 여러 번 작성하는 것은 비효율적입니다. 따라서 C 언어는 같은 문장을 자동으로 반복할 수 있도록 3가지 반복문을 제공합니다. 이 절에서는 이들 반복문의 형태와 기본적인 사용법을 살펴봅니다.

시작하기 전에

일정 조건을 만족하는 동안 같은 실행문을 반복하는 게 바로 **반복문**입니다. 따라서 반복문에는 항상 반복의 조건을 정의하는 조건식과 조건을 만족했을 때 실행하는 문장이 있으며, 조건식의 위치에 따라 크게 다음 그림과 같이 반복문으로 구분할 수 있습니다. 그림 속 번호는 실행되는 순서를 의미합니다.

> 반복문은 조건을 만족하는 동안 같은 문장을 반복한다.

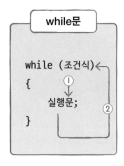
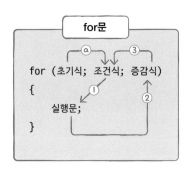
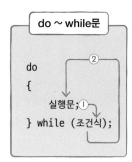

- while문은 ① 조건을 먼저 물어보고 만족하는 동안 ② 실행문을 실행합니다.
- for문은 ⓐ 초깃값을 최초 설정한 다음 ① 조건을 물어보고 ② 실행문을 실행한 다음 ③ 증감식을 실행하고 다시 ① 조건을 확인합니다.
- do ~ while문은 특이하게도 ① 실행문을 무조건 실행하고 ② 조건을 확인한 후 다시 ① 실행문을 실행하러 갑니다.

while문

while문은 조건식을 먼저 검사하고 조건식이 참인 동안 실행문을 반복합니다. 예를 들어 a가 10보다 작은 동안 두 배씩 반복적으로 늘리는 구문을 다음과 같이 작성할 수 있습니다.

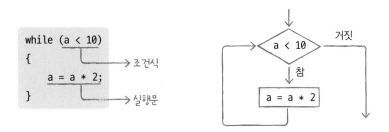

이 예제를 코드로 옮겨 구체적인 실행 과정을 살펴보겠습니다.

6-1 직접 해보는 손코딩

while문을 사용한 반복문   소스 코드 예제6-1.c

```c
01  #include <stdio.h>
02
03  int main(void)
04  {
05      int a = 1;              // 변수를 선언하고 곱셈을 하기 위해 1로 초기화
06
07      while (a < 10)          // ① a가 10보다 작으므로 조건식은 참
08      {
09          a = a * 2;          // ② a에 2를 곱해 a에 다시 저장
10      }
11      printf("a : %d\n", a);  // a 값 출력
12
13      return 0;
14  }
```

> 💻 실행결과 ✕
> a : 16

7~10행에 있는 것이 while문입니다. 우선 5행에서 a가 1로 초기화되었으므로 7행의 조건식(①) a < 10이 참이 되어 9행의 실행문(②) a = a * 2를 수행합니다. 여기서 a의 값은 2로 증가합니다. 그다음 어디로 갈까요? 7행의 조건식(①)으로 돌아갑니다. 이처럼 while문은 반복할 실행문(②)을 수행한 후 다시 조건식(①)으로 돌아갑니다. ①과 ②를 반복하는 거죠.

> while문은 반복할 실행문 수행 후 조건식으로 돌아간다.

①과 ②를 반복하는 과정을 표로 정리하면 다음과 같습니다.

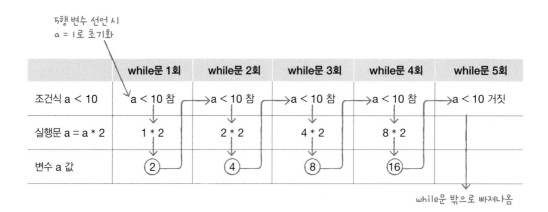

첫 번째 실행을 마치고 다시 조건식으로 돌아갔을 때, a는 2로 증가된 상태에서 10과 비교합니다. 여전히 10보다 작으므로 조건식은 참이 되고 다시 반복할 부분을 실행해 a는 4로 증가합니다. 이렇게 반복하다 보면 최초 a가 1일 때와 2, 4, 8일 때 조건식이 참이 되어 실행문은 총 4회 반복됩니다. 4회차에 a = a * 2가 실행되면 a는 16으로 증가합니다. 다시 조건식을 확인하면 마침내 거짓이 됩니다.

조건식이 거짓이 되었을 때 비로소 while문을 끝내고 while문 이후의 문장을 실행합니다. 예제 코드에서는 } 다음에 있는 11행 printf("a : %d\n", a);을 실행합니다. 여기서는 결국 a가 16인 상태에서 반복문을 종료하므로 출력 결과는 16이 됩니다.

> while문의 조건식을 만족하지 못하면 다음 실행 위치는 반복문 이후의 문장이다.

조건을 만족하는 동안

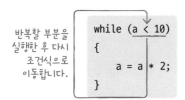

반복할 부분을 실행한 후 다시 조건식으로 이동합니다.

조건을 만족하지 않을 때

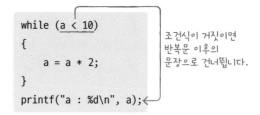

조건식이 거짓이면 반복문 이후의 문장으로 건너뜁니다.

중괄호의 사용법과 들여쓰기

모든 반복문은 실행문을 중괄호로 묶어 반복할 부분을 표시합니다. 다만, [6-1 직접 해보는 손코딩]의 while문처럼 실행문이 한 문장이면 중괄호를 생략할 수 있습니다. 실행문이 두 문장 이상이면 반드시 중괄호를 써야 합니다. 예를 들어 조건식이 참일 때 a의 값을 두 배 증가시키고 출력하는 것까지 반복한다면 다음과 같이 작성합니다.

```
while (a < 10)  ←——————— 조건식
{
    a = a * 2;
    printf("a : %d\n", a);  } 반복할 실행문 두 문장
}
```

실행결과 ✕
a : 2
a : 4
a : 8
a : 16

만약 위의 예에서 중괄호가 없다면 어떻게 될까요?

```
while (a < 10)
    a = a * 2;                 // 여기까지만 while문에 속한 실행문
    printf("a : %d\n", a);     // 들여쓰기는 반복문과 무관하다.
```

실행결과 ✕
a : 16

이런 문장인 거죠. 이 경우 while문은 실행문이 한 문장이고 중괄호가 생략된 형태로 해석되며 두 번째 문장부터는 while문과 별개의 문장으로 while문이 끝난 후에 한 번만 실행됩니다. 들여쓰기가 되어 있다고 반복문의 일부가 되는 것은 아닙니다. 결국 컴파일러는 다음과 같은 형태로 해석합니다.

> 실행문은 항상 중괄호로 묶어서 명확히 하자.

```
while (a < 10)
{
    a = a * 2;  ←——————— 반복할 실행문 한 문장
}
printf("a : %d\n", a);  ←——————— 반복문과는 별개의 독립적인 문장
```

실행결과 ✕
a : 16

따라서 불필요한 에러를 막기 위해 실행문의 개수와 상관없이 항상 중괄호로 반복할 부분을 명확히 표시하는 것이 좋습니다. 그리고 눈으로 쉽게 확인할 수 있도록 실행문을 중괄호 안에 들여쓰기합시다. 들여쓰기를 하지 않아도 에러가 나는 것은 아니지만, 읽기 쉬운 코드를 만드는 기본적인 방법이므로 지키는 편이 좋습니다. 참고로 VC++ 컴파일러의 경우 자동으로 들여쓰기해 줍니다.

> 중괄호 안의 실행문은 들여썼을 때 읽기 쉽다.

```
            while (a < 10)
            {
들여쓰기 ——→   (   )a = a * 2;
            }
```

✚ 여기서 잠깐   **컴파일러는 반복문의 조건식과 실행문을 모두 한 문장으로 인식합니다.**

if문에서와 비슷하게 컴파일러는 반복문의 조건식과 실행문을 모두 포함해 전체를 한 문장으로 인식합니다. 따라서 만약 if문의 실행문이 반복문 하나로 되어 있다면 if문의 중괄호를 생략할 수 있습니다. 다만, 명확한 구분을 위해 기본적으로 중괄호를 사용하는 편이 좋습니다.

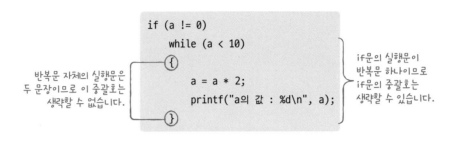

for문

while문과 비슷하게 for문도 반복문입니다. 다만, for문은 실행문을 원하는 횟수만큼 반복할 때 사용합니다. 예를 들어 a 값을 두 배로 증가시키는 문장을 세 번 반복하는 코드를 for문으로 작성하면 다음과 같습니다.

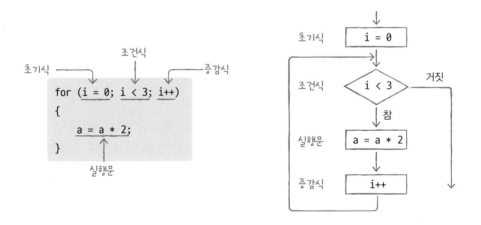

for문은 초기식, 조건식, 증감식으로 반복 횟수를 제어하며 블록 안의 문장을 반복합니다. 자세한 실행 과정은 예제를 통해 살펴보겠습니다.

for문은 실행문을 반복하는 횟수가 정해져 있을 때 주로 사용한다.

for문을 사용한 반복문   소스 코드   예제6-2.c

```c
01  #include <stdio.h>
02
03  int main(void)
04  {
05      int a = 1;              // 변수를 선언하고 1로 초기화
06      int i;                  // 반복 횟수를 세기 위한 변수
07
08      for (i = 0; i < 3; i++) // ① i는 0으로 초기화된 후에 ② 3보다 작은 동안(i < 3)
09      {                       // ③ 하나씩 증가하면서(i++)
10          a = a * 2;          // 실행문을 실행
11      }
12      printf("a : %d\n", a);  // for문을 빠져나오면 a 값을 출력
13
14      return 0;
15  }
```

> **실행결과**   ✕
> a : 8

8행이 반복 횟수를 세는 ① 초기식, ② 조건식, ③ 증감식을 모아 놓은 곳입니다.

> for (i = 0; i < 3; i++)   // 8행. i는 0으로 초기화된 후에 3보다 작은 동안(i < 3)

초기식은 변수 i를 초기화하는 부분으로 딱 한 번 실행됩니다. 이어서 조건식을 검사해 결과가 참이면 블록 안으로 들어가 반복할 문장인 a = a * 2를 실행합니다. 반복할 부분을 수행하면 증감식으로 올라가 i 값을 1 증가시키고 다시 조건식을 검사하는 순서로 반복합니다.

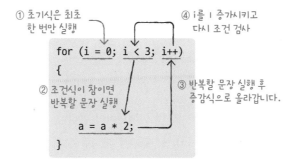

이렇게 반복하는 과정에서 조건식이 거짓이면 반복을 끝내고 12행으로 갑니다. 결국 변수 i 값이 0, 1, 2일 때 조건식이 참이 되므로 a = a * 2 문장은 총 세 번 실행됩니다.

for문은 반복할 문장을 실행할 때마다 특정 변수의 값을 하나씩 증가시켜 원하는 횟수가 될 때까지 반복하는 방법을 사용합니다. 따라서 반복 횟수를 제어하는 변수가 필요하며 변수명으로 보통 i, j, k를 사용합니다.

for문 사용 시 주의점

주의1 **초기식, 조건식, 증감식은 반복 횟수를 알기 쉽게 작성합니다.**

특정 횟수만큼 반복하는 초기식, 조건식, 증감식의 조합은 많습니다. 예를 들어 다음은 모두 세 번 반복하는 for문입니다.

```
for (i = 0;  i < 3;  i++)     // i의 값이 0, 1, 2일 때 세 번 반복
for (i = 2;  i <= 4;  i++)    // i의 값이 2, 3, 4일 때 세 번 반복
for (i = 0;  i < 7;  i += 3)  // i의 값이 0, 3, 6일 때 세 번 반복
for (i = 3;  i > 0;  i--)     // i의 값이 3, 2, 1일 때 세 번 반복
```

이처럼 어떤 것을 사용해도 결과가 같다면 이해하기 쉬운 코드를 선택해야 합니다. 대부분 첫 번째 형식을 많이 사용하며, 이때 조건식에 사용한 값(i < 3에서 3)이 반복 횟수가 됩니다.

주의2 **반복 횟수를 세는 변수를 반복문 안에서 바꾸지 않는 것이 좋습니다.**

반복 횟수를 세는 변수를 반복문 블록 안에서 바꾸면 반복 횟수를 쉽게 알 수 없습니다. 예를 들어 다음 for문에서 printf문은 몇 번 실행될까요?

```
for (i = 0; i < 10; i++)
{
    printf("Be happy!\n");
    i += 2;                  // i의 값을 2씩 증가시킨다.
}
```

초기식, 조건식, 증감식만 보면 printf문은 열 번 실행되어야 합니다. 그러나 반복할 때마다 블록 안에서 i의 값을 증가시키므로 결국 i의 값이 0, 3, 6, 9일 때, 즉 총 네 번 반복합니다. 이해하기 힘든 코드를 만들 의도가 아니라면 이와 같은 방식은 피해야 합니다.

➕ 여기서 잠깐   **for문을 while문으로 바꿀 수 있나요?**

for문의 ① 초기식, ② 조건식, ③ 증감식의 위치를 바꾸면 while문으로 바꿀 수 있습니다.

즉, 초기식은 딱 한 번 실행되므로 while문 바로 위에 위치시키고 증감식은 반복할 문장 다음에 위치시키면 됩니다.

for문

```
for (i = 0; i < 10; i++)
       ①       ②      ③
{
    printf("Be happy!\n");
}
```

while문

```
i = 0;①
while (i < 10)
            ②
{
    printf("Be happy!\n");
    i++;
       ③
}
```

다만, 초기식, 조건식, 증감식을 한 곳에 모아 놓으면 반복 횟수를 쉽게 알 수 있습니다. 따라서 반복 횟수가 정해진 경우라면 for문을 사용하는 것이 좋습니다.

do ~ while문

while문, for문은 조건식을 먼저 확인하는 반면, do ~ while문은 일단 반복할 문장을 수행한 후에 조건을 검사합니다. 예를 들어 a 값이 10보다 작은 동안 두 배씩 늘리는 문장을 do ~ while문으로 작성하면 다음과 같습니다. 예제를 통해 실행 과정을 확인해 보겠습니다.

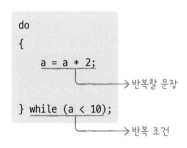

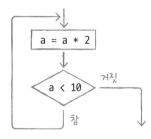

6-3   직접 해보는 손코딩

do ~ while문을 사용한 반복문   소스 코드 예제6-3.c

```
01  #include <stdio.h>
02
03  int main(void)
```

```
04  {
05      int a = 1;                    // 변수를 선언하고 1로 초기화
06
07      do                            // 반복문 시작 위치
08      {
09          a = a * 2;                // a의 값을 2배로 늘린다.
10      } while (a < 10);             // a가 10보다 작으면 9행을 반복
11      printf("a : %d\n", a);        // 반복이 끝난 후 a 값을 출력
12
13      return 0;
14  }
```

실행결과 ✕
a : 16

5행에서 a를 1로 초기화한 후 7행에서 반복문을 시작합니다. do ~ while문은 반복할 문장을 먼저 실행하므로 9행에서 a는 2로 증가합니다. 그 후에 10행의 조건식을 검사하는데, a가 10보다 작으므로 조건식이 참이 되어 다시 반복합니다. 이렇게 a 값이 1, 2, 4, 8일 때 반복할 문장을 실행하고 마지막 실행 후 a가 16이 되면 반복을 끝내고 11행으로 가서 a를 출력합니다.

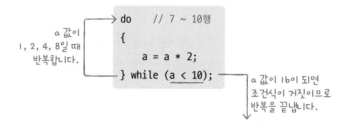

do ~ while문도 다른 반복문과 마찬가지로 반복할 문장이 한 문장이면 중괄호를 생략할 수 있습니다.

중괄호가 있는 코드

```
do
{
    a = a * 2;
} while (a < 10);
```

중괄호가 없는 코드

```
do a = a * 2; while (a < 10);
```

다만, 반복 부분을 알기 쉽도록 중괄호를 사용하고 들여쓰기하는 것이 좋습니다. 그리고 do ~ while 문 마지막에 붙어 있는 세미콜론(;)을 반드시 기억합시다. 세미콜론을 빠뜨렸는데 이를 인지 못하고 에러를 잡기 위해 엄한 곳을 들여다 보는 경우가 꽤 발생합니다.

do ~ while문의 특징

do ~ while문은 조건식과 관계없이 반복할 문장을 최소 한 번은 실행합니다. while문은 조건을 만족해야지 실행문을 실행하므로 조건식이 거짓이면 실행문을 한 번도 실행하지 않고 바로 반복문을 빠져나갑니다. 반면, do ~ while문은 실행문이 조건식 앞에 있으므로 조건과 관계없이 실행문을 최소한 한 번은 실행합니다.

while문

```
while ( a < 10 )
{
    a = a * 2;
}
```

조건식의
위치가
다름!

do ~ while문

```
do
{
    a = a * 2;
} while ( a < 10 ) ;
```

[6-3 직접 해보는 손코딩]을 while문으로 작성해도 결과는 같습니다. 그러나 a가 10으로 초기화되었다면 while문과 do ~ while문의 결과는 달라집니다. while문은 처음부터 조건이 거짓이 되어 바로 반복문을 끝내므로 a 값에 변함이 없지만, do ~ while문은 일단 두 배로 늘리고 조건식을 검사하므로 a가 20으로 바뀝니다. 따라서 반복 조건을 검사하는 위치에 맞게 while문과 do ~ while문을 적절히 선택해서 사용해야 합니다.

> **✚ 여기서 잠깐** | **모든 do ~ while문을 while문으로 바꿀 수 있나요?**
>
> 처음 조건식이 참이 되도록 만들면 do ~ while문을 while문으로 바꿀 수 있습니다. [6-3 직접 해보는 손코딩]에서 a를 10으로 초기화하더라도 다음과 같이 while문으로 작성해 같은 결과를 얻을 수 있습니다.
>
> ```
> while ( a <= 10 )
> {
>     a = a * 2;
> }
> ```
>
> 그러나 a 값이 결정되지 않은 경우는 while문과 do ~ while문에 분명한 차이가 있습니다. 예를 들어 a에 값을 입력하는 경우 while문은 입력되는 값에 따라 반복 여부를 결정하고, do ~ while문은 어떤 값이 입력되더라도 최소한 한 번은 do 안의 문장을 실행합니다.
>
> ```
> scanf("%d", &a);        // 어떤 값이 입력되더라도
> do
> {
>     a = a * 2;          // 한 번은 실행된다.
> } while ( a < 10 ) ;
> ```

▶ 3가지 키워드로 끝내는 핵심 포인트

• while문은 반복 문장을 실행하기 전에 반복 조건을 먼저 검사한다.

• for문은 반복 횟수가 정해진 경우에 사용하면 편리하다.

• do ~ while문은 반복 문장을 실행한 후에 반복 조건을 검사한다.

▶ 표로 정리하는 핵심 포인트

표 6-1 3가지 반복문

반복문 형식	실행 방식

while (조건식)
{
　　실행문;
}
	조건식이 참인 동안 실행문을 반복한다.
	최초 조건식이 거짓이면
	실행문은 한 번도 실행되지 않는다.

for (초기식; 조건식; 증감식)
{
　　실행문;
}
	초기식은 최초 한 번 실행된다.
	조건식을 검사해 참이면
	실행문 → 증감식 → 조건식을 반복한다.

do { 　　실행문; } while (조건식);	실행문을 수행한 후 조건을 검사한다. 조건식이 참인 동안 실행문을 반복한다. 실행문은 조건식과 관계없이 최소 한 번은 실행된다.

난 횟수가 정해졌을 때는 for문을 사용하겠어!

▶ 확인 문제

지금까지 3가지 기본 반복문을 살펴봤습니다. 반복문은 그 기능을 이해하는 것보다 활용하는 것이 훨씬 어렵습니다. 같은 횟수를 반복하더라도 다양한 방법이 있을 수 있고 그에 따라 프로그램의 성능과 모양이 달라질 수 있습니다. 따라서 문제를 풀면서 사용법을 몸에 익히는 것이 무엇보다 중요합니다.

1~2. 다음 그림과 실행 순서가 같도록 반복문을 작성하세요.

1.

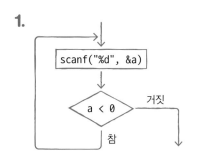

hint 반복할 문장을 실행한 후 조건을 검사하는 반복문을 생각해 보세요.

2.

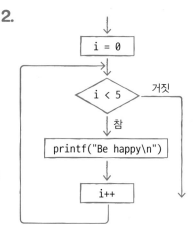

hint 초기식을 먼저 설정한 다음 조건을 검사하고 실행문을 실행하는 for문으로 작성해 보세요.

3. 반복문을 사용해 화면에 '$'를 열 번 출력하는 프로그램이 완성되도록 빈칸을 채우세요.

```c
#include <stdio.h>
int main(void)
{
    int i;
    for (                    )   // i는 0부터 9까지 하나씩 증가되므로 열 번 반복
    {
                             // 실행문
    }
    return 0;
}
```

실행결과

$$$$$$$$$$

06-2 반복문 활용

핵심 키워드

중첩 반복문　break　continue

이 절에서는 기본 반복문을 중첩해서 사용하는 방법과 반복문의 실행 순서를 바꾸는 분기문에 관해 살펴봅니다.

시작하기 전에

종이 위에 별을 5개씩 줄지어 3줄을 그린다고 생각해 보겠습니다. 이를 다르게 표현하면 별 하나를 다섯 번 반복해서 그리는 것을 세 번 반복하는 것과 같습니다.

```
                반복 3회
                {
                        반복 5회
                        {
*****                           별을 하나씩 그린다.
***** ──→               }
*****                   줄을 바꾼다.

                }
```

이렇게 표현할 수 있을까요? 이렇게 반복 안에 다시 반복이 이루어진 것을 **중첩 반복문** 또는 **다중 반복문**이라고 합니다. 반복문을 하나의 실행 문장으로 만들어 다른 반복문 안에 겹쳐서 사용할 수 있습니다. 또한 break를 사용해 반복을 끝내거나 continue로 반복 문장의 일부를 건너뛸 수 있습니다.

> 중첩 반복문에서는 반복할 문장이 반복문이다.

중첩 반복문

중첩 반복문은 반복문 안에 실행할 문장으로 반복문이 포함된 것입니다. 앞서 언급했던 별을 다시 예로 들어 설명해 보겠습니다.

① 별 5개를 그린다.
② ①을 세 번 반복한다.

이 방식은 단순한 반복문입니다. 그런데 여기서 별 5개를 그린다는 것 또한 반복인 것을 알 수 있습니다. 이는 다음과 같이 표현할 수 있습니다.

① 별 1개를 그린다.
② ①을 다섯 번 반복한다.
③ ②를 세 번 반복한다.

이러면 중첩 반복문입니다. 중첩 반복문의 실행 과정을 이해하기는 쉽지 않습니다. 예제 코드를 통해 실행 순서를 하나씩 따라가면서 실행결과를 예상해 보겠습니다.

6-4 직접 해보는 손코딩

중첩 반복문을 사용한 별 출력 소스 코드 예제6-4.c

```
01  #include <stdio.h>
02
03  int main(void)
04  {
05      int i, j;                     // 반복 횟수를 세기 위한 제어 변수
06
07      for (i = 0; i < 3; i++)       // i가 0부터 2까지 증가하면서 세 번 반복
08      {
09          for (j = 0; j < 5; j++)   // j가 0부터 4까지 증가하면서 다섯 번 반복
10          {
11              printf("*");          // 별 출력문
12          }
13          printf("\n");             // 별을 다섯 번 출력한 후에 줄을 바꾼다.
14      }
15
16      return 0;
17  }
```

실행결과 ✕
```
*****
*****
*****
```

먼저 9행부터 12행까지는 별을 다섯 번 출력하는 반복문입니다. 이 반복문을 7행의 for문에서 다시 세 번 반복하므로 총 열다섯 번 별이 출력됩니다. 13행의 출력문은 별이 다섯 번 출력된 후 줄을 바꾸는 역할을 하므로 별이 한 줄에 5개씩 출력되도록 합니다. 중첩 반복문을 이해하는 가장 좋은 방법은 반복 과정에서 변하는 제어 변숫값과 실행 문장을 확인하는 것입니다.

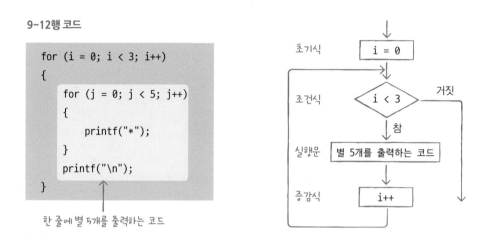

특히 i 값이 바뀔 때마다 안쪽 for문의 초기식에 의해 j 값이 다시 0부터 시작됨을 기억합시다.

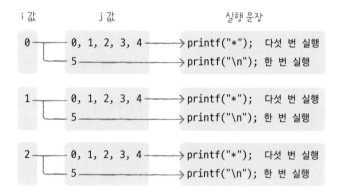

중첩 반복문 사용 시 주의점

중첩 반복문을 사용할 때는 반드시 다음 내용에 주의해야 합니다.

중첩 반복문에서는 각 반복문이 서로 독립적인 제어 변수를 사용해야 각각 원하는 횟수를 반복할 수 있습니다. 다음 코드의 실행결과를 예상하며 정말 그런지 확인해 보겠습니다. 앞의 코드에서 9행의 변수명만 수정한 코드입니다.

```
    for (i = 0; i < 3; i++)          // ①번 for문
    {
        for (i = 0; i < 5; i++)      // 9행 변수명 수정. ②번 for문
        {
            printf("*");             // 별 출력문
        }
        printf("\n");                // 별을 다섯 번 출력한 후 줄을 바꾼다.
    }
```

이 코드를 컴파일하면 동일하게 별 5개가 3줄 출력될까요? 아닙니다. 별은 다섯 번만 출력됩니다. ①번 for문의 제어 변수와 ②번 for문의 제어 변수가 같으므로 ②번 for문의 반복이 끝났을 때 i는 5가 됩니다. 이후 다시 바깥쪽 ①번 for문의 증감식으로 올라가 i 값이 6으로 증가한 후 조건 검사를 하면 곧바로 거짓이 되어 반복을 끝내게 됩니다.

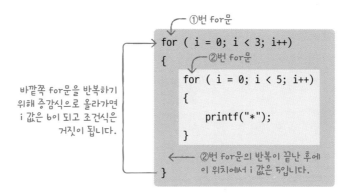

중첩 반복문으로 구구단을 출력하는 프로그램

구구단을 출력하는 과정을 한 단계씩 만들어 가면서 중첩 반복문을 작성하는 방법을 살펴보겠습니다. 미리 힌트를 주자면 중첩 반복문을 쓸 때는 반복되는 기본 문장과 규칙을 찾는 일이 중요합니다.

구구단은 단의 수가 2단부터 9단까지 8개이므로 일단 1개의 단을 출력하는 코드를 만들고 그 코드를 여덟 번 반복하면 됩니다. 우선 2단을 출력하는 코드를 만듭니다.

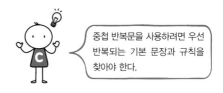

중첩 반복문을 사용하려면 우선 반복되는 기본 문장과 규칙을 찾아야 한다.

01 반복되는 기본 문장을 찾아 구현합니다. 2단은 곱셈 수식을 출력 하는 문장이 반복되므로 첫 번째 수식을 출력하는 문장을 만듭니다.

```
printf("2 * %d = %d\n", 1, 2 * 1);     // 2 * 1 = 2를 출력
```

note 반복되는 기본 문장을 basic operation이라고 합니다.

$2 * 1 = 2$ ⟶ 곱셈 수식
$2 * 2 = 4$
$2 * 3 = 6$
$2 * 4 = 8$
$2 * 5 = 10$
$2 * 6 = 12$ 2*가 아홉 번 반복
$2 * 7 = 14$
$2 * 8 = 16$
$2 * 9 = 18$

02 원하는 횟수만큼 반복합니다. 곱셈 수식이 아홉 번 반복됩니다.

```
for ( j = 0; j < 9; j++ )                  // 출력문을 아홉 번 반복
{
    printf("2 * %d = %d\n", 1, 2 * 1);     // 2 * 1 = 2를 출력
}
```

03 반복 규칙을 적용합니다. 수식이 출력될 때마다 두 번째 곱해지는 값이 1부터 하나씩 증가하므로 이 변화를 반영합니다. 반복 제어 변수 j가 반복 과정에서 1씩 증가하므로 이 값을 두 번째 곱하는 값으로 활용합니다. 다만, 1부터 곱해져야 하므로 초기식과 조건식을 약간 수정합니다.

```
for ( j = 1; j <= 9; j++ )              // 아홉 번 반복에는 변함이 없다.
{
    printf("2 * %d = %d\n", j , 2 * j);  // j를 곱하는 값으로 활용
}
```

04 여기까지가 한 개의 단을 출력하는 코드입니다. 이제 구구단의 모든 단을 출력하기 위해 이 코드를 하나의 실행문으로 생각하고 여덟 번 반복합니다.

```
for ( i = 0; i < 8; i++ )                   // 여덟 번 반복
{
    for ( j = 1; j <= 9; j++ )
    {
        printf("2 * %d = %d\n", j, 2 * j);
    }
}
```

그러나 이 반복문을 실행하면 2단만 여덟 번 출력됩니다. 따라서 바깥쪽 i-for문이 새롭게 반복될 때마다 다음 단을 출력할 수 있도록 i 값을 j-for문에서 활용합니다.

```
for ( i = 2; i <= 9; i++ )                              // i가 2에서 9까지 변하면서 여덟 번 반복
{
    for ( j = 1; j <= 9; j++ )
    {
        printf("%d * %d = %d\n", i, j, i * j) ;     // 반복 제어 변수 i와 j 활용
    }
} i가 2일 때 j는 1부터 9까지 변하면서 2단을 출력
  i가 3일 때 j는 1부터 9까지 변하면서 3단을 출력
  ...
  i가 9일 때 j는 1부터 9까지 변하면서 9단을 출력
```

별(*)로 삼각형 모양을
출력하는 방법은?

break와 continue 분기문

이번에는 반복문 안에서 사용하는 제어문인 break와 continue 분기문을 살펴보겠습니다.

break는 반복문 안에서 반복을 즉시 끝낼 때 사용합니다. 모든 반복문은 조건식이 거짓일 때 반복이 끝납니다. 따라서 반복문 처음에 조건식이 있는 while문이나 for문은 반복문 위에서 반복이 끝나고 마지막에 조건식이 있는 do ~ while문은 반복문 밑에서 반복이 끝납니다. 그런데 예외적으로 반복문 중간에서 임의로 반복을 끝내고 싶을 때는 break를 사용합니다.

흔히 1부터 10까지의 합을 구하는 예제를 자주 볼 텐데, 다음 예제는 10까지 더하는 도중 총합이 30이 넘으면 중단하는 예제입니다. 이 예제를 통해 break의 사용법을 살펴보겠습니다.

6-5   직접 해보는 손코딩

break를 사용한 반복문 종료   소스 코드   예제6-5.c

```
01  #include <stdio.h>
02
03  int main(void)
04  {
05      int i;                      // 반복 횟수를 세기 위한 제어 변수
06      int sum = 0;                // 1부터 10까지의 합을 누적할 변수
07
08      for (i = 1; i <= 10; i++)   // i는 1부터 10까지 증가하면서 열 번 반복
09      {
10          sum += i;               // i 값을 sum에 누적
11          if (sum > 30) break;    // 누적한 값이 30보다 크면 반복문을 끝낸다.
12      }
```

```
13        printf("누적한 값 : %d\n", sum);
14        printf("마지막으로 더한 값 : %d\n", i);
15
16        return 0;
17    }
```

📟 실행결과   ✕

누적한 값 : 36
마지막으로 더한 값 : 8

8행부터 12행까지가 반복문입니다. 11행을 지우고 생각해 보겠습니다.

8~14행 코드

```
for (i = 1; i <= 10; i++)          // i는 1부터 10까지 증가하면서 열 번 반복
{
    sum += i;                       // i 값을 sum에 누적
// if (sum > 30) break;
}  → //을 붙이면 해당 코드를 무시합니다.
printf("누적한 값 : %d\n", sum);     // 13행
printf("마지막으로 더한 값 : %d\n", i);
```

만약 11행이 없다면 i를 sum에 반복적으로 더하면서 1부터 10까지 합을 구합니다. 그러나 11행의 if문에서 조건을 만족하는 순간 break에 의해 반복이 중단되고 13행으로 이동해 그때까지 누적된 값을 출력합니다. 즉, break를 사용하면 1부터 10까지 계속 더하면서 합이 최초로 30을 넘을 때 그 합을 쉽게 확인할 수 있습니다.

break를 사용할 때는 주의할 점이 있습니다. break는 자신을 포함하는 반복문 하나만 벗어난다는 것입니다. 반복문이 중첩된 경우 가장 안쪽에서 break를 사용해 모든 반복문을 한 번에 벗어날 수 없습니다. 또한 반복문 이외의 블록에서 사용하면 그 블록을 포함한 반복문을 벗어납니다. 예를 들어 반복문 안에 있는 if문 블록에서 break를 사용하면 if문 블록을 포함한 반복문을 벗어납니다.

> break는 자신이 속한 반복문 하나만 벗어난다.

안쪽 for문 하나만 탈출한다!

```
while ( ... )
{
    for ( ... )
    {
        ...
        if ( 조건식 ) break;
    }
    ← 안쪽 for문 하나만 탈출합니다!
}
```

반복문 블록 전체를 벗어난다!

```
while (조건식)
{
    ...
    if (조건식)
    {
        ...
        break;
    }
    ← 반복문 블록 전체를 벗어납니다!
}
```

break로 무한 반복문 빠져나오기

반복문의 조건식이 항상 참이면 무한 반복문이 됩니다.

```
while (1)
{
    printf("Be happy!\n");
}
```

조건식에 사용된 1은 참을 의미하며 반복 과정에서 변하지 않으므로 출력문은 무한 반복됩니다. for문을 사용할 때는 괄호 안에 세미콜론을 2개 사용합니다.

> 무한 반복문은 while (1)과 for (;;)로 만들 수 있다.

```
for (;;)
{
    printf("Be happy!\n");
}
```

무한 반복문은 기본적으로 무한히 반복되므로 반복을 끝낼 때는 조건에 따라 break를 사용합니다.

```
count = 0;
while (1)
{
    printf("Be happy!\n");
    count++;                      // 반복될 때마다 1씩 증가
    if (count == 5) break;        // count의 값이 5가 되면 break로 반복 종료
}
```

+ 여기서 잠깐　　**switch ~ case문과 break**

if문과 달리 switch ~ case문의 블록 안에서 break를 사용하면 switch ~ case 블록만 벗어납니다.

continue

continue는 반복문의 일부를 건너뜁니다. 반복문 안에서 continue를 사용하면 다음 실행 위치가 반복문의 블록 끝이 됩니다. 블록을 탈출하는 것은 아닙니다. 따라서 조건에 따라 반복문의 일부를 제외하고 반복할 수 있습니다. 예를 들어 3의 배수를 빼고 1부터 100까지의 합을 구할 때 효과적으로 사용할 수 있습니다.

```
for ( i = 1; i <= 100; i++)
{
    if ( (i % 3) == 0)
    {
        continue;
    }
    sum += i;
}
```
i가 3의 배수면 sum += i 문장을 건너뛰고 블록 끝으로 간 후에 다시 반복합니다.

continue에 의해서 제어가 블록의 끝으로 이동한 후에는 다시 반복이 시작됩니다. 결국 다음 실행 위치는 증감식이 됩니다.

➕ 여기서 잠깐 **while문에서 continue 사용 시 유의점**

for문과 달리 while문에서 continue를 사용하면 다음 실행 위치가 조건식이 됩니다. 만약 위의 for문을 다음과 같이 while문으로 바꾸면 증감식이 실행되지 않으므로 무한 반복합니다.

```
i = 1;
while (i <= 100)
{
    if ( (i % 3) == 0)
    {
        continue;
    }
    sum += i;
    i++;
}
```
i가 3일 때 증감식 i++을 건너뛰므로 while문의 조건식은 계속 참이 됩니다.

마무리

▶ 3가지 키워드로 끝내는 핵심 포인트

• **중첩 반복문**은 반복문의 실행문을 반복문으로 사용한다.

• **break**와 **continue**를 사용하면 반복문의 실행 방식을 바꿀 수 있다.

▶ 표로 정리하는 핵심 포인트

표 6-2 중첩 반복문과 분기문

중첩 반복문 예	`for (i = 0; i < 10; i++)`
	`{`
	`    for (j = 0; j < 10; j++)`
	`    {`
	`        반복할 문장;`
	`    }`
	`}`
		i-for문이 열 번 반복되고 j-for문이 열 번 반복되므로 반복할 문장은 백 번 반복된다.

분기문 사용 예	`while (1)`
	`{`
	`    if (조건식1) break;`
	`    if (조건식2) continue;`
	`    반복할 문장;`
	`}`
		조건식 1이 참이면 반복문을 끝낸다. 조건식 2가 참이면 반복할 문장을 건너뛰고 처음부터 다시 반복한다.

구구단 직접 만들어 봤지?
했으리라 믿어!

▶ 확인 문제

지금까지 반복문을 중첩해서 사용하는 방법과 반복문을 제어하는 분기문을 살펴봤습니다. 중첩 반복문의 형태는 다양합니다. for문 안에 while문이 포함될 수도 있으며 3중으로 중첩되는 경우도 있습니다. 따라서 형태를 외우기보다 상황에 맞는 적절한 반복문을 많이 구현해 보는 것이 좋습니다.

1~2. 다음 중첩 반복문을 실행할 때 "Be happy~"가 출력되는 횟수는 몇 번일까요?

1.
```
for ( i = 0; i < 3; i++)
{
    for ( j = 0; j < 4; j++)
    {
        printf("Be happy~\n");
    }
}
```

2.
```
for ( i = 0; i < 3; i++)
{
    for ( j = 0; j < 4; j++)
    {
        printf("Be happy~\n");
        if (j == 2) break;
    }
}
```

3. 중첩 반복문을 사용해 다음과 같은 실행결과를 출력하는 프로그램을 작성하세요.

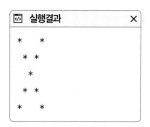

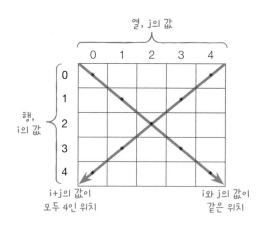

hint 중첩 반복문을 쓸 때는 반복되는 기본 문장과 규칙을 찾는 일이 중요하다고 했습니다. 이 문제는 이중 for문이 화면에 어떤 모양으로 출력하는지를 이해해야 합니다. 바깥쪽 for문은 행(row)을 바꾸고 안쪽의 for문은 열(column)을 바꾸면서 5행 5열의 공간에 출력합니다. 단, 빈칸과 별 중 어떤 것을 출력할지는 행과 열을 결정하는 i와 j의 값에 따라 선택합니다. 오른쪽 아래로 이어지는 대각선은 i와 j의 값이 같으며 왼쪽 아래로 이어지는 대각선은 i와 j를 더한 값이 4가 되므로 이 조건을 만족할 때 별을 출력하도록 if문을 작성해 보세요.

▶ 도전 실전 예제

도전 소수(prime number) 출력 프로그램

2 이상의 정수를 입력해 2부터 입력한 수까지의 모든 소수를 출력합니다. 단, 한 줄에 5개씩 5칸 간격으로 출력합니다. 하나의 정수가 소수인지 아닌지를 판단해서 출력하는 과정은 다음과 같습니다.

① 일단 소수라고 가정한다.
② 2부터 그 정수보다 하나 작은 수까지 하나라도 나누어 떨어지면 가정을 취소한다.
③ ①의 가정이 ②에서 바뀌지 않았으면 그 정수를 출력한다.

위의 ①~③까지의 과정은 하나의 정수에 대해서 소수를 판별하는 과정이고 어떤 수까지의 모든 수를 판별하기 위해서는 ①~③까지의 과정을 다시 반복합니다.

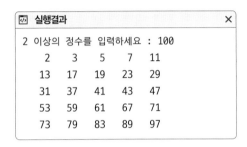

```
실행결과                                 ×

2 이상의 정수를 입력하세요 : 100
    2    3    5    7   11
   13   17   19   23   29
   31   37   41   43   47
   53   59   61   67   71
   73   79   83   89   97
```

풀이가 궁금하다면?

반복문까지 배웠다면 사실 프로그래밍의 기본 개념은 모두 배운 셈이야. 지금까지 나온 예제는 모두 직접 실행해 봤겠지?

• 함수를 만들 때 중요한 함수 선언, 함수 정의, 함수 호출에 관해 이해합니다.

• 함수를 제어하는 return과 빈 공간을 나타내는 void에 관해 알아봅니다.

• 매개변수가 없는 함수, 반환값이 없는 함수, 재귀호출 함수 등 여러가지 함수 유형을 알아
봅니다.

Chapter

07

함수

07-1 함수의 작성과 사용

핵심 키워드

`함수 선언` `함수 정의` `함수 호출` `return`

printf 함수와 같이 C 표준 라이브러리에서 기본으로 제공하는 함수는 사용법만 익히면 쉽게 사용할 수 있습니다. 그러나 구현된 방식대로만 동작하므로 사용자가 원하는 기능만 가진 함수를 사용하려면 직접 만들어야 합니다. 이 절에서는 함수를 만들고 사용하는 방법에 관해 살펴보겠습니다.

시작하기 전에

함수란 기능을 수행하는 코드 단위를 말합니다. 지금까지 사용해 왔던 main 함수가 대표적인 함수입니다. 그리고 printf와 scanf도 함수입니다. printf나 scanf 함수처럼 특정 기능을 미리 약속하고 프로그램에서 바로 사용할 수 있게 구현되어 있는 함수를 **표준 라이브러리 함수**라고 합니다. 뒤에 자세히 다루겠지만, printf나 scanf 함수는 모든 예제에 있던 stdio.h 헤더 파일에 포함되어 있습니다.

이처럼 C 언어에서 표준으로 제공하는 함수 외에도 자주 사용하는 코드를 함수로 만들어 필요할 때 사용할 수도 있습니다. 함수를 만들려면 다음의 3가지가 중요합니다.

- **함수 정의** : 함수를 실제 코드로 만드는 것으로 함수의 기능을 구현합니다.
- **함수 호출** : 함수 호출을 해야지 함수를 사용할 수 있습니다.
- **함수 선언** : 프로그램의 상단에서 어떤 함수를 사용할 것이라고 컴파일러에 정보를 주는 역할을 합니다.

예를 들어 두 정수의 합을 자주 계산하는 경우 해당 기능을 함수로 만들면 필요할 때 호출만 하면 되므로 편리합니다.

> 함수의 정의, 호출, 선언 이 3가지만 알고 가자!

함수 정의

6장까지는 main 함수 하나로 프로그램을 만들었습니다. 이제부터는 main 함수와 또 다른 함수가 프로그램의 전체 기능을 나누어 수행하도록 프로그램을 만들겠습니다. 새로운 함수를 만드는 방법도 main 함수를 만드는 방법과 크게 다르지 않습니다. 다만, 함수를 만들기 전에 다음 3가지를 먼저 생각해 보겠습니다.

    ① 함수의 기능에 맞는 이름은 무엇인가?
    ② 함수가 기능을 수행할 때 필요한 데이터는 무엇인가?
    ③ 함수가 수행된 후의 결과는 무엇인가?

이 3가지에 맞춰서 다시 두 정수의 합을 구하는 함수를 만든다고 가정해 보겠습니다.

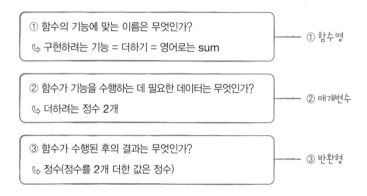

간단하게 답한 이 질문이 바로 **함수 원형**^function prototype을 이룹니다. 이 내용을 코드 형식으로 쓰면 다음과 같습니다.

함수 정의

```
반환형 함수명(매개변수1, 매개변수2)  ←———  함수 원형
{
    // 함수가 수행하는 명령. 결괏값(매개변수1+매개변수2)을 돌려보냄
}
```

여기에 함수가 수행할 내용을 중괄호 안에 넣어 주면 함수가 완성됩니다. 이렇게 함수를 만드는 것을 **함수 정의**라고 합니다.

> 함수 정의란 함수를 만드는 것을 뜻한다.

이제 두 수를 더하는 함수를 만들고 사용하는 방법을 예제를 통해 자세히 살펴봅시다.

2개의 함수로 만든 프로그램 소스 코드 예제7-1.c

```
01  #include <stdio.h>
02
03  int sum(int x, int y);              // sum 함수 선언 : 214쪽에서 설명합니다.
04
05  int main(void)                      // main 함수 시작
06  {
07      int a = 10, b = 20;
08      int result;                     // 두 정수를 더한 결과(result)를 저장할 변수
09
10      result = sum(a, b);             // sum 함수 호출
11      printf("result : %d\n", result);
12
13      return 0;
14  }                                   // main 함수의 끝
15
16  int sum(int x, int y)       // sum 함수 정의 시작
17  {
18      int temp;               // 두 정수의 합을 잠시 저장할 변수
19
20      temp = x + y;           // x와 y의 합을 temp에 보관
21
22      return temp;            // temp의 값을 반환
23  }                           // sum 함수의 끝
```

> 🖥 실행결과   ✕
> result : 30

우선 함수를 만드는 함수 정의 위치부터 살펴봅시다. 함수를 다른 함수 안에서 정의할 수는 없습니다. 따라서 sum 함수는 main 함수와 별도의 구역(16~23행)에 만듭니다. 함수를 만들 때는 함수 원형을 가장 먼저 작성합니다. 16행이 함수 원형을 만드는 부분이며 여기서 반환형, 함수명, 매개변수를 표시합니다.

> 함수는 다른 함수와 분리되어 독립적으로 정의한다.

① 함수명

int sum(int x, int y)   // 16행. 함수 원형

③ 반환형   ② 매개변수

① **함수명**은 함수의 기능을 충분히 예상할 수 있도록 적절한 단어로 식별자 사용 규칙(95쪽)에 따라 만듭니다. 이 경우에는 두 정수를 더하는 함수이니 add 또는 sum으로 함수명을 만들면 좋습니다. 필자는 그중 sum으로 이름지었습니다.

② **매개변수**는 함수가 처리할 데이터를 저장하는 변수로 함수명 옆의 괄호 안에 선언합니다. sum 함수는 2개의 정수를 더하는 함수이므로 int형 변수를 2개 선언합니다. 이때 매개변수의 자료형이 같아도 콤마로 구분해서 따로 선언합니다.

③ **반환형**은 함수가 기능을 수행한 후 호출한 곳으로 돌려줄 값의 자료형을 적습니다. 즉, sum 함수는 두 정수의 합을 반환해야 하므로 자료형으로 int를 사용합니다.

함수 원형이 완성되면 실제 함수의 내용을 중괄호 안에 작성합니다.

```
int sum(int x, int y)
{
    int temp;

    temp = x + y;          실제 함수의 내용
                           함수가 수행하는 명령
    return temp;
}
```

함수 내에서 필요한 변수가 있다면 18행과 같이 별도로 선언합니다.

```
    int temp;          // 18행. 두 정수의 합을 잠시 저장할 변수
```

20행은 매개변수의 값을 더해서 변수 temp에 잠시 저장했다가 22행의 return문에서 변수 temp에 저장해 두었던 값을, 함수를 호출한 곳으로 반환합니다. 여기서 temp는 기능상 꼭 필요한 변수가 아니므로 return (x + y);과 같이 두 수의 합을 바로 반환하는 것도 가능합니다.

`note` return은 함수의 실행결과를 돌려주는 제어문입니다.

temp에 두 수의 합을 저장하는 코드

```
int sum(int x, int y)
{
    int temp;       // 18행
    temp = x + y;   // 20행
    return temp;    // 22행
}
```

temp가 없는 코드

```
int sum(int x, int y)
{
    // 18 ~ 20행 삭제
    return (x + y);  // 두 수의 합을 바로 반환
}
```

함수에서 사용하는 변수명에 관해 잠깐 생각해 봅시다. 함수 안에서 사용하는 변수명은 다른 함수의 변수명과 같아도 됩니다. [7-1 직접 해보는 손코딩]에서 다시 말해, sum 함수의 변수명을 main 함수의 변수명과 같은 이름으로 선언할 수 있습니다.

> 함수 안에서만 사용하는 변수명은 다른 함수의 변수명과 같을 수 있다.

```
int sum(int a, int b)          // 매개변수 a, b는 main 함수의 변수와 이름이 같음
{
    int result;                // main 함수에도 result 변수명이 있음

    result = a + b;            // a, b는 main 함수의 a, b가 아니고 매개변수 a, b를 말함

    return result;
}
```

컴파일러는 변수명의 사용 범위를 선언한 블록 내부로 제한합니다. 따라서 둘 이상의 함수에서 같은 이름의 변수를 선언해도 중복 에러가 발생하지 않습니다. 이 경우 각 변수는 함수별로 독립된 저장 공간을 가지며 함수 내에서만 사용할 수 있습니다. 매개변수 또한 호출할 때 전달되는 값을 받기 위해 괄호 안에 선언하지만, 사용 범위는 함수 안에 선언한 변수와 같습니다. 그 외 변수의 사용 범위와 관련된 내용은 13장에서 자세히 다룹니다.

함수 호출과 반환

함수 호출

지금까지 함수를 만들어 봤습니다. 함수는 얼마든지 만들 수 있지만, 만든 함수가 모두 자동으로 실행되는 것은 아닙니다. 함수를 사용하려면 먼저 함수 호출을 해야 합니다.

> 함수는 호출을 통해 실행한다.

[7-1 직접 해보는 손코딩]의 10행이 main 함수 안에서 sum 함수를 호출하는 부분입니다.

```
result = sum(a, b);               // 10행. sum 함수 호출
```

함수를 호출할 때에는 이름을 사용하며 함수에 필요한 데이터를 괄호 안에 넣어 주는데, 이를 **인수**argument라 합니다. sum 함수를 호출해서 a와 b를 더하려면 함수명과 함께 괄호 안에 a, b를 넣고 호출합니다. 인수는 상수나 변수를 쓸 수 있고 수식을 사용하면 수식의 결괏값이 인수로 쓰입니다.

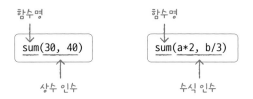

함수를 호출할 때 이렇게 입력된 인수 a, b의 값은 호출된 함수의 **매개변수**parameter에 복사되어 사용됩니다. 다시 코드를 보면 sum 함수가 호출되면 main 함수의 실행은 잠시 멈추고 비로소 sum 함수 정의 부분에 있는 코드가 실행됩니다. 이때 인수는 함수의 매개변수에 순서대로 복사되어 sum 함수 안에서 사용됩니다.

> 함수 호출에 입력된 인수는 호출된 함수의 매개변수로 사용된다.

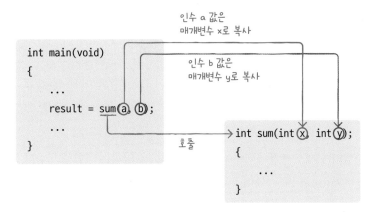

함수 반환

호출된 함수의 실행이 끝나고 값을 반환할 때 return문을 사용합니다. 다음 코드를 보면 sum 함수는 x와 y를 더하고 그 값을 temp에 저장한 뒤 함수의 실행을 끝내고 호출한 곳으로 돌아가기 위해 return문을 사용합니다. 이때 temp의 값을 호출한 곳으로 반환합니다. 이후 main 함수는 반환된 값을 대입 연산으로 result에 저장하고 잠시 중단했던 함수의 나머지 부분을 실행합니다.

```
int main(void)                    int sum(int x, int y)
{                                 {
    ...                               int temp;
    result = sum(a, b);    반환        temp = x + y;
    ...                               return temp;
}                                 }
```

컴파일러는 함수를 호출할 때 반환값을 저장할 공간을 미리 준비해 둡니다. 이 공간은 컴파일러가 별도로 확보하는 공간이며 식별할 수 있는 이름이 없으므로 계속 사용할 수 없습니다. 대신에 저장된 반환값을 대입 연산으로 다른 변수에 복사하거나 수식에 바로 사용하는 것은 가능합니다.

> 함수의 반환값을 수식의 일부로 사용할 수 있다.

예를 들어 sum 함수의 반환값에 2를 곱한다면 다음과 같이 호출 문장을 수식의 일부로 사용합니다. 이때 실행 순서는 함수 호출이 가장 우선입니다. 그다음 반환값과 곱셈을 수행하고 그 결과를 대입합니다.

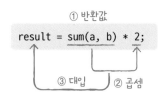

함수 선언

함수 선언은 컴파일러가 새로 만든 함수를 인식할 수 있도록 알리는 역할을 합니다. [7-1 직접 해보는 손코딩]의 3행이 sum 함수를 선언하는 문장을 살펴보겠습니다.

선언 방법은 간단합니다. 그저 함수 원형에 세미콜론을 붙이면 됩니다. 함수 선언은 main 함수 앞에 하며 다음처럼 매개변수 이름은 생략할 수 있습니다.

> 함수 선언은 함수 원형에 세미콜론을 붙여서 한다.

```
int sum(int, int);   // 매개변수 이름을 생략한 형태
```

그런데 엄연히 함수 정의가 있는데 왜 함수 선언이 필요할까요?

컴파일러는 컴파일할 때 함수를 호출한 자리에 반환값과 같은 형태의 저장 공간을 준비합니다. 즉, 정수를 반환하면 호출한 자리에 int형 공간을 확보하고 실수를 반환하면 double형 공간을 확보합니다. 따라서 함수를 호출하기 전에 선언을 통해 반환형을 미리 컴파일러에 알릴 필요가 있습니다. 물론 함수 정의에서도 반환형을 확인할 수 있으므로 함수 호출 이전에 함수를 정의하는 방법도 있습니다.

[7-1 직접 해보는 손코딩]에서 main 함수 앞에 sum 함수를 정의하면 함수 정의에 원형이 포함되므로 따로 함수를 선언할 필요가 없습니다. 코드를 방금 설명한 순서로 바꿔도 실행 순서는 변하지 않습니다. 프로그램은 항상 main 함수부터 시작하며 그 이후에는 호출 순서에 따라 실행되기 때문입니다.

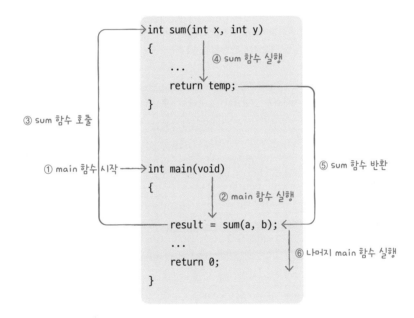

➕ **여기서 잠깐** **함수 선언이 없으면 함수 정의는 항상 함수 호출 이전에 있어야 합니다.**

함수를 미리 선언하지 않으려면 항상 호출하는 함수 앞에 정의해야 합니다. 이때 여러 함수 간에 호출 관계가 엉켜 있다면 순서에 맞게 정의하는 일이 쉽지 않습니다. 따라서 필요한 함수를 main 함수 밑에 차례로 만들고 main 함수 앞에는 모든 함수를 선언해 함수의 종류와 원형을 한눈에 파악하고 자유롭게 호출할 수 있도록 작성하는 것이 좋습니다. 또한 분할 컴파일하는 프로그램에서 호출하는 함수와 호출되는 함수가 서로 다른 파일에 있으면 반드시 선언이 필요합니다. 분할 컴파일과 함수 선언의 관계는 19장에서 자세히 살펴봅니다.

이유2 **함수의 호출 형식에 문제가 없는지 검사합니다.**

함수 선언문에는 매개변수의 개수와 형태에 대한 정보가 있으므로 호출할 때 정확한 값을 주는지 검사할 수 있습니다. 예를 들어 sum 함수에 필요한 값이 정수 2개인데 인수로 실수를 주고 호출하면 컴파일 단계에서 확인하고 경고 메시지로 문제점을 알려 줍니다.

> 🔲 경고　　✕
>
> warning C4244: '함수' : 'double'에서 'int'(으)로 변환하면서 데이터가 손실될 수 있습니다.

> **➕ 여기서 잠깐**　　**함수 정의나 함수 선언 없이 함수를 호출할 수 있나요?**
>
> 함수를 호출하는 위치보다 앞선 위치에 함수를 정의하거나 선언하지 않아도 프로그램이 문제 없이 실행될 수 있습니다. 이 경우 컴파일러는 호출 함수의 반환형을 int형으로 생각해 컴파일합니다. 따라서 정의된 함수의 반환형이 int형인 경우 컴파일되었다가 나중에 반환형을 다른 자료형으로 수정하면 컴파일 에러가 발생할 수 있습니다. 컴파일러는 정의나 선언 없이 호출이 먼저 나오는 경우 다음과 같은 경고 메시지로 알려 줍니다.
>
> > 🔲 경고　　✕
> >
> > warning C4013: 'sum'이(가) 정의되지 않았습니다. extern은 int형을 반환하는 것으로 간주합니다.

함수 선언, 정의, 호출
이 3가지를 꼭 기억해 둬.

▶ 4가지 키워드로 끝내는 핵심 포인트

• **함수 선언**을 하면 함수를 만들지 않고도 함수의 형태를 미리 알릴 수 있다.

• **함수 정의**는 원하는 기능의 함수를 직접 만드는 것이다.

• **함수 호출**은 만든 함수를 사용하는 것이다.

• **return**은 함수 실행 결과로 나온 값을 반환할 때 사용하는 제어문이다.

▶ 표로 정리하는 핵심 포인트

표 7-1 함수의 3가지 상태

구분	예	설명
함수 선언	`int sum(int x, int y);`	함수의 형태를 알린다. 함수 원형에 세미콜론을 붙인다.

함수 정의	`int sum(int x, int y)`
	`{`
	`    return x + y;`
	`}`
		함수를 만든다.
		반환값의 형태, 이름, 매개변수를 표시하고
		블록 안에 기능을 구현한다.

함수 호출	`sum(10, 20);`	함수를 사용한다. 함수에 필요한 값을 인수로 준다.

▶ 확인 문제

지금까지 함수를 만들고 사용하는 방법을 배웠습니다. 사용자가 정의하는 함수는 프로그래머가 직접 형태와 내용을 결정할 수 있지만 활용성이 좋은 함수를 설계하고 구현하려면 꾸준한 연습이 필요합니다. 그러므로 문제를 풀면서 배운 내용을 정리합시다.

1. 다음은 두 실수의 평균을 구하는 함수를 호출하는 코드입니다. 함수 정의에서 빈칸에 알맞은 내용을 채우세요.

```
double res;                // 반환값을 저장할 변수 선언
res = average(1.5, 3.4);   // 함수 호출

// 함수 정의
      ①      average(          ②          )
{
    double temp;
    temp = a + b;
    return (temp / 2.0);
}
```

2. 각 용어에 맞는 설명을 연결하세요.

함수 선언 •　　　• 함수에 필요한 값을 주고 함수를 사용한다.

함수 정의 •　　　• 함수 원형을 컴파일러에 알린다.

함수 호출 •　　　• 함수 원형을 설계하고 내용을 구현한다.

3. 187cm를 미터 단위로 환산해 출력하는 프로그램이 완성되도록 빈칸을 채우세요. 단, cm를
m로 환산해 반환하는 함수를 만들고 함수 호출을 통해 구현하세요.

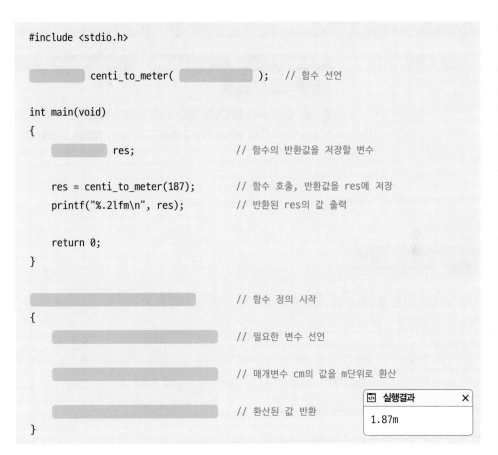

```
#include <stdio.h>

            centi_to_meter(              );    // 함수 선언

int main(void)
{
              res;                         // 함수의 반환값을 저장할 변수

    res = centi_to_meter(187);            // 함수 호출, 반환값을 res에 저장
    printf("%.2lfm\n", res);              // 반환된 res의 값 출력

    return 0;
}


                                          // 함수 정의 시작
{
                                          // 필요한 변수 선언

                                          // 매개변수 cm의 값을 m단위로 환산

                                          // 환산된 값 반환
}
```

실행결과   ✕

1.87m

centi_to_meter가 내가
선언한 함수명이야. 마지
막까지 힘내자!

기본편

07-2 여러 가지 함수 유형

핵심 키워드

`매개변수가 없는 함수` `반환값이 없는 함수` `매개변수와 반환값이 없는 함수`

`void` `재귀호출 함수`

함수는 기능에 따라 형태가 조금씩 다르고 사용하는 방법에도 차이가 있습니다.
이 절에서는 다양한 형태의 함수를 만들고 사용하는 방법을 알아봅니다.

시작하기 전에

함수 원형은 **반환형 함수명(매개변수)**로 이루어진다고 배웠습니다. 하지만 언제나 함수에 반환형과 매개변수가 있는 건 아닙니다.

앞의 sum 함수는 두 수를 더하는 함수였기에 매개변수가 필요했습니다. 그런데 단순히 키보드 입력값을 확인하고 양수를 반환하는 함수라면 어떨까요? 이때는 매개변수가 필요 없습니다. scanf 함수로 바로 입력을 받으면 될 테니까요.

또는 화면을 위아래 나눠 주는 줄(----)을 여러 개 출력한다고 생각해 보겠습니다. 이때는 군이 반환형을 고민할 필요가 없습니다. 화면에 반복해서 -를 출력하면 되니까요.

> 매개변수나 반환형이 없는 함수도 있다.

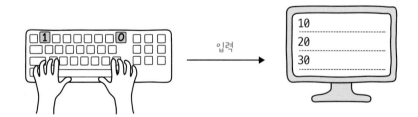

매개변수가 없는 함수

매개변수가 없는 함수를 살펴보겠습니다. 예로 들었던 키보드로 수를 입력하면 양수를 반환하는 함수를 만든다고 할 때 호출한 함수로부터 값을 받을 필요가 없으므로 매개변수도 필요 없습니다. 이때 함수의 매개변수 자리에는 void를 사용합니다. 예제를 통해 함수 사용법을 살펴보겠습니다.

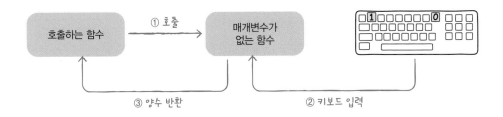

7-2 직접 해보는 손코딩

매개변수가 없는 함수   소스 코드 예제7-2.c

```c
01  #include <stdio.h>
02
03  int get_num(void);                  // 함수 선언
04
05  int main(void)
06  {
07      int result;
08
09      result = get_num();             // 함수 호출, 반환값은 result에 저장
10      printf("반환값 : %d\n", result); // 반환값 출력
11      return 0;
12  }
13
14  int get_num(void)                   // 매개변수가 없고 반환형만 있다.
15  {
16      int num;                        // 키보드 입력값을 저장할 변수
17
18      printf("양수 입력 : ");          // 입력 안내 메시지
19      scanf("%d", &num);              // 키보드 입력
20
21      return num;                     // 입력한 값 반환
22  }
```

> **☞ 실행결과**   ✕
>
> 양수 입력 : 10 ⏎
> 반환값 : 10

14행이 함수 원형입니다.

```
int get_num(void)              // 14행. 매개변수가 없고 반환형만 있다.
```

괄호 안에 void를 넣어 매개변수가 없음을 표시합니다. 괄호만 사용해도 매개변수가 없다는 사실을 표시할 수 있지만, void를 넣어 매개변수가 없음을 명시적으로 표현하는 것이 좋습니다. get_num 함수는 매개변수가 필요 없지만, 키보드로 입력받은 값을 호출한 함수로 반환하므로 반환형(int)은 있어야 합니다. 또한 21행과 같이 반환하는 문장(return num;)도 필요합니다.

> 매개변수가 없는 함수에서는 매개변수 자리에 void를 적어 매개변수가 없는 함수라고 정확히 정의하자.

정의된 함수를 호출하는 9행을 살펴보겠습니다.

```
result = get_num();           // 9행. 함수 호출, 반환값은 result에 저장
```

get_num 함수는 매개변수가 없습니다. 당연히 호출할 때 인수가 없습니다. 그렇다면 get_num으로 적어도 될까요? 아니면 get_num(void)로 할까요? 둘 다 아닙니다. void는 함수 정의나 선언에서 사용되며 호출할 때는 쓰지 않습니다. 그냥 괄호만 쓰면 됩니다. 괄호조차 없다면 함수를 호출하는 문장이 아닌 그냥 함수의 이름으로 인식하므로 반드시 괄호는 사용해야 합니다.

➕ 여기서 잠깐 | **음수 입력에 대응합시다.**

get_num 함수는 양수를 입력받아 반환하는 작업을 처리합니다. 더 욕심을 부려 음수가 입력될 때 경고 메시지를 출력하고 다시 입력받도록 수정해 보겠습니다. 즉, [7-2 직접 해보는 손코딩]의 14행 이후를 다음과 같이 수정하면 더 믿을 만한 함수를 만들 수 있습니다.

```
int get_num(void)
{
    int num;
    printf("양수 입력 : ");
    scanf("%d", &num);
    while (num < 0)              // 음수가 입력되면 입력 과정 반복
    {
        printf("양수를 입력하세요!\n");
        printf("양수 입력 : ");
        scanf("%d", &num);
    }
    return num;
}
```

이렇게 수정하고 일단 함수를 만들면 언제든지 호출해 편리하고 정확하게 양수를 입력받을 수 있습니다. 굉장히 간단하지만 여러분은 지금 처음으로 예외 처리라는 것을 했습니다.

프로그램의 사용자는 종종 프로그램을 만든 의도와 다른 사용법으로 프로그램을 비정상 종료시킵니다. 이처럼 프로그램을 실행하다가 발생할 수 있는 예외 상황에 대비해 코드를 추가하는 것이 바로 예외 처리입니다.

반환값이 없는 함수

함수는 기능에 따라 형태가 결정됩니다. 데이터를 받아서 단지 화면에 출력하는 함수라면 반환값이 필요 없습니다.

예를 들어 문자와 숫자를 인수로 받으면 문자를 숫자만큼 화면에 출력하는 함수를 생각해 보겠습니다. 화면에 출력한 내용이 함수가 수행한 결과이므로 호출한 곳으로 특별히 값을 반환할 필요가 없습니다. 매개변수의 빈자리에 void를 사용했던 것처럼 반환형의 자리에 void를 사용합니다. 예제를 통해 확인해 보겠습니다.

> 반환값이 없는 함수는 선언과 정의의 반환형에 void를 사용한다.

7-3 직접 해보는 손코딩

반환값이 없는 함수   소스 코드 예제7-3.c

```c
01  #include <stdio.h>
02
03  void print_char(char ch, int count);    // 함수 선언
04
05  int main(void)
06  {
07      print_char('@', 5);                  // 문자와 숫자를 주고 함수 호출
08
09      return 0;
10  }
11
12  void print_char(char ch, int count)      // 매개변수는 있으나 반환형은 없다.
13  {
14      int i;
15
16      for (i = 0; i < count; i++)          // i는 0부터 count-1까지 증가, count번 반복
17      {
18          printf("%c", ch);                // 매개변수 ch에 받은 문자 출력
```

```
19      }
20
21      return;
22  }
```

실행결과   ×

@@@@@

12행이 함수 원형입니다.

```
void print_char(char ch, int count)      // 12행. 매개변수는 있으나 반환형은 없다.
```

문자와 숫자를 받아야 하므로 매개변수는 있으나 반환형은 void를 사용합니다.

또한 반환값이 없으므로 21행의 return문은 값 없이 단독으로 사용합니다.

```
return;                              // 21행
```

return의 역할이 값을 돌려주는 일인데, 돌려줄 값이 없으므로 자연스럽게 혼자 쓰입니다. 심지어 return문 자체를 생략하는 것도 가능합니다. return문이 없어도 함수의 코드를 모두 수행하면 호출한 곳으로 자동으로 돌아갑니다.

> 반환값이 없는 함수는 return문을 생략할 수 있다.

만약 함수 실행 중간에 돌아가야 한다면 return문을 함수 어디서든 사용할 수 있습니다. 예를 들어 count의 값이 10보다 큰 경우 바로 함수를 끝내고 싶다면 다음과 같이 함수 중간에 return문을 사용하면 됩니다. 이때도 return문만 단독으로 사용합니다.

```
void print_char(char ch, int count)
{
    int i;
    if (count > 10) return;          // 여기서 return하면 함수의 실행을 종료한다.
    for (i = 0; i < count; i++)
    {
        printf("%c", ch);
    }
    return;
}
```

➕ 여기서 잠깐   컴파일러와 void

반환형이 void인 함수는 컴파일러가 반환값이 없다고 가정해 호출한 위치에 반환값을 저장할 공간을 준비하지 않습니다. 따라서 return문에 값을 사용하면 컴파일러는 다음과 같이 경고 메시지로 알려 줍니다.

⚠ 경고   ✕

```
warning C4098: 'print_char': 'void' 함수에서 값을 반환하고 있습니다.
```

같은 이유로 반환값이 없는 함수는 호출문장을 수식의 일부로 쓸 수 없습니다.

```
print_char('@', 5) + 10    // print_char의 반환값이 없으므로 10과 더할 수 없다.
```

매개변수와 반환값이 모두 없는 함수

매개변수와 반환값이 모두 없는 함수도 있습니다. 예를 들어 일정한 문자열을 여러 번 출력하는 함수라면 매개변수와 반환값이 모두 필요 없습니다. 이때는 함수의 매개변수와 반환형에 모두 void를 씁니다. 반환값과 매개변수가 모두 없는 함수를 간단히 만들어 살펴보겠습니다.

> void 함수명(void)로 함수의 원형을 만들면 매개변수와 반환값이 모두 없다.

7-4 직접 해보는 손코딩

반환값과 매개변수가 모두 없는 함수   소스 코드 예제7-4.c

```
01  #include <stdio.h>
02
03  void print_line(void);          // 함수 선언
04
05  int main(void)
06  {
07      print_line();               // 함수 호출
08      printf("학번      이름      전공      학점\n");
09      print_line();               // 함수 호출
10
11      return 0;
12  }
13
14  void print_line(void)
15  {
16      int i;
```

```
17
18        for (i = 0; i < 50; i++)          // 오십 번 반복해서 '-' 출력
19        {
20            printf("-");
21        }
22        printf("\n");
23    }
```

실행결과   ×

학번   이름   전공   학점

14~23행 함수 정의에 return문이 없습니다. 또한 호출할 때 값을 주지 않으며 호출은 수식의 일부가 아닌 독립된 문장으로 쓰입니다. print_line 함수는 매개변수가 없는 함수와 반환형이 없는 함수의 특징을 모두 포함하는 함수입니다.

재귀호출 함수

함수는 보통 다른 함수를 호출하는데 **재귀호출 함수**recursive call function는 자기 자신을 호출합니다. 용어는 어렵지만 만들기는 쉽습니다. 우선 간단하게 apple을 출력하는 재귀호출 함수부터 살펴보겠습니다.

> 함수 안에서 자신을 호출하면 재귀호출 함수다.

7-5   직접 해보는 손코딩

재귀호출 함수   소스 코드 예제7-5.c

```
01  #include <stdio.h>
02
03  void fruit(void);                // 함수 선언
04
05  int main(void)
06  {
07      fruit();                     // 함수 호출
08
09      return 0;
10  }
11
12  void fruit(void)                 // 재귀호출 함수 정의
13  {
14      printf("apple\n");
15      fruit();                     // 자신을 다시 호출
16  }
```

실행결과   ×
apple
apple
apple
  ⋮

12행이 재귀호출 함수를 정의한 부분입니다. fruit 함수는 14행을 수행한 후에 15행에서 자신을 다시 호출합니다. 함수가 모든 명령을 수행하면 자동으로 반환하는데 반환 전에 자신을 호출하므로 처음부터 다시 시작합니다. 즉, 이렇게 계속 호출하면 함수는 끝나지 않고 apple을 계속 출력합니다.

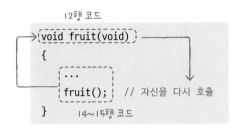

이 소스 코드를 실행하면 상당히 많은 apple을 출력하다가 종료됩니다.

➕ 여기서 잠깐　　**왜 무한으로 apple을 출력하지 않고 종료될까요?**

함수는 호출만으로도 일정 크기의 메모리를 사용하므로 무한 호출하면 프로그램 하나가 쓸 수 있는 메모리(해당 프로세스에 할당된 스택 메모리)를 모두 사용하게 되어 메모리 부족으로 강제 종료됩니다. 따라서 컴파일러는 컴파일 과정에서 다음과 같은 경고 메시지를 띄워 알려 줍니다.

> 🔲 **경고**　　　✕
>
> warning C4717: 'fruit': 모든 제어 경로에서 재귀적입니다. 함수로 인해 런타임 스택 오버플로가 발생합니다.

이처럼 중간에 종료되는 건 정상적인 종료가 아닙니다. 따라서 정상적으로 종료하기 위해 반복 고리를 끊을 수 있는 조건식을 반드시 포함해야 합니다. 이제 함수가 세 번만 호출되도록 수정하겠습니다.

7-6　**직접 해보는 손코딩**

세 번 실행되는 재귀호출 함수　소스 코드　예제7-6.c

```
01  #include <stdio.h>
02
03  void fruit(int count);
04
05  int main(void)
06  {
07      fruit(1);               // 처음 호출하므로 1을 인수로 준다.
```

```
08
09        return 0;
10    }
11
12    void fruit(int count)        // 호출 횟수를 매개변수에 저장
13    {
14        printf("apple\n");
15        if (count == 3) return;          // 호출 횟수가 3이면 반환하고 끝낸다.
16        fruit(count + 1);                // 재호출할 때 호출 횟수를 1 증가
17    }
```

실행결과
```
apple
apple
apple
```

7행에서 fruit 함수를 첫 번째 호출하면서 인수로 1을 줍니다.

```
    fruit(1);                    // 7행. 처음 호출하므로 1을 인수로 준다.
```

함수가 몇 번째 호출되는지를 기억해야 하므로 12행에서 호출 횟수를 매개변수로 받습니다. 그리고 15행에서 재귀호출 전에 호출 횟수를 검사해 세 번째면 곧바로 반환하도록 if문을 넣습니다. 결국 15행의 조건식이 참이면 함수가 바로 반환되므로 재귀호출이 중단되고 거짓이면 16행으로 넘어가 호출 횟수를 1 증가시킨 다음 재호출합니다.

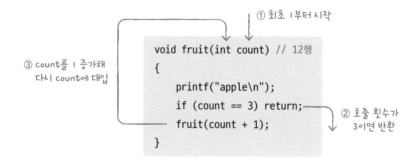

이렇게 매개변수와 if문을 사용하면 호출 횟수를 원하는 만큼 조절할 수 있습니다.

재귀호출과 반복문의 차이점

여기까지 잘 따라왔다면 '재귀호출 대신 그냥 반복문을 사용해도 되지 않을까?'라는 의구심이 들 겁니다. 재귀호출과 반복문은 어떤 차이가 있는지 예제로 살펴보겠습니다. 다음은 [7-6 직접 해보는 손코딩]에 17행 한 줄만 새로 추가한 코드입니다.

세 번 실행되는 재귀호출 함수 2　　소스 코드 예제7-7.c

```c
01  #include <stdio.h>
02
03  void fruit(int count);
04
05  int main(void)
06  {
07      fruit(1);                    // 처음 호출하므로 1을 인수로 준다.
08
09      return 0;
10  }
11
12  void fruit(int count)            // 호출 횟수를 매개변수에 저장
13  {
14      printf("apple\n");
15      if (count == 3) return;      // 호출 횟수가 3이면 반환하고 끝낸다.
16      fruit(count + 1);            // 재호출할 때 호출 횟수를 1 증가
17      printf("jam\n");             ←── 새로 추가한 코드!
18  }
```

```
실행결과                    ×
apple
apple
apple
jam
jam
```

재귀호출 이후 17행에 출력문을 하나 더 넣었습니다. 15행의 return문이 최초 호출한 main 함수로 돌아간다면 17행은 절대 실행되지 않을 겁니다. 그러나 예상과 달리 실행결과를 보면 17행이 실행되어 jam이 두 번 출력되었습니다.

```c
void fruit(int count)        // 12 ~ 18행. 호출 횟수를 매개변수에 저장
{
    printf("apple\n");
    if (count == 3) return;  // 호출 횟수가 3이면 반환하고 끝낸다.
    fruit(count + 1);        // 재호출할 때 호출 횟수를 1 증가
    printf("jam\n");         ←── 새로 추가한 코드!
}
```

왜 그럴까요? 재귀호출 함수의 경우 최초 호출한 곳이 아니라 이전에 호출했던 곳으로 돌아갑니다. 이 상황은 재귀호출이 수행될 때마다 함수의 복사본을 만들어 보면 쉽게 이해할 수 있습니다.

재귀호출 함수는 직전에 호출한 곳으로 돌아간다.

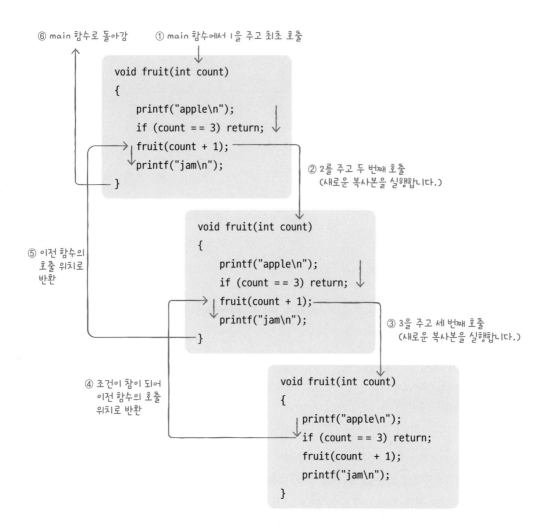

⑥ main 함수로 돌아감   ① main 함수에서 1을 주고 최초 호출

```
void fruit(int count)
{
    printf("apple\n");
    if (count == 3) return;
    fruit(count + 1);
    printf("jam\n");
}
```

② 2를 주고 두 번째 호출
(새로운 복사본을 실행합니다.)

⑤ 이전 함수의
호출 위치로
반환

```
void fruit(int count)
{
    printf("apple\n");
    if (count == 3) return;
    fruit(count + 1);
    printf("jam\n");
}
```

③ 3을 주고 세 번째 호출
(새로운 복사본을 실행합니다.)

④ 조건이 참이 되어
이전 함수의 호출
위치로 반환

```
void fruit(int count)
{
    printf("apple\n");
    if (count == 3) return;
    fruit(count + 1);
    printf("jam\n");
}
```

결국 재귀호출은 하나의 함수에서 코드를 반복 실행하는 듯하지만, 실제로는 새로운 함수를 실행하는 것과 같습니다. 재귀호출 함수는 경우에 따라 복잡한 반복문을 간단히 표현할 수 있으나 코드 읽기가 쉽지 않고 반복 호출되면서 메모리를 사용하므로 제한적으로 쓰는 것이 좋습니다.

마무리

▶ 5가지 키워드로 끝내는 핵심 포인트

• 처리할 데이터를 스스로 입력하는 함수에는 **매개변수가 없어도 된다**.

• 전달받은 데이터를 화면에 출력하는 함수는 **반환형을 쓰지 않아도 된다**.

• 같은 내용을 단지 화면에 출력하는 함수는 **매개변수와 반환값을 둘 다 쓰지 않아도 된다**.

• 매개변수와 반환값이 없을 때 빈 공간은 void를 적어 준다.

• **재귀호출 함수**는 자기 자신을 다시 호출한다.

▶ 표로 정리하는 핵심 포인트

표 7-2 다양한 함수 형태

형태	구분	설명
매개변수가 없는 경우	선언	int get_num(void); 또는 int get_num();
	특징	호출할 때 인수 없이 괄호만 사용한다.
반환형이 없는 경우	선언	void print_char(char ch, int count);
	특징	반환할 때 return문을 쓰지 않거나 return문만 사용한다. 호출 문장을 수식의 일부로 쓸 수 없다.
반환형과 매개변수가 모두 없는 경우	선언	void print_title(void);
	특징	2가지 경우의 특징을 모두 포함한다.

표 7-3 재귀호출 함수

형태	구분	설명
재귀호출 함수	정의	void fruit() { ... fruit(); ... }
	특징	함수 안에 재귀호출을 멈추는 조건이 있어야 한다.

▶ 확인 문제

지금까지 여러 가지 형태의 함수를 살펴봤습니다. 함수의 형태는 기능에 따라 달라집니다. 이제 문제를 풀면서 함수의 기능에 맞는 적절한 형태의 함수를 만들어 보겠습니다.

1. 다음 중 함수 형태(원형)에 따라 <u>옳게</u> 사용(호출)된 것을 고르세요.

①
```
void func(int, double);
int main(void)
{
    func(1.5, 10);
}
```

②
```
int func(void);
int main(void)
{
    func(void);
}
```

③
```
void func(void);
int main(void)
{
    func() + 10;
}
```

④
```
int func(double);
int main(void)
{
    pritf("%d", func(3.4));
}
```

2. main 함수와 실행결과를 참고해 1부터 일정 수까지의 합을 구하는 sum 함수를 만들고 프로그램을 완성하세요.

```
#include <stdio.h>

                                    // 함수 선언

int main(void)
{
    sum(10);                        // 1부터 10까지의 합 출력
    sum(100);                       // 1부터 100까지의 합 출력
    return 0;
}

                                    // 함수 원형
{
```

```
                                    // 반복 회수를 세는 변수와 합을 누적할 변수 정의
                                    // 1부터 매개변수까지 증가

                                    // 반복해 합을 누적하는 변수에 더한다.
    printf("1부터 %d까지의 합은 %d입니다.\n",      ,      );   // 출력
}
```

> **⊡ 실행결과**   ✕
>
> 1부터 10까지의 합은 55입니다.
> 1부터 100까지의 합은 5050입니다.

3. 다음 프로그램의 실행결과를 적으세요.

```
#include <stdio.h>
int func(int n);
int poly(int n);
int main(void)
{
    printf("%d\n", func(-3));
    return 0;
}
int func(int n)
{
    int res;
    res = poly(n);
    if (res >= 0) return res;
    else return -res;
}
int poly(int n)
{
    return ((2 * n * n) + (3 * n));
}
```

> **⊡ 실행결과**   ✕
>
>

▶ 도전 실전 예제

도전 **1부터 10까지의 합 계산(재귀호출 사용)**

1부터 10까지의 합을 재귀호출을 사용합니다. 1부터 일정 수(n)까지의 합을 구하는 재귀호출 함수를 만들고 호출해서 구현합니다. 함수명은 다음과 같이 작성합니다.

```c
int rec_func(int n);  // 1부터 n까지의 합을 반환하는 함수
```

🖥 **실행결과** ✕

55

풀이가 궁금하다면?

Chapter

08

배열

배열의 선언과 사용

(배열 선언) (배열 초기화) (배열과 반복문) (sizeof 연산자)

동일한 자료형을 저장할 저장 공간이 많이 필요한 경우 일일이 변수를 선언하면 적지 않은 품이 듭니다. 이때 이 문제를 해결하기 위해 '배열'을 사용하는데, 배열을 사용하면 많은 변수를 하나의 선언문으로 간단하게 대체할 수 있습니다. 이 절에서는 배열을 만들고 사용하는 방법에 관해 알아보겠습니다.

시작하기 전에

지금까지 메모리에 저장 공간을 확보할 때 변수를 선언했습니다. 예를 들어 다섯 과목의 점수를 처리하고 싶어서 다음과 같이 점수를 int형 변수로 하나씩 개별적으로 선언했다고 가정합시다.

```
int kor, math, eng, social, science;
```

이렇게 하나씩 따로따로 선언하면 점수도 일일이 하나씩 변수에 넣어 줘야 합니다. 즉, 반복문 사용이 불가능합니다. 왜냐하면 이름이 별도로 있기 때문입니다. 그래서 우리는 같은 형태의 많은 데이터를 반복문으로 처리하기 위해서 메모리에 연속적으로 저장해 놓고 쪼개서 사용하는 방법을 사용합니다. 이를 **배열**array이라고 합니다.

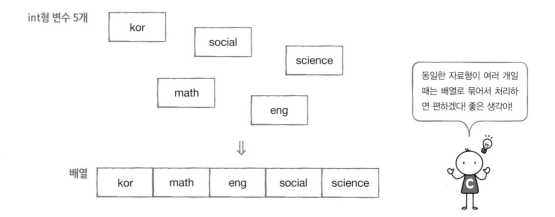

배열의 선언

배열 또한 다른 자료형처럼 선언을 통해서 저장 공간을 확보합니다. 다만, 다섯 과목의 점수를 처리할 때 기존처럼 int형 변수를 하나씩 선언하지 않고, 하나의 이름으로 한꺼번에 확보합니다. 또 저장 공간의 개수와 관계없이 이름은 하나만 사용합니다.

배열을 선언하는 방법은 간단합니다. 요소의 자료형에 이름을 붙이고 필요한 요소의 개수를 표시합니다. int형의 요소가 5개인 배열을 선언하는 예는 다음과 같습니다.

> 배열은 한 번에 변수를 여러 개 선언한다.

```
자료형  요소 개수
int ary[5];
     배열명
```

배열명은 변수명을 짓는 규칙에 따라 적절한 이름을 사용합니다. 배열을 하나 선언한 다음 5명의 나이를 저장하고 사용하는 방법을 예제로 확인해 보겠습니다.

8-1 직접 해보는 손코딩

5명의 나이를 저장할 배열을 선언하고 사용하는 방법 소스 코드 예제8-1.c

```c
01  #include <stdio.h>
02
03  int main(void)
04  {
05      int ary[5];                    // int형 요소 5개의 배열 선언
06                                     // ary는 array의 축약어
07      ary[0] = 10;                   // 첫 번째 배열 요소에 10 대입
08      ary[1] = 20;                   // 두 번째 배열 요소에 20 대입
09      ary[2] = ary[0] + ary[1];      // 첫 번째와 두 번째 요소를 더해 세 번째 요소에 저장
10      scanf("%d", &ary[3]);          // 키보드로 입력받아 네 번째 요소에 저장
11
12      printf("%d\n", ary[2]);        // 세 번째 배열 요소 출력
13      printf("%d\n", ary[3]);
14      printf("%d\n", ary[4]);        // 마지막 배열 요소는 쓰레기 값
15
16      return 0;
17  }
```

```
실행결과                          ×
50 ⏎
30
50
-858993460
```

5행이 배열 선언문입니다.

```
    int ary[5];                        // 5행. int형 요소 5개의 배열 선언
```

int형 변수 5개를 하나씩 선언하는 것과 전체 저장 공간의 크기는 같습니다. 그러나 메모리에 할당되는 방식에 차이가 있습니다.

변수를 선언하면 각 변수는 독립적인 저장 공간을 가지며 각각의 이름을 사용합니다.

> 변수는 각각의 공간에 이름을 지정한다.

int a, b, c, d, e;처럼 개별 변수로 선언

반면에 배열은 저장 공간이 연속으로 할당되며 배열명이 전체 공간의 이름이 됩니다.

> 배열은 메모리에 연속된 공간이 할당되며, 하나의 이름을 사용한다.

int ary[5];처럼 배열로 선언

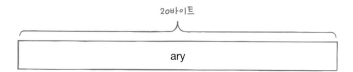

int형 변수는 크기가 4바이트이므로 5개를 연속으로 할당하면 총 20바이트가 할당됩니다. 배열의 나누어진 조각을 **배열 요소**^{element}라고 하는데, 각각의 배열 요소는 int형 변수와 똑같이 사용합니다. 배열 요소는 배열명에 첨자^{index}를 붙여 표현하며 첨자는 0부터 시작합니다.

> 배열은 각 저장 공간을 이름과 첨자(index)로 구분하고 첨자는 0부터 시작한다.

예를 들어 세 번째 배열 요소는 ary[2]와 같은 형식으로 사용합니다.

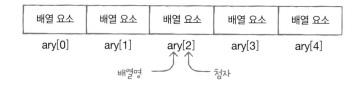

배열의 사용

배열을 선언할 때와 배열 요소를 사용할 때 대괄호([ ]) 속 숫자의 의미는 다릅니다. 선언할 때는 배열 요소의 전체 개수를 표시하며, 사용할 때는 각 요소가 배열에서 몇 번째에 있는지를 의미합니다. 이 값이 **첨자**(배열에서의 위치)며, 배열의 첨자는 0부터 시작하므로 최대 '배열 요소 개수−1'까지만 사용합니다. 즉, 배열 요소의 개수가 5개면 첨자는 0부터 4까지만 사용합니다.

[8-1 직접 해보는 손코딩]의 7~9행은 배열 요소를 사용하는 내용입니다. 배열 요소는 값을 대입하거나 연산할 때 마치 하나의 변수처럼 사용됩니다.

```
ary[0] = 10;                    // 7행. 첫 번째 배열 요소에 10 대입
ary[1] = 20;                    // 8행. 두 번째 배열 요소에 20 대입
ary[2] = ary[0] + ary[1];       // 9행. 첫 번째와 두 번째 요소를 더해 세 번째 요소에 저장
```

10행은 키보드로 값을 입력받으므로 ary[3] 앞에 &를 붙입니다. 이 책에서는 '50'을 입력했습니다.

```
scanf("%d", &ary[3]);           // 10행. 키보드로 입력받아 네 번째 요소에 저장
```

여기까지의 코드를 보고 배열에 다음과 같이 값이 저장되어 있다고 예상할 수 있습니다.

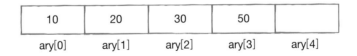

12~14행은 배열 요소의 값을 출력합니다. ary[4]에는 값을 저장하지 않았으므로 쓰레기 값이 출력됩니다.

```
printf("%d\n", ary[2]);         // 12행. 세 번째 배열 요소 출력
printf("%d\n", ary[3]);         // 13행. 네 번째 배열 요소 출력
printf("%d\n", ary[4]);         // 14행. 마지막 배열 요소는 쓰레기 값
```

➕ 여기서 잠깐 ┃ 배열의 첨자가 사용 범위를 벗어난다면

배열 ary의 배열 요소 개수가 5개일 때 ary[5]를 사용하면 이는 첨자의 사용 범위를 벗어나므로 그 결과를 예측할 수 없습니다. 다음 그림과 같이 배열에 할당된 영역을 벗어난 메모리를 사용하므로 침범한 영역이 어떤 용도로 사용되느냐에 따라 결과가 달라집니다.

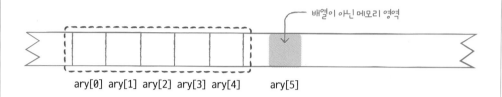

이 경우 컴파일러가 경고 메시지로 알려 주기도 하지만 배열 요소에 포인터 연산을 통해 접근하므로 확실한 에러 메시지를 표시하지 않습니다(배열과 포인터의 관계는 10장에서 설명하겠습니다). 이렇게 범위를 벗어난 영역에 접근하는 배열 코드는 실행 단계에서 문제를 일으킬 때나 발견할 수 있으므로 버그를 찾아내기가 쉽지 않습니다. 따라서 사용 범위를 벗어나지 않도록 주의해야 합니다.

배열 초기화

배열도 변수와 마찬가지로 최초 할당된 저장 공간에는 쓰레기 값이 저장되어 있습니다. 그러므로 배열도 원하는 값을 가지려면 선언과 동시에 초기화해야 합니다. 배열은 중괄호({ })로 묶어서 초기화합니다.

> 배열은 선언과 동시에 { }로 묶어서 초기화한다.

초기화1 기본적인 초기화 방법입니다.

```
int ary[5] = {1,2,3,4,5};
```

초깃값은 첫 번째 요소부터 차례로 초기화됩니다.

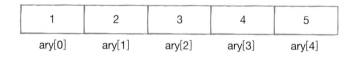

초기화2 초깃값이 배열 요소의 개수보다 적은 경우입니다.

```
int ary[5] = {1,2,3};
```

이때는 왼쪽부터 차례로 초기화하고 남은 배열 요소는 모두 0으로 채웁니다.

1	2	3	0	0
ary[0]	ary[1]	ary[2]	ary[3]	ary[4]

초기화3 **자동 초기화 기능을 사용할 수도 있습니다.** 이러면 배열 요소 개수가 아무리 많아도 모든 요소를 쉽게 0으로 초기화할 수 있습니다.

```
int ary[1000] = {0};
```

초기화4 **배열 요소 개수가 생략된 형태도 있습니다.**

```
int ary[] = {1,2,3};
```

이 경우 컴파일러는 초깃값 개수만큼 배열 요소 개수를 정하고 저장 공간을 할당합니다. 즉, 다음과 같이 메모리에 저장 공간이 할당되고 초기화됩니다.

1	2	3
ary[0]	ary[1]	ary[2]

초기화5 **double형 배열과 char형 배열을 선언하고 초기화합니다.** 각각의 자료형에 맞게 double형 배열은 실수 값으로 초기화되고, char형 배열은 문자로 초기화됩니다.

```
double ary[5] = {1.0, 2.1, 3.2, 4.3, 5.4};
char ary[5] = {'a','p','p','l','e'};
```

note char형 배열은 주로 문자열을 저장하는 용도로 사용되며 자세한 내용은 8-2의 〈문자를 저장하는 배열〉에서 설명합니다.

배열의 초기화는 선언 시 최초 한 번만 가능합니다. 그 이후에는 배열 요소에 일일이 값을 대입해야 하며, 초기화 때처럼 중괄호({ })를 사용한 대입 연산으로 한 번에 값을 바꾸는 것은 불가능합니다.

> 배열을 선언할 때만 한 번에 배열을 초기화할 수 있다.

```
ary[0] = 10;
ary[1] = 20;
ary[2] = 30;
ary[3] = 40;
ary[4] = 50;
```

배열과 반복문

연속된 저장 공간을 할당하고 초기화할 수 있어 같은 유형의 변수가 많이 필요할 때 배열을 사용한다고 했습니다. 이렇게 연속된 배열 요소를 일일이 변수처럼 하나씩 떼어서 사용한다면, 이는 배열을 제대로 활용하고 있지 못한 것입니다.

배열 요소가 5개인 배열에 정수를 입력하는 다음 예시를 볼까요?

```
int score[5];                    // 배열 선언

scanf("%d", &score[0]);          // 첫 번째 배열 요소에 입력
scanf("%d", &score[1]);
scanf("%d", &score[2]);
scanf("%d", &score[3]);
scanf("%d", &score[4]);
```

언뜻 봐도 같은 작업을 반복하고 있으며 바뀌는 것은 첨자뿐입니다. 따라서 반복문을 사용하면 간단히 구현할 수 있습니다. 예제를 통해 확인해 보겠습니다.

8-2 직접 해보는 손코딩

배열과 반복문을 사용한 성적 처리 프로그램 소스 코드 예제8-2.c

```
01  #include <stdio.h>
02
03  int main(void)
04  {
05      int score[5];        // 다섯 과목의 성적을 입력할 int형 배열 선언
06      int i;               // 반복 제어 변수
07      int total = 0;       // 총점을 누적할 변수
08      double avg;          // 평균을 저장할 변수
09
```

```
10          for (i = 0; i < 5; i++)              // i가 0부터 4까지 다섯 번 반복
11          {
12              scanf("%d", &score[i]);          // 각 배열 요소에 성적 입력
13          }
14
15          for (i = 0; i < 5; i++)
16          {
17              total + = score[i];              // 성적을 누적해 총점 계산
18          }
19          avg = total / 5.0;                   // 평균 계산
20
21          for (i = 0; i < 5; i++)
22          {
23              printf("%5d", score[i]);         // 성적 출력
24          }
25          printf("\n");
26
27          printf("평균 : %.1lf\n", avg);        // 평균 출력
28
29          return 0;
30      }
```

```
🖥 실행결과                              ✕
  80 95 77 84 100 ↵
    80    95    77    84    100
  평균 : 87.2
```

10~13행이 배열에 성적을 입력하는 반복문입니다. 제어 변수 i가 0부터 하나씩 증가하는데 이 값을
배열 요소의 첨자로 쓰면 반복 과정에서 모든 배열 요소에 값을 입력할 수 있습니다.

```
            i 값을 배열의 첨자로 활용

   for (i = ⓪; i < ⑤; i++)              // 10행
   {
       scanf("%d", &score[ⓘ]);
   }
```

15~18행 반복문은 입력한 배열의 값을 total에 반복 누적해서 총점을 구합니다. 만약 변수 5개를
선언했다면 다음처럼 일일이 더해야 했을 겁니다.

```
total = score1 + score2 + score3 + score4 + score5;
```

언뜻 보면 배열과 반복문을 사용한 것보다 쉬워 보이지만, 변수가 100개나 1,000개일 때는 어떨까
요? 아무리 많은 데이터라도 배열과 반복문만 잘 사용하면 데이터의 양에 따라 유연하고 손쉬운 대응

이 가능합니다. 데이터 수가 늘어도 반복 횟수만 간단히 수정하면 그만이기 때문입니다.

입력된 값을 출력할 때도 21~24행과 같이 반복문을 사용하면 쉽게 처리할 수 있습니다.

```
for (i = 0; i < 5; i++)              // 21행
{
    printf("%5d", score[i]);         // 성적 출력
}
```

sizeof 연산자를 활용한 배열 처리

보통 많은 양의 데이터를 처리하므로 배열을 다룰 때는 반복문 사용이 필수입니다. 따라서 배열 요소의 개수가 바뀌면 배열을 처리하는 반복문을 모두 수정해야 하는 부담이 있습니다. 이 문제의 해결책으로 배열 요소의 개수를 직접 계산해 반복문에 사용하는 방법을 사용할 수 있습니다.

배열 요소의 개수는 다음과 같이 구합니다.

```
sizeof(배열명) / sizeof(배열 요소)
```

[8-2 직접 해보는 손코딩]을 sizeof 연산자를 사용해 다음과 같이 수정해 보았습니다.

8-3 직접 해보는 손코딩

sizeof 연산자를 사용한 배열   소스 코드 예제8-3.c

```
01  #include <stdio.h>
02
03  int main(void)
04  {
05      int score[5];
06      int i;
07      int total = 0;
08      double avg;
09      int count;                                   // 배열 요소의 개수를 저장할 변수
10
11      count = sizeof(score) / sizeof(score[0]);    // 배열 요소의 개수 계산
12
13      for (i = 0; i < count; i++)                  // 11행에서 계산한 count만큼 반복
```

```
14      {
15          scanf("%d", &score[i]);
16      }
17
18      for (i = 0; i < count; i++)          // 11행에서 계산한 count만큼 반복
19      {
20          total + = score[i];
21      }
22      avg = total / (double)count;         // 총합을 count로 나누어 평균 계산
23
24      for (i = 0; i < count; i++)          // 11행에서 계산한 count만큼 반복
25      {
26          printf("%5d", score[i]);
27      }
28      printf("\n");
29
30      printf("평균 : %.1lf\n", avg);
31
32      return 0;
33  }
```

실행결과   ✕

80 95 77 84 100 ↵
   80   95   77   84   100
평균 : 87.2

11행에서 배열 요소의 개수를 계산합니다. sizeof 연산자를 배열명에 사용하면 배열 전체의 크기를 바이트 단위로 계산합니다. 이 값을 배열 요소 하나의 크기로 나누면 배열 요소의 개수를 구할 수 있습니다.

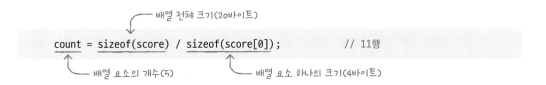

이렇게 구한 배열 요소의 개수를 각 반복문의 반복 횟수로 사용하면, 나중에 배열 선언문에서 요소의 개수를 바꾸더라도 나머지 코드를 수정할 필요가 없습니다. 반복문뿐 아니라 배열 요소의 개수가 필요한 모든 곳에 count를 사용합니다.

22행에서 배열의 평균을 구할 때도 사용했습니다. 단, 이때 total과 count가 모두 int형이므로 결과를 소수점 이하까지 구하려면 형 변환 연산자로 (double)을 사용해 실수 연산이 되도록 합니다.

```
avg = total / (double)count;       // 22행. 총합을 count로 나누어 평균 계산
```

마무리

▶ 4가지 키워드로 끝내는 핵심 포인트

- **배열**을 **선언**하면 많은 변수를 한 번에 선언하는 효과를 볼 수 있닷.

- **배열**을 **초기화**할 때는 중괄호({})를 사용한다.

- **배열**은 주로 **반복문**으로 처리한다.

- 배열 전체의 크기를 구할 때 sizeof **연산자**를 사용한다.

▶ 표로 정리하는 핵심 포인트

표 8-1 배열의 선언과 요소의 사용

구분	사용 예	기능
배열 선언	`int ary[5];`	int형 변수 5개를 한 번에 확보한다.
요소 사용	`ary[0], ary[1], ary[2], ary[3], ary[4]`	배열 요소를 사용할 때는 첨자를 0부터 시작해 '요소 개수-1'까지 사용한다.
초기화	`int ary[5] = { 1, 2, 3, 4, 5 };`	초기화는 중괄호 안에 값을 나열한다.

▶ 확인 문제

지금까지 배열을 선언하고 배열 요소를 사용하는 방법을 배웠습니다. 배열을 사용하면 많은 변수를 한 번에 확보해 반복문으로 쉽게 처리할 수 있습니다. 문제를 풀며 다양한 배열의 사용법을 익혀 봅시다.

1. 다음 설명에 따라 배열을 선언하세요.

① 정수 5개를 저장할 배열　　　　　　② 실수 10개를 저장할 배열

③ 배열 요소 개수가 3개인 int형 배열　　④ 첨자의 최댓값이 4인 char형 배열

2. 다음 그림과 일치하도록 배열을 선언하고 초기화하세요.

1	2	3	0	0	0
int형	int형	int형	int형	int형	int형

3. 다음과 같이 초기화된 A 배열의 값을 복사해 B 배열을 채운 후 출력하는 프로그램을 작성하세요.

A 배열의 값이 복사된 B 배열의 상태

1	2	3	1	2	3	1	2	3	1

```c
#include <stdio.h>

int main(void)
{
    int A[3] = { 1, 2, 3 };      // 초기화된 A 배열
    int B[10];                   // 초기화되지 않은 B 배열
    int i;

        ①                        // B 배열을 채우기 위해 B 배열 요소의 개수만큼 반복
    {
            ②                    // A 배열 첨자가 0 ~ 2를 갖도록 나머지 연산자 사용
    }

        ③
    {
            ④                    // B 배열 출력
    }
    return 0;
}
```

실행결과 ✕

```
1  2  3  1  2  3  1  2  3  1
```

08-2 문자를 저장하는 배열

(char형 배열 선언) (strcpy) (gets) (puts)

char형 배열은 문자들을 메모리의 연속된 공간에 저장할 수 있으므로 주로 문자열
을 저장하는 용도로 쓰입니다. 이 절에서는 char형 배열에 문자열을 저장하고 사
용하는 방법에 관해 살펴보겠습니다.

시작하기 전에

우리는 평소 의미를 전달하기 위해 단어를 사용합니다. 단어는 알파벳의 나열이며, 그 순서에 따라
단어의 뜻이 달라집니다. 이런 단어를 컴퓨터에서 데이터로 처리하려면 메모리에 문자를 순서에 맞
게 연속으로 저장해야 합니다. 결국 배열이 단어를 저장하기 위한 가장 좋은 방법입니다. 그리고 모
든 알파벳 문자는 한 바이트로 충분히 표현할 수 있으니 char형 배열을 사용하는 것이 좋습니다.

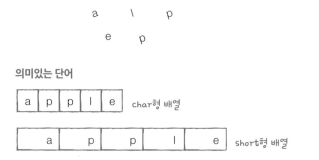

char형 배열의 선언과 초기화

char형 배열을 선언할 때 꼭 기억해야 할 점은 저장할 문자열의 길이보다 최소한 하나 이상 크게 배열을 선언해야 한다는 것입니다.

> 저장할 문자열의 길이보다 최소한 하나 이상 크게 배열을 선언한다.

예를 들어 문자열 "apple"을 저장할 배열은 배열 요소 개수가 최소한 6개 이상이어야 합니다.

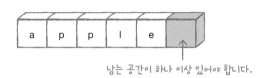

남는 공간이 하나 이상 있어야 합니다.

이렇게 여분의 공간이 필요한 이유는 널 문자(\0)를 저장하기 위해서입니다. 널 문자의 기능은 다음 예제를 통해 확인해 보겠습니다.

8-4   직접 해보는 손코딩

문자열을 저장하는 char형 배열   소스 코드 예제8-4.c

```
01  #include <stdio.h>
02
03  int main(void)
04  {
05      char str[80] = "applejam";              // 문자열 초기화
06
07      printf("최초 문자열 : %s\n", str);       // 초기화 문자열 출력
08      printf("문자열 입력 : ");
09      scanf("%s", str);                        // 새로운 문자열 입력
10      printf("입력 후 문자열 : %s\n", str);    // 입력된 문자열 출력
11
12      return 0;
13  }
```

> 💻 **실행결과**   ✕
>
> 최초 문자열 : applejam
> 문자열 입력 : grape ⏎
> 입력 후 문사열 : grape

5행에서 char형 배열을 선언하고 초기화합니다.

```
char str[80] = "applejam";              // 5행. 문자열 초기화
```

char형 배열은 배열 요소의 형태가 char일 뿐 int형 배열이나 double형 배열과 다르지 않습니다. 따라서 초기화도 중괄호를 사용해 문자를 차례로 나열해도 됩니다. 그러나 다음 예시에서도 볼 수 있 듯이 문자 상수로 초기화하는 방법은 쉽지 않으므로 문자열 상수로 초기 화하는 방법을 많이 사용합니다.

> 중괄호 없이 문자열 상수로 직접 초기화한다.

문자 상수로 하나씩 초기화

```
char str[80] = {'a', 'p', 'p', 'l', 'e', 'j', 'a', 'm'};
```

문자열 상수로 한 번에 초기화

```
char str[80] = "applejam";
```

널 문자의 용도

초기화한 문자는 배열의 처음부터 차례로 저장되어 문자열을 만듭니다. 이때 남는 배열 요소에는 자동으로 0이 채워집니다. 이렇게 char형 배열에 저장된 0을 특별히 **널 문자** null character 라고 부릅 니다.

모든 문자는 아스키 코드 값으로 저장되므로 결국 널 문자는 아스키 코드 값이 0인 문자를 말하며 문 자 상수로는 \0으로 표현됩니다.

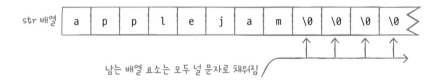

아스키 코드 값이 0인 문자를 널 문자라는 이름으로 특별히 대접하는 이유는, 널 문자가 문자열의 끝을 표시하는 용도로 쓰이기 때문입니다.

> 널 문자는 문자열의 끝을 표시한다.

7행의 `printf` 함수가 배열의 크기와 관계없이 초기화된 문자열만을 정확히 출력하는 것도 널 문자 가 있기 때문입니다. `printf` 함수는 char형 배열에서 널 문자가 나올 때까지만 출력하도록 만들어졌 습니다. 이런 규칙은 문자열을 처리하는 모든 함수에 적용됩니다.

```
printf("최초 문자열 : %s\n", str);          // 7행. 초기화 문자열 출력
```

9행에서 scanf 함수로 문자열을 입력받을 때도 어김없이 널 문자가 사용됩니다.

```
    scanf("%s", str);                          // 9행. 새로운 문자열 입력
```

scanf 함수가 배열의 처음부터 grape만 입력했다면, 10행의 입력 후 문자열 : 다음 출력 결과는
grapejam이어야 합니다. 그러나 scanf 함수는 사용자가 입력한 문자열 다음에 자동으로 널 문자를 추
가해 문자열의 끝을 표시합니다. 따라서 10행의 printf 함수는 grape까지만 출력합니다.

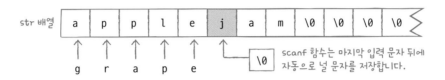

✚ 여기서 잠깐   char형 배열 선언 시 초기화하지 않은 경우

char형 배열 선언 시 초기화를 하면 남는 배열 요소가 0으로 채워지므로 자동으로 문자열의 끝에 널 문자가 저장되나. 초
기화하지 않은 상태에서 배열 요소에 문자를 직접 대입한다면 반드시 마지막 문자 다음에는 널 문자를 대입해야 합니다.

```
char str[80];        // 배열 선언, 초기화하지 않음
str[0] = 'a';        // 배열 요소에 직접 문자 대입
str[1] = 'p';
str[2] = 'p';
str[3] = 'l';
str[4] = 'e';
str[5] = '\0';       // 마지막 문자 다음에 반드시 널 문자 대입!
```

char형 배열 선언 시 주의할 점

char형 배열을 선언할 때 주의할 점을 정리하고 넘어가겠습니다.

주의1   **배열의 크기는 최대한 넉넉하게 선언해야 합니다.** 문자열의 길이가 일정하지 않을 경우 예상
가능한 가장 긴 문자열도 저장할 수 있도록 넉넉히 선언해야 합니다.

주의2   **배열 요소의 개수는 최소한 '문자열 길이+1'이어야 합니다.** 널 문자로 그 끝을 표시하므로 최
소한 널 문자까지 저장할 수 있도록 배열 요소의 개수를 지정해야 합니다.

문자열 대입

char형 배열이 문자열을 저장하는 변수의 역할을 하므로 초기화된 이후에도 얼마든지 새로운 문자열을 저장할 수 있습니다. 단, 문자열의 길이가 다를 수 있으므로 일반 변수처럼 대입 연산자를 사용하는 것은 불가능합니다. 이때는 strcpy 함수를 사용합니다.

strcpy 함수는 char형 배열에 새로운 문자열을 저장하는 함수로, 저장할 문자열의 길이를 파악해 딱 그 길이만큼만 char형 배열에 문자열을 복사합니다. 물론 문자열 끝에 널 문자도 자동으로 붙여 줍니다. 자세한 사용법은 다음 예제를 통해 확인해 보겠습니다.

> strcpy 함수는 char형 배열에 새로운 문자열을 저장하는 함수다.

➕ 여기서 잠깐   strcpy 함수를 사용한 코드가 컴파일되지 않을 때

strcpy 함수를 사용한 코드가 컴파일되지 않을 때는 소스 코드 첫 줄에 #define _CRT_SECURE_NO_WARNINGS 문장을 추가합시다. 혹은 앞에서 설정한 템플릿을 사용합시다. 자세한 내용은 46쪽을 참고하세요.

8-5   직접 해보는 손코딩

문자열을 대입하는 strcpy 함수   소스 코드 예제8-5.c

```
01  #include <stdio.h>
02  #include <string.h>              // 문자열 관련 함수 원형을 모아 놓은 헤더 파일
03
04  int main(void)
05  {
06      char str1[80] = "cat";
07      char str2[80];
08
09      strcpy(str1, "tiger");       // str1 배열에 "tiger" 복사
10      strcpy(str2, str1);          // str2 배열에 str1 배열의 문자열 복사
11      printf("%s, %s\n", str1, str2);
12
13      return 0;
14  }
```

⌨ 실행결과   ✕

tiger, tiger

2행에서 새로운 헤더 파일을 포함시킵니다.

```
#include <string.h>              // 2행. 문자열 관련 함수 원형을 모아 놓은 헤더 파일
```

string.h는 문자열을 다루는 함수들의 원형을 모아 놓은 것으로 strcpy 함수에 접근하기 위해 사용됩니다. strcpy 함수의 기본 사용법은 다음과 같습니다.

```
strcpy(저장될 배열명, 저장할 문자열)
```

strcpy 함수로 문자열 상수를 char형 배열에 대입

9행의 strcpy 함수는 str1 배열에 문자열 "tiger"를 복사해 저장합니다. 즉, 첫 번째 인수로는 저장될 곳의 배열명을 주고 두 번째 인수는 저장할 문자열을 사용합니다. 오른쪽에 있는 값을 왼쪽 변수에 대입하는 연산으로 생각해도 좋습니다.

```
       첫 번째 인수   두 번째 인수
          ↓            ↓
strcpy(str1, "tiger");
          └─── 대입 ───┘
```

첫 번째 인수는 문자열을 모두 저장할 수 있도록 충분히 커야 합니다. 아울러 첫 번째 인수에는 문자열 상수를 사용할 수 없습니다. 상수는 바뀌지 않는 값이므로 대입 연산자의 왼쪽에 올 수 없는 것과 같은 이유입니다.

```
strcpy("lion", "tiger");     ←──── 이렇게 사용할 수 없다!
          └──── × ────┘
```

상수 문자열을 첫 번째 인수로 사용해도 컴파일 단계에서는 에러가 발생하지 않습니다. 그러나, 이는 실행할 때 문제가 생기므로 주의해야 합니다. 문자열이 포인터로 구현되기 때문에 생기는 문제인데, 문자열 상수와 포인터의 관계는 12장에서 자세히 설명하겠습니다.

char형 배열에 저장된 문자열을 다른 char형 배열에 대입하기

10행에서처럼 두 번째 인수에는 문자열 상수뿐 아니라 char형 배열의 배열명도 사용할 수 있습니다. 이때는 배열에 저장된 문자열을 다른 char형 배열에 복사합니다.

```
strcpy(저장될_배열명, 저장할_배열명);
```

```
strcpy(str2, str1);          // 10행
```

➕ 여기서 잠깐 **배열에 대입 연산자를 왜 사용할 수 없을까요?**

C 언어를 배우는 과정에서 한 번쯤은 다음과 같은 코드를 작성하게 됩니다.

```
char str[80];        // 배열 선언
str = "apple";       // 배열에 문자열 대입
```

이 대입 연산식은 당연히 수행될 듯하지만, 컴파일 단계에서 에러가 발생합니다. 대입 연산자 왼쪽에 사용한 배열명이 컴파일 과정에서 배열이 할당된 메모리의 주소 값으로 바뀌기 때문입니다. 예를 들어 str 배열이 메모리 100번지부터 할당되었다면 다음과 같이 대입하는 것과 같습니다.

```
100 = "apple";       // 배열명 str은 100으로 바뀜
```
주의 : 실제로 이렇게 대입하지는 않습니다!

100은 상수로 대입 연산자의 왼쪽에 올 수 없으므로 컴파일 과정에서 에러가 발생합니다. 다만, strcpy 함수에서 사용할 수 있는 것은 strcpy 함수가 그 위치로 이동해 메모리의 공간을 사용하도록 구현되어 있기 때문입니다. 이 문제를 정확히 이해하기 위해서는 배열과 포인터의 관계를 배워야 합니다. 일단 여기서는 대입 연산자 왼쪽에 배열명이 올 수 없다는 사실만 기억하세요.

문자열 전용 입출력 함수 : gets, puts

char형 배열에 문자열을 대입하는 일은 strcpy 함수가 훌륭히 수행합니다. 이제 키보드로 문자열을 입력하는 문제를 생각해 보겠습니다. scanf 함수는 char형 배열에 문자열을 입력할 수 있으나 중간에 빈칸이 있는 경우 빈칸 전까지만 입력합니다. 따라서 빈칸을 포함해서 문자열을 입력할 수 있는 새로운 방식이 필요합니다.

gets 함수는 빈칸을 포함해 한 줄 전체를 문자열로 입력합니다. 또한 이 함수와 짝을 이루는 문자열 출력 함수 puts도 있습니다. 예제를 통해 puts와 gets 함수의 사용법과 특징을 알아보겠습니다.

8-6 직접 해보는 손코딩

빈칸을 포함한 문자열 입력 소스 코드 예제8-6.c

```
01   #include <stdio.h>
02
03   int main(void)
04   {
05       char str[80];
```

```
06
07      printf("문자열 입력 : ");    // 입력 안내 메시지 출력
08      gets(str);                    // 빈칸을 포함한 문자열 입력
09      puts("입력된 문자열 : ");    // 문자열 상수 출력
10      puts(str);           // 배열에 저장된 문자열 출력
11
12      return 0;
13  }
```

> **⟨/⟩ 실행결과**   ✕
>
> 문자열 입력 : Love is belief... ⏎
> 입력된 문자열 :
> Love is belief...

note gets 함수를 사용한 코드가 컴파일되지 않는다면 #define _CRT_SECURE_NO_WARNINGS를 소스 코드 첫 줄에 추가합시다. 또는 앞에서 설정한 템플릿을 사용합시다. 자세한 내용은 46쪽을 참고하세요.

빈칸을 포함해 문자열을 입력하는 gets 함수

gets 함수의 사용법은 간단합니다. 8행과 같이 인수로 char형 배열의 배열명을 줍니다.

> gets(char형 배열명)   gets(str); // 8행. 빈칸을 포함한 문자열 입력

gets 함수는 문자열 입력 중간에 빈칸이나 탭 문자를 사용할 수 있으며, Enter 를 누르기 전까지 전체를 하나의 문자열로 배열에 저장합니다. 물론 마지막에 널 문자를 붙여서 문자열의 끝을 표시합니다.

gets 함수의 사용법은 간단하지만 사용 시 주의할 점이 있습니다. 입력할 배열의 크기를 검사하지 않으므로 배열의 크기보다 긴 문자열을 입력하면 배열을 벗어난 메모리 영역을 침범할 가능성이 있습니다. 따라서 입력할 때 항상 배열의 크기를 고려해야 합니다. 이 문제는 scanf 함수나 strcpy 함수에도 해당되며 컴파일러에 따라 시스템 안전성 문제 때문에 컴파일을 제한하기도 합니다.

gets와 짝을 이뤄 문자열을 출력하는 puts 함수

puts 함수는 문자열 상수나 char형 배열의 배열명을 주면 문자열을 화면에 출력합니다. printf 함수의 문자열 출력 기능과 같습니다. 단, 문자열을 출력한 후에 자동으로 줄을 바꾸는 차이가 있습니다. 이 기능은 경우에 따라 편할 수도 있지만 7, 8행의 실행결과와 같이 문자열을 출력한 후에 바로 이어서 입력하는 것은 불가능합니다. 그 밖의 문자열 관련 함수는 12장에서 설명하겠습니다.

> printf("문자열 입력 : ");   // 7행. 입력 안내 메시지를 출력하고 줄이 바뀌지 않음
> gets(str);   // 8행. 7행에서 출력한 문자열 바로 옆에서 입력

문자열의 끝에 널 문자가 없다면?

printf 함수를 비롯한 많은 문자열 처리 함수가 널 문자로 문자열의 끝을 확인합니다. 따라서 char 형 배열에 무엇을 저장하든 널 문자가 나올 때까지가 하나의 문자열입니다. 만약 필요한 곳에 널 문자가 없다면 문자열을 다루는 함수의 결과는 예상할 수 없습니다. 예제로 살펴보겠습니다.

8-7 직접 해보는 손코딩

널 문자가 없는 문자열   소스 코드 예제8-7.c

```
01  #include <stdio.h>
02
03  int main(void)
04  {
05      char str[5];
06
07      str[0] = 'O';
08      str[1] = 'K';
09      printf("%s\n", str);
10
11      return 0;
12  }
```

실행결과   ✕

OK倣倣倣倣倣?嵯쉘*

5행에서 배열이 초기화되지 않았으므로 배열에는 쓰레기 값이 남아 있습니다.

```
    char str[5];                    // 5행
```

여기에 7, 8행에서 직접 문자를 넣고 printf 함수로 출력(9행)하니 OK가 저장된 다음 요소에 널 문자가 없어 쓰레기 값을 출력합니다.

```
    str[0] = 'O';                   // 7행
    str[1] = 'K';                   // 8행
    printf("%s\n", str);            // 9행
```

심지어 할당된 배열에 널 문자가 없으면 이어지는 메모리 영역까지 출력합니다. 때로는 메모리 접근 에러가 발생하니 주의해야 합니다.

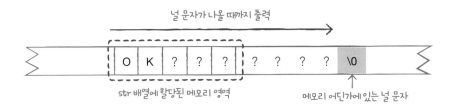

쓰레기 값은 메모리 상태에 따라 다를 수 있으므로 출력 결과는 일치하지 않을 수 있습니다. 또한 우연히도 OK가 저장된 다음 요소의 값이 널 문자였다면 OK까지만 출력될 가능성도 있습니다. 그러나 항상 올바른 결과를 보장할 수 없으므로 char형 배열에 문자를 하나씩 대입해 직접 문자열을 만드는 경우에는 문자열의 맨 끝에 널 문자를 저장해야 한다는 사실을 잊으면 안 됩니다.

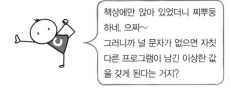

책상에만 앉아 있었더니 찌뿌둥하네. 으짜~
그러니까 널 문자가 없으면 자칫 다른 프로그램이 남긴 이상한 값을 갖게 된다는 거지?

마무리

▶ 4가지 키워드로 끝내는 핵심 포인트

• char형 배열은 문자열을 저장하는 변수의 역할을 하는 것으로 문자열로 직접 초기화할 수 있다.

• char형 배열에 문자열을 저장할 때는 대입 연산자 대신 **strcpy 함수**를 사용한다.

• char형 배열에 문자열을 입출력할 때는 scanf, gets, printf, puts 등의 함수를 사용한다.

▶ 표로 정리하는 핵심 포인트

표 8-2 문자열 처리

구분	사용 예	기능
char형 배열 초기화	`char str[80] = "apple";`	char형 배열은 문자열로 초기화한다. 문자열의 끝에는 널 문자가 있다.
문자열 대입	`char str[80];` `strcpy(str, "apple");`	문자열 대입은 strcpy 함수를 사용한다. str 배열에 문자열 "apple" 저장

문자열 입출력	`char str[80];`
	`scanf("%s", str);`
	`gets(str);`
	`printf("%s", str);`
	`puts(str);`
		scanf 함수는 하나의 단어만 입력
		gets 함수는 한 줄 입력
		printf 함수는 문자열 출력
		puts 함수는 문자열 출력 후 줄 바꿈

▶ 확인 문제

지금까지 문자열을 저장하는 char형 배열의 선언과 초기화에 관해 살펴보았습니다. 또한 문자열에 대입하는 strcpy 함수와 문자열 전용 입출력 함수인 gets, puts도 배웠습니다. 무엇보다 문자열의 끝을 표시하는 널 문자에 관한 이해가 중요합니다. 이제 문제를 풀면서 char형 배열로 문자열을 처리하는 방법을 연습해 봅시다.

1. 다음 중 char형 배열이 바르게 초기화된 것은 ○, 그렇지 않은 것은 ×를 표시하세요.

① char str[80] = { 'p', 'i', 'g' };　　(　　　　)

② char str[ ] = "elephant";　　　　　(　　　　)

③ char str[5] = "apple";　　　　　　(　　　　)

④ char str[2] = { "sun", "moon" };　　(　　　　)

2. 다음 중 널 문자의 상수 표현법으로 **옳은** 것을 고르세요. (　　　　)

① NULL　　　　② /0　　　　③ '0'　　　　④ '\0'

3. 다음 코드는 2개의 문자열을 입력받아 위치를 바꾼 후에 출력합니다. 빈칸을 채워 프로그램을 완성하세요.

```
#include <stdio.h>
#include <string.h>

int main(void)
{
    char str1[80], str2[80];
    char temp[80];

    printf("두 문자열 입력 : ");
    scanf("%s %s", str1, str2);
    printf("바꾸기 전 : %s, %s\n", str1, str2);
    strcpy(    ①    ,    ②    );
    strcpy(    ③    ,    ④    );
    strcpy(    ⑤    ,    ⑥    );
    printf("바꾼 후 : %s, %s\n", str1, str2);
```

```
        return 0;
    }
```

▣ 실행결과 ✕

두 문자열 입력 : apple banana ⏎
바꾸기 전 : apple, banana
바꾼 후 : banana, apple

▶ 도전 실전 예제

도전 대소문자 변환 프로그램

키보드로부터 문장을 입력받은 후에 대문자를 찾아 소문자로 바꾸는 프로그램을 작성합니다. 바꾼 문장과 바꾼 문자의 수도 함께 출력합니다.

▣ 실행결과 ✕

문장 입력 : DON'T Worry, Be Happy~ ⏎
바뀐 문장 : don't worry, be happy~
바뀐 문자 수 : 7

풀이가 궁금하다면?

학습목표

- 시스템 프로그래밍이 가능하도록 도와주는 포인터의 개념을 이해합니다.
- 메모리 주소의 개념과 주소 연산자 &, 간접 참조 연산자 *에 관해 알아봅니다
- 포인터 기본 사용법과 포인터 사용 규칙을 알아봅니다.

Chapter

09

포인터

포인터의 기본 개념

핵심 키워드 포인터 주소 연산자 간접 참조 연산자

C 언어는 메모리에 접근해서 우리가 원하는 방식으로 데이터를 사용할 수 있게 해주는 언어입니다. 지금까지는 변수를 사용해 메모리에 접근했었습니다. 이 절에서는 메모리의 주소 값을 이용해 메모리에 접근하는 '포인터'에 관해 알아보겠습니다.

시작하기 전에

지금까지 변수 선언으로 메모리에 공간을 확보하고, 그곳을, 데이터를 넣고 꺼내 쓰는 공간으로 사용했습니다. 변수명은 그런 메모리 공간을 식별할 수 있는 이름이었고요.

그러나 선언된 블록({ }), 즉 함수 내부에서만 그 변수를 사용할 수 있었습니다. 같은 변수명을 사용했다 하더라도 블록이나 함수가 다르면 별도의 저장 공간을 확보하므로 전혀 다른 변수로 사용되는 것이죠. 여기서는 사용 범위를 벗어난 경우에도 데이터를 공유할 수 있게 도와주는 포인터에 관해 알아보겠습니다.

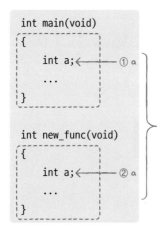

변수는 선언된 함수 블록 { } 안에서만 사용되므로 ① a와 ② a는 각각 다른 변수입니다.

C 언어의 핵심 포인트인 포인터! 집중 또 집중해서 열공하자!

메모리의 주소

메모리라는 것은 우리가 데이터를 넣고 꺼내 쓰는 공간으로, 그 위치를 식별할 수 있어야 합니다. 서랍 어딘가에 라면을 넣어 놓기는 했는데, 그것을 어느 서랍에 넣어 놨는지 찾을 수 없다면 먹을 수 없을 겁니다.

다행히도 프로그램이 사용하는 메모리의 위치를 주소 값으로 식별할 수 있습니다. 메모리의 위치를 식별하는 주소 값은 바이트 단위로 구분됩니다. 이 값은 0부터 시작하고 바이트 단위로 1씩 증가하므로 2바이트 이상의 크기를 갖는 변수는 여러 개의 주소 값에 걸쳐 할당됩니다.

예를 들어 int형 변수 a가 메모리 100번지부터 할당되었다면 100번지부터 103번지까지 4바이트에 걸쳐 할당됩니다. 변수 선언 이후에는 4바이트 전체를 a라는 이름으로 사용합니다.

```
int a;
```

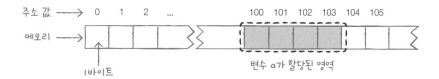

따라서 a = 10;과 같은 문장은 메모리의 100번지부터 103번지까지 4바이트의 공간에 10을 저장하며, a + 20;과 같은 수식은 메모리 100번지부터 103번지까지 4바이트에 저장된 값과 20을 더하는 연산을 수행합니다.

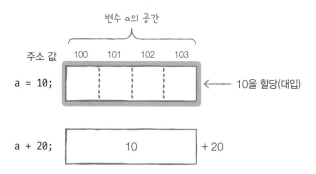

결국 지금까지는 변수명으로 메모리 공간이나 값을 간단히 사용할 수 있었던 것이죠.

주소 연산자

이제 변수를 이름이 아닌 주소로 사용하는 방법을 살펴보겠습니다. 여기서 **주소**라 하면 변수가 할당된 메모리 공간의 시작 주소를 의미합니다. 시작 주소를 알면 그 위치부터 변수의 크기만큼 메모리를 사용할 수 있습니다. 주소는 주소 연산자 &를 사용해서 구합니다. 예제를 통해 &의 사용법을 익히고 변수가 할당된 메모리의 상태를 확인해 보겠습니다.

9-1 직접 해보는 손코딩

변수의 메모리 주소 확인 〔 소스 코드 예제9-1.c 〕

```
01  #include <stdio.h>
02
03  int main(void)
04  {
05      int a;                      // ① int형 변수 선언
06      double b;                   // ② double형 변수 선언
07      char c;                     // ③ char형 변수 선언
08
09      printf("int형 변수의 주소 : %u\n", &a);      // 주소 연산자로 주소 계산
10      printf("double형 변수의 주소 : %u\n", &b);
11      printf("char형 변수의 주소 : %u\n", &c);
12
13      return 0;
14  }
```

> 🖥 **실행결과**   ✕
>
> int형 변수의 주소 : 2750392
> double형 변수의 주소 : 2750376
> char형 변수의 주소 : 2750367

---

note 컴퓨터의 메모리 상황에 따라 프로그램의 실행결과는 저마다 다를 수 있습니다. 에러가 아니며 당연한 결과입니다. 예제를 실행하면 출력 변환 문자가 맞지 않아서 경고 메시지가 나오지만 그대로 실행됩니다. 주소를 출력하는 변환 문자는 다음 쪽의 〈메모리 주소의 출력 변환 문자〉에서 설명합니다.

5~7행이 변수를 선언하는 부분입니다. 변수 선언문이 실행되면 각 자료형의 크기만큼 메모리에 저장 공간이 할당됩니다. 만약 변수가 메모리 어디에 할당되었는지 알고 싶다면 주소 연산자(&)를 사용하면 됩니다. 주소 연산자는 단항 연산자이며, 변수만을 피연산자로 사용해 시작 주소를 구합니다.

> 주소 연산자를 사용하면 변수가 할당된 메모리 공간의 시작 주소 값을 알 수 있다.

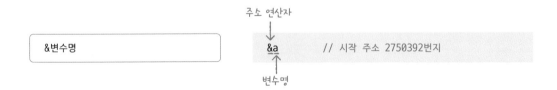

&변수명

주소 연산자
↓
&a   // 시작 주소 2750392번지
 ↑
변수명

주소 연산자를 사용해 변수에 할당된 메모리의 시작 주소를 확인하고 변수의 크기를 알아내면 변수가 메모리의 어디서부터 어디까지 할당되었는지 확인할 수 있습니다. 예제의 결과를 바탕으로 각 변수의 상태를 알아보겠습니다.

9행은 int형 변수 a의 주소를 출력한 것이므로 ① 변수 a는 2,750,392번지부터 2,750,395번지까지 4바이트에 할당되었을 것입니다. 편의상 이제부터 끝의 두 자리만 표기하겠습니다.

마찬가지로 ② double형 변수 b는 76번지부터 83번지까지 8바이트가 할당되었으며 ③ char형 변수 c는 67번지 한 바이트에 할당되었을 것입니다.

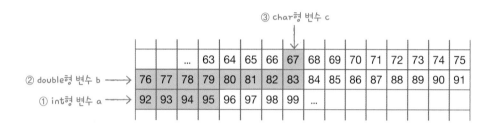

note 변수의 크기나 메모리에 할당되는 방식은 컴파일러와 운영체제에 따라 다를 수 있습니다. 직접 프로그램을 작성해 실행한 후 메모리의 상태를 위와 같이 그림으로 그려 보세요.

➕ 여기서 잠깐   **메모리 주소의 출력 변환 문자**

주소는 보통 16진수로 표기합니다. 따라서 주소를 출력할 때는 전용 변환 문자인 %p를 사용하는 것이 좋습니다. %p는 주소값의 데이터 크기에 따라 자릿수를 맞춰 16진수 대문자로 출력합니다. 만약 시스템에서 주소 값 자체를 8바이트로 처리한다면 16진수 한 자리는 4비트에 해당하므로 주소 값 10번지는 000000000000000A와 같이 6진수 16자리로 출력합니다. 여기서는 설명의 편의를 위해 주소 값을 10진수로 출력하며 주소는 음수가 없으므로 %u 변환 문자를 사용합니다.

```
printf("%p", &a);          // 000000000029F7B8 (16진수 대문자로 출력)
```

포인터와 간접 참조 연산자

[9-1 직접 해보는 손코딩]은 단지 메모리의 주소를 구해 출력하는 프로그램입니다. 이제 변수에 할당된 메모리 주소를 활용하는 방법을 살펴보겠습니다.

메모리의 주소는 필요할 때마다 계속 주소 연산을 수행하는 것보다 한 번 구한 주소를 저장해서 사용하면 편리한데, 포인터가 바로 변수의 메모리 주소를 저장하는 변수입니다. 따라서 주소를 저장할 포인터도 변수처럼 선언하고 사용합니다. 선언할 때는 변수 앞에 *만 붙여 주면 됩니다.

> 포인터는 주소를 저장하는 변수로 일반 변수와 마찬가지로 선언 후에 사용한다.

예제를 통해 포인터의 선언과 사용법을 살펴보겠습니다.

 **9-2** 직접 해보는 손코딩

포인터의 선언과 사용 소스 코드 예제9-2.c

```
01  #include <stdio.h>
02
03  int main(void)        자동으로 int* pa;로 위치가 조정되기도 합니다.
                          결과에는 영향이 없습니다.
04  {
05      int a;                    // 일반 변수 선언
06      int *pa;←                 // 포인터 선언
07
08      pa = &a;                  // 포인터에 a의 주소 대입
09      *pa = 10;                 // 포인터로 변수 a에 10 대입
10
11      printf("포인터로 a 값 출력 : %d\n", *pa);
12      printf("변수명으로 a 값 출력 : %d\n", a);       // 변수 a 값 출력
13
14      return 0;
15  }
```

실행결과
```
포인터로 a 값 출력 : 10
변수명으로 a 값 출력 : 10
```

6행이 포인터를 선언하는 부분입니다.

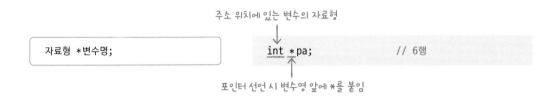

일반 변수명을 만드는 규칙에 따라 포인터 이름을 짓고, 변수명 앞에 *를 붙입니다. *는 포인터임을 표시하는 기호입니다. 그리고 자료형을 적는데, 주의할 점은 주소 위치에 있는 변수의 자료형을 적어야 한다는 겁니다.

예를 들어 int형 변수의 주소를 저장하면 int를 사용하고 double형 변수의 주소를 저장하면 double을 사용합니다. 5행에 선언된 변수의 형태가 int형이므로 int를 사용해서 포인터를 선언합니다.

자료형으로는 구해진 주소의 변수 형태를 적는다.

포인터 변수가 선언되면 일반 변수와 마찬가지로 메모리에 저장 공간이 할당되고 그 이후에는 변수 명으로 사용할 수 있습니다. 8행은 포인터에 a의 시작 주소를 저장하는 문장입니다.

```
pa = &a;                        // 8행. 포인터에 a의 주소 대입
```

만약 변수 a가 메모리 100번지부터 103번지까지 할당되었다면 주소 값 100이 pa에 저장됩니다.

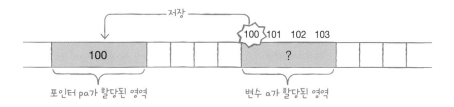

이제 포인터 pa는 변수 a가 메모리 어디에 할당되었는지 그 위치를 기억하고 있습니다. 이렇게 포인터가 어떤 변수의 주소를 저장한 경우 '가리킨다'고 말하며 둘의 관계를 pa → a 처럼 화살표로 간단히 표현합니다. 반대로 만약 x → y로 표현한다면 'x는 y를 가리킨다'고 말할 수 있고 x는 포인터이며 변수 y의 주소를 저장하고 있다는 뜻이 됩니다.

포인터가 주소를 저장하면 '가리킨다'고 말하고 화살표를 그려 간단히 표현한다.

```
pa  →  a  ←——    포인터 pa는 변수 a를 가리킨다!
```

포인터가 어떤 변수를 가리키면 포인터로 가리키는 변수를 사용할 수 있습니다. 즉, 포인터 pa로 변수 a를 사용할 수 있습니다. 포인터가 가리키는 변수를 사용할 때는 포인터에 특별한 연산자를 사용하는데, 이를 **간접 참조 연산자(*)** 또는 포인터 연산자라고 합니다.

포인터가 가리키는 변수

*pa

간접 참조 연산자 ──── 포인터

> 포인터가 가리키는 변수를 사용할 때는 간접 참조 연산자(*)를 사용한다.

9행이 간접 참조 연산자를 사용하는 문장입니다. 포인터 pa가 a를 가리키므로 *pa에 10을 대입하면 결국 a에 10을 대입하는 것과 같습니다.

```
*pa = 10;                    // 9행. 포인터로 변수 a에 10 대입
```

마찬가지로 11행에서 *pa를 출력하면 a 값이 출력됩니다. 12행에서 a를 출력한 결과와 같음을 확인할 수 있습니다.

```
printf("포인터로 a 값 출력 : %d\n", *pa);      // 11행
printf("변수명으로 a 값 출력 : %d\n", a);      // 12행. 변수 a 값 출력
```

즉, [9-2 직접 해보는 손코딩]에서 *pa는 a와 동일하게 사용됩니다.

```
*pa == a                     // 같다.
```

*pa는 변수 a의 쓰임과 마찬가지로 대입 연산자(=)의 왼쪽에 올 때는 pa가 가리키는 변수의 저장 공간l-value으로 사용되고, 오른쪽에 올 때는 pa가 가리키는 변수의 값r-value으로 사용됩니다. 물론 연산하거나 출력할 때도 값을 사용합니다. 변수 a와 간접 참조 연산식 *pa가 사용되는 예는 이 절의 〈마무리〉에 따로 정리해 두었습니다.

입력할 때 생각해 볼 문제가 있습니다. scanf 함수를 사용하려면 입력할 변수가 메모리 어디에 할당되었는지, 즉 저장 공간의 위치를 알아야 합니다. 따라서 입력할 변수의 주소를 인수로 줘야 합니다. 포인터 pa를 통해 변수 a에 입력할 때도 마찬가지입니다. *pa는 a와 같으므로 &a는 &*pa와 같습니다. 즉, 간접 참조 연산자로 pa가 가리키는 변수를 구하고 다시 주소 연산자로 주소를 구합니다.

그런데 pa가 a의 주소를 저장하고 있으므로 바로 pa를 사용해도 됩니다.

&a로 변수 a의 저장 공간 찾기

```
scanf("%d", &a);
```

pa로 변수 a의 저장 공간 찾기

```
scanf("%d", pa);   // 포인터 pa 값은 &a
```

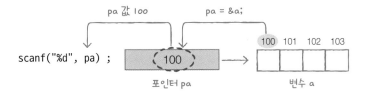

```
scanf("%d", pa) ;
```
pa 값 100
pa = &a;
100 101 102 103
100
포인터 pa
변수 a

여러 가지 포인터 사용해 보기

포인터가 어떤 변수를 가리키게 되면 그 이후에는 간접 참조 연산자를 통해 가리키는 변수를 자유롭게 쓸 수 있습니다. 예제를 통해 다양한 포인터의 사용법을 살펴보겠습니다.

9-3 직접 해보는 손코딩

포인터를 사용한 두 정수의 합과 평균 계산　소스 코드　예제9-3.c

```c
01  #include <stdio.h>
02
03  int main(void)
04  {
05      int a = 10, b = 15, total;        // 변수 선언과 초기화
06      double avg;                        // 평균을 저장할 변수
07      int *pa, *pb;                      // 포인터 동시 선언
08      int *pt = &total;                  // 포인터 선언과 초기화
09      double *pg = &avg;                 // double형 포인터 선언과 초기화
10
11      pa = &a;                           // 포인터 pa에 변수 a의 주소 대입
12      pb = &b;                           // 포인터 pb에 변수 b의 주소 대입
13
14      *pt = *pa + *pb;                   // a 값과 b 값을 더해 total에 저장
15      *pg = *pt / 2.0;                   // total 값을 2로 나눈 값을 avg에 저장
16
17      printf("두 정수의 값 : %d, %d\n", *pa, *pb);    // a 값과 b 값 출력
18      printf("두 정수의 합 : %d\n", *pt);              // total 값 출력
19      printf("두 정수의 평균 : %.1lf\n", *pg);          // avg 값 출력
20
21      return 0;
22  }
```

실행결과　✕
```
두 정수의 값 : 10, 15
두 정수의 합 : 25
두 정수의 평균 : 12.5
```

먼저 7행에서 2개의 포인터를 선언합니다. 가리키는 변수의 형이 같은 경우에는 포인터를 연속으로 선언할 수 있습니다. 즉, pa와 pb가 모두 int형 변수의 주소를 저장하는 포인터라면 콤마를 사용해 한 번에 선언할 수 있습니다. 단, 각 변수가 포인터임을 뜻하는 기호인 *는 변수마다 붙여야 합니다.

```
int *pa, *pb;            // 7행. 포인터 동시 선언
```

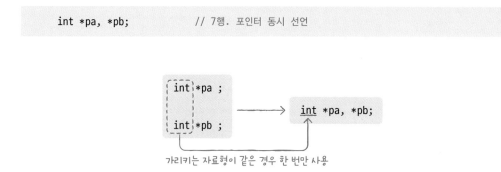

가리키는 자료형이 같은 경우 한 번만 사용

만약 *를 붙이지 않는다면 포인터가 아닌 일반 변수로 선언됩니다.

```
int *pa, pb;            // 7행.
```

포인터   int형 변수

8, 9행과 같이 포인터의 선언과 동시에 초기화하는 것도 가능합니다. 예제에는 total 변수의 주소를 초깃값으로 대입했습니다.

```
int *pt;                // 포인터 선언
pt = &total;            // 주소를 구해 저장

int *pt = &total;       // 8행. 포인터 선언과 동시에 주소로 초기화
```

포인터는 가리키는 변수의 자료형에 맞춰 선언합니다. 9행의 포인터 pg는 6행에 선언된 변수 avg의 주소를 저장하므로 가리키는 자료형은 avg의 형태와 동일한 double을 사용합니다.

```
double *pg = &avg;            // 9행
```

avg가 double형 변수이므로 *pg 앞에 double을 붙임

11, 12행은 7행에서 선언한 포인터에 각각 a와 b의 주소를 저장합니다.

```
pa = &a;           // 11행. 포인터 pa에 변수 a의 주소 대입
pb = &b;           // 12행. 포인터 pb에 변수 b의 주소 대입
```

만약 변수 a, b, total, avg의 메모리 시작 주소 값이 각각 100, 200, 300, 400번지라면 다음과 같이 그림으로 표현할 수 있습니다.

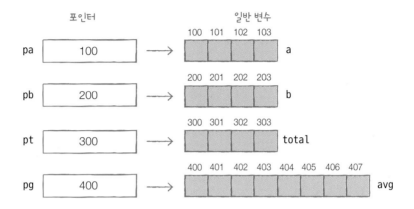

이후부터는 포인터에 간접 참조 연산자를 사용해 가리키는 변수를 사용할 수 있습니다. 14행의 *pt는 포인터 pt가 가리키는 변수 total이 되며, *pa는 a, *pb는 b가 됩니다.

따라서 *pt = *pa + *pb;는 변수 a와 b의 값을 더해 total에 저장합니다.

```
*pt = *pa + *pb;              // 14행. a 값과 b 값을 더해 total에 저장
```

그 이후의 문장들도 모두 같은 방식으로 사용됩니다. 결국 일반 변수를 a, b, total, avg와 같은 이름으로도 사용할 수 있고 그 변수들을 가리키는 포인터를 간접 참조해도 사용할 수 있음을 확인할 수 있습니다.

note 7~9행에 사용한 *는 연산자가 아니고 포인터를 선언할 때 사용하는 기호이며, VC++ 컴파일러에서는 int* pa, * pb; 처럼 그 위치가 책과 다르게 자동으로 바뀔 수 있습니다. *를 어디에 붙이든 상관 없습니다.

const를 사용한 포인터

const 예약어를 포인터에 사용하면 이는 가리키는 변수의 값을 바꿀 수 없다는 의미로, 변수에 사용하는 것과는 다른 의미를 가집니다.

간단한 예제를 통해 확인해 보겠습니다.

포인터에 const 사용   소스 코드 예제9-4.c

```c
01  #include <stdio.h>
02
03  int main(void)
04  {
05      int a = 10, b = 20;
06      const int *pa = &a;             // 포인터 pa는 변수 a를 가리킨다.
07
08      printf("변수 a 값 : %d\n", *pa); // 포인터를 간접 참조해 a 출력
09      pa = &b;                        // 포인터가 변수 b를 가리키게 한다.
10      printf("변수 b 값 : %d\n", *pa); // 포인터를 간접 참조해 b 값 출력
11      pa = &a;                        // 포인터가 다시 변수 a를 가리킨다.
12      a = 20;                         // a를 직접 참조해 값을 바꾼다.
13      printf("변수 a 값 : %d\n", *pa); // 포인터로 간접 참조해 바뀐 값 출력
14
15      return 0;
16  }
```

실행결과
```
변수 a 값 : 10
변수 b 값 : 20
변수 a 값 : 20
```

6행에서 포인터 pa를 선언할 때 const로 상수화했습니다. 만약 const가 일반 변수처럼 포인터 값을 고정시킨다면 9행에서 pa는 다른 변수의 주소를 저장할 수 없습니다. 그러나 출력 결과에서 pa는 const의 사용과는 무관하게 변수 b의 주소를 저장하고 그 값을 간접 참조해 출력하고 있습니다.

그렇다면 포인터에 사용된 const의 의미는 무엇일까요? 바로 pa가 가리키는 변수 a는 pa를 간접 참조해 바꿀 수 없다는 것입니다. 만약 12행에서 *pa=20;과 같이 pa를 통해 a 값을 바꾸고자 한다면 다음과 같은 에러 메시지가 출력 됩니다.

const 포인터가
궁금하다면?

에러 ✕
```
error C2166: l-value가 const 개체를 지정합니다.
```

➕ **여기서 잠깐**   **포인터에 const를 사용하는 이유**

변수 a는 어디까지나 포인터를 통해서만 바꿀 수 없으며 변수 a 자체를 사용하면 얼마든지 바꿀 수 있습니다. 이쯤에서 포인터에 const를 사용하는 이유가 궁금해질 겁니다. 포인터에 const를 사용하는 대표적인 예는 문자열 상수를 인수로 받는 함수입니다. 문자열 상수는 값이 바뀌면 안 되므로 함수의 매개변수를 통해서 값을 바꿀 수 없도록, 매개변수로 선언된 포인터에 const를 사용합니다. 문자열과 포인터의 관계는 12장에서 자세히 다룹니다.

마무리

▶ 3가지 키워드로 끝내는 핵심 포인트

- **포인터**는 메모리를 사용하는 또 다른 방법이다.

- **주소 연산자(&)**로 변수가 할당된 메모리의 위치를 확인한다.

- 포인터로 가리키는 변수를 사용할 때 **간접 참조 연산자(*)**를 쓴다.

▶ 표로 정리하는 핵심 포인트

표 9-1 포인터와 연산자

구분	사용 예	기능
주소 연산자	int a; &a;	변수 앞에 붙여 사용하며, 변수가 할당된 메모리의 시작 주소 값을 구한다.
포인터	char *pc; int *pi; double *pd;	시작 주소 값을 저장하는 변수며, 가리키는 자료형을 표시해 선언한다.
간접 참조 연산자	*pi = 10;	포인터에 사용하며, 포인터가 가리키는 변수를 사용한다.

포인터 원리를
이해할 때까지!!!

▶ 확인 문제

지금까지 포인터의 개념과 기본 사용법을 살펴보고 포인터에 사용하는 연산자도 배웠습니다. 포인터가 왜 필요하고 어디에 사용하는지는 다음 절에서 설명합니다. 당장은 문제를 풀며 연산자 사용법을 익혀 봅시다.

1. 다음 각 변수의 주소를 저장할 포인터를 선언하세요(변수명은 p로 합니다).

① `char ch;`   ▭▭▭▭

② `int in;`   ▭▭▭▭

③ `double db;`   ▭▭▭▭

2. 다음과 같이 변수가 초기화되고 메모리에 할당되었다고 가정하고 주소 연산자와 간접 참조 연산자를 사용한 수식의 결괏값을 적으세요.

```
char ch = 'A';
int in = 10;
double db = 3.4;
```

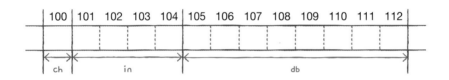

수식	&ch	&in	&db	*&ch	*&in	*&db
결괏값						

3. 다음 코드의 실행결과를 적으세요.

```
int a = 10;
int *p = &a;
*p = 20;
printf("%d", a);
```

실행결과 ✕

09-2 포인터 완전 정복을 위한 포인터 이해하기

핵심 키워드

주소와 포인터의 차이 **포인터의 크기** **포인터의 자료형** **포인터의 기능**

포인터를 완전히 이해하지 못하면 C 언어를 사용할 줄 안다고 말할 수 없을 정도로 포인터는 매우 중요합니다. 한편 많은 사람이 숨을 헐떡이며 넘어가는 구간이기도 합니다. 이 절을 통해 포인터의 필요성은 물론 다양한 활용 방법에 관해 알아보겠습니다.

시작하기 전에

포인터는 주소를 저장하는 일정한 크기의 메모리 공간입니다. 따라서 언제든지 다른 주소를 저장하거나 포인터끼리 대입할 수 있습니다. 그러나 일반 변수와는 달리 대입 연산에 엄격한 기준이 적용됩니다. 이런 특징을 이해해야 포인터를 더 잘 활용할 수 있습니다.

> 포인터는 변수이므로 값을 언제든지 바꿀 수 있다.

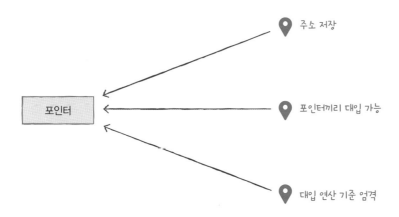

주소 저장

포인터 ← 포인터끼리 대입 가능

대입 연산 기준 엄격

주소와 포인터의 차이

주소는 변수에 할당된 메모리 저장 공간의 시작 주소 값 자체고, 포인터는 그 값을 저장하는 또 다른 메모리 공간입니다. 따라서 특정 변수의 주소 값은 바뀌지 않지만, 포인터는 다른 주소를 대입해 그 값을 바꿀 수 있습니다.

예를 들어 다음 코드가 실행될 때 변수 a, b가 메모리에 할당된 상태가 그 아래에 있는 그림과 같다고 생각해 보겠습니다.

```
int a, b;          // 일반 변수 선언
int *p;            // 포인터 선언
p = &a;            // p가 a를 가리키도록 설정
p = &b;            // p가 변수 b를 가리키도록 바꿈
```

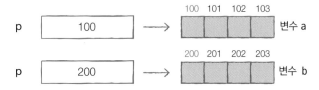

이때 변수 a의 주소는 100이고, b의 주소는 200으로 프로그램 실행 중에는 그 값이 바뀌지 않습니다. 그러나 포인터 p는 a, b 중 어떤 주소를 대입하느냐에 따라 가리키는 변수가 바뀝니다. 이 말은 한마디로 주소는 '상수'이고, 포인터는 '변수'라는 뜻이죠.

> 주소는 '상수'고, 포인터는 '변수'다.

따라서 두 포인터가 같은 주소를 저장하는 일, 즉 하나의 변수를 동시에 가리키는 일도 가능합니다.

```
int a;             // 일반 변수 선언
int *pa, *pb;      // 가리키는 자료형(여기서는 int형)이 같은 두 포인터
pa = pb = &a;      // pa와 pb에 모두 a의 주소를 저장한다
```

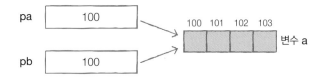

이 경우 a 값을 바꾸거나 연산하는 데 pa와 pb를 모두 사용할 수 있습니다.

```
*pa = 10;          // pa가 가리키는 변수 a에 10 대입
printf("%d", *pb);  // pb가 가리키는 변수 a 값 10 출력
```

주소도 포인터처럼 간접 참조 연산자를 쓸 수 있지만, 상수이므로 대입 연산자 왼쪽에 올 수 없습니다. 즉, 상수와 변수는 용도가 분명히 다르므로 주소와 포인터는 서로 구분해서 이해하는 것이 좋습니다.

```
&a = &b;     // a의 주소를 b의 주소로 바꾸는 건 불가능
```

주소와 포인터의 크기

포인터도 저장 공간이므로 그 크기가 있습니다. 포인터의 크기는 저장할 주소의 크기에 따라 결정되는데 크기가 클수록 더 넓은 범위의 메모리를 사용할 수 있습니다. 포인터의 크기는 컴파일러에 따라 다를 수 있으나 모든 주소와 포인터는 가리키는 자료형과 상관없이 그 크기가 같다는 것에는 변함이 없습니다.

> 모든 주소와 포인터는 가리키는 자료형에 관계없이 크기가 같다.

주소와 포인터의 크기는 sizeof 연산자로 확인할 수 있습니다. 예제를 통해 확인해 보겠습니다.

9-5 직접 해보는 손코딩

주소와 포인터의 크기 소스 코드 예제9-5.c

```
01  #include <stdio.h>
02
03  int main(void)
04  {
05      char ch;
06      int in;
07      double db;
08
09      char *pc = &ch;
10      int *pi = &in;
11      double *pd = &db;
12
13      printf("char형 변수의 주소 크기 : %d\n", sizeof(&ch));
14      printf("int형 변수의 주소 크기 : %d\n", sizeof(&in));
15      printf("double형 변수의 주소 크기 : %d\n", sizeof(&db));
```

```
16
17      printf("char * 포인터의 크기 : %d\n", sizeof(pc));
18      printf("int * 포인터의 크기 : %d\n", sizeof(pi));
19      printf("double * 포인터의 크기 : %d\n", sizeof(pd));
20
21      printf("char * 포인터가 가리키는 변수의 크기 : %d\n", sizeof(*pc));
22      printf("int * 포인터가 가리키는 변수의 크기 : %d\n", sizeof(*pi));
23      printf("double * 포인터가 가리키는 변수의 크기 : %d\n", sizeof(*pd));
24
25      return 0;
26  }
```

실행결과   ✕

```
char형 변수의 주소 크기 : 8
int형 변수의 주소 크기 : 8
double형 변수의 주소 크기 : 8
char * 포인터의 크기 : 8
int * 포인터의 크기 : 8
double * 포인터의 크기 : 8
char * 포인터가 가리키는 변수의 크기 : 1
int * 포인터가 가리키는 변수의 크기 : 4
double * 포인터가 가리키는 변수의 크기 : 8
```

13~15행이 각 변수의 주소를 구해 크기를 출력하는 문장입니다. ch, in, db는 각각 변수 자체의 크기는 다르지만, 그 시작 주소 값의 크기는 모두 같습니다. 따라서 17~19행의 포인터도 가리키는 자료형과 상관없이 모두 크기가 같습니다. 물론 21~23행과 같이 포인터에 간접 참조 연산자를 사용해 가리키는 변수의 크기를 출력하면 각각 다른 결과가 나옵니다.

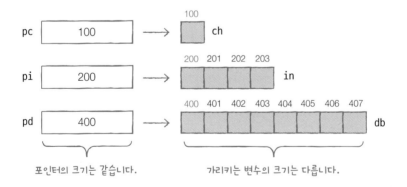

포인터의 대입 규칙

포인터는 크기가 모두 같으므로 대입 연산을 쉽게 생각할 수 있습니다. 그러나 다음 규칙에 따라 제한적으로 사용해야 합니다.

규칙1 **포인터는 가리키는 변수의 형태가 같을 때만 대입해야 합니다.**

포인터끼리 대입 연산을 수행하면 여러 개의 포인터로 같은 데이터를 다루는 것이 가능합니다. 그러나 규칙을 지키지 않는 대입 연산은 그 결과를 예상할 수 없습니다. 예제를 통해 확인해 보겠습니다.

9-6 직접 해보는 손코딩

허용되지 않는 포인터의 대입 소스 코드 예제9-6.c

```
01  #include <stdio.h>
02
03  int main(void)
04  {
05      int a = 10;              // 변수 선언과 초기화
06      int *p = &a;            // 포인터 선언과 동시에 a를 가리키도록 초기화
07      double *pd;             // double형 변수를 가리키는 포인터
08
09      pd = p;                // 포인터 p 값을 포인터 pd에 대입
10      printf("%lf\n", *pd);  // pd가 가리키는 변수의 값 출력
11
12      return 0;
13  }
```

실행결과   ✕

```
-92559592117432108000000000000000000000000000000000000000000000.000000
```

6행의 변수 p와 7행의 pd는 모두 포인터지만 가리키는 자료형이 다릅니다.

```
    int *p = &a;              // 6행. 포인터 선언과 동시에 a를 가리키도록 초기화
    double *pd;               // 7행. double형 변수를 가리키는 포인터
```

즉, 컴파일러는 p에 저장된 값을 int형 변수의 주소로 생각하고, pd에 저장된 값을 double형 변수의 주소로 생각합니다. 따라서 pd에 p를 대입한 후에 간접 참조 연산을 수행하면 변수 a에 할당된 영역 이후의 할당되지 않은 영역까지 사용하게 됩니다.

예를 들어 변수 a가 메모리 100번지부터 할당되고 6~9행을 실행하면 그림과 같은 상태가 됩니다.

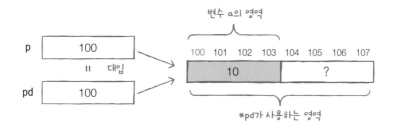

여기서 pd를 통해 간접 참조 연산을 수행하면 메모리 100번지부터 107번지까지 8바이트를 하나의 double형 변수로 생각하고 그 안에 있는 값을 실수 값으로 해석하므로 알 수 없는 결과를 출력합니다. 특히 104번지부터 107번지까지가 다른 변수에 할당되어 이미 사용되고 있는 경우 *pd를 대입 연산자 왼쪽에 사용하면 그 변수의 값이 바뀌게 됩니다. 따라서 가리키는 자료형이 일치하지 않는 포인터의 대입을 시도하면 컴파일러는 다음과 같은 경고 메시지로 알려 줍니다.

> 가리키는 자료형이 일치하지 않는 포인터의 대입을 시도하면 경고 메시지가 나타난다.

⚠ 경고 ✕

```
warning C4133: '=' : 'int *'과(와) 'double *' 사이의 형식이 호환되지 않습니다.
```

규칙2 **형 변환을 사용한 포인터의 대입은 언제나 가능합니다.**

> 형태가 다른 포인터를 대입하는 방법은?

포인터가 가리키는 자료형이 다른 경우라도 형 변환 연산자를 사용하면 경고 메시지 없이 대입할 수 있습니다. 물론 대입한 후에 포인터를 통한 사용에 문제가 없어야 합니다. 예를 들어 다음과 같은 경우를 살펴볼까요?

```
double a = 3.4;          // double형 변수 선언
double *pd = &a;         // pd가 double형 변수 a를 가리키도록 초기화
int *pi;                 // int형 변수를 가리키는 포인터
pi = (int *)pd;          // pd 값을 형 변환해 pi에 대입
```

여기서 pi에 간접 참조 연산을 수행하면 변수 a의 일부를 int형 변수처럼 사용할 수 있습니다. 이런 사용 방법은 포인터로 메모리를 직접 쪼개 쓰는 것이므로 데이터가 메모리에 저장되는 방식(72쪽)을 충분히 이해하고 있어야 합니다. 만약 *pi = 10;과 같이 a의 일부분에 정수를 저장하면 정수와 실수의 데이터 크기와 저장 방식이 다르므로 a에 저장한 실수 값은 사용할 수 없습니다.

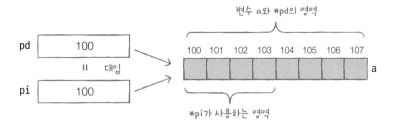

여기서 잠깐 포인터에 100번지를 직접 대입할 수 있을까요?

형 변환 연산자를 사용하면 컴파일 경고나 에러 없이 원하는 정수 값을 포인터에 대입해 사용할 수 있습니다. 예를 들어 100번지부터 103번지까지 4바이트의 메모리 공간을 int형 변수로 쓰고 싶다면 다음과 같이 포인터를 사용하면 됩니다.

```
int *p;
p = (int *) 100;        // 100을 int형 변수의 주소로 형 변환해 p에 대입
*p = 10;                // 100번지부터 103번지까지 4바이트의 공간에 10 대입
```

이 문장들은 컴파일 과정에서 전혀 문제될 것이 없습니다. 그러나 메모리 100번지부터 103번지까지가 어떤 용도로 사용되는 영역인지 알 수 없으므로 프로그램을 실행할 때 문제를 일으킬 가능성이 큽니다. 따라서 항상 정상적으로 할당받은 메모리 공간의 주소를 저장해서 포인터를 사용해야 합니다. 같은 이유로 포인터를 초기화하지 않는 건 더 위험합니다. 이 경우 포인터에 간접 참조 연산을 수행하면 알 수 없는 곳으로 찾아가 데이터를 바꿉니다.

```
int *p;                 // 초기화되지 않은 포인터
*p = 10;                // 쓰레기 값 번지부터 4바이트의 공간에 10 대입
```

```
                          ?   ?+1  ?+2  ?+3
p  [    ?    ]  ⟶  [      10      ]  *p
              알 수 없는 메모리 공간에 10 저장
```

포인터를 사용하는 이유

변수를 사용하는 가장 쉬운 방법은 이름을 쓰는 겁니다. 포인터를 사용하려면 추가적인 변수 선언이 필요하고 주소 연산, 간접 참조 연산 등 각종 연산을 수행해야 합니다. 그러니 포인터를 일부러 즐겨 사용할 필요는 없습니다. 그러나 임베디드 프로그래밍을 할 때 메모리에 직접 접근하는 경우나 동적 할당한 메모리를 사용하는 경우에는 포인터가 반드시 필요합니다.

+ 여기서 잠깐   **임베디드 프로그래밍이 뭔가요?**

임베디드 프로그래밍은 임베디드 시스템(Embedded System : 내장형 시스템)을 제어하기 위한 프로그램으로, 오늘날 만들어지는 거의 모든 생활 기기에서 특정 기능을 제어하기 위해 구현됩니다. 예를 들어 정수기에서 정수, 냉수 등을 구분해 물이 나오게 한다던가, 자동차, 냉장고, 전기밥솥, 스마트워치 등에도 각 기능을 담당하는 하드웨어가 있는데, 이 하드웨어를 제어하는 소프트웨어를 만드는 일을 임베디드 프로그래밍이라고 합니다.

두 변수의 값을 바꾸며 포인터 이해하기

일단 두 변수의 값을 바꾸는 함수를 통해 포인터의 필요성을 확인해 보겠습니다.

9-7   직접 해보는 손코딩

포인터를 사용한 두 변수의 값 교환   소스 코드 예제9-7.c

```c
01  #include <stdio.h>
02
03  void swap(int *pa, int *pb);          // 두 변수의 값을 바꾸는 함수의 선언
04
05  int main(void)
06  {
07      int a = 10, b = 20;               // 변수 선언과 초기화
08
09      swap(&a, &b);                     // a, b의 주소를 인수로 주고 함수 호출
10      printf("a:%d, b:%d\n", a, b);     // 변수 a, b 출력
11
12      return 0;
13  }
14
15  void swap(int *pa, int *pb)  // 매개변수로 포인터 선언
16  {
17      int temp;                // 교환을 위한 임시 변수
18
19      temp = *pa;              // temp에 pa가 가리키는 변수의 값 저장
20      *pa = *pb;               // pa가 가리키는 변수에 pb가 가리키는 변수의 값 저장
21      *pb = temp;              // pb가 가리키는 변수에 temp 값 저장
22  }
```

> **실행결과** ×
>
> a:20, b:10

이 예제는 두 변수의 값을 swap 함수 호출을 통해 바꿉니다. 먼저 9행의 함수 호출에서 바꿀 변수 a 와 b의 주소를 인수로 줍니다.

```
    swap(&a, &b);                    // 9행. a, b의 주소를 인수로 주고 함수 호출
```

따라서 15행의 매개변수는 포인터로 선언합니다. 함수가 호출되면 포인터 pa, pb는 main 함수의 변수 a와 b의 주소를 저장하므로 각각 a와 b를 가리키는 상태가 됩니다.

```
    void swap(int *pa, int *pb)        // 15행. 매개변수로 포인터 선언
```

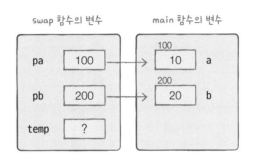

이제 swap 함수에서 포인터 pa, pb에 간접 참조 연산을 수행하면 main 함수의 변수 a와 b를 자유롭게 사용할 수 있습니다. 17행의 temp 변수는 main 함수의 a, b를 바꾸는데 사용할 변수로 a, b와 같은 int형으로 선언합니다.

```
    int temp;                // 17행. 교환을 위한 임시 변수
```

19~21행이 두 변수의 값을 바꾸는 과정이며, 각 문장이 실행될 때마다 각 함수에 있는 변수의 값은 다음처럼 변합니다.

```
    temp = *pa;              // 19행. temp에 pa가 가리키는 변수의 값 저장
    *pa = *pb;               // 20행. pa가 가리키는 변수에 pb가 가리키는 변수의 값 저장
    *pb = temp;              // 21행. pb가 가리키는 변수에 temp 값 저장
```

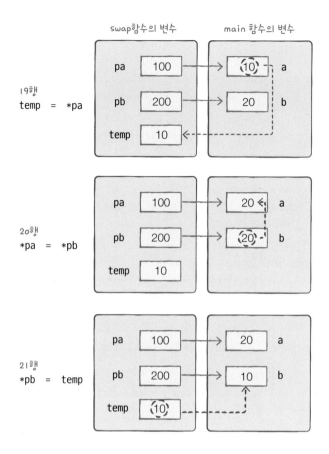

교환 작업은 swap 함수 안에서 포인터를 통해 진행되지만, 실제로 바뀌는 값은 main 함수의 변수 a
와 b가 됩니다. 결국 swap 함수는 포인터를 통해 main 함수의 변수 a, b를 공유하므로 두 변수를 직
접 바꾸는 일이 가능해집니다. 이제 두 변수의 값을 바꾸고 싶을 때는 언제든지 swap 함수를 호출하
면 됩니다.

포인터 없이 두 변수의 값을 바꾸는 함수는 불가능한가?

우선 swap 함수에서 main 함수의 a, b를 이름으로 직접 사용하는 방법을 생각해 보겠습니다.

9-8 직접 해보는 손코딩

다른 함수의 변수 사용하기 소스 코드 예제9-8.c

```
01  #include <stdio.h>
02
03  void swap(void);          // 두 변수의 값을 바꾸는 함수 선언
```

```
04
05   int main(void)
06   {
07       int a = 10, b = 20;      // 변수 선언과 초기화
08
09       swap();                  // 인수 없이 함수 호출
10       printf("a:%d, b:%d\n", a, b);   // 변수 a, b 출력
11
12       return 0;
13   }
14
15   void swap(void)              // 인수가 없으므로 매개변수도 없음
16   {
17       int temp;                // 교환을 위한 변수
18
19       temp = a;                // temp에 main 함수의 a 값 저장
20       a = b;                   // main 함수의 a에 main 함수의 b 값 저장
21       b = temp;                // main 함수의 b에 temp 값 저장
22   }
```

`note` 이 예제는 잘못 코딩한 경우를 보여 주기 위한 것입니다. 입력 중 에러 메시지가 나와도 무시합시다.

이 예제는 컴파일 과정에서 다음과 같은 에러 메시지를 볼 수 있습니다.

```
🔲 에러    ✕

error C2065: 'a' : 선언되지 않은 식별자입니다.
error C2065: 'a' : 선언되지 않은 식별자입니다.
error C2065: 'b' : 선언되지 않은 식별자입니다.
error C2065: 'b' : 선언되지 않은 식별자입니다.
```

함수 안에 선언된 변수명은 사용 범위가 함수 내부로 제한되므로 main 함수에 있는 변수 a, b는 다른 함수인 swap 함수에서 그 이름을 사용할 수 없습니다. 좀 더 정확히 설명하면 변수가 선언된 시점부터 선언된 블록 끝까지로 제한됩니다. 즉, 7행에서 선언된 변수 a, b의 이름은 7행에서 13행까지만 사용할 수 있습니다. 변수의 사용 범위와 관련된 내용은 13장에서 자세히 다룹니다. 결국 이 방법은 컴파일 단계에서 문제가 발생합니다.

다음 방법은 main 함수에서 a, b의 값을 swap 함수에 인수로 주는 방법입니다.

9-9　직접 해보는 손코딩

변수의 값을 인수로 주는 경우　　소스 코드　예제9-9.c

```
01  #include <stdio.h>
02
03  void swap(int x, int y);      // 두 변수의 값을 바꾸는 함수 선언
04
05  int main(void)
06  {
07      int a = 10, b = 20;             // 변수 선언과 초기화
08
09      swap(a, b);                     // a, b의 값을 복사해서 전달
10      printf("a:%d, b:%d\n", a, b);   // 변수 a, b 출력
11
12      return 0;
13  }
14
15  void swap(int x, int y)     // 인수 a, b의 값을 x, y에 복사해서 저장
16  {
17      int temp;                 // 교환을 위한 변수
18
19      temp = x;                 // temp에 x 값 저장
20      x = y;                    // x에 y 값 저장
21      y = temp;                 // y에 temp 값 저장
22  }
```

```
실행결과                        ✕
a:10, b:20
```

9행에서 함수를 호출할 때 main 함수의 변수 a, b의 값이 복사되어 15행의 매개변수 x, y에 저장됩니다. 결국 swap 함수 안에서는 a, b의 복사본을 바꾸므로 main 함수의 두 변수 a, b의 값은 변함이 없게 됩니다. swap 함수에서 매개변수의 이름을 a, b로 사용해도 결과는 같습니다. 이름이 같아도 함수가 다르면 메모리에 별도의 저장 공간을 확보하므로 전혀 다른 변수로 사용됩니다.

마지막으로 swap 함수에서 바꾼 값을 main 함수로 반환하는 방법을 생각할 수 있는데, 함수는 오직 하나의 값만을 반환할 수 있으므로 한 번의 함수 호출을 통해 두 변수의 값을 바꾸는 것은 불가능합니다.

예에~ 포인터 정복!?

▶ 4가지 키워드로 끝내는 핵심 포인트

- 주소와 포인터는 각각 상수와 변수라는 **차이**가 있다.

- **포인터의 크기**는 주소의 크기와 같다.

- **포인터에 주소를 저장할 때는 가리키는 자료형**이 같아야 한다.

- **포인터의 주요 기능** 중 하나는 함수 간에 효과적으로 데이터를 공유하는 것이다.

▶ 표로 정리하는 핵심 포인트

표 9-2 간접 참조 연산자를 사용한 예(포인터 pa가 변수 a를 가리킬 때)

구분	변수 a 사용	포인터 pa 사용
대입 연산자 왼쪽	a = 10;	*pa = 10;
대입 연산자 오른쪽	b = a;	b = *pa;
피연산자	a + 20;	*pa + 20;
출력	printf("%d", a);	printf("%d", *pa);
입력	scanf("%d", &a);	scanf("%d", &*pa); scanf("%d", pa);

표 9-3 주소와 포인터의 특징

구분	사용 예	기능
포인터	int a, b; int *p = &a ; p = &b;	포인터는 변수이므로 그 값을 다른 주소로 바꿀 수 있다.
포인터의 크기	int *p; sizeof(p)	포인터의 크기는 컴파일러에 따라 다를 수 있으며, sizeof 연산자로 확인한다.
포인터의 대입 규칙	int *p; double *pd; pd = p; (X)	포인터는 가리키는 자료형이 일치할 때만 대입한다.

▶ 확인 문제

지금까지 포인터에 관해 살펴봤습니다. 포인터는 일정한 크기의 메모리 공간으로 일반 변수의 특징을 갖지만, 일반 변수와 달리 대입 연산에 엄격한 기준이 적용됩니다. 이런 특징을 이해하고 포인터를 더 잘 활용할 수 있도록 문제를 풀며 연습해 보겠습니다.

1. 다음 코드를 참고해 보기에서 상수와 변수를 구분하세요.

```
int a = 10;
int *p = &a;
*p = 20;
```

① a :   ② 10 :

③ p :   ④ *p :

⑤ &a :

2. 주소 값의 크기가 4바이트일 때, sizeof 연산의 결괏값이 <u>가장 큰</u> 것을 고르세요.

```
char *pc;
double *pd;
```

① sizeof(pc)   ② sizeof(pd)

③ sizeof(*pc)   ④ sizeof(*pd)

3. 다음 코드의 실행결과를 적으세요.

```
int a = 10, b = 20;
int *pa = &a, *pb = &b, *pt;
pt = pa;
pa = pb;
pb = pt;
printf("%d, %d", *pa, *pb);
```

> **⟨/⟩ 실행결과**   ✕

▶ 도전 실전 예제

도전 미니 정렬 프로그램

키보드로 실수 3개를 입력한 후 큰 숫자부터 작은 숫자로 정렬한 뒤 출력하는 프로그램을 작성합니다. 다음 코드와 출력 결과를 참고해 line_up 함수를 작성하세요. line_up 함수에는 이미 정의된 swap 함수를 호출해 구현하세요.

```c
#include <stdio.h>

void swap(double *pa, double *pb);                      // 두 실수를 바꾸는 함수
void line_up(double *maxp, double *midp, double *minp);      // 함수 선언

int main(void)
{
    double max, mid, min;

    printf("실수값 3개 입력 : ");
    scanf("%lf%lf%lf", &max, &mid, &min);
    line_up(&max, &mid, &min);                    // 세 변수의 값을 정렬하는 함수 호출
    printf("정렬된 값 출력 : %.1lf, %.1lf, %.1lf\n", max, mid, min);

    return 0;
}

void swap(double *pa, double *pb)
{
    double temp;

    temp = *pa;
    *pa = *pb;
    *pb = temp;
}
```

풀이가 궁금하다면?

```c
// line_up 함수 구현
```

실행결과 ✕

실수값 3개 입력 : 2.7 1.5 3.4
정렬된 값 출력 : 3.4, 2.7, 1.5

수고했어! C 언어 기본은
이제 완벽 이해!

[기본편]을 마무리하며...

수고하셨습니다. 9장까지해서 C 언어의 기본을 모두 배웠습니다. 기본편에는 연산자, 제어문, 함수, 배열, 포인터 등 C 언어의 핵심 내용이 모두 들어 있습니다. 그래서 기본편만 이해해도 얼마든지 훌륭한 프로그램을 만들 수 있습니다. 심지어 제어문만 가지고도 공작기계를 프로그래밍하는 데 충분할 수 있습니다.

다만, 문법만 아는 것은 무의미합니다. 반복문 형식을 아는 것보다 문제에 맞는 적절한 반복문을 선택할 수 있는 능력이 더 중요하니까요. 결국 꾸준한 연습을 통해 생각한 것을 프로그램으로 구현할 수 있어야 합니다. 그러기 위해서 기본편을 마친 후에는 책에 있는 실전 예제뿐 아니라 Q&A 카페에 있는 많은 프로그래밍 연습문제를 풀어 보길 권합니다. 그 과정을 통해서 문법을 익히고 코딩의 재미를 느끼면서 더 공부하고 싶은 욕심이 생기면 그때가 고급편을 시작하기 적절한 타이밍입니다.

고급편 책장을 넘기기 전에는 심호흡을 크게 한 번 합시다. 고급편에는 도전과 좌절, 깨우침을 반복하게 하는 많은 내용이 담겨 있기 때문입니다.

- 배열명, 배열 주소, 배열 요소에 관해 알아봅니다.
- 배열과 포인터의 관계를 이해합니다.
- 배열을 처리하는 함수에 관해 배웁니다.

Chapter

10

배열과 포인터

10-1 배열과 포인터의 관계

핵심 키워드

배열명 · 배열 요소의 주소 · 배열명과 포인터 · 배열명의 정수 덧셈 · 포인터의 뺄셈

배열의 데이터를 자유롭게 다루기 위해서는 배열의 구현 원리를 이해할 필요가 있습니다. 이 절에서는 배열과 포인터의 관계를 밝히고 포인터로 배열을 사용하는 방법을 살펴보겠습니다.

시작하기 전에

배열은 자료형이 같은 변수를 메모리에 연속으로 할당합니다. 따라서 각 배열 요소는 일정한 간격으로 주소를 갖게 됩니다. 예를 들어 int ary[5];의 배열이 메모리 100번지부터 할당되고 int형 변수의 크기가 4바이트라면 각 배열 요소의 주소는 100, 104, 108, 112, 116번지가 됩니다.

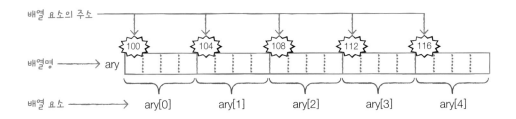

결국 첫 번째 요소의 주소를 알면 나머지 요소의 주소도 쉽게 알 수 있고 각 주소에 간접 참조 연산을 수행하면 모든 배열 요소를 사용할 수 있습니다. 따라서 컴파일러는 첫 번째 배열 요소의 주소를 쉽게 사용하도록 배열명을 컴파일 과정에서 첫 번째 배열 요소의 주소로 변경합니다.

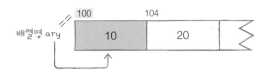

- 배열명은 첫 번째 배열 요소의 주소 값
- 배열명은 첫 번째 배열 요소를 가리킴
- *ary는 첫 번째 배열 요소

배열명으로 배열 요소 사용하기

주소는 정수처럼 보이지만 자료형에 관한 정보를 갖고 있는 특별한 값입니다. 따라서 연산을 자유롭게 할 수 없고 정해진 연산만 가능합니다. 정수 덧셈이 대표적인데, 다음과 같이 독특한 방식으로 수행됩니다.

> 주소 + 정수 ──→ 주소 + (정수 * 주소를 구한 변수의 크기)

예를 들어 크기가 4바이트인 int형 변수 a의 주소 100번지에 1을 더한 결과는 101이 아닌 104가 됩니다. 물론 연산 결과 또한 주소가 됩니다.

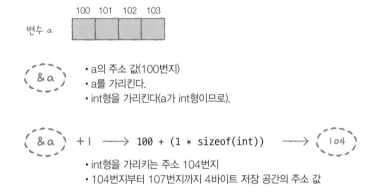

이런 연산 규칙은 배열을 사용할 때 유용합니다. 배열명도 주소이므로 정수를 차례로 더하면 연속된 배열 요소의 주소를 구할 수 있고 여기에 간접 참조 연산을 수행하면 모든 배열 요소를 사용할 수 있습니다. 배열명을 주소로 활용하는 예를 살펴보겠습니다.

> 배열명은 첫 번째 배열 요소의 주소 값이다.

10-1 직접 해보는 손코딩

배열명에 정수 연산을 수행해 배열 요소 사용　소스 코드 예제10-1.c

```c
01  #include <stdio.h>
02
03  int main(void)
04  {
05      int ary[3];
06      int i;
07
08      *(ary + 0) = 10;              // ary[0] = 10
```

```
09        *(ary + 1) = *(ary + 0) + 10;   // ary[1] = ary[0] + 10
10
11        printf("세 번째 배열 요소에 키보드 입력 : ");
12        scanf("%d", ary + 2);            // &ary[2]
13
14        for (i = 0; i < 3; i++)          // 모든 배열 요소 출력
15        {
16            printf("%5d", *(ary + i)); // ary[i]
17        }
18
19        return 0;
20   }
```

┌───┐
│ 💻 실행결과   ✕ │
├───┤
│ 세 번째 배열 요소에 키보드 입력 : 30 ⏎ │
│   10   20   30   │
└───┘

5행에 선언된 배열이 메모리 100번지부터 할당되었다고 가정하고 이야기를 풀어 보겠습니다.

```
    int ary[3];                  // 5행
```

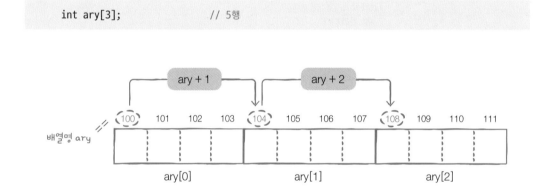

일단 배열명은 첫 번째 배열 요소의 주소이므로 값 자체는 **100**입니다. 그리고 8행에서 ary에 0을 더한 결과도 그대로 **100**이므로 첫 번째 배열 요소가 주소가 됩니다. 여기에 간접 참조 연산을 수행하면 첫 번째 배열 요소 자체가 되겠지요. 물론 ary에 0을 더하지 않고 바로 간접 참조 연산을 수행한 것과 결과는 같습니다.

```
  ┌ *(ary + 0)
  │      *100  ──→ 첫 번째 배열 요소의 주소에 * 연산          *(ary + 0) == ary[0]
  └
      ary[0]  ──→ 첫 번째 배열 요소, *ary와 같습니다.
```

반면, ary에 1을 더하면 104번지로 두 번째 배열 요소의 주소가 됩니다. 이 값에 간접 참조 연산을 수행하면 두 번째 배열 요소를 사용할 수 있습니다.

```
*(ary + 1)
    *104  ———→ 두 번째 배열 요소의 주소에 * 연산
                                                        *(ary + 1) == ary[1]
    ary[1]  ———→ 두 번째 배열 요소
```

결국 9행은 첫 번째 배열 요소의 값에 **10**을 더해 두 번째 배열 요소에 저장하는 식이 됩니다.

```
    *(ary + 1) = *(ary + 0) + 10;        // 9행. ary[1] = ary[0] + 10
```

마지막으로 세 번째 배열 요소는 키보드로 값을 입력합니다. 보통은 배열 요소의 표현 방법을 써서 쉽게 작성할 수 있습니다. 12행을 다음과 같이 수정해서 컴파일해도 결과는 같습니다.

```
    scanf("%d", &ary[2]);               // ary[2]가 세 번째 배열 요소이므로 &를 사용해 입력
```

결국 배열 요소 ary[2]의 주소를 scanf 함수에 주는 것이므로 본래 코드의 12행처럼 배열명 ary에 2를 더한 값으로 간단히 표현할 수 있습니다.

```
    scanf("%d", ary + 2);              // 12행. ary + 2는 &ary[2]와 같다.
```

16행은 반복 과정에서 배열명에 i를 더해 각 배열 요소의 주소를 구하고 간접 참조 연산으로 모든 배열 요소의 값을 출력합니다.

```
    printf("%5d", *(ary + i));        // 16행. ary[i]
```

```
        배열명 i 값          각 배열 요소의 주소     각 배열 요소

        *(ary + 0)  ———→      *(100)   ———→    ary[0]
        *(ary + 1)  ———→      *(104)   ———→    ary[1]
        *(ary + 2)  ———→      *(108)   ———→    ary[2]
```

즉, 배열의 대괄호([ ])는 포인터 연산의 '간접 참조, 괄호, 더하기' 연산 기능을 갖습니다.

> 배열 요소에 사용하는 대괄호는 연산식이다.

```
        배열 요소 표현식                    포인터 연산식

          ary[1]          ←——→          *(ary + 1)
```

배열 요소를 사용할 때는 상황에 따라 대괄호나 포인터 연산식 중 적당한 것을 골라 쓰면 됩니다. 특별한 경우가 아니면 대괄호를 사용하는 것이 편하며, &ary[2]와 같은 경우 ary + 2로 쓰면 연산 과정을 줄일 수 있습니다.

✚ 여기서 잠깐   배열의 할당 영역을 벗어나는 포인터 연산식은 사용할 수 있나요?

사용할 수 있으나 사용하면 안 됩니다. 즉, 문법적으로 문제가 없으므로 컴파일은 되나 실행했을 때의 결과를 예상할 수 없습니다. 예를 들어 배열 요소의 개수가 3개인 ary 배열에서 ary + 3은 네 번째 배열 요소의 주소가 되고 *(ary + 3)은 네 번째 배열 요소가 됩니다.

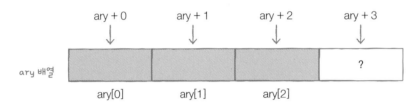

그곳은 배열에 할당된 영역이 아니므로 함부로 사용하면 안 됩니다. 만약 다른 변수나 배열에 할당되어 있다면 그 값이 바뀔 수도 있고 또는 운영체제가 관리하는 영역이라면 프로그램이 강제 종료될 가능성도 있습니다. 또한 ary[3]의 배열 요소 표현식도 결국 포인터 연산식으로 바뀌므로 마찬가지로 주의해야 합니다.

배열명 역할을 하는 포인터

배열명은 주소이므로 포인터에 저장할 수 있습니다. 이 경우 포인터로도 연산식이나 대괄호를 써서 배열 요소를 쉽게 사용할 수 있습니다. 예제를 통해 살펴보겠습니다.

10-2   직접 해보는 손코딩

배열명처럼 사용되는 포인터   소스 코드   예제10-2.c

```
01  #include <stdio.h>
02
03  int main(void)
04  {
05      int ary[3];              // 배열 선언
06      int *pa = ary;           // 포인터에 배열명 저장
07      int i;                   // 반복 제어 변수
08
09      *pa = 10;                // 첫 번째 배열 요소에 10 대입
```

```
10        *(pa + 1) = 20;              // 두 번째 배열 요소에 20 대입
11        pa[2] = pa[0] + pa[1];       // 대괄호를 써서 pa를 배열명처럼 사용
12
13        for (i = 0; i < 3; i++)
14        {
15            printf("%5d", pa[i]);    // 포인터로 모든 배열 요소 출력
16        }
17
18        return 0;
19    }
```

┌─────────────────────────────┐
│ 🔲 실행결과   ✕ │
├─────────────────────────────┤
│   10   20   30   │
└─────────────────────────────┘

5행의 배열이 int형 배열이고 배열명은 첫 번째 배열 요소의 주소이므로 ary는 int형 변수의 주소
가 됩니다.

```
    int ary[3];            // 5행. 배열 선언
```

따라서 6행처럼 int형을 가리키는 포인터에 저장할 수 있습니다.

```
    int *pa = ary;         // 6행. 포인터에 배열명 저장
```

만약 배열이 메모리 100번지부터 할당되었다면 배열명 ary의 주소 값은 100번지가 되고, 포인터 pa
는 100을 저장해 첫 번째 배열 요소를 가리키는 상태가 됩니다.

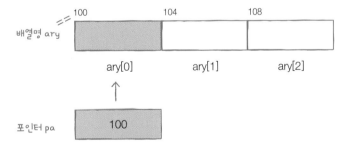

이제 포인터 pa로 배열 요소를 사용할 수 있습니다. 9행의 *pa는 pa가 가리키는 것이므로, ary[0]에
10을 저장합니다. 물론 pa의 값은 변함이 없습니다.

```
    *pa = 10;              // 9행. 첫 번째 배열 요소에 10 대입
```

10행은 우선 pa + 1을 계산한 후 두 번째 배열 요소의 주소 104번지를 구합니다. 그 결과에 간접 참조 연산을 수행하면 두 번째 배열 요소가 되므로 ary[1]에 20을 대입합니다.

```
*(pa + 1) = 20;          // 10행. 두 번째 배열 요소에 20 대입
```

11행처럼 포인터 pa에 대괄호를 사용하는 것도 가능합니다. 대괄호를 사용하면 포인터 연산식으로 바뀌므로 결국 각 배열 요소를 사용할 수 있습니다.

> 포인터에 배열명을 저장하면 배열명처럼 사용할 수 있다.

```
포인터 연산식        pa[2] = pa[0] + pa[1]    // 11행

                   *(pa + 2) = *(pa + 0) + *(pa + 1)

pa에 저장된 값은 ary

                   *(ary + 2) = *(ary + 0) + *(ary + 1)

배열 요소 표현식

                   ary[2] = ary[0] + ary[1]
```

13~16행도 포인터에 대괄호를 사용해 모든 배열 요소의 값을 출력합니다. 결국 포인터에 배열명을 저장하면 포인터 연산을 통해 모든 배열 요소를 사용할 수 있으므로 포인터를 마치 배열명처럼 사용할 수 있습니다.

```
printf("%5d", pa[i]);    // 15행. 포인터로 모든 배열 요소 출력
```

배열명과 포인터의 차이

포인터가 배열명처럼 쓰이므로 배열명과 포인터가 서로 비슷해 보이지만, 다른 점이 더 많습니다.

차이점1 sizeof 연산의 결과가 다릅니다.

배열명에 사용하면 배열 전체의 크기를 구하고 포인터에 사용하면 포인터 하나의 크기를 구합니다. 따라서 배열명을 포인터에 저장하면 포인터로 배열 전체의 크기를 확인할 수 없게 됩니다.

```
int ary[3];
int *pa = ary;
sizeof(ary)      ◀── 12바이트, 배열 전체 크기
sizeof(pa)       ◀── 4바이트, 포인터 하나의 크기
```

차이점2 **변수와 상수의 차이가 있습니다.** 포인터는 그 값을 바꿀 수 있지만, 배열명은 상수이므로 값을 바꿀 수 없습니다. 즉, 포인터 pa에 1을 더해 다시 pa에 저장할 수는 있으나, 배열명 ary에 1을 더하는 것은 가능하나 그 값을 다시 저장하는 것은 불가능합니다.

포인터는 값을 바꿀 수 있음

```
pa = pa + 1
pa++
```

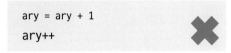

배열명은 값을 바꿀 수 없음

```
ary = ary + 1
ary++
```

그 외에도 배열명이 가지는 자료형의 의미가 있으나 다차원 배열과 응용 포인터를 설명하는 부분에서 별도로 설명하겠습니다.

포인터가 지닌 변수로서의 특징을 활용하는 예를 살펴보겠습니다.

10-3 직접 해보는 손코딩

포인터를 이용한 배열의 값 출력 소스 코드 예제10-3.c

```c
01  #include <stdio.h>
02
03  int main(void)
04  {
05      int ary[3] = { 10, 20, 30 };
06      int *pa = ary;
07      int i;
08
09      printf("배열의 값 : ");
10      for (i = 0; i < 3; i++)
11      {
12          printf("%d ", *pa);    // pa가 가리키는 배열 요소 출력
13          pa++;                  // 다음 배열 요소를 가리키도록 pa 값 증가
14      }
15
16      return 0;
17  }
```

> **실행결과** ×
>
> 배열의 값 : 10 20 30

5행의 배열이 메모리 100번지부터 할당되고 6행의 포인터가 초기화되면 다음 그림과 같습니다.

```
int ary[3] = { 10, 20, 30 };      // 5행
int *pa = ary;                    // 6행
```

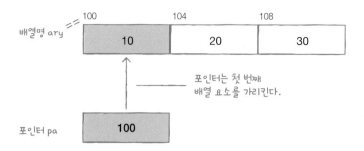

이 상태에서 포인터 pa로 첫 번째 배열 요소를 출력하는 3가지 방법이 있습니다.

방법1 **pa를 배열명처럼 사용해 첫 번째 배열 요소를 출력하는 방법**

```
printf("%d", pa[0]);
```

방법2 **pa[0]를 그대로 포인터 연산식으로 바꾸는 방법**

```
printf("%d", *(pa + 0));
```

방법3 ***(pa + 0)에서 의미 없는 0과 괄호를 제거하는 방법**

```
printf("%d", *pa);
```

표현 방법은 다르지만 모두 첫 번째 배열 요소를 출력합니다. 이중 마지막 방법의 경우 pa는 첫 번째 배열 요소를 가리키므로 *pa의 연산식으로 첫 번째 배열 요소의 값을 출력합니다. 만약 pa가 두 번째 배열 요소를 가리키도록 하면 같은 연산식으로 두 번째 배열 요소의 값도 출력할 수 있습니다. 방법은 간단합니다. pa에 1을 더하면 두 번째 배열 요소의 주소 104번지가 되므로 이 값을 다시 pa에 저장하면 됩니다. 간단히 증가 연산자를 사용할 수도 있습니다.

```
pa = pa + 1; 또는 pa++;
```

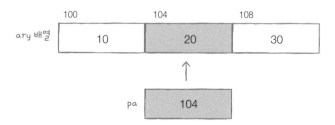

세 번째 배열 요소도 같은 방식으로 pa의 값을 증가시키면 됩니다. 12행에서 pa가 가리키는 배열 요소를 출력하고 13행에서 다음 배열 요소를 가리키도록 pa의 값을 바꾸므로 이 과정을 반복하면 결국 모든 배열 요소를 출력하게 됩니다. 이런 방식이 가능한 이유는 포인터 pa가 변수이므로 그 값을 바꿀 수 있기 때문입니다.

다음처럼 포인터로 배열 요소를 차례로 출력할 때 증가 연산자와 간접 참조 연산자를 함께 사용하는 방법도 있습니다.

```c
for (i = 0; i < 3; i++)
{
    printf("%d ", *(pa++)); // 후위형 사용
}
```

연산자 우선순위에 따라 pa++가 먼저 수행되므로 pa의 값은 증가합니다. 그러나 후위형이므로 다음 연산인 간접 참조 연산을 수행할 때는 증가되기 이전의 값이 사용됩니다. 컴파일러는 pa가 증가되기 이전 값을 임시공간에 저장해 두었다가 간접 참조 연산에 사용하거나 또는 연산자 우선순위를 바꾸어 pa++보다 *pa의 연산을 먼저 수행하도록 컴파일합니다. 컴파일러가 어떤 방식을 사용하든 결국 pa가 가리키던 배열 요소의 값이 먼저 출력되고 pa가 다음 배열 요소를 가리키는 것과 결과는 같습니다.

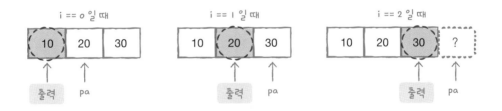

포인터로 배열의 데이터를 처리할 때 2가지 주의할 점이 있습니다.

주의1 **포인터의 값이 변할 수 있으므로 유효한 값인지 확인하는 습관이 필요합니다.**

예를 들어 반복문을 모두 수행한 후 15행에서 pa의 값은 112번지가 됩니다. 하지만 이 값은 배열이 할당된 영역의 주소기 이므로 간접 참조 연산을 통해 그 공간이나 저장된 값을 사용해서는 안 됩니다. 만약 pa로 다시 배열의 처음부터 데이터를 처리해야 한다면 배열명으로 다시 초기화합니다. 배열명은 주소 상수로 그 값이 바뀌지 않으므로 언제든지 배열의 시작 위치를 찾아갈 때 사용할 수 있습니다. 예제에는 생략되었지만, 같은 방식으로 입력을 받을 때는 간접 참조 연산 없이 포인터만 사용합니다. scanf 함수는 입력할 배열 요소의 주소가 필요하므로 그 값을 갖고 있는 포인터를 그대로 사용하면 됩니다.

만약 배열을 초기화하지 않고 키보드로 입력한다면 7행과 9행 사이에 다음 코드를 추가합니다.

```
for (i = 0; i < 3; i++)
{
    scanf("%d", pa);    ←── pa가 가리키는 배열 요소에 입력, 간접 참조 연산 없음
    pa++;               ←── 다음 배열 요소를 가리키도록 pa 증가
}
```

주의2 포인터에 증가 연산자와 간접 참조 연산자를 함께 사용할 때 전위 표현을 사용하면 안 됩니다.

전위 표현을 사용하면 전혀 다른 결과가 출력됩니다. *(++pa)는 pa의 값이 먼저 증가된 후에 증가된 pa가 가리키는 배열 요소를 간접 참조하므로 두 번째 배열 요소부터 출력됩니다. 따라서 마지막에 출력되는 값은 배열의 값이 아닌 쓰레기 값이 출력됩니다.

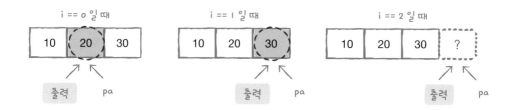

또한 전위형이나 후위형 모두 괄호를 생략해도 결과는 같습니다. 간접 참조 연산자와 증가 연산자는 모두 단항 연산자로 우선순위가 같고 이 경우 연산 방향은 오른쪽에서 왼쪽이므로 항상 증가 연산자가 먼저 수행됩니다.

+ 여기서 잠깐 | **괄호를 간접 참조 연산자에 먼저 사용하면 어떨까요?**

이 경우 pa의 값 자체는 바뀌지 않으며 첫 번째 배열 요소를 가리키는 상태로 고정됩니다. 그리고 pa가 가리키는 배열 요소의 값이 증가하면서 차례로 출력됩니다. 전위형은 pa가 가리키는 배열 요소의 값을 증가시킨 후에 출력하며, 후위형은 먼저 출력하고 나중에 값을 증가시킵니다.

```
++(*pa)    ←── 전위형, 결과는 11, 12, 13 출력
```

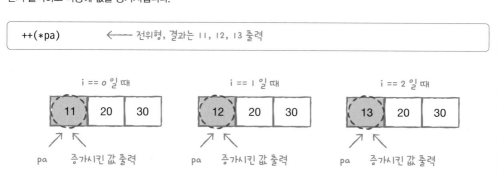

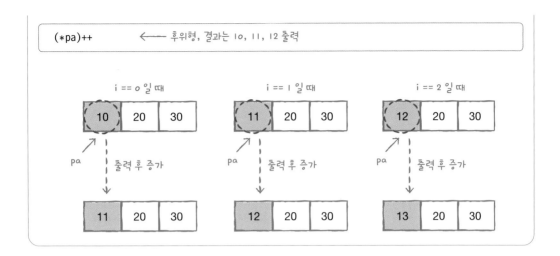

포인터의 뺄셈과 관계 연산

포인터에는 정수 덧셈이나 증가 연산 외에도 다양한 연산을 수행할 수 있습니다. 예를 들어 가리키는 자료형이 같으면 포인터끼리의 뺄셈이 가능합니다. 물론 일반 뺄셈과는 다른 방식으로 연산됩니다.

포인터 – 포인터 ⟶ 값의 차 / 가리키는 자료형의 크기

또한 관계 연산자로 대소관계도 확인할 수 있습니다. 예제를 통해 포인터에 수행할 수 있는 연산을 살펴보겠습니다.

10-4 직접 해보는 손코딩

포인터의 뺄셈과 관계 연산 소스 코드 예제10-4.c

```
01  #include <stdio.h>
02
03  int main(void)
04  {
05      int ary[5] = { 10, 20, 30, 40, 50 };
06      int *pa = ary;                          // 첫 번째 배열 요소 주소
07      int *pb = pa + 3;                       // 네 번째 배열 요소 주소
08
09      printf("pa : %u\n", pa);
10      printf("pb : %u\n", pb);
```

고급편

```
11        pa++;                                   // pa를 다음 배열 요소로 이동
12        printf("pb - pa : %u\n", pb - pa);      // 두 포인터의 뺄셈
13
14        printf("앞에 있는 배열 요소의 값 출력 : ");
15        if (pa < pb) printf("%d\n", *pa);       // pa가 배열의 앞에 있으면 *pa 출력
16        else printf("%d\n", *pb);               // pb가 배열의 앞에 있으면 *pb 출력
17
18        return 0;
19    }
```

┌─────────────────────────────────────┐
│ ⟨/⟩ 실행결과   ✕ │
│ pa : 3799428   │
│ pb : 3799440   │
│ pb - pa : 2   │
│ 앞에 있는 배열 요소의 값 출력 : 20   │
└─────────────────────────────────────┘

이 예제는 포인터 **pa**와 **pb**로 배열 **ary**의 각각 다른 배열 요소를 가리키도록 한 후 포인터의 뺄셈과
대소관계 연산을 수행합니다. 5~7행의 선언과 초기화 형태를 그림으로 그리면 다음과 같습니다. 설
명의 편의를 위해 출력 결과에서 끝의 2자리만 사용합니다. 실행결과는 시스템에 따라 다를 수 있습
니다.

```
int ary[5] = { 10, 20, 30, 40, 50 };      // 5행.
int *pa = ary;                            // 6행. 첫 번째 배열 요소 주소
int *pb = pa + 3;                         // 7행. 네 번째 배열 요소 주소
```

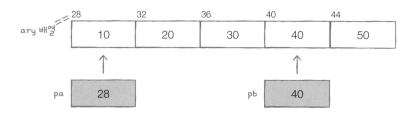

최초 **pa**는 6행에서 배열명으로 초기화하므로 첫 번째 배열 요소를 가리킵니다. 반면에 **pb**는 **pa**에
3을 더해 초기화하므로 40번지를 갖고 네 번째 배열 요소를 가리킵니다. 이 상태에서 11행이 수행되
면 **pa**는 32로 증가하면서 두 번째 배열 요소를 가리키게 됩니다.

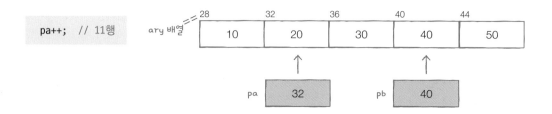

그리고 12행에서 **pb** − **pa**의 연산은 다음과 같이 수행됩니다.

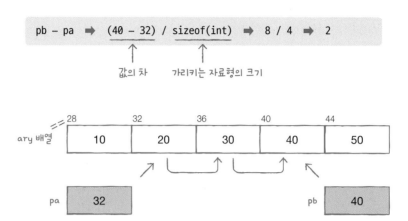

뺄셈 결과는 배열 요소 간의 간격 차이를 의미합니다. 따라서 결괏값으로 포인터 **pa**와 **pb**가 가리키는 배열 요소의 위치가 2개 떨어져 있음을 알 수 있습니다.

15행은 포인터에 관계 연산을 수행합니다.

```
if (pa < pb) printf("%d\n", *pa);        // 15행. pa가 배열의 앞에 있으면 *pa 출력
else printf("%d\n", *pb);                // 16행. pb가 배열의 앞에 있으면 *pb 출력
```

배열은 배열 요소가 메모리에 순서대로 할당되므로 앞의 배열 요소가 뒤의 배열 요소보다 주소 값이 작습니다. 따라서 관계 연산의 결과로 두 포인터가 가리키는 배열 요소의 순서를 확인할 수 있습니다. 물론 필요에 따라 적당한 관계 연산자를 골라 사용하면 됩니다.

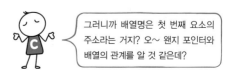

그러니까 배열명은 첫 번째 요소의 주소라는 거지? 오~ 왠지 포인터와 배열의 관계를 알 것 같은데?

마무리

▶ 5가지 키워드로 끝내는 핵심 포인트

- **배열명**은 첫 번째 **요소의 주소**다.

- **포인터**에 **배열명**을 저장하면 포인터를 배열명처럼 사용할 수 있다.

- **배열명의 정수 덧셈**은 가리키는 자료형의 크기를 곱해서 더한다.

- **포인터의 뺄셈** 결과는 배열 요소 간의 간격 차이를 의미한다.

▶ 표로 정리하는 핵심 포인트

표 10-1 배열과 포인터

구분	사용 예	기능
배열명	`int ary[3];` `ary == &ary[0];`	배열명은 첫 번째 요소의 주소
배열명 + 정수	`int ary[3];` `ary + 1;`	가리키는 자료형의 크기를 곱해서 더한다. `ary + (1 * sizeof(*ary))`

배열명과 포인터는 같다.	`int ary[3];`
	`int *pa = ary;`
	`pa[1] = 10;`
		포인터가 배열명을 저장하면 배열명처럼 쓸 수 있다.
		두 번째 배열 요소에 10 대입

배열명과 포인터는 다르다.	`ary++;` (×) `pa++;` (○)	배열명은 상수이므로 그 값을 바꿀 수 없지만, 포인터는 가능하다.

▶ 확인 문제

지금까지 배열명의 의미를 파악하고 포인터로 배열의 데이터를 다루는 방법을 살펴봤습니다. 포인터에 배열명을 저장하면 포인터 연산을 통해 배열명처럼 사용할 수 있습니다. 포인터로 배열의 어딘가를 가리키면 그 위치부터 포인터로 새로운 배열처럼 쓸 수 있습니다. 문제를 통해 포인터로 배열을 다루는 다양한 방법을 익혀 보겠습니다.

※ 다음과 같이 배열과 포인터가 초기화되고 그림처럼 메모리에 할당되었다고 가정합니다.

```
double ary[5] = { 1.2, 3.5, 7.4, 0.5, 10.0 };
double *pa = ary;
double *pb = ary + 2;
```

	100	108	116	124	132
ary 배열	1.2	3.5	7.4	0.5	10.0

1. 다음 각 항목의 값을 생각해 적으세요.

① ary   →

② *(ary + 1)   →

③ pa + 2   →

④ pa[3]   →

⑤ *pb   →

⑥ pb - pa   →

2. 다음 중 사용법이 맞는 것은 ○, 잘못된 표현은 ×를 표시하세요.

① ary[5]   ➡ (   )

② ary++   ➡ (   )

③ ++(*ary)   ➡ (   )

④ pb[-2]   ➡ (   )

⑤ *(pb + 3)   ➡ (   )

⑥ *(++pa)   ➡ (   )

3. 다음은 포인터 pb로 세 번째 배열 요소부터 마지막 배열 요소까지 출력하는 코드입니다. 코드가 완성되도록 빈칸을 채우세요.

```
for (i = 0; i < 3; i++)
{
    printf("%.1lf ", *pb);

}
```

잠시 쉬어 갑시다.

10-2 배열을 처리하는 함수

핵심 키워드 배열 출력 함수   배열 입력 함수   배열 요소의 개수

배열의 데이터를 처리하려면 많은 양의 배열 데이터를 효과적으로 공유하는 방법
이 필요합니다. 이 절에서는 배열명을 인수로 받아 배열을 처리하는 함수에 관해
살펴봅니다.

시작하기 전에

배열명을 꼭 포인터에 넣는 방식으로 배열을 처리할 필요는 없습니다. 하지만 함수로 배열을 처리하려
면 포인터가 필요합니다. ary 배열에서 배열명 ary는 첫 번째 배열 요소의 주소입니다. 이 주소 값을
함수의 인수로 주면, 함수는 이 값을 받아 주소 계산을 통해 모든 배열 요소를 사용할 수 있습니다. 이
때 배열명을 받을 함수의 매개변수 자리에 포인터가 필요합니다.

```
int ary[5] = { 10, 20, 30, 40, 50 }
```

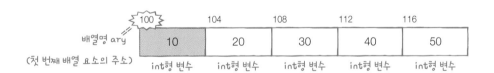

배열 요소를 출력하는 print_ary 함수를 만들었다면 다음과 같이 호출할 수 있습니다.

```
print_ary(ary);
```

배열의 모든 요소는 int형이며 당연히 첫 번째 요소도 int형입니다. 배열명을 함수의 인수로 준다는
건 결국 int형 변수의 주소를 전달한다는 겁니다. 따라서 매개변수로 받을 때는 int형 변수의 주소
를 저장할 포인터를 선언해야 합니다.

```
void print_ary(int *pa)
```

배열의 값을 출력하는 함수

배열의 값을 확인하기 위해 수시로 출력해야 한다면 그 기능을 함수로 만들어 호출하면 됩니다. 이때 모든 배열 요소를 함수의 인수로 줘야 할까요? 첫 번째 배열 요소의 주소만 알면 나머지 배열 요소는 포인터 연산으로 모두 사용할 수 있습니다. 따라서 함수를 호출할 때는 배열명을 주고 함수의 매개변수로 포인터를 선언합니다. 그리고 함수 안에서 포인터를 배열명처럼 사용하면 됩니다.

> 배열을 처리하는 함수에 필요한 것은 배열의 주소다.

배열명 자체가 주소이므로 그 값을 함수의 인수로 주는 것은 얼마든지 가능합니다. 예제를 통해 함수의 구체적인 사용법을 살펴보겠습니다.

10-5 직접 해보는 손코딩

배열을 처리하는 함수   소스 코드 예제10-5.c

```
01  #include <stdio.h>
02
03  void print_ary(int *pa);        // 함수 선언
04
05  int main(void)
06  {
07      int ary[5] = { 10, 20, 30, 40, 50 };
08
09      print_ary(ary);             // 배열명을 주고 함수 호출
10
11      return 0;
12  }
13
14  void print_ary(int *pa)         // 매개변수로 포인터 선언
15  {
16      int i;
17
18      for (i = 0; i < 5; i++)
19      {
20          printf("%d ", pa[i]);   // pa로 배열 요소 표현식 사용
21      }
22  }
```

실행결과 ☒

```
10 20 30 40 50
```

9행에서 배열명 ary를 주고 함수를 호출합니다.

```
print_ary(ary);                 // 9행
```

배열명은 첫 번째 배열 요소의 주소며, 첫 번째 요소는 int형이므로 결국 int형 변수의 주소가 함수에 전달됩니다. 따라서 14행에서 매개변수로 int형을 가리키는 포인터 pa를 선언합니다.

```
void print_ary(int *pa)          // 14행
```

함수가 호출되어 14행이 실행될 때의 상황은 다음과 같습니다. 배열은 메모리 100번지부터 할당되었다고 가정합니다.

main 함수 영역

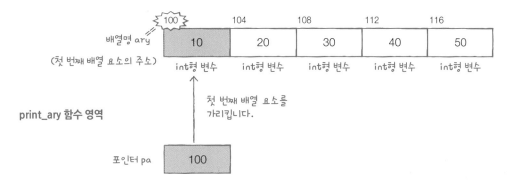

print_ary 함수에서 ary 배열에 관해 알고 있는 유일한 정보는 pa에 받은 첫 번째 배열 요소의 주소 100번지뿐입니다. 이미 배열의 크기를 알고 있다고 가정하면 그걸로 충분합니다. pa에 정수를 더하면 나머지 배열 요소의 주소를 구할 수 있고 간접 참조 연산으로 가리키는 배열 요소의 값도 사용할 수 있습니다. 이때 배열 요소 표현식을 쓰면 마치 pa도 배열명인 것처럼 사용할 수 있습니다.

정수 연산	pa + 1	두 번째 배열 요소의 주소 104번지
간접 참조 연산	*(pa + 1)	두 번째 배열 요수
배열 요소 표현식	pa[1]	두 번째 배열 요소

결국 20행의 출력문은 i 값이 증가하면서 ary 배열의 모든 값을 출력합니다. 이제 배열의 값을 출력할 때는 언제든지 배열명 ary를 주고 print_ary 함수를 호출하면 됩니다.

눈치가 빠른 사람이라면 이미 짐작했겠지만, 이 예제는 동일한 배열의 데이터를 2개의 함수가 공유

합니다. print_ary 함수는 주소를 매개변수로 받아서 main 함수에 있는 배열의 값을 출력합니다. 이와 같은 처리 방식은 배열에 있는 대량의 데이터를 다른 함수로 복사하지 않고 접근하므로 더 효율적입니다. 다만 주소만 알면 해당 위치의 값을 바꿀 수도 있으므로 의도치 않게 값을 변형하는 일이 없도록 주의해야 합니다.

+ 여기서 잠깐 **print_ary 함수에서 배열명 ary를 직접 사용할 수 없나요?**

함수 안에 선언된 변수나 배열의 이름은 사용 범위가 중괄호 블록({})으로 제한되므로 함수 안에서만 사용할 수 있습니다. 따라서 print_ary 함수에서는 main 함수에 있는 배열명 ary를 직접 사용할 수 없습니다.

```
int main(void)
{
    int ary[5] = { 10, 20, 30, 40, 50 };
```
배열명 ary는 main 함수에서만 사용할 수 있습니다.
```
}
```

```
void print_ary(void)
{
    int i;
    for (i = 0; i < 5; i++)
    {
        printf("%d ", ary[i]);
    }
}
```
다른 함수가 가진 이름을 직접 사용할 수 없습니다.

이런 제한 때문에 2개 이상의 함수에서 같은 이름의 변수나 배열을 독립적으로 사용할 수 있습니다. 각 함수 안에 사용한 변수나 배열의 이름은 사용 범위가 다르므로 다른 함수에 있는 같은 이름의 변수나 배열과 서로 충돌하지 않습니다.

배열 요소의 개수가 다른 배열도 출력하는 함수

배열의 값을 출력하는 함수는 첫 번째 배열 요소의 주소만 알면 되므로 배열 요소의 개수가 달라도 함수의 구현 방법은 같습니다. 다만, 배열 요소의 개수가 바뀌면 출력문의 반복 횟수가 달라지므로 함수의 수정은 불가피합니다. 이번에는 배열 요소의 개수가 달라도 원하는 배열을 출력할 수 있는 함수를 만들어 보겠습니다.

10-6 **직접 해보는 손코딩**

크기가 다른 배열을 출력하는 함수 소스 코드 예제10-6.c

```
01  #include <stdio.h>
02
03  void print_ary(int *pa, int size);        // 함수 선언, 매개변수 2개
```

```
04
05  int main(void)
06  {
07      int ary1[5] = { 10, 20, 30, 40, 50 };          // 배열 요소의 개수가 5개인 배열
08      int ary2[7] = { 10, 20, 30, 40, 50, 60, 70 };  // 요소의 개수가 7개인 배열
09
10      print_ary(ary1, 5);                 // ary1 배열 출력, 배열 요소의 개수 전달
11      printf("\n");
12      print_ary(ary2, 7);                 // ary2 배열 출력, 배열 요소의 개수 전달
13
14      return 0;
15  }
16
17  void print_ary(int *pa, int size)       // 배열명과 배열 요소의 개수를 받는 매개변수 선언
18  {
19      int i;
20
21      for (i = 0; i < size; i++)          // size의 값에 따라 반복 횟수 결정
22      {
23          printf("%d ", pa[i]);
24      }
25  }
```

> 🖵 **실행결과**　　　　　　　　　　　　　　　✕
> 10 20 30 40 50
> 10 20 30 40 50 60 70

10행과 12행에서 같은 함수를 호출해 다른 배열을 출력합니다. 10행은 ary1의 배열 요소의 개수 5를 전달해 print_ary 함수를 통해 ary1의 배열을 출력합니다.

```
    print_ary(ary1, 5);                 // 10행
```

12행은 ary2의 배열 요소의 개수 7을 전달해 print_ary 함수를 통해 ary2의 배열을 출력합니다.

```
    print_ary(ary2, 7);                 // 12행
```

함수가 호출되면 17행의 매개변수 size는 배열 요소의 개수를 받아 저장하고 21행에서 그만큼 반복하므로 출력할 배열 요소의 개수가 바뀌어도 그에 맞춰 모든 배열 요소의 값을 출력할 수 있습니다.

```
void print_ary(int *pa, int size)       // 17행
    ...                    배열 요소의 개수를 size에 저장해서
                           그 수만큼 반복합니다.
    for(i = 0; i < size; i++)            // 21행
```

함수를 호출할 때 주는 배열 요소의 개수는 sizeof 연산자로 구할 수도 있습니다. sizeof 연산자에 배열명을 사용하면 배열 전체의 크기를 계산하므로 이 값을 배열 요소 하나의 크기로 나누어 배열 요소의 개수를 구합니다. 예를 들어 12행을 다음과 같이 작성할 수 있습니다. 수정한 다음 직접 컴파일해 보세요.

```
print_ary(ary2, sizeof(ary2) / sizeof(ary2[0]));   // 12행. 수정하고 컴파일해 보기
```

➕ 여기서 잠깐 **print_ary 함수 안에서 sizeof 연산자로 배열의 크기를 알 수 있나요?**

아니요, 알 수 없습니다. sizeof 연산자를 배열명에 사용하면 배열 전체 크기를 구하지만, 포인터에 사용하면 포인터 자체의 크기만을 계산합니다. 포인터가 배열명을 저장한 경우라도 마찬가지입니다. 따라서 다음과 같은 연산은 배열 요소의 개수를 알 수 없으므로 무의미합니다.

```
sizeof(pa) / sizeof(pa[0]) ➡ 포인터의 크기 / 첫 번째 배열 요소의 크기 ➡ 8 / 4
```

배열에 값을 입력하는 함수

배열에 값을 입력하는 함수도 배열의 값을 출력하는 함수와 구현 방법은 같습니다. 다만, 입력 함수는 데이터를 저장할 배열의 위치가 필요하므로 함수 안에서 포인터를 직접 사용합니다.

예제를 통해 실수 배열에 값을 입력하는 함수와 최댓값을 찾는 함수를 살펴보겠습니다.

10-7 직접 해보는 손코딩

배열에 값을 입력하는 함수 소스 코드 예제10-7.c

```
01   #include <stdio.h>
02
03   void input_ary(double *pa, int size);
04   double find_max(double *pa, int size);
05
06   int main(void)
07   {
08       double ary[5];
09       double max;                              // 최댓값을 저장할 변수
10       int size = sizeof(ary) / sizeof(ary[0]); // 배열 요소의 개수 계산
```

```
11
12     input_ary(ary, size);                    // 배열에 값 입력
13     max = find_max(ary, size);               // 배열의 최댓값 반환
14     printf("배열의 최댓값 : %.1lf\n", max);
15
16     return 0;
17 }
18
19 void input_ary(double *pa, int size)    // double 포인터를 매개변수로 선언
20 {
21     int i;
22
23     printf("%d개의 실수값 입력 : ", size);
24     for (i = 0; i < size; i++)              // size의 값에 따라 반복 횟수 결정
25     {
26         scanf("%lf", pa + i);               // &pa[i]도 가능, 입력할 배열 요소의 주소를 전달
27     }
28 }
29
30 double find_max(double *pa, int size)
31 {
32     double max;
33     int i;
34
35     max = pa[0];                            // 첫 번째 배열 요소의 값을 최댓값으로 설정
36     for (i = 1; i < size; i++)              // 두 번째 배열 요소부터 max와 비교
37     {
38         if (pa[i] > max) max = pa[i];       // 새로운 배열 요소의 값이 max보다 크면 대입
39     }
40
41     return max;      // 최댓값 반환
42 }
```

실행결과   ✕

5개의 실수값 입력 : 3.4 0.5 1.7 5.2 2.0 ⏎
배열의 최댓값 : 5.2

이 예제는 double형 배열에 값을 입력하는 함수와 입력한 값 중에서 최댓값을 찾아 반환하는 함수를 만듭니다. 이미 살펴본 배열의 값을 출력하는 함수와 크게 다르지 않습니다. 다만, 26행에서 pa에 i를 더해 각 배열 요소의 주소를 구하고 그 값을 그대로 scanf 함수에 사용하는 특징이 있습니다.

```
scanf("%lf", pa + i);              // 26행
```

scanf 함수는 입력한 값을 저장할 배열의 위치를 알아야 하므로 인수로 받은 pa의 값을 그대로 사용합니다. 물론 *(pa+i)의 연산으로 배열 요소를 구하고 다시 &(*(pa+i))와 같이 주소 연산을 사용하는 방법도 가능하지만, 불필요한 연산은 반복하지 않는 것이 좋습니다. 다만, 대괄호를 사용한 배열 요소 표현식이 익숙하다면 &pa[i]로 표현하는 것도 나쁘지 않습니다.

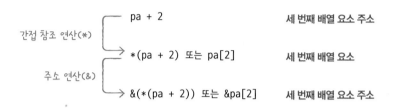

30행의 find_max 함수는 배열에서 가장 큰 값을 찾아 반환하는 함수입니다.

```
double find_max(double *pa, int size)        // 30행
```

우선 35행에서 첫 번째 배열 요소를 가장 큰 값으로 가정하고 변수 max에 저장합니다.

```
    max = pa[0];                             // 35행
```

그리고 38행에서 다른 배열 요소와 max의 값을 비교해 큰 값을 max에 저장합니다.

```
        if (pa[i] > max) max = pa[i];        // 38행
```

결국 나머지 배열 요소와 max의 값을 비교해 큰 값을 max에 저장하는 작업을 반복하면 모든 배열 요소 중에서 가장 큰 값이 max에 저장됩니다. 마지막으로 max 값을 반환해 호출한 곳에서 사용합니다. 예제에는 생략되었지만 필요하다면 배열의 값을 출력하는 함수도 만들 수 있습니다. 출력 함수는 여러분 스스로 한번 만들어 보길 바랍니다.

포인터가 알쏭달쏭.
9장부터 다시 볼까?

함수의 매개변수 자리에 배열을 선언하는 경우

함수의 매개변수 자리에 배열을 선언하면 배열의 저장 공간이 할당되지 않으며, 배열명은 컴파일 과정에서 첫 번째 배열 요소를 가리키는 포인터로 바뀝니다.

```
void func(int pa[5]) { ... }          →     void func(int *pa) { ... }
void func(int pa[10] { ... }          →     void func(int *pa) { ... }
void func(int pa[]) { ... }           →     void func(int *pa) { ... }
void func(double pa[5]) { ... }       →     void func(double *pa) { ... }
```

따라서 매개변수 자리에 선언된 배열에서 배열 요소의 개수는 의미가 없으며 생략도 가능합니다. 이런 자동 변환 기능 때문에 배열과 포인터에 대한 깊은 이해가 없어도 배열을 처리하는 함수를 쉽게 만들 수 있습니다. 즉, 함수의 매개변수에 처리할 배열과 같은 배열을 선언하고 함수 안에서 배열처럼 사용하면 됩니다. 컴파일러는 배열명을 자동으로 포인터로 바꾸고 모든 배열 요소를 사용할 수 있도록 포인터 연산을 수행합니다.

```
// 배열 선언과 함수 호출
int ary[5] = { 1, 2, 3, 4, 5 };
print_ary(ary);                       // 배열명을 주고 함수 호출

// 함수 정의
void print _ary(int pa[5])            // 매개변수 자리에 ary 배열과 같은 배열 선언
{
    int i;
    for (i = 0; i < 5; i++)
    {
        printf("%d ", pa[i]);         // *(pa + i) 연산으로 배열 요소의 값 출력
    }
}
```

매개변수 자리에 선언된 배열은 포인터로 바뀌므로 함수 안에서 sizeof 연산자로 배열의 크기를 알수 없습니다. 배열명에 sizeof 연산을 수행하면 단지 포인터 하나의 크기만 구해집니다. 따라서 배열 요소의 개수와 무관하게 배열을 처리하는 함수를 만들려면 반드시 배열 요소의 개수를 따로 받아야 합니다.

마무리

▶ 3가지 키워드로 끝내는 핵심 포인트

- **배열**을 **출력**하는 **함수**에 필요한 것은 배열명이다.

- **배열**에 **입력**하는 **함수**에 필요한 것도 배열명이다.

- 배열의 크기가 달라도 입출력을 할 수 있게 하려면 **배열 요소의 개수**를 알아야 한다.

▶ 표로 정리하는 핵심 포인트

표 10-2 배열에 입출력하는 함수

	배열을 출력하는 함수	배열에 입력하는 함수
호출	`int ary[5] = { 10, 20, 30, 40, 50 };` `print_ary(ary, 5);`	`int ary[5];` `input_ary(ary, 5);`

정의	`void print_ary(int *pa, int size)`
	`{`
	`    int i;`
	`    for (i = 0; i < size; i++)`
	`    {`
	`        printf("%d ", pa[i]);`
	`    }`
	`}`
		`void input_ary(int *pa, int size)`
		`{`
		`    int i;`
		`    for (i = 0; i < size; i++)`
		`    {`
		`        scanf("%d", pa + i);`
		`    }`
		`}`

▶ 확인 문제

지금까지 배열을 처리하는 함수를 살펴봤습니다. 예제에서 사용한 입출력 함수나 최댓값을 찾는 함수 외에도 초기화, 검색, 수정, 정렬 등 배열의 데이터를 다루는 다양한 함수를 만들 수 있습니다. 어떤 함수라도 만드는 원리는 같습니다. 배열명을 매개변수로 받고 포인터 연산을 통해 모든 배열 요소를 사용하는 방식입니다. 배열을 다루는 함수 문제를 풀면서 배운 내용을 확실히 기억하도록 합시다.

1. 다음과 같이 선언된 함수가 있을 때 함수의 호출이 적합하지 <u>않은</u> 것을 고르세요.

```
void func(int *p);
```

①
```
int ary[5];
func(ary);
```

②
```
int ary[] = { 1, 2, 3 };
func(ary);
```

③
```
double ary[5];
func(ary);
```

④
```
int ary[5];
func(ary + 2);
```

2. 다음은 각 달의 일수를 저장한 배열입니다. month[0]은 1월이며, 첨자가 순차적으로 증가할 때 월도 함께 증가합니다. month 배열의 값을 한 줄에 5개씩 출력하는 함수를 작성하세요.

```
int month[12] = { 31, 28, 31, 30, 31, 30, 31, 31, 30, 31, 30, 31 };

void print_month(int *mp)            // 배열명을 저장할 포인터
{
    int i;                           // 반복 제어 변수
    for                              // 출력 열두 번 반복
    {
        printf("%5d",        );      // 각 달의 일수 출력
                                     // 출력 개수가 5의 배수면 줄 바꿈
    }
}
```

후~ 힘들지? 이제 도전 실전 예제만 남았어! 힘내자!

▶ 도전 실전 예제

도전 로또 번호 생성 프로그램

1~45 중에 6개의 서로 다른 수를 배열에 입력하고 출력합니다. 입력한 수가 이미 저장된 수와 같으면 에러 메시지를 출력하고 다시 입력합니다. 다음 함수의 선언과 정의를 참고해 빈 부분을 채워 완성합니다.

```c
#include <stdio.h>

void input_nums(int *lotto_nums);        // 배열에 로또 번호를 입력하는 함수
void print_nums(int *lotto_nums);        // 배열에 저장된 값을 출력하는 함수

int main(void)
{
    int lotto_nums[6];          // 로또 번호를 저장할 배열

    input_nums(lotto_nums);     // 입력 함수 호출
    print_nums(lotto_nums);     // 출력 함수 호출
    return 0;
}

void input_nums(int *lotto_nums)
{



}

void print_nums(int *lotto_nums)
{



}
```

풀이가 궁금하다면?

실행결과 ✕

```
번호 입력 : 3 ↵
번호 입력 : 7 ↵
번호 입력 : 15 ↵
번호 입력 : 3 ↵
같은 번호가 있습니다!
번호 입력 : 22 ↵
번호 입력 : 35 ↵
번호 입력 : 40 ↵
로또 번호 : 3   7   15   22   35   40
```

Chapter

11

문자

11-1 아스키 코드 값과 문자 입출력 함수

핵심 키워드 `문자 상수` `아스키 코드 값` `%c 변환 문자` `getchar` `putchar`

문서를 편집하고 복사하는 프로그램은 문자열 데이터를 처리합니다. 문자열은 문자를 기초로 만들어지므로 문자열을 자유롭게 다루려면 문자에 관한 이해가 필수적입니다. 이 절에서는 문자의 표현과 연산, 입출력 등에 관해 살펴봅니다.

시작하기 전에

프로그램에서 문자를 사용할 때는 항상 양쪽에 작은따옴표를 붙입니다. 컴파일러는 a를 변수명으로 해석하는 반면, 'a'의 경우 문자 상수로 해석합니다. 그러나 이런 문자 표현법은 컴파일 후에는 약속된 정수 값인 아스키 코드 값으로 바뀌기 때문에 더 이상 의미가 없습니다.

예를 들어 문자 상수 'a'는 정수 값 97로 바뀝니다. 결국 문자는 메모리에 저장되는 방식이 정수와 같습니다. 따라서 int형 변수에 저장하고 정수처럼 연산할 수 있습니다. 즉, 문자 'a'를 %d로 출력하면 97을 출력하고, 반대로 정수 97을 %c로 출력하면 아스키 코드 값이 97인 문자를 출력합니다. 결론적으로 문자 상수 'a'와 정수 97은 같은 데이터며, 변환 문자열의 종류에 따라 출력 형태가 결정됩니다.

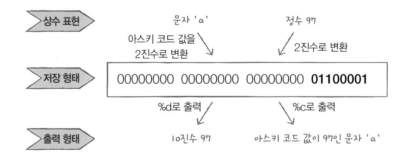

아스키 코드

아스키 코드는 128개의 문자를 0~127의 숫자 중에 각각 어떤 값으로 표현할지 정의한 것으로 이를 간단히 표로 요약하면 다음과 같습니다. 전체 아스키 코드 값은 부록을 참고하세요.

종류	문자 상수	아스키 코드 값	출력할 때
숫자 문자 (10개)	'0' ~ '9'	48 ~ 57	문자 출력
대문자 (26개)	'A' ~ 'Z'	65 ~ 90	문자 출력
소문자 (26개)	'a' ~ 'z'	97 ~ 122	문자 출력
특수 문자 (33개)	' '(공백), '$', '&' …	32, 36, 38 …	문자 출력
제어 문자 (33개)	'\0', '\t', '\n', '\r' ...	0, 9, 10, 13 …	제어 기능 수행

표를 통해 알 수 있는 아스키 코드 값의 특징은 다음과 같습니다.

- 알파벳과 숫자는 각각 연속된 아스키 코드 값을 갖는다.
- 소문자가 대문자보다 아스키 코드 값이 크다.
- 제어 문자는 백슬래시와 함께 표시하며 출력할 때 그 기능을 수행한다.

이런 아스키 코드 값의 특징을 활용해 대문자를 소문자로 바꾸는 예제를 살펴보겠습니다.

11-1 직접 해보는 손코딩

대문자를 소문자로 변경 소스 코드 예제11-1.c

```
01  #include <stdio.h>
02
03  int main(void)
04  {
05      char small, cap = 'G';                 // char형 변수 선언과 초기화
06
07      if ((cap >= 'A') && (cap <= 'Z'))   // 대문자 범위라면
08      {
09          small = cap + ('a' - 'A');       // 대/소문자의 차이를 더해 소문자로 변환
10      }
11      printf("대문자 : %c %c", cap,'\n');   // '\n'를 %c로 출력하면 줄이 바뀐다.
12      printf("소문자 : %c", small);
13
14      return 0;
15  }
```

> 📟 **실행결과**   ✕
>
> 대문자 : G
> 소문자 : g

5행은 문자를 저장하기 위해 char형 변수를 선언하고 초기화합니다.

```
    char small, cap = 'G';              // 5행
```

문자 상수는 4바이트의 크기를 갖지만 아스키 코드 값이 0~127의 범위에 있으므로 2진수로 바꾸면
왼쪽 3바이트는 모두 0이 되고 오른쪽 1바이트만 의미를 갖습니다. 따라서 문자는 1바이트 크기의
char형 변수에 저장해 사용할 수 있습니다. 컴파일러는 문자에서 아스키 코드 값을 갖는 오른쪽 1바
이트만 변수에 저장하고 남는 바이트는 버립니다.

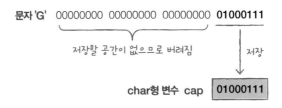

7행은 변수 cap에 저장된 문자가 대문자의 아스키 코드 값 범위에 속하는지 검사합니다. cap에 저장
된 문자 'G'의 아스키 코드 값은 71이고, 대문자 A(65)와 Z(90) 사이의 값이므로 if문의 조건식은
참이 됩니다.

```
    if ((cap >= 'A') && (cap <= 'Z'))            // 7행
```

결국 9행에서 cap에 저장된 대문자를 소문자로 바꾸어 변수 small에 저장하는데, 이때 소문자에서
대문자를 뺀 차를 활용합니다. 소문자는 대문자보다 아스키 코드 값이 크고 같은 문자끼리는 아스키
코드 값의 차가 일정하므로 'a' - 'A'의 값을 대문자 'G'에 더하면 소문자 'g'를 구할 수 있습니다.

```
    small = cap + ('a' - 'A');              // 9행
```

```
          a      b      c     ...     g     ...    z
        ┌→(97)  (98)   (99)        ┌→(103)       (122)
        │                          │
        │+32                       │+32
        │                          │
        └─ A      B      C    ...  └─ G     ...    Z
          (65)   (66)   (67)         (71)         (90)
```

note 아스키 코드에서 알파벳 대문자가 소문자보다 먼저 위치하는 점을 이용한 계산법입니다.

제어 문자를 프로그램에서 상수로 쓸 때는 백슬래시와 제어 기능을 암시하는 문자를 함께 사용합니다. 즉, 줄을 바꾸는 문자는 new line의 n을 따서 '\n'과 같이 표현합니다. 제어 문자는 형태가 없으므로 %c로 출력하면 해당 제어 기능이 수행됩니다. 따라서 11행은 cap에 저장된 문자를 출력한 후 줄을 바꿉니다.

```
printf("대문자 : %c %c", cap,'\n');      // 11행. '\n'를 %c로 출력하면 줄이 바뀐다.
```

note 제어 문자는 데이터 통신에 쓰이거나 화면의 출력 위치를 조정합니다. 2장 〈제어 문자의 종류〉(62쪽)를 참고하세요.

scanf 함수를 사용한 문자 입력

scanf 함수로 문자를 입력할 때는 %c 변환 문자를 사용합니다. %c는 알파벳이나 숫자 모양의 문자 등 형태가 있는 문자를 입력하지만 공백space이나 탭 문자tab, 개행 문자enter 와 같은 제어 문자도 입력하므로 주의해야 합니다.

%c 변환 문자는 공백, 탭, 개행 문자도 입력한다.

이들 세 문자는 숫자를 입력할 때 값을 구분하기 위해 사용되지만, 문자를 입력할 때는 그 자체가 하나의 입력 데이터가 됩니다. 간단한 예제를 통해 확인해 보겠습니다.

11-2 직접 해보는 손코딩

공백이나 제어 문자의 입력 소스 코드 예제11-2.c

```
01  #include <stdio.h>
02
03  int main(void)
04  {
05      char ch1, ch2;
06
07      scanf("%c%c", &ch1, &ch2);
        // 2개의 문자를 연속 입력
08      printf("[%c%c]", ch1, ch2);
        // 입력된 문자 출력
09
10      return 0;
11  }
```

a와 b를 연속으로 입력하고 ①
Enter 를 치는 경우

💻 실행결과1   ✕
>ab ⏎
[ab]

a와 공백(▌)을 연속으로 ②
입력하고 Enter 를 치는 경우

💻 실행결과2   ✕
>a▌ ⏎
[a]

a만 입력하고 Enter 를 ③
치는 경우

💻 실행결과3   ✕
>a ⏎
[a
]

실행결과1에서는 문자 'a'와 'b'가 차례로 변수 ch1과 ch2에 저장됩니다.

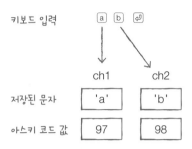

실행결과2에서는 문자 'a'가 ch1에 저장되고 공백 문자가 ch2에 저장됩니다. 실행결과의 대괄호 안에 공백이 출력된 것을 확인할 수 있습니다.

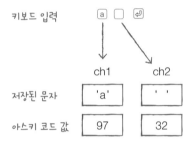

실행결과3에서는 'a'만 입력하고 바로 Enter 를 눌렀지만, Enter 에 해당하는 문자인 개행 문자('\n')가 변수 ch2에 저장됩니다. 따라서 8행에서 ch1에 입력된 문자 'a'가 출력되고 바로 ch2에 저장된 개행 문자가 출력되므로 줄이 바뀝니다.

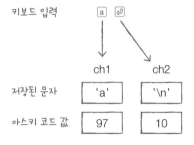

제어 문자를 %c로 출력하면 제어 문자의 기능을 수행하므로 문자의 존재를 느끼지 못할 수 있습니다. 이때 %d를 써서 각 변수에 저장된 문자의 아스키 코드 값을 출력하면 입력된 문자를 명확히 확인할

수 있습니다. 공백 문자는 아스키 코드 값 32, 개행 문자는 10을 출력합니다. 8행을 다음과 같이 수정하고 직접 실행해 보세요.

```
printf("%d, %d", ch1, ch2);          // 세 번째 실행 예의 출력 결과는 97, 10
```

결국 여러 개의 문자를 입력할 때 데이터를 구분하기 위해 칸을 띄우거나 Tab 을 사용하면 공백 문자나 탭 문자가 데이터로 입력될 수 있음을 기억해 두세요.

Space Bar , Tab , Enter 를 눌렀을 때 입력되는 문자를 묶어 **화이트 스페이스**white space 라고 부릅니다. 화이트 스페이스는 %d, %lf, %s와 같은 변환 문자로 숫자나 문자열을 입력할 때는 데이터를 구분하는 용도로 쓰이며, 그 자체가 데이터로 입력되지는 않습니다.

예를 들어 2개의 int형 변수에 정수를 동시에 입력하는 경우를 생각해 보겠습니다.

```
int a, b;                            // 2개의 int형 변수
scanf("%d %d", &a, &b);              // 두 변수에 동시 입력
```

scanf 함수가 호출되어 키보드로 '10(공백)20'과 같이 입력하면 중간에 있는 공백 문자는 10과 20을 구분하는 용도로만 쓰입니다. 공백은 숫자가 될 수 없기 때문입니다. 그러나 %c는 문자를 입력하므로 화이트 스페이스도 입력 대상이 됩니다.

scanf 함수는 %c 앞에 화이트 스페이스를 사용하면 문자도 분리해 입력할 수 있는 특별한 기능이 있습니다. 만약 화이트 스페이스를 제외한 문자들만 입력하고 싶다면 %c 앞에 화이트 스페이스 중 아무거나 하나를 추가합니다. 공백을 사용하는 것이 가장 쉬우므로 보통 한 칸을 띄워 줍니다.

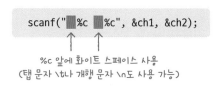

이 경우 scanf 함수는 입력 문자 중에서 화이트 스페이스는 무시하고 그 외의 문자만 입력합니다. 예를 들어 'a(공백)b'와 같이 입력하면 ch1에는 a가 입력되고, ch2에는 공백이 아닌 b가 입력됩니다. 중간에 공백을 여러 개 넣어 입력해도 모두 무시되므로 결과는 같습니다.

+ 여기서 잠깐 | **scanf 함수로 문자를 입력할 때 주의할 점**

scanf 함수는 입력한 문자를 메모리의 1바이트 공간에 저장하도록 설계되었으므로 int형 변수를 사용하면 나머지 3바이트에 있는 쓰레기 값으로 인해 입력한 문자의 아스키 코드 값을 바로 사용할 수 없게 됩니다.

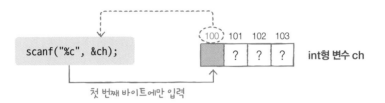

이 경우 입력한 int형 변수를 별도의 char형 변수에 대입해 입력한 문자만을 사용하도록 해야 하는데, 결국 문자를 입력하는 경우에는 가능한 한 char형 변수를 사용하는 것이 좋습니다.

getchar, putchar 함수

scanf 함수는 문자뿐 아니라 숫자도 입력하는 기능이 포함되어 있으므로 문자만 입력하는 함수에 비해 크기가 큽니다. printf 함수도 마찬가지입니다. 따라서 문자만 입출력하는 경우는 문자 전용 함수를 쓰는 것이 효율적입니다. getchar 함수와 putchar 함수는 문자 전용 입출력 함수로 원형은 다음과 같습니다.

```
int getchar(void);    ←── 매개변수가 없고 입력한 문자를 반환합니다.
int putchar(int);     ←── 출력할 문자를 인수로 줍니다.
```

간단한 예제를 통해 사용법을 익혀 보겠습니다.

11-3 직접 해보는 손코딩

getchar 함수와 putchar 함수 사용   소스 코드   예제11-3.c

```
01  #include <stdio.h>
02
03  int main(void)
04  {
05      int ch;              // 입력 문자를 저장할 변수
06
07      ch = getchar();      // 함수가 반환하는 문자를 바로 저장
08      printf("입력한 문자 : ");
```

```
09        putchar(ch);              // 입력한 문자 출력
10        putchar('\n');            // 개행 문자 출력
11
12        return 0;
13    }
```

실행결과 ✕

A ↵
입력한 문자 : A

getchar 함수는 매개변수가 없으므로 괄호만 사용해 호출합니다. 호출
된 함수는 키보드로 입력한 문자의 아스키 코드 값을 반환하므로 반환값은
int형 변수로 받습니다. 반환값은 필요에 따라 char형 변수나 배열에 옮겨
문자나 문자열로 사용합니다. getchar 함수는 scanf 함수와 마찬가지로
공백 문자, 탭 문자, 개행 문자도 입력하는데 이들 문자를 제외하는 옵션은
없습니다.

getchar의 반환형이
int인 이유는?

putchar 함수는 문자 상수나 문자의 아스키 코드 값을 인수로 주면 해당 문자를 화면에 출력합니다.
그리고 출력한 문자를 다시 반환하며, 출력 과정에서 에러가 발생하면 −1을 반환합니다.

✚ 여기서 잠깐   **getchar 함수의 반환형이 int형인 이유는 무엇일까요?**

getchar 함수의 반환형이 int형인 이유는 문자 이외의 값도 반환하기 때문입니다. 문자의 입력을 끝내기 위해 Ctrl
+Z를 누르면 −1을 반환하는데, 이 값을 문자와 정확히 구분하기 위해 반환형으로 int형을 사용해야 합니다. 키보드에
서만 입력한다면 반환형이 char형이라도 반환되는 문자와 −1을 구분할 수 있습니다. 키보드에서는 아스키 문자만 입력할
수 있고 아스키 코드 값의 범위가 0~127이므로 −1과 겹치지 않기 때문입니다. 그러나 데이터를 입력하는 경로가 키보드
가 아닌 파일로 바뀌고 반환하는 값이 255라면 파일의 데이터를 모두 읽은 경우 반환하는 −1과 구분이 불가능할 수 있습
니다. −1은 모든 비트가 1인 상태로 저장되므로 1바이트 크기의 공간에서는 255와 −1을 표현하는 비트열이 같기 때문입
니다.

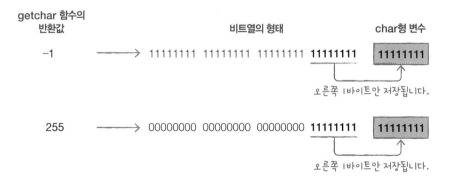

따라서 문자를 반복 입력하는 경우 반환값을 일단 int형 변수에 저장하고 −1과 비교한 후에 −1이 아니면 별도의 char형
변수에 옮겨 사용하는 것이 좋습니다.

11-1 | 아스키 코드 값과 문자 입출력 함수   **329**   고급편

▶ 5가지 키워드로 끝내는 핵심 포인트

- 모든 **문자 상수**는 **아스키 코드** 값으로 바뀌어 숫자로 저장되고 연산된다.

- **%c 변환 문자**는 화이트 스페이스(공백 문자, 탭 문자, 개행 문자)도 입력하며, **%c** 앞에 공백을 사용하면 화이트 스페이스를 입력에서 제외할 수 있다.

- **getchar, putchar** 함수는 문자 전용 입출력 함수이다.

▶ 표로 정리하는 핵심 포인트

표 11-1 문자 입출력 함수

구분	사용 예	기능
입력	char ch; scanf("%c", &ch);	char형 변수 사용 %c 변환 문자로 입력 공백 문자, 탭 문자, 개행 문자도 입력
	int ch; ch = getchar( );	int형 변수 사용 입력 문자의 아스키 코드 값 반환 공백 문자, 탭 문자, 개행 문자도 입력
출력	printf("%c", ch); putchar(ch);	%c 변환 문자 사용 문자 출력 전용 함수, 출력할 문자 전달

변환 문자를 다시 볼까?
3장에서 다루고 있어!

▶ 확인 문제

지금까지 문자를 구현하는 방법인 아스키 코드 값에 관해 살펴보고 문자를 입출력하는 함수인 scanf와 getchar, putchar 함수에 관해 배웠습니다. 이제 문제를 풀면서 지금까지 배운 함수의 사용법을 자신만의 것으로 만들어 봅시다.

1. 다음 중 값이 <u>같은</u> 것을 모두 고르세요(부록의 아스키 코드표를 참고합니다).

① 'a'   ② 'A' − 32   ③ 'b' − 1

④ 'A' + ('b' − 'B')   ⑤ 97 − '0'   ⑥ 97

2. 키보드로 입력받은 문자의 아스키 코드 값을 출력하는 프로그램이 완성되도록 빈칸을 채우세요.

```c
#include <stdio.h>
int main(void)
{
    char ch;

    printf("문자 입력 : ");
    ▆▆▆▆▆▆▆▆▆▆▆▆▆▆▆▆▆▆▆        // 문자 입력
    ▆▆▆▆▆▆▆▆▆▆▆▆▆▆▆▆▆▆▆        // %d로 아스키 코드 값 출력
    return 0;
}
```

```
💻 실행결과1                    ✕
문자 입력 : Q ⏎
Q문자의 아스키 코드 값 : 81
```

11-2 버퍼를 사용하는 입력 함수

핵심 키워드

scanf 함수   버퍼   EOF

scanf나 getchar 함수와 같은 표준 입력 함수는 키보드로부터 입력된 데이터를 버퍼를 거쳐 처리합니다. 따라서 함수를 제대로 사용하려면 버퍼에 대한 이해가 필요합니다. 이 절에서는 버퍼의 존재와 함수가 버퍼를 사용하는 방법에 관해 살펴봅니다.

시작하기 전에

scanf 함수가 문자를 입력하는 과정을 이해하면 함수를 정확히 사용할 수 있고 예상치 못한 에러를 빠르게 고칠 수 있습니다. 쉽지 않은 내용이라 그동안 미뤄 뒀던 얘기인데 이제는 꺼내야 할 때가 된 것 같습니다.

버퍼는 프로그램에서 직접 할당하는 것이 아니라, 프로그램을 실행하는 중에 운영체제가 자동으로 할당하는 메모리의 저장 공간입니다. 키보드로 입력하는 데이터는 일단 버퍼에 저장된 후 scanf 함수에 의해 변수에 입력됩니다.

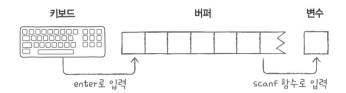

scanf 함수가 문자를 입력하는 과정

버퍼는 데이터를 보관하는 역할을 하므로 최초 입력할 때 필요한 데이터를 한꺼번에 저장해 놓으면 scanf 함수는 호출 즉시 버퍼에서 데이터를 가져올 수 있습니다. 버퍼를 사용하는 입력 예를 [11-4 직접 해보는 손코딩]을 통해 살펴보겠습니다.

11-4 직접 해보는 손코딩

버퍼를 사용하는 문자 입력　　소스 코드　예제11-4.c

```
01  #include <stdio.h>
02
03  int main(void)
04  {
05      char ch;
06      int i;
07
08      for (i = 0; i < 3; i++)        // 세 번 반복
09      {
10          scanf("%c", &ch);          // 문자 입력
11          printf("%c", ch);          // 입력된 문자 출력
12      }
13
14      return 0;
15  }
```

실행결과 ✕
```
tiger ⏎
tig
```

이 예제는 문자를 입력하고 화면에 출력하는 과정을 세 번 반복합니다. 그러나 실행결과는 한 번의 키보드 입력으로 끝납니다. 최초 scanf 함수가 호출될 때 키보드로 문자열을 입력하면 일단 버퍼에 저장한 후 첫 번째 문자만 변수에 저장합니다. 두 번째 scanf 함수 호출부터는 버퍼에 남아 있는 문자열에서 차례로 다음 문자를 가져오므로 결국 새로운 키보드 입력이 필요 없습니다. 물론 scanf 함수가 버퍼에 저장된 데이터를 모두 가져온다면 키보드에서 추가로 데이터를 입력해야 합니다.

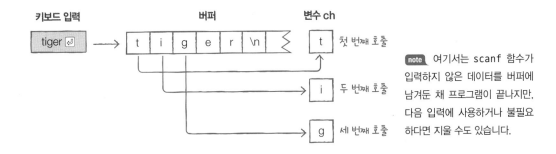

note 여기서는 scanf 함수가 입력하지 않은 데이터를 버퍼에 남겨둔 채 프로그램이 끝나지만, 다음 입력에 사용하거나 불필요하다면 지울 수도 있습니다.

데이터의 입력 방식과 관련해 기억해야 할 내용이 있습니다. 입력 데이터는 Enter 를 누르는 순간 버퍼에 저장되며 개행 문자도 함께 저장됩니다. 따라서 버퍼에 있는 개행 문자도 하나의 데이터로 입력될 수 있으며 이를 활용한 프로그래밍도 가능합니다. 개행 문자가 나올 때까지 문자를 반복적으로 입력해 출력하면 키보드로 입력한 한 줄의 데이터를 길이와 상관없이 화면에 출력할 수 있습니다.

```
while (1)
{
    scanf("%c", &ch);          // 버퍼에서 한 문자를 입력받음
    if (ch == '\n') break;     // 개행 문자인 경우 반복 종료
    printf("%c", ch);          // 입력한 문자 출력
}
```

✚ 여기서 잠깐 ┃ 입출력 함수가 버퍼를 사용하면 좋은 점

첫째, 데이터를 안정적으로 입력받을 수 있습니다.
버퍼는 운영체제에 따라 크기가 다를 수 있지만, 일정 크기의 연속된 저장 공간입니다. 따라서 키보드로 데이터를 입력하면 우선 저수조와 같은 역할을 하는 버퍼에 저장됩니다. 프로그램이 다른 일을 하느라 해당 입력을 즉시 받지 못해도 데이터가 사라지지 않아 안정적입니다.

둘째, 입력장치와 독립적으로 사용할 수 있습니다.
scanf 함수는 키보드와 직접 연결되지 않고 정해진 크기와 형태를 가진 버퍼에서 입력을 받습니다. 따라서 입력장치가 바뀌더라도 함수를 수정하지 않고 사용할 수 있습니다. 버퍼와 입력장치를 연결하는 작업은 운영체제가 담당합니다.

scanf 함수 반환값 활용

프로그램의 사용자가 키보드로 한 줄을 입력하고 끝내려면 Enter 를 누르면 됩니다. 그런데 개행 문자 또한 하나의 입력 데이터로 쓴다면 입력을 종료하는 별도의 신호가 필요합니다. 이때 scanf 함수의 반환값을 사용합니다.

scanf 함수는 키보드로 Ctrl + Z 를 누르면 −1을 반환합니다. 운영체제에 따라 키보드 입력 방식이 달라질 수 있는데 Ctrl + Z 를 누르고 Enter 를 누른 후 Ctrl + Z 를 한 번 더 입력해야 −1이 반환될 수 있습니다. 또한 유닉스나 리눅스 시스템에서는 Ctrl + D 를 사용합니다. 결국 scanf 함수가 −1을 반환하기 전까지 반복 입력하면 개행 문자를 포함한 모든 문자를 데이터로 사용할 수 있습니다.

입력 문자의 아스키 코드 값을 출력하는 프로그램 소스 코드 예제11-5.c

```c
01  #include <stdio.h>
02
03  int main(void)
04  {
05      int res;                    // scanf 함수의 반환값을 저장할 변수
06      char ch;                    // 문자를 입력할 변수
07
08      while (1)
09      {
10          res = scanf("%c", &ch);  // 문자 입력, <Ctrl> + <Z>를 누르면 -1 반환
11          if (res == -1) break;    // 반환값이 -1이면 반복 종료
12          printf("%d ", ch);       // 입력된 문자의 아스키 코드 값 출력
13      }
14
15      return 0;
16  }
```

```
📄 실행결과                           ✕

A ⏎
65 10 cat ⏎
99 97 116 10 Ctrl+Z ⏎
Ctrl+Z ⏎
```

note 실습 환경이 윈도우 10인 경우 Ctrl+Z를 누르고 Enter를 누른 후에 Ctrl+Z를 한 번 더 입력해야 -1이 반환됩니다.

scanf 함수는 기본적으로 입력한 값의 개수를 반환합니다. 즉, 10번 행에서 문자를 제대로 입력한 경우 1을 반환합니다. 그러나 Ctrl과 Z를 동시에 누르면 -1을 반환합니다. 따라서 반환값을 조건식에 사용하면 Ctrl+Z를 누를 때까지 입력하는 모든 문자의 아스키 코드 값을 출력할 수 있습니다.

실행결과의 입력과 출력은 Enter를 기준으로 반복됩니다. 첫 번째 행의 입력은 두 번째 행에서 아스키 코드 값을 출력하고 새로운 입력을 기다립니다. 입력한 데이터는 Enter를 누르는 순간 버퍼로 저장되고 반복문이 수행되면서 버퍼의 문자를 하나씩 가져다 아스키 코드 값을 출력합니다. 버퍼의 데이터를 모두 처리하면 다시 키보드로부터 새로운 데이터를 입력받기 위해 대기 상태가 됩니다. 두 번째 행의 입력도 같습니다. 마지막으로 Ctrl+Z를 누르면 scanf 함수는 -1을 반환하고 if문의 조건식이 참이 되어 반복을 종료합니다.

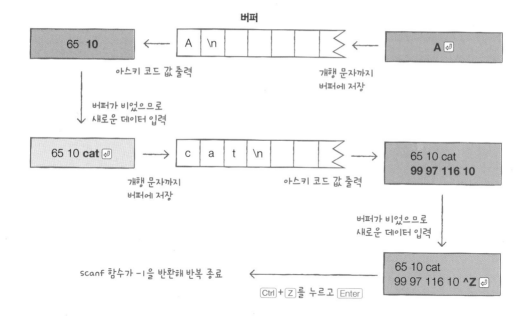

키보드로 숫자를 입력하는 경우에도 일단 문자열의 형태로 버퍼에 저장됩니다. 그 후에 문자열이 실제 연산이 가능한 값으로 변환되어 변수에 저장됩니다. 예를 들어 int형 변수 a에 20을 입력하는 경우 문자 '2'와 '0'이 각각 아스키 코드 값으로 코드화되어 버퍼에 저장됩니다. 그 후에 변환 문자의 지시에 따라 연산이 가능한 숫자로 변환되어 변수에 저장됩니다.

> scanf 함수가 숫자를 입력하는 과정에서도 버퍼를 사용한다.

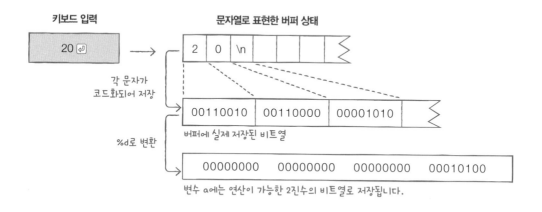

결국 변환 문자는 코드화된 문자열을 숫자로 변환하는 방법을 scanf 함수에 알려 주는 역할을 합니다. 만약 같은 입력에 대해 %lf 변환 문자를 쓰고 실수형 변수에 입력한다면 버퍼에 저장된 상태는 같지만 IEEE 754 표준에 따라 변환되므로 변수에 저장되는 비트열의 크기와 형태는 달라집니다.

✚ 여기서 잠깐   **scanf 함수의 반환값과 비교하는 값 EOF**

scanf 함수의 반환값과 비교하는 값으로 −1대신 EOF를 쓸 수 있습니다.

앞서 [11-5 직접 해보는 손코딩]의 첫 번째 행에 사용한 stdio.h 헤더 파일에는 소스 코드에 있는 EOF라는 이름을 −1로 바꾸는 전처리 지시자가 있습니다(전처리에 관한 내용은 19장에서 별도로 다룹니다). 따라서 다음과 같이 작성하는 것도 가능합니다.

```
res = scanf("%c", &ch);        // scanf 함수의 반환값을 res에 저장
if (res == EOF) break;         // EOF는 -1로 바뀌므로 결국 res와 -1을 비교한다.
```

EOF는 End Of File의 뜻이므로 −1 대신에 입력의 끝을 의미하는 이름으로 EOF를 사용하면 좀 더 읽기 쉬운 코드를 작성할 수 있습니다.

getchar 함수를 사용한 문자열 입력

getchar 함수도 버퍼를 사용하는 문자 입력 함수입니다. getchar 함수를 반복 사용하면 한 줄의 문자열을 char 배열에 입력할 수 있습니다. 예제를 통해 문자열 입력 과정을 살펴보겠습니다.

11-6   직접 해보는 손코딩

getchar 함수를 사용한 문자열 입력   소스 코드 예제11-6.c

```c
01  #include <stdio.h>
02
03  void my_gets(char *str, int size);
04
05  int main(void)
06  {
07      char str[7];                        // 문자열을 저장할 배열
08
09      my_gets(str, sizeof(str));          // 한 줄의 문자열을 입력하는 함수
10      printf("입력한 문자열 : %s\n", str);   // 입력한 문자열 출력
11
12      return 0;
13  }
14
15  void my_gets(char *str, int size)       // str은 char 배열, size는 배열의 크기
16  {
17      int ch;                             // getchar 함수의 반환값을 저장할 변수
```

```
18      int i = 0;                              // str 배열의 첨자
19
20      ch = getchar();                         // 첫 번째 문자 입력
21      while ((ch != '\n') && (i < size -1))   // 배열의 크기만큼 입력
22      {
23          str[i] = ch;        // 입력한 문자를 배열에 저장
24          i++;                // 첨자 증가
25          ch = getchar();     // 새로운 문자 입력
26      }
27      str[i] = '\0';          // 입력된 문자열의 끝에 널 문자를 저장
28  }
```

실행결과1 ✕

a boy ⏎
입력한 문자열 : a boy

실행결과2 ✕

Be happy! ⏎
입력한 문자열 : Be hap

이 예제에서는 getchar 함수를 사용해 키보드로 입력한 한 줄의 문자열을 char 배열로 저장합니다. 단, 배열의 크기를 넘는 문자열을 입력한 경우도 배열의 크기만큼만 입력하도록 작성해 할당되지 않은 메모리를 침범하지 않도록 작성합니다. 또한 크기가 다른 배열에도 사용할 수 있도록 함수로 만듭니다.

9행이 함수를 호출하는 부분이며 문자열을 저장할 배열명과 배열의 크기를 인수로 줍니다.

```
my_gets(str, sizeof(str));          // 9행
```

함수 안에서는 20행에서 최초로 문자를 입력하는데 이때 키보드로 한 줄의 데이터를 모두 입력해 버퍼에 저장해 둡니다. 이후 getchar 함수를 반복 사용해 버퍼로부터 문자를 하나씩 가져와 배열에 차례로 저장합니다.

```
ch = getchar();                     // 20행
```

입력 버퍼 지우기

scanf와 getchar 함수는 같은 버퍼를 사용하며 입력 데이터를 공유합니다. 따라서 앞서 실행한 입력 함수가 버퍼에 남겨 둔 데이터를 그 이후에 수행되는 함수가 잘못 가져갈 가능성이 있습니다. 따라서 버퍼에 남아 있는 불필요한 데이터는 미리 제거하는 것이 좋습니다.

입력 버퍼의 내용을 지우는 건 간단합니다. 버퍼에 남아 있는 문자들을 모두 입력해서 사용하지 않고 버리면 됩니다.

버퍼의 내용을 지워야 하는 경우   소스 코드 예제11-7.c

```c
01  #include <stdio.h>
02
03  int main(void)
04  {
05      int num, grade;              // 학번과 학점을 저장할 변수
06
07      printf("학번 입력 : ");
08      scanf("%d", &num);           // 학번 입력
09      getchar();                   // 버퍼에 남아 있는 개행 문자 제거
10      printf("학점 입력 : ");
11      grade = getchar();           // 학점 입력
12      printf("학번 : %d, 학점 : %c", num, grade);
13
14      return 0;
15  }
```

> 🖥 **실행결과**   ✕
>
> 학번 입력 : 315 ⏎
> 학점 입력 : A ⏎
> 학번 : 315, 학점 : A

8행에서 scanf 함수는 일단 버퍼로부터 입력을 시도하지만, 처음에는 버퍼가 비어 있으므로 키보드로부터 입력받기 위해 대기합니다. 여기서 315를 입력하고 Enter를 누르면 315와 개행 문자가 함께 버퍼에 저장됩니다. 그 후 문자열 "315"는 정수로 변환되어 변수 num에 저장되고 버퍼에는 개행 문자만 남습니다. 이 개행 문자가 이후의 입력에 영향을 줄 수 있으므로 9행과 같이 getchar 함수를 추가로 호출해 버퍼에 남아 있던 개행 문자를 제거해야 합니다.

```c
scanf("%d", &num);           // 8행. 학번 입력
getchar();                   // 9행. 버퍼에 남아 있는 개행 문자 제거
```

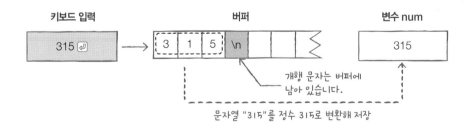

버퍼가 비어 있으면 다시 키보드로부터 입력을 시도해 학점을 제대로 입력할 수 있습니다. 만약 9행에서 버퍼의 개행 문자를 제거하지 않으면 버퍼에 있는 개행 문자를 11행에서 호출되는 getchar 함수가 가져갑니다. 따라서 학점을 추가로 입력받지 못하고 프로그램이 계속 진행되며 grade에 저장된 개행 문자는 12행에서 출력되어 줄이 바뀌게 됩니다.

```
    grade = getchar();                              // 11행. 학점 입력
    printf("학번 : %d, 학점 : %c", num, grade);       // 12행
```

9행이 없을 때 출력 결과는 다음과 같습니다.

```
📄 실행결과                                                              ✕

학번 입력 : 315 ⏎
학점 입력 : 학번 : 315, 학점 :   ←── 학점을 입력할 수 없고 학점을 출력할 곳에서 줄이 바뀜
_   ←── 커서가 다음 줄로 내려옴
```

➕ **여기서 잠깐** ┃ **stdin과 stdout**

문자 입출력 함수에는 fgetc와 fputc도 있습니다. 이들은 호출할 때 추가적인 인수가 필요한데 fgetc는 stdin을 주고 fputc는 stdout을 줍니다. 별도로 인수를 주는 것 외에는 getchar, putchar 함수와 기능은 같습니다. stdin은 standard input의 의미로 표준 입력장치인 키보드와 연결된 버퍼의 이름이고 stdout은 출력 버퍼의 이름입니다. 정확한 의미는 18장 〈파일 입출력〉에서 자세히 다루며 fgetc와 fputc 함수의 경우 이 절의 〈마무리〉에 있는 표 11-2에서 다시 정리합니다.

마무리

▶ 3가지 키워드로 끝내는 핵심 포인트

• scanf 함수가 데이터를 입력할 때는 가장 먼저 버퍼의 상태를 확인한다.

• 버퍼에 저장되는 데이터의 끝에는 항상 개행 문자가 있다.

• scanf 함수 사용 중 Ctrl + Z 를 누르면 EOF(−1)를 반환한다.

▶ 표로 정리하는 핵심 포인트

표 11-2 입출력 버퍼의 이름을 직접 사용하는 함수

구분	함수 사용법	기능
입력	int ch; ch = fgetc(stdin);	int형 변수에 입력 공백 문자, 탭 문자, 개행 문자도 입력 입력 문자의 아스키 코드 값 반환 입력 버퍼 stdin 사용
출력	fputc(ch, stdout);	문자 출력 전용 함수 출력할 문자와 출력 버퍼 stdout 사용

문제 몇 개만
풀고 쉬자.

▶ 확인 문제

지금까지 입출력 과정에서 쓰이는 버퍼의 존재와 함수가 버퍼를 사용하는 방법을 살펴봤습니다. 여러 함수가 버퍼를 함께 사용하므로 버퍼를 통해 불필요한 데이터가 공유되지는 않는지 살펴볼 필요가 있습니다. 문제를 풀면서 버퍼에 관해 배운 내용을 정리해 보겠습니다.

1. 키보드로 데이터를 입력할 때 버퍼에 남아 있는 데이터를 모두 지우는 방법으로 적당한 것을 고르세요.

① `fflush(stdout);`   ② `while (getchar() != '\n');`

③ `fgetc(stdin);`   ④ `scanf("%c", &ch);`

2. 키보드로부터 하나의 문자를 입력받는 방법 중 적절하지 <u>못한</u> 것을 고르세요.

```
char ch;
int num;
```

① `num = getchar();`   ② `ch = scanf("%c");`

③ `ch = fgetc(stdin);`   ④ `scanf("%c", &ch);`

⑤ `getchar(&ch);`   ⑥ `scanf("%c", &num);`

3. 다음의 키보드로 입력한 문장에서 소문자의 개수를 세어 출력하는 프로그램이 완성될 수 있도록 빈칸을 채우세요.

```
#include <stdio.h>
int main(void)
{
    int ch;           // 문자를 입력할 변수
    int cnt = 0;      // 소문자의 개수를 셀 변수
    ch = getchar();

    while (ch !=          )
    {
        if (                        ) cnt++;
```

```
        ch = getchar();
    }

    printf("소문자의 개수 : %d\n", cnt);

    return 0;
}
```

실행결과   ✕

HonGongClove ↵
소문자의 개수 : 9

▶ 도전 실전 예제

도전 길이가 가장 긴 단어 찾기

키보드로 입력한 단어 중에서 길이가 가장 긴 단어의 길이를 출력합니다. 한 줄에 하나의 단어만
입력하며 Ctrl + Z 를 누를 때까지 입력한 단어 중에서 길이가 가장 긴 단어의 길이를 출력합니
다. 배열은 사용하지 않고 작성합니다.

실행결과   ✕

```
apple ↵
kiwi ↵
strawberry ↵
mango ↵
^Z ↵
가장 긴 단어의 길이 : 10
```

풀이가 궁금하다면?

나도 이제 scanf 외에도
다른 입력 방법이 있다는
사실쯤은 안다고.

Chapter

12

문자열

`문자열` `scanf` `gets` `fgets`

포인터와 관계가 깊다 보니 문자열을 잘못 사용하면 에러가 발생했을 때 그 원인을 찾기 어렵습니다. 따라서 문자열을 자신 있게 다루려면 문자열의 구현 방법을 정확히 이해해야 합니다. 이 절에서는 문자열의 정체를 파헤치고 포인터로 문자열을 다루는 방법을 살펴봅니다.

시작하기 전에

지금까지는 printf("%s", "apple");을 만났을 때 자연스럽게 apple이 출력된다고 생각했습니다. 만약 "apple"이 각 문자 'a', 'p' 등을 가진 배열이라면 어떨까요? 당연히 배열명을 사용할 것이고 실제로는 배열의 시작 위치를 가지고 출력하게 됩니다. 배열이 아닌 문자열을 직접 출력하는 경우도 마찬가지입니다. 컴파일 과정에서 문자열은 첫 번째 문자의 주소로 둔갑하고 그 이후에는 배열을 출력하는 것과 같은 과정을 거칩니다.

> 문자열은 배열의 구조를 가지며 첫 번째 문자의 주소로 쓰인다.

```
printf("%s", "apple");
```

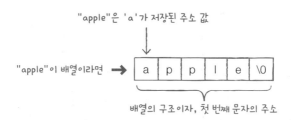

"apple"은 'a'가 저장된 주소 값

"apple"이 배열이라면 → | a | p | p | l | e | \0 |

배열의 구조이자, 첫 번째 문자의 주소

문자열 상수 구현 방법

문자열의 크기는 일정하지 않습니다. 따라서 컴파일러는 문자열 상수를 독특한 방법으로 처리합니다. 컴파일 과정에서 문자열을 char 배열 형태로 따로 보관하고 문자열 상수가 있던 곳에는 배열의 위치 값을 사용합니다. 예를 들어 문자열 "apple"은 문자 'a'가 저장된 메모리의 주소 값으로 바뀝니다. 예제를 통해 확인해 보겠습니다.

12-1 직접 해보는 손코딩

문자열 상수가 주소란 증거　소스 코드　예제12-1.c

```
01  #include <stdio.h>
02
03  int main(void)
04  {
05      printf("apple이 저장된 시작 주소 값 : %p\n", "apple");        // 주소 값 출력
06      printf("두 번째 문자의 주소 값 : %p\n", "apple" + 1);         // 주소 값 출력
07      printf("첫 번째 문자 : %c\n", *"apple");                     // 간접 참조 연산
08      printf("두 번째 문자 : %c\n", *("apple" + 1));               // 포인터 연산식
09      printf("배열로 표현한 세 번째 문자 : %c\n", "apple"[2]);      // 배열 표현식
10
11      return 0;
12  }
```

```
실행결과                                              ✕
apple이 저장된 시작 주소 값 : 00007FF68A3F9CF8
두 번째 문자의 주소 값 : 00007FF68A3F9CF9
첫 번째 문자 : a
두 번째 문자 : p
배열로 표현한 세 번째 문자 : p
```

5행은 문자열이 저장된 곳의 위치 값을 출력합니다. 문자열 "apple"은 배열 형태로 따로 저장되고 printf 함수의 인수로 그 첫 번째 문자의 주소가 사용됩니다. printf 함수에서 %p로 출력하면 그 값을 16진수로 확인할 수 있습니다. p는 주로 포인터를 출력할 때 사용하는 변환 문자며 포인터 값을 16진수 대문자로 출력합니다.

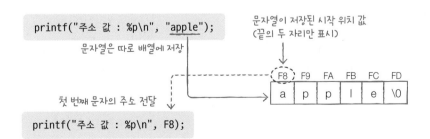

결국 문자열은 컴파일 과정에서 char 변수의 주소로 바뀌므로 직접 포인터 연산을 수행할 수 있습니다. 6행처럼 정수를 더하면 다음 문자의 주소를 구할 수 있고 7행과 같이 간접 참조 연산을 수행하면 첫 번째 문자가 됩니다. 9행과 같이 배열명처럼 사용하는 것도 가능합니다. 단, 반드시 명심해야 할 점이 있습니다.

주의 **주소로 접근해서 문자열을 바꿔서는 안 됩니다.** 즉, `*"apple" = 't';`와 같이 첫 번째 문자가 저장된 공간에 다른 문자를 대입해 그 값을 바꾸려는 시도는 위험합니다. 연산 자체는 문제가 없으므로 정상적으로 컴파일되지만, 실행할 때 운영체제에 의해서 강제 종료될 가능성이 있습니다. 운영체제는 문자열 상수를 읽기 전용 메모리 영역에 저장합니다. 따라서 그 값을 바꾸는 명령의 실행을 제한합니다. 운영체제에 따라 다를 수 있으나 호환성을 고려한다면 시도하지 마세요.

문자열을 주소로 바꾸면 포인터 연산을 통해 문자열의 시작 위치부터 길이 제한 없이 사용할 수 있습니다. 이 경우 문자열의 끝을 알아야 하므로 문자열의 끝을 표시하기 위해 널 문자를 사용합니다. 따라서 컴파일러는 문자열 상수를 따로 저장할 때 마지막에 항상 널 문자를 붙여 줍니다.

> 컴파일러가 문자열 상수를 저장할 때 항상 마지막에 널 문자를 붙인다.

char 포인터로 문자열 사용

문자열은 주소라고 했습니다. 따라서 문자열도 char 포인터에 대입해 사용할 수 있습니다. 문자열을 char 포인터에 대입하면 문자열에 이름을 붙여 사용할 수 있고 다른 문자열로 쉽게 바꿀 수 있습니다. 예제를 통해 포인터로 문자열을 사용하는 방법을 살펴보겠습니다.

> 문자열은 결국 주소이므로 이를 char 포인터에 대입해 사용할 수 있다.

12-2 직접 해보는 손코딩

포인터로 문자열을 사용하는 방법　소스 코드 예제12-2.c

```
01  #include <stdio.h>
02
03  int main(void)
04  {
05      char *dessert = "apple";              // 포인터에 문자열 초기화
06
07      printf("오늘 후식은 %s입니다.\n", dessert);    // 문자열 출력
08      dessert = "banana";                   // 새로운 문자열 대입
09      printf("내일 후식은 %s입니다.\n", dessert);    // 바뀐 문자열 출력
```

```
10
11        return 0;
12    }
```

</> 실행결과   ✕

오늘 후식은 apple입니다.
내일 후식은 banana입니다.

5행에서는 char 포인터를 선언하고 문자열 상수로 초기화합니다. 문자열은 컴파일 과정에서 별도로 보관되고 첫 번째 문자의 주소로 바뀌므로 결국 포인터에는 문자열의 시작 위치 값만 저장됩니다. 그러나 포인터 연산을 통해 얼마든지 해당 문자열 전체를 사용할 수 있습니다.

7행의 실제 실행 방식

다음 그림을 보겠습니다. dessert가 가리키는 곳에는 a가 저장되어 있습니다. dessert를 1 증가시키면 다음 문자의 주소를 구할 수 있고 간접 참조 연산을 수행하면 그 문자를 사용할 수 있습니다. 따라서 dessert의 값을 증가시키면서 널 문자가 나올 때까지 문자를 출력하면 결국 문자열 전체를 출력할 수 있습니다. 7행이 이와 같은 방식으로 문자열을 출력합니다.

```
printf("오늘 후식은 %s입니다.\n", dessert);      // 7행. 문자열 출력
```

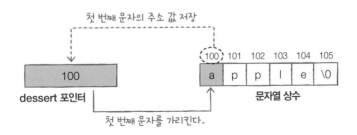

printf 함수의 %s 변환 문자는 포인터 연산으로 문자열을 출력합니다. 즉, printf 함수에서 %s 변환 문자를 사용하면 결과적으로 함수 안에서 다음 코드와 같은 일을 수행합니다.

```
while (*dessert != '\0')        // dessert가 가리키는 문자가 널 문자가 아닌 동안
{
    putchar(*dessert);          // dessert가 가리키는 문자 출력
    dessert++;                  // dessert로 다음 문자를 가리킨다.
}
```

8행은 dessert에 다른 문자열을 대입합니다. dessert는 문자열 "banana"의 위치를 기억하며 이후

부터 문자열 "banana"로 사용할 수 있습니다.

➕ 여기서 잠깐　**같은 문자열 상수를 여러 번 사용할 때**

컴파일러는 같은 문자열을 여러 번 사용한 경우 하나의 문자열만 메모리에 저장하고 그 주소를 공유하도록 번역합니다. 따라서 같은 문자열을 계속 사용해도 프로그램의 크기가 커지는 일은 없습니다.

> 같은 문자열 상수는 여러 번 사용되어도 하나만 저장된다.

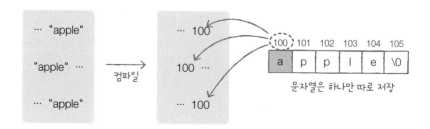

단, 컴파일러가 불필요한 메모리 사용을 줄이기 위해 지원하는 최적화 기능이므로 컴파일러에 따라 다르게 구현될 수 있습니다. 최적화 여부를 확인하려면 소스 코드에 같은 문자열을 두 번 이상 사용하고 그 주소를 출력해 같은 값인지를 살펴보면 됩니다.

```
char *pa = "apple";
char *pb = "apple";
printf("%p, %p", pa, pb);
```

또한 같은 문자열을 반복해서 사용할 때는 헤더 파일에 매크로명으로 정의해서 쓰는 편이 문자열을 수정할 때 관리하기 편합니다. 매크로명은 19장에서 다룹니다.

```
#define MSG "Be happy!"   // 문자열 "Be happy!"를 이후부터 MSG라는 이름으로 사용
```

scanf 함수를 사용한 문자열 입력

문자열 상수의 경우 값을 바꿀 수 없으므로 (상수니 당연히 못 바꿉니다) 바꿀 수 있는 문자열을 원한다면 char 배열을 사용해야 합니다. 배열에 문자열을 입력하는 방법은 다양한데, 일단 scanf 함수를 사용해 보겠습니다.

> scanf 함수는 공백 없는 연속 문자열만 입력받는다.

scanf 함수는 %s를 사용해 공백이 없는 연속된 문자를 입력받습니다. 간단한 예제를 통해 scanf 함수가 문자열을 입력하는 과정과 특징을 살펴보겠습니다.

scanf 함수를 사용한 문자열 입력 소스 코드 예제12-3.c

```
01  #include <stdio.h>
02
03  int main(void)
04  {
05      char str[80];
06
07      printf("문자열 입력 : ");
08      scanf("%s", str);                            // %s를 사용하고 배열명을 준다.
09      printf("첫 번째 단어 : %s\n", str);           // 배열에 입력된 문자열 출력
10      scanf("%s", str);
11      printf("버퍼에 남아 있는 두 번째 단어 : %s\n", str);
12
13      return 0;
14  }
```

> 📄 실행결과   ✕
>
> 문자열 입력 : apple jam ⏎
> 첫 번째 단어 : apple
> 버퍼에 남아 있는 두 번째 단어 : jam

scanf 함수는 버퍼를 사용하므로 키보드로 입력한 문자열은 Enter 를 누를 때 버퍼에 저장됩니다. 그후에 scanf 함수는 버퍼에서 문자열을 가져와 배열에 저장하는데 중간에 공백 문자, 탭 문자, 개행 문자가 있으면 그 이전까지만 저장합니다.

실행결과와 같이 공백 문자를 포함해 apple jam이라고 입력한 경우를 예로 설명하겠습니다. 8행에서 최초 입력받은 apple jam에서 공백 문자 이전까지만 저장하므로 9행에서 apple만 출력합니다. 물론 배열에 저장한 문자열의 끝에는 널 문자를 붙여서 문자열을 완성합니다.

> 배열에 문자열을 저장할 때는 끝에 널 문자를 자동으로 붙인다.

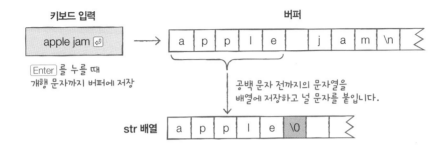

나머지 문자열 jam은 어떻게 될까요? 여전히 jam은 버퍼에 남아 있으며 다음에 호출되는 함수가 jam을 입력에 사용합니다. 코드로 다시 돌아가 보겠습니다.

10행에서 scanf 함수를 또 호출했습니다. 버퍼에 문자열이 남아 있으므로 키보드로부터 문자열을 새로 입력받지 않고 버퍼에 남아 있는 문자열을 가져와 배열에 저장합니다. 이때 중간에 있는 공백 문자나 탭 문자, 개행 문자는 모두 걸러내므로 다음 단어인 jam을 입력합니다. 따라서 str 배열에 jam이 입력되고 끝에 널 문자가 추가됩니다.

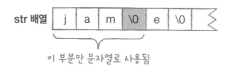

note e\0은 첫 번째 호출에서 받은 문자열에서 남은 부분입니다. 하지만 e 앞에 널 문자가 있으므로 이 부분은 무시됩니다.

+ 여기서 잠깐 **scanf 함수를 사용할 때 몇 글자를 입력하나요?**

scanf 함수는 문자열을 저장할 배열의 크기를 알지 못합니다. scanf 함수는 주소인 배열명을 인수로 받으므로 오로지 배열의 시작 위치만 알고 있습니다. 그 주소를 증가시키면서 버퍼로부터 가져온 문자열을 배열에 저장합니다. 만약 배열의 크기보다 큰 문자열을 입력하면 포인터 연산을 통해 할당된 메모리 공간을 넘어서 저장합니다. 이 경우 메모리 침범이 발생하므로 프로그램 에러가 발생해 비정상 동작을 할 가능성이 큽니다. 따라서 scanf 함수로 문자열을 입력할 때는 널 문자까지 고려해 배열의 크기를 넘지 않도록 주의해야 합니다.

> scanf 함수로 문자열을 입력할 때는 [배열의 크기 −1]까지 입력이 가능하다.

예로 [12-3 직접 해보는 손코딩]에서는 입력 시에 최대 79자까지 가능합니다.

gets 함수를 사용한 문자열 입력

조금 전까지 살펴본 scanf 함수는 중간에 공백이 포함된 문자열을 한 번에 입력할 수 없습니다. 하지만 공백을 넣어야 할 때도 있겠죠? 그럴 때는 gets 함수를 사용합니다. gets 함수는 중간의 공백이나 탭 문자를 포함해 문자열 한 줄을 입력합니다.

> 공백이나 탭 문자를 입력할 때는 gets 함수를 사용한다.

gets 함수 원형

```
char *gets(char *str)
```

예제를 통해 사용법을 익혀 보겠습니다.

12-4 직접 해보는 손코딩

gets 함수로 한 줄의 문자열 입력 `소스 코드 예제12-4.c`

```
01  #include <stdio.h>
02
03  int main(void)
04  {
05      char str[80];
06
07      printf("공백이 포함된 문자열 입력 : ");
08      gets(str);              // 배열명을 주고 함수 호출
09      printf("입력한 문자열은 %s입니다.", str);
10
11      return 0;
12  }
```

> 🖥 **실행결과**   ✕
>
> 공백이 포함된 문자열 입력 : apple jam ⏎
> 입력한 문자열은 apple jam입니다.

scanf 함수 때와 동일하게 apple jam을 입력해 보았습니다. gets 함수는 키보드로 Enter를 누를 때까지 입력한 한 줄을 char 배열에 저장합니다. 버퍼를 사용하므로 키보드로 입력한 데이터는 일단 버퍼에 저장된 후에 gets 함수가 가져갑니다. 중간에 있는 공백이나 탭 문자도 모두 가져가므로 한 문장을 한 번에 가져올 수 있습니다. 이때 끝에 있는 개행 문자를 처리하는 방법에 주목해야 합니다.

중요1 버퍼에는 개행 문자가 그대로 들어가지만, 배열에는 널 문자로 바뀌어 저장됩니다.

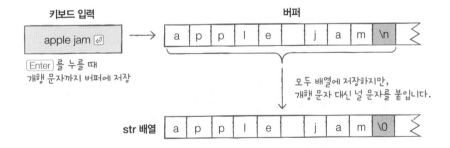

결국 gets 함수도 scanf 함수와 마찬가지로 입력한 문자열을 포인터 연산으로 배열에 저장합니다. 따라서 배열의 크기보다 큰 문자열을 입력하면 배열에 할당된 메모리 공간을 벗어나 저장하므로 주의해야 합니다.

중요2 gets 함수는 Enter 만 눌러도 입력을 끝냅니다.

scanf 함수의 경우 문자열을 입력하기 전까지는 Space Bar, Tab, Enter 를 눌러도 계속 입력을 기다리는 상태를 유지합니다. 이들 키를 누를 때 입력되는 공백 문자, 탭 문자, 개행 문자는 문자열을 구분하는 용도로 쓰이며 실제 데이터로는 입력되지 않기 때문입니다. 그러나 gets 함수는 개행 문자마저 문자열의 일부로 입력하므로 문자열 입력 없이 바로 Enter 만 눌러도 입력을 끝냅니다. 이때 배열의 첫 번째 요소에는 개행 문자 대신 널 문자를 저장합니다.

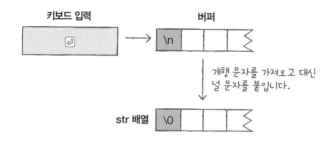

fgets 함수를 사용한 문자열 입력

앞서 언급했듯이 scanf 함수와 gets 함수는 입력되는 문자열의 크기가 배열 크기를 넘어설 위험성이 있습니다. 이렇게 문자열의 크기가 배열보다 커지면 할당되지 않은 메모리 공간을 침범해 실행 중인 프로그램에 에러가 발생할 수 있습니다. 안전하게 문자열을 입력하려면 배열 크기를 확인하는 fgets 함수를 사용하는 것이 좋습니다. fgets 함수는 최대 배열의 크기까지만 문자열을 입력합니다. 간단한 예제를 통해 사용법을 익혀 보겠습니다.

> 배열 크기를 확인할 수 있는 fgets 함수 사용이 안전하다.

12-5 직접 해보는 손코딩

fgets 함수의 문자열 입력 방법   소스 코드 예제12-5.c

```
01  #include <stdio.h>
02  // 나중에 입력할 공간입니다.
03
04  int main(void)
05  {
06      char str[80];
07
08      printf("공백이 포함된 문자열 입력 : ");
09      fgets(str, sizeof(str), stdin);              // 문자열 입력
```

```
10        // 나중에 입력할 공간입니다.
11        printf("입력된 문자열은 %s입니다\n", str);        // 문자열 출력
12
13        return 0;
14  }
```

실행결과 ✕

공백이 포함된 문자열 입력 : apple jam ⏎
입력된 문자열은 apple jam
입니다

`fgets` 함수는 인수를 3개 사용하는데 각각 다음과 같습니다.

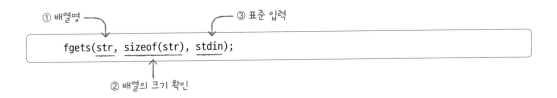

`fgets` 함수는 문자열을 저장할 배열명 외에 배열의 크기와 표준 입력 버퍼를 뜻하는 `stdin`과 함께 사용됩니다. 첫 번째 인수는 ① 배열명입니다. 두 번째 인수로 ② 배열의 크기를 알려주므로 배열의 크기를 넘는 문자열을 입력해도 배열의 크기만큼만 저장됩니다. 입력한 문자열의 끝에는 항상 널 문자를 붙이므로 최대로 '배열의 크기 − 1개'의 문자만을 저장합니다. 예를 들어 배열의 크기가 5바이트라면 `str` 배열에는 **appl**까지만 저장됩니다.

세 번째 인수로 사용한 `stdin`은 데이터를 입력할 때 키보드와 연결된 ③ 표준 입력 버퍼를 사용하라는 뜻입니다. `scanf`와 `gets` 함수는 기본적으로 표준 입력을 사용하지만, `fgets` 함수는 입력 버퍼를 선택할 수 있는 함수이므로 키보드로 입력할 때는 항상 `stdin`을 넣어야 합니다.

note stdin은 18장에서 자세히 다룹니다.

`fgets` 함수가 문자열을 입력하는 방식은 `gets` 함수와 거의 같으나 개행 문자의 처리 방식이 다릅니다.

버퍼에 있는 개행 문자도 배열에 저장하고 널 문자를 붙여 문자열을 완성합니다.

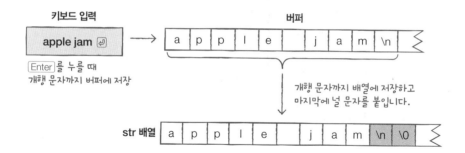

실행결과를 보면 배열에 입력된 개행 문자 때문에 apple jam이 출력되고 바로 줄이 바뀐 걸 알 수 있습니다.

개행 문자 제거 과정

그렇다면 개행 문자는 어떻게 제거할 수 있을까요? 입력된 개행 문자가 불필요하면 다음 공식에 따라 제거합니다.

$$str[strlen(str) - 1] = '\backslash 0'$$

널 문자 이전까지 문자 수 10개

9는 배열에서 개행 문자가 저장된 곳의 위치

개행 문자를 널 문자로 바꿈

strlen 함수는 배열명을 인수로 받아 널 문자 이전까지의 문자 수를 세어 반환합니다. 사용할 때 string.h 헤더 파일을 인클루드하며 구현 방식은 다음 절인 〈문자열 연산 함수〉에서 다룹니다.

간단히 배운 내용을 확인해 보겠습니다. 앞서 [12-5 직접 해보는 손코딩]에서 빈 두 줄이 있었죠? 2행과 10행에 다음과 같이 입력한 다음 컴파일하면 개행 문자가 제거된 것을 확인할 수 있습니다. 똑같이 apple jam을 입력하면 **입력된 문자열은 apple jam입니다**라고 한 줄에 나온 것을 확인할 수 있습니다. 실행결과는 각자 컴파일한 후 확인하세요.

```
#include <string.h>                              // 2행
```

```
    str[strlen(str) - 1] = '\0';                 // 10행
```

표준 입력 함수의 버퍼 공유 문제

scanf 함수나 getchar 함수 같은 표준 입력 함수는 입력 버퍼를 공유합니다. 마찬가지로 gets와 fgets 함수도 같은 버퍼를 공유하므로 문자열 입력 과정에 문제가 생길 수 있습니다. 앞서 입력한 함수가 버퍼에 개행 문자를 남겨 놓는 경우 이어서 호출되는 함수가 버퍼에서 개행 문자만 가져오고 입력을 끝내는 문제가 생기기 때문입니다. 예제를 통해 문제점을 살펴보겠습니다.

12-6 직접 해보는 손코딩

개행 문자로 인해 gets 함수가 입력을 못하는 경우   소스 코드 예제12-6.c

```
01  #include <stdio.h>
02
03  int main(void)
04  {
05      int age;                        // 나이를 저장할 변수
06      char name[20];                  // 이름을 저장할 배열
07
08      printf("나이 입력 : ");
09      scanf("%d", &age);              // scanf 함수로 나이 입력
10
11      printf("이름 입력 : ");
12      gets(name);                     // gets 함수로 이름 입력
13      printf("나이 : %d, 이름 : %s\n", age, name);
14
15      return 0;
16  }
```

> **실행결과**   ✕
>
> 나이 입력 : 17 ↵
> 이름 입력 : 나이 : 17, 이름 :

9행에서 키보드로 입력한 나이는 문자열로 버퍼에 저장되었다가 scanf 함수가 숫자로 변환해 변수 age에 저장합니다. 이때 버퍼에 남아 있는 개행 문자가 12행의 gets 함수의 입력으로 쓰입니다.

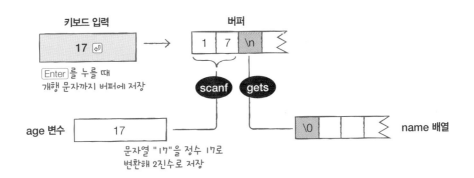

결국 gets 함수는 버퍼에서 개행 문자를 가져와 입력을 끝내므로 키보드로 이름을 입력하는 과정이 생략되며 name 배열의 첫 번째 요소에는 널 문자가 저장되어 이름으로는 아무것도 출력되지 않습니다. 이 문제는 입력 함수들이 버퍼를 공유해서 생기므로 필요한 경우 버퍼의 내용을 지워야 합니다. 버퍼에 남아 있는 개행 문자를 지우는 방법은 간단합니다. 개행 문자를 읽어 들이는 문자 입력 함수를 호출하면 됩니다.

```
getchar();          // 버퍼에서 하나의 문자를 읽어서 반환, 반환 문자는 버림
```

```
scanf("%*c");       // 버퍼에서 하나의 문자를 읽어서 버림, 변수는 필요 없음
```

```
fgetc(stdin);       // 버퍼에서 하나의 문자를 읽어서 반환, 반환 문자는 버림
```

[12-6 직접 해보는 손코딩]에서 10행에 이 중 fgetc(stdin);를 넣어 다시 컴파일 후 실행해 보세요. 이번에는 이름을 입력받아 제대로 출력할 겁니다.

```
    fgetc(stdin);              // 10행
```

문자열을 출력하는 puts, fputs 함수

화면에 문자열만을 출력할 때는 전용 출력 함수인 puts와 fputs를 사용합니다.

puts 함수 원형

```
int puts(const char *str)                 // 문자열을 출력하고 자동 줄 바꿈
```

fputs 함수 원형

```
int fputs(const char *str, FILE *stream)       // 문자열을 출력하고 줄 바꾸지 않음
```

puts와 fputs 함수 모두 정상 출력된 경우 0을 반환하고 출력에 실패하면 −1(EOF)을 반환합니다. 간단한 예제를 살펴보겠습니다.

문자열을 출력하는 puts와 fputs 함수　　소스 코드　예제12-7.c

```
01  #include <stdio.h>
02
03  int main(void)
04  {
05      char str[80] = "apple juice";   // 배열에 문자열 초기화
06      char *ps = "banana";            // 포인터에 문자열 연결
07
08      puts(str);                      // apple juice 출력하고 줄 바꿈
09      fputs(ps, stdout);              // banana만 출력
10      puts("milk");        // banana에 이어 milk 출력
11
12      return 0;
13  }
```

> 🖥 **실행결과**　　　　　　　　　　✕
>
> apple juice
> bananamilk

puts와 fputs 함수는 문자열의 시작 위치부터 널 문자가 나올 때까지 모든 문자를 출력합니다. 따라서 8행과 같이 char 배열의 배열명이나 9행과 같이 문자열 상수를 연결하고 있는 포인터를 인수로 줄 수 있습니다. 물론 10행처럼 문자열 상수를 직접 사용하는 것도 가능합니다. 어떤 경우든 문자열에서 첫 번째 문자의 주소가 되므로 결국 문자열이 출력됩니다.

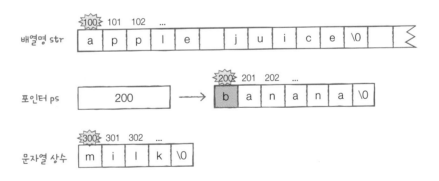

puts 함수는 fputs 함수와 달리 문자열을 출력한 후에 자동으로 줄을 바꿔주므로 편리하지만, 줄을 바꾸고 싶지 않을 때는 적당하지 않습니다. 실행결과를 보면 apple juice는 puts로 출력해 출력 후 자동으로 줄이 바뀌었으며 banana는 fputs로 출력해 banana가 출력된 후에 milk가 바로 이어서 출력된 것을 알 수 있습니다.

직접 구현해 보는 gets 함수

gets 함수의 동작은 간단해서 지금까지 배운 내용으로도 금방 구현할 수 있습니다. gets 함수와 똑같이 작동하는 코드를 만들면 다음과 같습니다.

```
01  #include <stdio.h>
02
03  int main(void)
04  {
05      int i = 0;                  // 배열 요소 첨자 변수
06      char str[20];               // 문자열을 저장할 배열
07      char ch;                    // 입력한 문자를 받아 둘 임시 변수
08
09      do                          // do ~ while문이니 실행 후 조건을 검사합니다.
10      {
11          ch = getchar();         // 일단 문자 하나 입력
12          str[i] = ch;            // 배열에 저장
13          i++;                    // 첨자 증가
14      } while (ch != '\n');       // 입력한 문자가 개행이면 종료
15
16      str[--i] = '\0';            // 개행 문자가 입력된 위치에 널 문자 저장
17      // printf("%s", str);
18      return 0;
19  }
```

17행은 입력이 잘 되었는지 확인하기 위해 출력하는 문장입니다. 컴파일 시에 이 문장의 앞 주석 기호(//)를 지우고 컴파일해서 확인해 보십시오.

또는 다음처럼 아예 함수를 만들어서 프로그램을 작성할 때 호출하는 방법도 있습니다.

```
void my_gets(char *ps)                  // ps는 첫 번째 배열 요소를 가리킨다.
{
    char ch;

    while ((ch = getchar()) != '\n')    // ① 입력한 문자가 개행 문자가 아닌 동안 반복
    {
```

```
        *ps = ch;                          // 배열에 저장하고
        ps++;                              // 다음 배열 요소로 이동
    }
    *ps = '\0';                           // ② 마지막에 널 문자로 마무리한다.
}
```

①에서 getchar 함수가 버퍼로부터 가져온 문자가 개행 문자면 반복을 종료하고 ②에서 개행 문자가 저장될 위치에 널 문자를 저장합니다. 따라서 처음으로 가져온 문자가 개행 문자면 바로 반복을 종료하고 첫 번째 배열 요소에 널 문자를 저장합니다.

프로그래밍은 실습이 생명이야! gets 함수도 이왕이면 직접 구현해 보는 게 어떨까?

▶ 4가지 키워드로 끝내는 핵심 포인트

• **문자열**의 경우 첫 번째 문자가 저장된 메모리의 주소로 바뀐다.

• **scanf** 함수는 중간에 공백이 포함된 문자열을 입력할 수 없다.

• **gets** 함수는 한 줄의 데이터를 char 배열에 저장한다.

• **fgets** 함수는 배열의 크기를 검사하는 기능을 가진 문자열 입력 함수다.

▶ 표로 정리하는 핵심 포인트

표 12-1 문자열을 저장하는 배열과 포인터의 차이

구분	char 포인터	char 배열
초기화	char *pc = "mango";	char str[80] = "mango";
대입	pc = "banana";	strcpy(str, "banana");
크기	sizeof(pc) ➡ 4바이트	sizeof(str) ➡ 80바이트
수정	*pc = 't'; (X)	str[0] = 't'; (O)
입력	scanf("%s", pc); (X)	scanf("%s", str); (O)

▶ 확인 문제

지금까지 문자열의 구현 방법과 입출력 함수에 관해 배웠습니다. 문자열은 문자를 메모리에 연속으로 저장하고 첫 번째 문자의 주소로 처리됩니다. 따라서 문자열 입출력 함수의 기능을 정확히 익혀야 포인터 문제를 겪지 않을 수 있습니다. 문제를 풀면서 입출력 함수의 기능을 익히고 함수 간 차이점을 살펴보겠습니다.

1. 실행결과를 참고해 다음 프로그램의 빈칸을 채우세요.

```
#include <stdio.h>
int main(void)
{
         = "applepie";
    ps += 5;
    printf("%s", ps);
    return 0;
}
```

실행결과 ✕
```
pie
```

2. 다음과 같이 배열과 포인터가 선언되어 있을 때, 실행결과가 <u>다른</u> 것을 고르세요.

```
char str[20] = "apple";
char *pa = str;
char *pb = "pineapple";
```

① printf("%s", "apple");　　　② printf("%s", str[0]);

③ printf("%s", pa);　　　④ printf("%s", pb + 4);

3. 다음 프로그램의 문제점을 찾고 // 필요한 문장을 추가해 바르게 실행되도록 수정하세요.

```
#include <stdio.h>
int main(void)
{
    char ani[20];
    char why[80];
    printf("좋아하는 동물 : ");
    scanf("%s", ani);
    // 필요한 문장
    printf("좋아하는 이유 : ");
    fgets(why, sizeof(why), stdin);
    printf("%s is %s", ani, why);
    return 0;
}
```

실행결과 ✕
```
좋아하는 동물 : dog ⏎
좋아하는 이유 : very faithful ⏎
dog is very faithful
```

12-2 문자열 연산 함수

(strcpy) (strcat) (strlen) (strcmp)

문자열은 배열에 저장하므로 문자열의 대입, 길이 계산, 비교, 붙이기 등 문자열 연산 방법은 모두 함수로 수행됩니다. 따라서 문자열을 자유롭게 다루려면 연산 함수의 구현 방법을 이해하고 그 사용법을 익혀야 합니다.

시작하기 전에

10+20은 얼마일까요? 너무 간단한 질문이죠? 네, 맞습니다. 30입니다. 컴퓨터에 이 식을 넣으면 간단히 답을 구할 수 있습니다. 그렇다면 "apple" + "pie"는 무엇일까요? 네, "applepie"입니다. 10 + 20 때와 마찬가지로 이 또한 우리가 예상한 결과대로 컴퓨터가 출력할까요? 직접 컴퓨터에 다음 코드를 넣고 컴파일해 보겠습니다.

a + b와 c + d의 결과가 우리가 원하는 값이 나오나요?

```c
#include <stdio.h>
int main(void)
{
    int a = 10;
    int b = 20;

    char c[10] = "apple";
    char d[10] = "pie";

    printf("%d\n", a + b);
    printf("%s\n", c + d);
    return 0;
}
```

아마 원하는 값이 나오지 않았을 겁니다. 우리는 문자열 사이에 더하기 연산자가 있으면 그 두 문자열을 이으면 된다고 직관적으로 생각합니다. 하지만 컴퓨터는 그렇지 못합니다. 더하기 연산자를 그저 수를 더하는 일에만 사용하는 것이죠. 이렇게 문자열로 연산할 때는 문자열 연산용 함수를 따로 사용해 줘야 합니다.

> 문자열 연산은 모두 함수로 수행된다.

문자열을 대입하는 strcpy 함수

char 배열은 문자열을 저장하는 변수의 역할을 하며 이를 문자열로 쉽게 초기화할 수 있습니다. 그러나 다른 문자열로 바꾸려면 문자를 하나씩 옮기는 번거로운 일을 수행해야 합니다. 예를 들어 문자열 "strawberry"가 저장된 배열을 "apple"로 바꾸려면 다음과 같이 문자를 하나씩 대입해야 합니다.

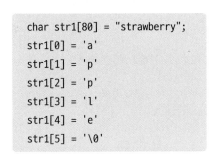

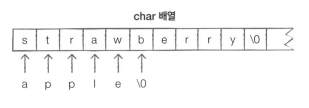

그런데 이때 마지막에 널 문자도 저장해야 합니다. 널 문자가 빠진 채로 대입하고 끝내면 apple이 아니라 appleberry가 됩니다.

이렇게 하나씩 대입하는 방법 외에 문자열을 한 번에 대입하는 방법도 있습니다. 바로 strcpy 함수를 사용하는 방법입니다. 이런 함수를 문자열 연산 함수라고 하며 사용하려면 string.h 헤더 파일을 인클루드해야 합니다. strcpy 함수는 string copy, 즉 문자열 복사의 약어이며 '에스티알시피와이'라고 읽습니다.

> strcpy 함수는 char 배열에 문자열을 복사하는 대입 연산 기능을 수행한다.

```
strcpy(str1, str2)
```
복사 받을 곳   복사할 내용

먼저 예제를 통해 함수의 사용법을 익혀 보겠습니다.

12-8 직접 해보는 손코딩

strcpy 함수의 사용법   소스 코드 예제12-8.c

```
01   #include <stdio.h>
02   #include <string.h>       // strcpy 함수를 사용하기 위해 인클루드함
03
04   int main(void)
05   {
```

```
06        char str1[80] = "strawberry";          // char 배열에 문자열 초기화
07        char str2[80] = "apple";               // char 배열에 문자열 초기화
08        char *ps1 = "banana";                  // 포인터로 문자열 상수 연결
09        char *ps2 = str2;                      // 포인터로 배열 연결
10
11        printf("최초 문자열 : %s\n", str1);
12        strcpy(str1, str2);                    // 다른 char 배열의 문자열 복사
13        printf("바뀐 문자열 : %s\n", str1);
14
15        strcpy(str1, ps1);                     // 문자열 상수를 연결한 포인터 사용
16        printf("바뀐 문자열 : %s\n", str1);
17
18        strcpy(str1, ps2);                     // 배열을 연결한 포인터 사용
19        printf("바뀐 문자열 : %s\n", str1);
20
21        strcpy(str1, "banana");    // 문자열 상수 사용
22        printf("바뀐 문자열 : %s\n", str1);
23
24        return 0;
25    }
```

▣ 실행결과   ✕

최초 문자열 : strawberry
바뀐 문자열 : apple
바뀐 문자열 : banana
바뀐 문자열 : apple
바뀐 문자열 : banana

strcpy 함수는 복사받을 곳의 배열명을 첫 번째 인수로 주고 복사할 문자열을 두 번째 인수로 줍니다. 문자열을 복사하는 방식은 문자열의 첫 번째 문자부터 널 문자가 나올 때까지 문자를 하나씩 배열에 옮겨 저장합니다. 따라서 복사할 문자열의 시작 위치를 알 수 있다면 어떤 것이든 두 번째 인수로 사용할 수 있습니다. 12행과 18행을 보면, 12행의 str2는 char 배열의 배열명이므로 첫 번째 문자의 주소이고 18행의 ps2는 그 값을 저장한 포인터이므로 모두 두 번째 인수로 사용할 수 있습니다.

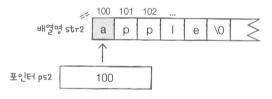

15행의 ps1은 문자열 상수 "banana"의 위치를 저장하므로 역시 첫 번째 문자의 주소입니다. 21행의 문자열 상수는 첫 번째 문자의 주소로 바뀌므로 역시 직접 사용할 수 있습니다.

```
strcpy(str1, "banana");    // 21행. 문자열 상수 사용
```

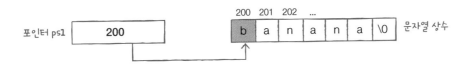

두 번째 인수로 다양한 값을 사용할 수 있지만, 첫 번째 인수로 사용할 수 있는 값은 제한적입니다.

첫 번째 인수는 char 배열이나 그 배열명을 저장한 포인터만 가능합니다. 문자열 상수는 값을 바꿀 수 없으므로 첫 번째 인수로 사용하면 프로그램을 실행할 때 에러가 발생합니다. 문자열 상수를 연결하고 있는 포인터를 사용하는 것도 마찬가지입니다. 따라서 다음과 같이 사용하는 것은 문법적으로 가능하나 사용해서는 안 됩니다.

사용하면 안됨

```
strcpy("banana", "apple");        // 문자열 상수를 바꾸고자 함
strcpy(ps1, "apple");             // ps1이 연결하고 있는 문자열 상수가 바뀜
```

strcpy 함수를 사용할 때는 다음 2가지만 기억합시다.

중요1 첫 번째 인수로는 char 배열이나 배열명을 저장한 포인터만 사용할 수 있습니다.

중요2 두 번째 인수로는 문자열의 시작 위치를 알 수 있다면 어떤 것이든 사용할 수 있습니다.

2행은 strcpy 함수 원형이 있는 **string.h** 헤더 파일을 포함합니다. strcpy 함수뿐 아니라 앞으로 살펴볼 문자열 처리 함수를 사용할 때도 **string.h**를 인클루드해야 합니다.

```
#include <string.h>          // 2행. strcpy 함수를 사용하기 위해 인클루드함
```

원하는 개수의 문자만을 복사하는 strncpy 함수

strncpy 함수는 문자열을 복사할 때 문자의 수를 지정할 수 있습니다. 예를 들어 문자열 "apple-pie"의 앞에서 5개의 문자만 char 배열 str에 복사한다면 다음과 같이 사용합니다.

```
strncpy(str, "apple-pie", 5);
         ↑        ↑        ↑
      복사 받을   복사할   복사할
       배열명    문자열   문자 수
```

간단한 예제를 살펴보겠습니다.

12-9 직접 해보는 손코딩

strncpy 함수를 사용한 문자열 복사 소스 코드 예제12-9.c

```
01  #include <stdio.h>
02  #include <string.h>            // strncpy 함수 사용을 위한 헤더 파일 포함
03
04  int main(void)
05  {
06      char str[20] = "mango tree";    // 배열 초기화
07
08      strncpy(str, "apple-pie", 5);   // "apple-pie"에서 다섯 문자만 복사
09
10      printf("%s\n", str);            // 복사받은 문자열 출력
11
12      return 0;
13  }
```

실행결과   ×
apple tree

실행결과에서 확인할 수 있듯이 strncpy 함수는 복사할 문자열에서 지정한 개수만큼 문자를 복사하고 널 문자는 저장하지 않습니다. 따라서 str 배열에서 mango만 apple로 바뀌므로 결국 str 배열에 저장된 문자열은 "apple tree"가 됩니다. 만약 str 배열이 문자열 "apple"로만 쓰이도록 하려면 apple을 복사한 후에 널 문자를 별도로 저장해야 합니다.

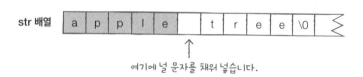

str 배열   a p p l e   t r e e \0

여기에 널 문자를 채워 넣습니다.

즉, 비어 있는 9행에 다음 문장을 적어서 널 문자를 추가해야 합니다.

```
str[5] = '\0';          // 9행
```

문자열을 붙이는 strcat, strncat 함수

strcpy 함수는 초기화된 문자열을 지우고 새로운 문자열로 바꿀 때 사용합니다. 반면, 배열에 있는 문자열 뒤에 이어 붙일 때는 strcat 또는 strncat 함수를 사용합니다. 일종의 더하기 연산자 같은 역할이죠. 그렇다면 이 둘의 차이는 뭘까요? strcat 함수는 문자열을 이어 붙이며, strncat 함수는 지정한 문자의 개수만큼 붙입니다. 예제를 통해 함수의 사용법을 익혀 보겠습니다.

12-10 직접 해보는 손코딩

strcat, strncat 함수를 사용한 문자열 붙이기　소스 코드 예제12-10.c

```c
01    #include <stdio.h>
02    #include <string.h>        // strcat, strncat 함수 사용을 위한 헤더 파일 포함
03
04    int main(void)
05    {
06        char str[80] = "straw";        // 문자열 초기화
07
08        strcat(str, "berry");          // str 배열에 문자열 붙이기
09        printf("%s\n", str);
10        strncat(str, "piece", 3);      // str 배열에 3개의 문자 붙이기
11        printf("%s\n", str);
12
13        return 0;
14    }
```

> 🔲 실행결과　　　　　　　　　✕
> strawberry
> strawberrypie

8행의 strcat 함수는 str 배열에 있는 문자열 뒤에 두 번째 인수로 주어지는 문자열을 이어 붙입니다. 구현 방식은 먼저 붙여 넣을 배열에서 널 문자의 위치를 찾고 그 위치부터 붙여 넣을 문자열을 복사합니다. 붙여 넣기가 끝난 후에는 널 문자를 저장해 마무리합니다.

strcat 함수 사용 시 주의 사항

strcat 함수를 사용할 때는 주의할 것이 있습니다.

주의1 strcat 함수는 메모리를 침범할 수 있습니다.

strcat 함수는 문자열을 덧붙이는 것이므로 붙여 넣기가 되는 배열의 크기가 충분히 커야 합니다. strcat 함수는 붙여 넣을 공간의 주소를 증가시키므로 공간이 부족한 경우 할당하지 않은 다른 메모리 영역을 침범할 수 있습니다. 이 문제는 컴파일할 때 발견하지 못하고 프로그램이 완성된 후 실행할

때 발생하므로 더욱 주의해야 합니다.

주의2 **strcat 함수를 사용할 때는 배열을 초기화해야 합니다.**

strcat 함수로 붙여 넣기 전에 먼저 널 문자의 위치를 찾으므로 반드시 초기화를 해야 합니다. 배열이 초기화되지 않으면 쓰레기 값의 중간부터 붙여 넣을 가능성이 큽니다.

6행처럼 특별한 문자열로 초기화하거나 최소한 첫 번째 문자가, 널 문자가 되도록 초기화합니다. 다음과 같은 방식으로 초기화할 수 있습니다.

명시적으로 널 문자를 초기화

```
char str[80] = {'\0'};
```

널 문자의 아스키 코드 값으로 초기화

```
char str[80] = {0};
```

큰따옴표 안에 아무것도 없으므로 널 문자만 초기화

```
char str[80] = "";
```

첫 번째 배열 요소만 별도로 초기화

```
str[0] = '\0';
```

10행의 strncat 함수는 붙여 넣을 문자 수를 지정할 수 있습니다. strncat 함수는 strncpy 함수와 달리 붙여 넣은 후에는 널 문자를 저장해 문자열을 완성합니다.

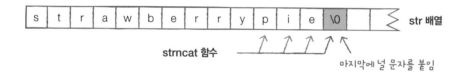

문자열 길이를 계산하는 strlen 함수

문자열을 저장하는 char 배열은 다양한 길이의 문자열을 저장할 수 있도록 충분히 크게 선언해서 사용합니다. 따라서 배열에 저장된 문자열의 길이는 배열의 크기와 다를 수 있습니다. 만약 배열에 저장된 문자열의 실제 길이를 알고 싶으면 strlen 함수를 사용합니다.

> strlen 함수는 배열에 저장된 문자열의 길이를 구해 반환한다.

```
strlen(str)
       └── 크기를 확인할 배열명
```

예제를 통해 함수 사용법을 살펴보겠습니다.

12-11 직접 해보는 손코딩

두 문자열 중 길이가 긴 단어 출력 소스 코드 예제12-11.c

```
01  #include <stdio.h>
02  #include <string.h>                      // strlen 함수 사용을 위한 헤더 파일 포함
03
04  int main(void)
05  {
06      char str1[80], str2[80];             // 두 문자열을 입력할 배열
07      char *resp;                          // 문자열이 긴 배열을 선택할 포인터
08
09      printf("2개의 과일 이름 입력 : ");
10      scanf("%s%s", str1, str2);           // 2개의 문자열 입력
11      if (strlen(str1) > strlen(str2))     // 배열에 입력된 문자열의 길이 비교
12          resp = str1;                     // 첫 번째 배열이 긴 경우 선택
13      else
14          resp = str2;                     // 두 번째 배열이 긴 경우 선택
15      printf("이름이 긴 과일은 : %s\n", resp);   // 선택된 배열의 문자열 출력
16
17      return 0;
18  }
```

┌─ 🖵 실행결과 ───────────────────────────── ✕ ─┐
│ 2개의 과일 이름 입력 : banana strawberry ⏎   │
│ 이름이 긴 과일은 : strawberry   │
└──┘

strlen 함수는 배열에 저장된 문자열에서 널 문자가 나올 때까지 문자 수를 세어 반환합니다. 따라서 배열의 크기와는 상관없이 실제 저장된 문자열의 길이를 확인할 수 있습니다. 문자열의 길이를 반환하므로 11행처럼 반환값을 바로 비교하거나 수식의 일부로 사용할 수 있습니다.

```
if (strlen(str1) > strlen(str2))        // 11행. 배열에 입력된 문자열의 길이 비교
```

+ 여기서 잠깐 | **sizeof 연산자와 strlen 함수의 차이**

간혹 sizeof 연산자와 strlen 함수를 혼동하는 경우가 있습니다. sizeof 연산자는 배열에 저장된 문자열 길이와는 상관없이 배열 전체 크기를 계산합니다.

```
char str[80] = "apple";
printf("%d", sizeof(str));          // 출력 결과는 80
printf("%d", strlen(str));          // 출력 결과는 5
```

따라서 11행의 strlen을 sizeof로 바꾸면 어떤 문자열을 입력하더라도 조건식은 항상 거짓이 됩니다.

문자열을 비교하는 strcmp, strncmp 함수

문자열을 비교할 때는 strcmp와 strncmp 함수를 사용합니다.

이중 strcmp 함수부터 살펴보겠습니다. strcmp 함수는 두 문자열의 사전 순서를 판단해 그 결과를 반환합니다. 사전 순서는 사전에 단어가 수록되는 알파벳 순서를 말하며, 함수의 사용법과 반환값은 다음과 같습니다.

```
strcmp(str1, str2);          // str1이 str2보다 사전에 나중에 나오면 1 반환
                             // str1이 str2보다 사전에 먼저 나오면 -1 반환
                             // str1과 str2가 같은 문자열이면 0 반환
```

간단한 예제를 살펴보겠습니다.

12-12 **직접 해보는 손코딩**

strcmp, strncmp 함수를 사용한 문자열 비교 **소스 코드** 예제12-12.c

```
01  #include <stdio.h>
02  #include <string.h>
03
04  int main(void)
05  {
06      char str1[80] = "pear";
07      char str2[80] = "peach";
08
09      printf("사전에 나중에 나오는 과일 이름 : ");
```

```
10      if (strcmp(str1, str2) > 0)      // str1이 str2보다 크면(사전에 나중에 나오면)
11          printf("%s\n", str1);        // str1 출력
12      else                             // str1이 str2보다 크지 않으면
13          printf("%s\n", str2);        // str2 출력
14
15      return 0;
16  }
```

🖥 실행결과   ✕

사전에 나중에 나오는 과일 이름 : pear

strcmp 함수가 어떻게 동작하는지 하나씩 살펴보겠습니다.

strcmp 함수는 두 문자열에서 우선 첫 문자의 아스키 코드 값을 비교합니다. 아스키 코드 값은 알파벳 순서에 따라 커지므로 아스키 코드 값이 크면 사전의 뒤에 나오는 문자열이 됩니다.

첫 문자가 같으면 다음 문자의 아스키 코드 값을 차례로 비교해서 판단합니다. 마지막 문자까지 같으면 같은 문자열입니다.

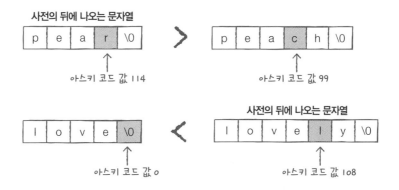

사전 순서를 판단한 결과는 반환값으로 알려 줍니다. 10행에서 pear가 peach보다 사전의 뒤에 나오는 문자열이므로 1을 반환하고 if문의 조건식이 참이 되어 pear를 출력합니다. 만약 str1이 apple이고 str2가 banana였다면 –1을 반환하고 조건식은 거짓이 되어 banana를 출력합니다. 결국 어떤 문자열이든 두 문자열 중에서 사전의 뒤에 나오는 문자열을 출력합니다.

strncmp 함수는 strcmp 함수와 거의 같지만 비교할 문자 수를 세 번째 인수로 지정할 수 있습니다. 즉, pear와 peach의 앞에서부터 3개의 문자만 비교하는 경우 결과로 0을 반환합니다. 9~13행을 다음과 같이 수정해서 다시 컴파일하고 실행결과를 적어 봅시다.

```
printf("앞에서 3개의 문자만 비교하면?\n");
if (strncmp(str1, str2, 3) == 0)   // 앞에서 3개의 문자가 같으면 0 반환
    printf("같다.\n");              // "같다" 출력
else                              // 그렇지 않다면
    printf("다르다.\n");            // "다르다" 출력
```

┌─────────────────────────┐
│ 🔲 실행결과   ✕ │
│   │
│   │
│   │
└─────────────────────────┘

➕ 여기서 잠깐   strcmp 함수의 반환값이 항상 사전 순서를 의미하는 것은 아닙니다.

strcmp 함수가 문자의 아스키 코드 값을 비교하므로 대소문자가 섞인 경우는 반환값이 사전 순서와 다를 수 있습니다. 예를 들어 strcmp("apple", "Banana");는 Banana가 사전의 뒤에 나오지만 1을 반환합니다. 대문자의 아스키 코드 값이 소문자보다 작기 때문입니다. 따라서 strcmp 함수의 반환값으로 사전 순서를 판단할 때는 반드시 대소문자를 일치시켜야 합니다.

숫자나 특수문자가 포함된 경우도 아스키 코드 값의 크기를 비교해 반환값을 결정합니다. 한글은 2바이트로 구현하는데 첫 번째 바이트의 코드 값이 어떤 아스키 코드 값보다 크므로 아스키 문자로 구성된 단어보다 사전에서 뒤에 나오는 단어로 처리됩니다. 물론 한글 자체의 코드 값은 가나다순으로 커집니다.

연산 함수 직접 구현

지금부터 앞서 다뤘던 strcpy 함수를 직접 만들어 보고 이어서 strcat 함수도 만들어 보겠습니다.

직접 만드는 strcpy 함수

strcpy 함수는 포인터를 써서 문자열을 복사합니다. strcpy 함수는 문자열이 저장된 메모리에서 첫 번째 문자의 주소를 인수로 받습니다. 이 주소로 어떻게 문자열 전부를 복사할 수 있는지 그 이유를 지금부터 살펴보겠습니다.

코드를 참고해서 직접 구현하고 사용해 볼까?

strcpy와 기능이 같은 함수의 구현 ▸ 소스 코드 예제12-13.c

```c
01  #include <stdio.h>
02
03  char *my_strcpy(char *pd, char *ps);          // 함수 선언
04
05  int main(void)
06  {
07      char str[80] = "strawberry";
08
09      printf("바꾸기 전 문자열 : %s\n", str);
10      my_strcpy(str, "apple");                  // 문자열 "apple" 복사
11      printf("바꾼 후 문자열 : %s\n", str);
12      printf("다른 문자열 대입 : %s\n", my_strcpy(str, "kiwi")); // 반환값으로 출력
13
14      return 0;
15  }
16
17  char *my_strcpy(char *pd, char *ps)           // 복사 받을 곳(pd)과 복사할 곳(ps)의 포인터
18  {
19      char *po = pd;         // pd 값을 나중에 반환하기 위해 보관
20
21      while (*ps != '\0')    // ps가 가리키는 문자가 널 문자가 아닌 동안
22      {
23          *pd = *ps;         // ps가 가리키는 문자를 pd가 가리키는 위치에 대입
24          pd++;              // 복사 받을 다음 위치로 포인터 증가
25          ps++;              // 복사할 다음 문자의 위치로 포인터 증가
26      }
27      *pd = '\0';            // 복사가 모두 끝난 후 복사 받을 곳에 널 문자로 마무리
28
29      return po;             // 복사가 끝난 저장 공간의 시작 주소 반환
30  }
```

실행결과 ✕
```
바꾸기 전 문자열 : strawberry
바꾼 후 문자열 : apple
다른 문자열 대입 : kiwi
```

17행의 매개변수는 복사 받을 곳의 시작 주소를 pd에 받고, 복사할 문자열의 시작 주소를 ps에 받습니다. 그 후 23행부터 25행까지 포인터를 증가시키면서 ps가 가리키는 문자를 차례로 pd가 가리키는

곳에 저장합니다. 이 과정을 복사할 문자열이 끝날 때까지 반복합니다. 모든 문자열의 끝에는 널 문자가 있으므로 21행의 조건식은 ps가 가리키는 문자가 널 문자가 아닌 동안 반복하도록 설정합니다.

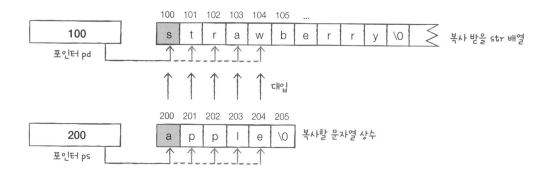

ps가 가리키는 문자가 널 문자가 되어 반복을 종료하면 널 문자는 저장되지 않으므로 반복을 종료한 후에 27행에서 pd가 가리키는 곳에 반드시 널 문자를 저장해야 합니다. 이 과정을 생략하면 복사가 끝난 후의 문자열은 appleberry가 되므로 주의해야 합니다.

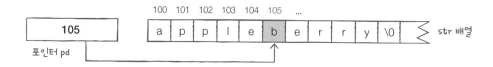

29행은 po에 받아 둔 pd의 처음 값을 반환합니다. 이 값은 str 배열의 첫 번째 요소의 주소이므로 이 값을 반환하도록 설계하면 12행과 같이 함수 호출 문장을 출력문에 사용해 복사 받은 문자열을 바로 확인할 수 있습니다. 복사 받은 문자열은 이미 배열에 저장되어 있으므로 꼭 필요한 기능은 아니지만 다양한 방식으로 호출할 수 있도록 해당 기능을 추가해 함수를 만드는 것이 좋습니다. 주소를 반환하는 함수는 다음 장에서 자세히 다룹니다.

strcpy 함수는 포인터 연산으로 문자열을 복사하므로 복사 받을 배열의 크기보다 큰 문자열을 복사할 수도 있습니다. 이 경우 할당되지 않은 메모리 공간을 침범하므로 에러가 발생합니다. 따라서 복사할 문자열의 크기는 널 문자를 포함해 복사 받을 배열의 크기를 넘지 않도록 주의해야 합니다.

함수의 구현 방법을 살펴보면 효율적인 사용이 가능하고 심각한 에러를 피할 수 있습니다. 나머지 문자열 연산 함수도 직접 구현해서 호출해 보길 바랍니다.

이후 함수는 함수 본체만 설명해 두었습니다. 각자 원하는 대로 만들어서 사용해 보세요.

직접 만드는 strcat 함수

strcat 함수와 같은 기능을 수행하는 함수를 만들면 다음과 같습니다.

```c
char *my_strcat(char *pd, char *ps)
{
    char *po = pd;              // 배열의 처음 위치 보관

    while (*pd != '\0')        // pd를 널 문자의 위치로 이동
    {
        pd++;
    }
    while (*ps != '\0')        // 여기부터는 문자열 복사와 같음
    {
        *pd = *ps;
        pd++;
        ps++;
    }
    *pd = '\0';
    return po;                  // 붙여 넣은 배열의 시작 위치 반환
}
```

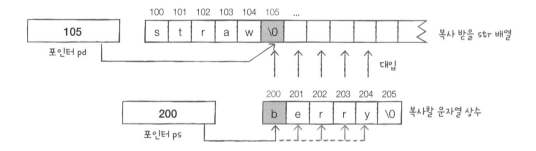

직접 만드는 strlen 함수

strlen 함수와 같은 기능을 수행하는 함수를 만들면 다음과 같습니다.

```c
int my_strlen(char *ps)        // ps는 배열명을 저장하고 첫 번째 배열 요소를 가리킴
{
    int cnt = 0;               // 문자 수를 세기 위한 변수
    while (*ps != '\0')       // ps가 가리키는 문자가 널 문자가 아닌 동안
```

```
    {
        cnt++;                      // 문자 수 증가
        ps++;                       // 포인터를 다음 문자의 위치로 이동
    }
    return cnt;                     // 전체 문자 수 반환
}
```

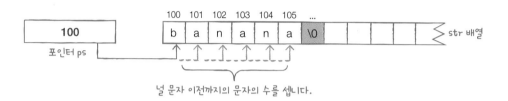

넓 문자 이전까지의 문자의 수를 셉니다.

직접 만드는 strcmp 함수

strcmp 함수와 똑같이 작동하는 함수를 만들면 다음과 같습니다.

```
int my_strcmp(char *pa, char *pb)
{
    while ((*pa == *pb) && (*pa != '\0'))   // 두 문자가 같으나 널 문자가 아닌 경우
    {
        pa++;                               // 다음 문자로 이동
        pb++;                               // 다음 문자로 이동
    }

    // 반복문 이후 이 시점에서는 두 문자가 다르거나 둘 다 널 문자임
    if (*pa > *pb) return 1;                 // 앞 문자의 아스키 코드 값이 크면 1 반환
    else if (*pa < *pb) return -1;           // 뒷 문자의 아스키 코드 값이 크면 -1 반환
    else return 0;                           // 둘 다 널 문자이므로 같은 문자열
}
```

레벨업 스킬
문자열 연산 함수 구현 방법

strcpy 함수!

strlen 함수!

strcmp 함수!

strcat 함수!

▶ 4가지 키워드로 끝내는 핵심 포인트

• **strcpy** 함수에서 문자열을 복사 받는 곳은 배열이어야 한다.

• **strcat** 함수로 문자열을 최초로 붙일 때는 초기화를 해야 한다.

• 배열에 저장된 실제 문자열의 길이를 알고 싶을 때 **strlen** 함수를 쓴다.

• **strcmp** 함수로 문자열의 사전 등록 순서를 확인할 수 있다.

▶ 표로 정리하는 핵심 포인트

표 12-2 기본적인 문자열 연산 함수

연산 기능	사용 방법	실행결과
대입	strcpy(str1, str2);	문자열 str2를 str1에 복사
길이 계산	strlen(str);	문자열 str의 길이(문자 수)를 구해 반환
붙이기	strcat(str1, str2);	문자열 str2를 str1문자열 뒤에 이어 붙임
비교	strcmp(str1, str2);	문자열 str1이 str2보다 크면 1 반환 문자열 str1이 str2보다 작으면 −1 반환 str1과 str2가 같은 문자열이면 0 반환

374쪽
실행결과야

🖥 실행결과   ✕

앞에서 3개의 문자만 비교하면?
같다.

▶ 확인 문제

지금까지 문자열을 처리하는 기본 함수들을 살펴봤습니다. 문자열을 복사하는 strcpy, 배열에 저장된 문자열의 길이를 확인하는 strlen, 두 문자열을 붙이는 strcat, 문자열의 사전 순서를 판단하는 strcmp 등이 있습니다. 더불어 문자열의 일부를 다루는 strncpy, strncat, strncmp도 기억합시다. 그런 의미로 문제를 풀어 봅시다.

1. 다음 중 문자열 함수의 사용법이 <u>잘못</u>된 것을 모두 고르세요.

```c
char str[] = "lion";
char *ps = "king";
```

① strcpy(str, "cat");

② strcat(str, ps);

③ strcmp(ps, str);

④ strlen(ps);

⑤ strcat("cute", str);

⑥ strncpy(ps, str, strlen(str));

2. 다음 프로그램의 실행결과를 적으세요.

```c
#include <stdio.h>
#include <string.h>

int main(void)
{
    char str[80];
    strcpy(str, "wine");
    strcat(str, "apple");
    strncpy(str, "pear", 1);
    printf("%s, %d\n", str, strlen(str));
    return 0;
}
```

실행결과 ✕

3. 키보드로 입력한 단어의 길이가 5자를 넘는 경우 6자부터 별(*)을 출력하는 프로그램을 작성하세요. 단, 단어의 최대 길이는 15자로 제한합니다.

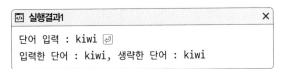

```
🔲 실행결과1                                      ✕
단어 입력 : kiwi ↵
입력한 단어 : kiwi, 생략한 단어 : kiwi
```

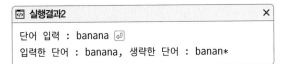

```
🔲 실행결과2                                      ✕
단어 입력 : banana ↵
입력한 단어 : banana, 생략한 단어 : banan*
```

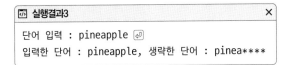

```
🔲 실행결과3                                      ✕
단어 입력 : pineapple ↵
입력한 단어 : pineapple, 생략한 단어 : pinea****
```

▶ 도전 실전 예제

도전 **단어 정렬 프로그램**

키보드로 세 단어를 입력하면 사전 순서대로 출력하는 프로그램을 만듭니다.

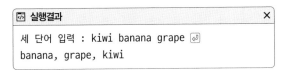

```
🔲 실행결과                                       ✕
세 단어 입력 : kiwi banana grape ↵
banana, grape, kiwi
```

풀이가 궁금하다면?

미리 말해 두자면, 13장을
학습하려면 함수와 포인터에
관해 이해하고 있어야 해!

Chapter

13

변수의 영역과 데이터 공유

13-1 변수 사용 영역

핵심 키워드

지역 변수　　전역 변수　　정적 지역 변수　　레지스터 변수

프로그램에서 사용하는 변수는 선언 위치와 방법에 따라 다양한 특징을 가집니다. 변수의 특징을 이해하고 필요한 곳에 정확히 사용하면 메모리를 절약하고 신뢰성 있는 코드를 만들 수 있습니다. 이 절에서는 변수명의 사용 범위와 저장 공간이 할당되는 방식에 따라 변수를 나누고 그 특징을 살펴봅니다.

시작하기 전에

이미 3장에서 변수를 배웠고 지금까지 계속 사용해 왔습니다. 사실 따로 언급하지 않았던 부분이 있는데, 지금까지 우리가 사용한 변수는 대부분 지역 변수였습니다. 단순히 **자료형 변수명;**으로 선언했던 것도 사실은 지역 변수를 뜻하는 auto라는 예약어가 생략된 문장이었죠. 이밖에도 전역 변수, 레지스터 변수 등 변수의 종류는 다양합니다.

```
auto 자료형 변수명;
```

이번 절에서는 이렇듯 변수의 종류에 대해 알아보려 합니다. 변수는 사용 범위와 메모리에 존재하는 기간에 따라 종류가 다양합니다.

> 사용 범위와 메모리 존재 기간에 따라 변수의 종류는 다양하다.

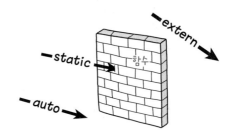

지역 변수

지금까지 사용했던 변수는 **지역 변수**local variable입니다. 지역 변수는 범위가 함수 내, 즉 일정 지역에서만 사용하는 변수입니다. 본래 auto 예약어와 함께 함수 안에 지역 변수를 선언합니다. auto 예약어는 생략할 수 있으며 이 경우 함수 안에 선언된 변수는 자동으로 지역 변수가 됩니다.

> **note** 지역 변수와 자동 변수(auto variable)는 같은 용어입니다. 지역 변수는 기억 부류 중 하나입니다. 기억 부류(storage class)는 변수를 사용 범위와 메모리에서의 존재 기간에 따라 나눈 것입니다. 따라서 지역 변수는 변수의 특성 중 사용 범위를 강조한 것이며 자동 변수는 지역 변수가 auto 예약어를 사용하므로 쓰는 용어입니다.

지역 변수는 프로그램에서 가장 많이 사용되며 다음과 같은 특징을 가집니다.

특징1 **지역 변수는 사용 범위가 블록 내부로 제한되므로 다른 함수에서는 사용할 수 없습니다.** 따라서 다른 함수에 같은 이름의 변수를 선언해도 이름이 서로 충돌하지 않습니다. 간단한 예제를 통해 확인해 보겠습니다.

13-1 직접 해보는 손코딩

두 함수에서 같은 이름의 지역 변수를 사용한 경우 소스 코드 예제13-1.c

```
01  #include <stdio.h>
02
03  void assign(void);          // 함수 선언
04
05  int main(void)
06  {
07      auto int a = 0;         // 지역 변수 선언과 초기화, auto는 생략 가능
08
09      assign();               // 함수 호출
10      printf("main 함수 a : %d\n", a);
11
12      return 0;
13  }
14
15  void assign(void)
16  {
17      int a;                  // main 함수에 있는 변수와 같은 이름의 지역 변수, auto 생략
18
19      a = 10;                 // assign 함수 안에 선언된 a에 대입
20      printf("assign 함수 a : %d\n", a);      // assign 함수에 선언된 a 값 출력
21  }
```

실행결과 ✕
```
assign 함수 a : 10
main 함수 a : 0
```

이 프로그램에는 7행과 17행에 같은 이름의 변수를 두 번 선언했지만, 함수가 다르므로 문제가 되지 않습니다. 7행의 변수 a는 사용 범위가 main 함수의 블록으로 제한되므로 assign 함수에서 사용할 수 없고 17행의 변수 a도 main 함수에서 사용할 수 없기 때문입니다. 따라서 19행에서 a에 10을 대입할 때 컴파일러는 고민하지 않고 assign 함수에 선언된 변수 a를 사용합니다. 만약 assign 함수에 변수 a의 선언문이 없다면 19행과 20행에서 a의 정체를 알 수 없으므로 컴파일 에러가 발생합니다.

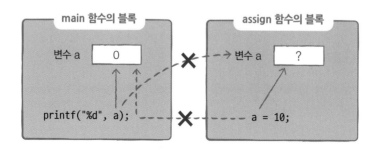

두 함수에 있는 변수 a의 저장 공간이 할당되는 방식도 사용 범위와 무관하지 않습니다.

특징2 **지역 변수는 이름이 같아도 선언된 함수가 다르면 각각 독립된 저장 공간을 갖습니다.** 즉, 두 함수에 선언된 변수 a는 이름만 같을 뿐 메모리에 별도의 저장 공간을 갖습니다. 따라서 assign 함수가 호출된 이후에도 main 함수에 있는 a의 값은 바뀌지 않습니다.

지역 변수 사용의 장점

지역 변수의 사용 범위를 함수 단위로 제한하고 독립된 저장 공간을 확보하면 2가지 장점이 있습니다.

장점1 **메모리를 효율적으로 사용합니다.** 지역 변수는 함수 안에서만 사용하므로 함수가 반환되면 그 저장 공간을 계속 유지할 필요가 없습니다. 따라서 운영체제는 지역 변수가 선언된 함수가 반환되면 할당된 저장 공간을 자동으로 회수해 재활용합니다.

장점2 **디버깅에 유리합니다.** 지역 변수는 값에 문제가 있을 때 수정하기 쉽습니다. 예를 들어 10행에서 출력한 a의 값이 예상한 값이 아닌 경우 a가 선언된 main 함수에서만 그 원인을 찾으면 됩니다.

그런데 지역 변수가 할당된 저장 공간은 자동으로 초기화되지 않으므로 쓰레기 값이 사용되지 않도록 주의해야 합니다. 또한 사용 범위가 하나의 함수로 제한되므로 2개 이상의 함수에서 데이터를 공유하기가 쉽지 않습니다. 그러나 이런 불편함보다 장점이 더 크므로 다른 종류의 변수보다 지역 변수를 최우선으로 사용해야 합니다. 지역 변수를 여러 함수에서 공유하는 방법은 다음 절에서 자세히 다룹니다.

> 지역 변수는 자동으로 초기화되지 않는다.

+ 여기서 잠깐   **함수의 매개변수는 지역 변수입니다.**

함수를 만들 때 괄호 안에 선언하는 매개변수는 호출할 때 전달되는 값을 받기 위해 특별한 위치에 선언하는 것일 뿐 사용 범위나 메모리에 존재하는 기간 등 변수가 갖는 모든 특징은 지역 변수와 같습니다.

블록 안에서 사용하는 지역 변수

지역 변수는 보통 함수 안에서 선언된 후 함수 끝까지 사용되지만, 선언 위치에 따라 사용 범위가 달라질 수 있습니다.

규칙1 **특정 블록 안에 변수를 선언하면 사용 범위가 블록 내부로 제한됩니다.** 메모리에 할당된 저장 공간도 블록이 끝나면 자동으로 회수되어 더 이상 존재하지 않습니다. 일단 지역 변수를 블록 안에 사용하는 예를 살펴보겠습니다.

13-2   **직접 해보는 손코딩**

블록 안에 지역 변수를 사용해 두 변수를 교환하는 프로그램   소스 코드 예제13-2.c

```c
01  #include <stdio.h>
02
03  int main(void)
04  {
05      int a = 10, b = 20;
06
07      printf("교환 전 a와 b의 값 : %d, %d\n", a, b);
08      {                       // 블록 시작
09          int temp;           // temp 변수 선언
10
11          temp = a;
12          a = b;              // a와 b는 5행에 선언된 변수
13          b = temp;
14      }                       // 블록 끝
15      printf("교환 후 a와 b의 값 : %d, %d\n", a, b);
16
17      return 0;
18  }
```

> **▣ 실행결과**   ✕
>
> 교환 전 a와 b의 값 : 10, 20
> 교환 후 a와 b의 값 : 20, 10

9행에 선언된 변수 **temp**는 8행과 14행의 블록 안에 선언된 지역 변수이므로 사용 범위가 그 블록

내부로 제한됩니다. 메모리에 할당된 저장 공간도 14행에서 회수되므로 15행 이후에는 temp를 사용할 수 없습니다. 반면, 5행에 선언된 지역 변수 a와 b는 main 함수 블록 어디서든 사용할 수 있으므로 main 함수에 포함되어 있는 8~14행 블록 안에서 얼마든지 사용할 수 있습니다.

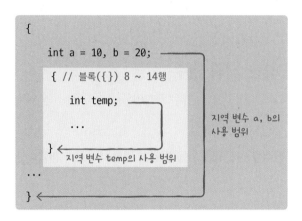

다만, 블록이 중첩된 경우 주의할 규칙이 있습니다.

규칙2 **사용 가능한 변수가 둘 이상이면 가장 가까운 블록에 선언된 변수를 사용합니다.**

예를 들어 9행에 새로운 변수 a, b를 선언하면 8~14행 블록 안에서는 5행에 선언된 변수 a와 b대신 가까운 블록에 선언된 9행의 변수 a와 b를 사용합니다. 안쪽 블록에서 선언된 변수 a와 b는 메모리에 독립된 저장 공간을 가지므로 안쪽 블록에서 a나 b 값을 바꾸어도 5행의 변수 a와 b 값에는 변함이 없습니다. 그리고 안쪽 블록에서 선언된 변수는 블록이 끝나면 저장 공간이 회수되어 더 이상 사용할 수 없으므로 결국 15행에서 a, b를 출력하면 바뀌지 않은 5행의 변수 a, b의 값이 출력됩니다.

```
05      int a = 10, b = 20;

06

07      printf("교환 전 a와 b의 값 : %d, %d\n", a, b);

08      {

09          int a, b, temp;

10

11          temp = a;

12          a = b;

13          b = temp;

14      }

15      printf("교환 후 a와 b의 값 : %d, %d\n", a, b);
```

변수 a, b는 블록 안에 새로 선언된 9행의 a, b를 사용

5행의 변수 a, b는 블록 안에 새로 선언된 변수 a, b에 의해 사용 범위가 가려짐

특정 블록 안에 변수를 선언하면 필요한 경우 잠깐 사용하고 메모리를 재활용하는 효과를 볼 수 있습니다. 즉, 두 변수 a, b의 값을 바꾸는 데 사용할 임시 변수는 블록 안에서만 필요하므로 블록 안에 변수를 선언해 잠깐 사용하는 것이 메모리 관리에 도움이 될 수 있습니다.

그러나 중첩된 블록에서 같은 이름의 변수를 선언하면 예상치 못한 결과를 얻을 수 있으므로 지양해야 합니다.

> 지역 변수가 사용한 메모리는 블록이 끝나면 동시에 반환된다.

전역 변수

함수 밖에 변수를 선언하면 전역 변수가 됩니다. **전역 변수**global variable는 특정 함수의 블록에 포함되지 않으므로 사용 범위가 함수나 블록으로 제한되지 않습니다.

전역 변수의 사용 범위는 프로그램 전체이므로 어떤 함수라도 안에서 직접 쓸 수 있습니다. 예제를 통해 좀 더 구체적인 특징을 살펴보겠습니다.

> 전역 변수를 프로그램 어디에서나 사용할 수 있다.

13-3 직접 해보는 손코딩

전역 변수의 사용 소스 코드 예제13-3.c

```
01  #include <stdio.h>
02
03  void assign10(void);
04  void assign20(void);
05
06  int a;                                  // 전역 변수 선언
07
08  int main(void)
09  {
10      printf("함수 호출 전 a 값 : %d\n", a);    // 전역 변수 a 출력
11
12      assign10();
13      assign20();
14
15      printf("함수 호출 후 a 값 : %d\n", a);    // 전역 변수 a 출력
16
17      return 0;
18  }
19
20  void assign10(void)
```

```
21  {
22      a = 10;          // 전역 변수 a에 10 대입
23  }
24
25  void assign20(void)
26  {
27      int a;           // 전역 변수와 같은 이름의 지역 변수 선언
28
29      a = 20;          // 지역 변수 a에 20 대입
30  }
```

📟 실행결과   ✕

함수 호출 전 a 값 : 0
함수 호출 후 a 값 : 10

6행이 전역 변수를 선언한 부분입니다. 함수 밖에 변수를 선언하면 전역 변수가 되며 특별한 예약어는 사용하지 않습니다. 전역 변수는 특정 함수 안에 있는 것이 아니므로 저장 공간이 메모리에 존재하는 기간이 지역 변수보다 훨씬 깁니다.

프로그램이 실행될 때 메모리에 할당되고 프로그램이 끝날 때까지 존재합니다. 따라서 전역 변수를 선언한 위치인 6행부터 그 아래에 정의된 main, assign10, assign20 3개의 함수 안에서 모두 사용할 수 있습니다.

> 전역 변수는 프로그램 시작과 동시에 할당되어 종료 시까지 존재한다.

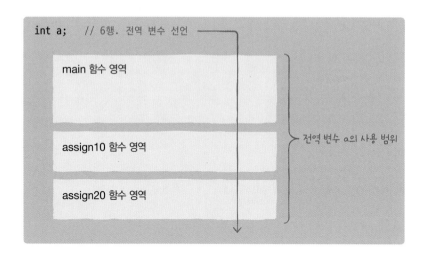

10행에서 처음 a를 출력하는데, 실행결과를 보면 전역 변수의 초기화 여부를 알 수 있습니다. 전역 변수는 이를 특별한 값으로 초기화하지 않아도 0으로 자동 초기화됩니다.

> 지역 변수는 자동 초기화가 되지 않으나 전역 변수는 0으로 자동 초기화된다.

```
printf("함수 호출 전 a 값 : %d\n", a);          // 10행. 전역 변수 a 출력
```

전역 변수와 같은 이름의 지역 변수

assign10 함수가 호출되면 22행에서 a가 10으로 바뀝니다. 그리고 이어서 assign20 함수가 호출되어 29행에서 a에 20을 대입하지만, 전역 변수 a는 바뀌지 않습니다. assign20 함수 안에 전역 변수 a와 같은 이름의 지역 변수가 있기 때문입니다.

전역 변수와 지역 변수의 이름이 같으면 지역 변수를 먼저 사용합니다. 즉, 27행에 선언된 지역 변수는 같은 이름의 전역 변수보다 먼저 사용되므로 그 값이 20으로 바뀌며 전역 변수 a에는 변화가 없습니다. 따라서 함수가 반환되고 난 후 15행에서 전역 변수 a에는 assign10에서 저장한 값 10이 그대로 남아 있게 됩니다.

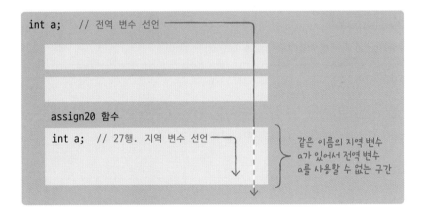

전역 변수의 문제점

전역 변수는 모든 함수에서 자유롭게 접근할 수 있으므로 같은 변수를 여러 함수에서 쉽게 공유할 수 있습니다. 그러나 이런 특징은 장점보다 부작용이 더 크므로 사용을 꺼리는 이유가 됩니다. 전역 변수의 문제점을 간단히 정리해 보겠습니다.

문제점1 전역 변수의 이름을 바꾸면 그 변수를 사용하는 모든 함수를 찾아 수정해야 합니다.

문제점2 전역 변수의 값이 잘못된 경우 접근 가능한 모든 함수를 의심해야 합니다.

문제점3 코드 블록 내에 같은 이름의 지역 변수를 선언하면 거기서는 전역 변수를 사용할 수 없습니다.

결국 사용 범위가 명확하고 통제 가능한 지역 변수를 우선적으로 사용하고, 많은 함수에서 수시로 데이터를 공유하는 경우에만 제한적으로 전역 변수를 사용하는 것이 좋습니다.

> 전역 변수를 제한적으로 사용하거나 사용하지 않는 게 좋다.

정적 지역 변수

지역 변수를 선언할 때 static 예약어를 사용하면 **정적 지역 변수**static variable가 됩니다. 정적 지역 변수는 코드 블록 안에 선언하므로 일반 지역 변수와 같이 사용 범위가 블록 내부로 제한됩니다. 반면에 저장 공간이 메모리에 존재하는 기간이 다릅니다.

정적 지역 변수는 선언된 함수가 반환되더라도 그 저장 공간을 계속 유지합니다. 따라서 하나의 함수가 여러 번 호출되는 경우 같은 변수를 공유하는 것이 가능합니다. 일반 지역 변수와 정적 지역 변수의 차이를 예제를 통해 비교해 보겠습니다.

> 정적 지역 변수의 저장 공간은 프로그램이 실행되는 동안 계속 유지된다.

13-4 직접 해보는 손코딩

auto 지역 변수와 static 지역 변수의 비교   소스 코드 예제13-4.c

```
01  #include <stdio.h>
02
03  void auto_func(void);      // auto_func 함수 선언
04  void static_func(void);    // static_func 함수 선언
05
06  int main(void)
07  {
08      int i;
09
10      printf("일반 지역 변수(auto)를 사용한 함수...\n");
11      for (i = 0; i < 3; i++)
12      {
13          auto_func();
14      }
15
16      printf("정적 지역 변수(static)를 사용한 함수...\n");
17      for (i = 0; i < 3; i++)
18      {
19          static_func();
20      }
21
22      return 0;
23  }
24
25  void auto_func(void)
26  {
```

```
27        auto int a = 0;        // 지역 변수 선언과 초기화
28
29        a++;                   // a 값 1 증가
30        printf("%d\n", a);     // a 출력
31    }
32
33  void static_func(void)
34  {
35        static int a;          // 정적 지역 변수 선언
36
37        a++;                   // a 값 1 증가
38        printf("%d\n", a);     // a 출력
39  }
```

실행결과   ✕

```
일반 지역 변수(auto)를 사용한 함수...
1
1
1
정적 지역 변수(static)를 사용한 함수...
1
2
3
```

먼저 25행에 정의된 auto_func 함수는 27행에서 지역 변수 a를 선언하고 0으로 초기화합니다. 지역 변수는 함수가 호출될 때 메모리에 할당되고 반환될 때 메모리에서 제거되므로 변수 a는 auto_func 함수가 호출될 때마다 메모리에 새롭게 할당되고 그때마다 0으로 초기화됩니다. 그 값을 29행에서 1 증가시키고 출력하므로 함수의 호출 횟수와 관계없이 a는 항상 1이 출력됩니다. 13행의 반복문 안에서 auto_func 함수는 세 번 호출되지만, 실행결과는 모두 1이 출력된 것을 알 수 있습니다.

반면에 35행처럼 지역 변수에 static 예약어를 사용하면 저장 공간이 할당되어 유지되는 시점이 함수 호출과는 무관해집니다. static을 사용한 정적 지역 변수는 프로그램이 실행될 때 메모리에 할당되며 프로그램이 끝날 때까지 존재합니다. 또한 정적 지역 변수는 초기화하지 않으면 0으로 자동 초기화됩니다.

33행의 static_func 함수의 구현을 살펴보겠습니다. 35행에 선언된 정적 지역 변수는 비록 static_func 함수 안에 선언되었지만, 저장 공간의 할당이나 초기화 방법, 메모리 존재 기간이 전역 변수와 같습니다. 결국 정적 지역 변수는 선언된 블록 안에서만 사용되는 전역 변수와 같습니다.

33 ~ 39행

```
void static_func(void)
{
    static int a;

    a++;
    printf("%d\n", a);
}
```

함수 밖에 있다면?
저장 공간의 할당과 회수는 함수의
호출 및 반환과 관계가 없습니다!

정적 지역 변수는 함수가 반환되더라도 저장 공간이 계속 유지되므로 함수에 필요한 값을 보관해 호출할 때마다 계속 사용할 수 있습니다. 실행결과를 보면 35행에 선언된 a 값은 최초 0으로 자동 초기화된 후 함수가 호출될 때마다 37행에서 1씩 증가하므로 결국 1부터 3까지 차례로 출력됩니다. 정적 지역 변수는 프로그램이 끝날 때까지 저장 공간을 유지하면서 특정 함수에서만 쓰는 경우 유용합니다.

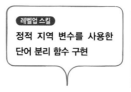

레벨업 스킬
정적 지역 변수를 사용한 단어 분리 함수 구현

문자열 분리 코드!

문자열 분리 함수!

레지스터 변수

레지스터 변수register variable는 블록 혹은 함수 내에 변수를 선언할 때 register 예약어를 사용합니다. 그렇다면 지역 변수와 레지스터 변수의 차이는 무엇일까요? 레지스터 변수의 가장 큰 특징은 저장 공간이 할당되는 위치에 있습니다. 이름과 같이 레지스터 변수는 CPU 안에 있는 저장 공간인 레지스터를 사용합니다.

레지스터는 CPU 안에 있어 데이터 처리 속도가 가장 빠른 저장 공간입니다. 따라서 반복문에 쓰는 변수와 같이 사용 횟수가 많은 경우 레지스터에 할당하면 실행 시간을 줄일 수 있습니다.

13-5 직접 해보는 손코딩

레지스터 변수를 반복문에 사용한 예 〔소스 코드〕 예제13-5.c

```
01  #include <stdio.h>
02
03  int main(void)
04  {
05      register int i;              // 레지스터 변수
06      auto int sum = 0;            // auto 지역 변수
07
08      for (i = 1; i <= 10000; i++)  // 반복 과정에서 i를 계속 사용함
09      {
10          sum += i;                // i 값을 반복해서 누적
11      }
12
13      printf("%d\n", sum);
14
15      return 0;
16  }
```

실행결과 ✕
```
50005000
```

8행의 반복문이 실행되면 i를 비교하고 증가시키는 작업을 계속 반복합니다. 또한 10행에도 i를 사용하므로 i를 사용하는 횟수는 반복 횟수보다 3배 이상 많습니다.

```
for (i = 1; i <= 10000; i++)    // 8행. 반복 과정에서 i를 계속 사용함
{                                // 9행
    sum += i;                    // 10행. i 값을 반복해 누적
```

이렇게 자주 사용하는 변수를 레지스터 변수로 선언하면 변수의 데이터 처리 속도가 램 메모리에 있을 때보다 빨라 프로그램 실행 시간을 줄일 수 있습니다. 메인 메모리에 있는 일반 변수의 값은 레지스터로 옮겨진 후 연산 장치에 사용됩니다. 따라서 레지스터에 값을 저장하면 메인 메모리에 접근하는 시간을 줄일 수 있습니다.

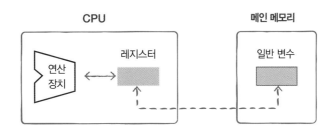

레지스터 변수 사용 시 주의점

단, 레지스터 변수를 사용할 때는 3가지 점을 주의해야 합니다.

주의1 전역 변수는 레지스터 변수로 선언할 수 없습니다. 레지스터 변수는 CPU의 자원을 잠깐 빌리는 것이므로 프로그램을 실행하는 동안 계속 저장 공간을 확보해야 하는 전역 변수는 레지스터에 할당할 수 없습니다.

주의2 레지스터 변수는 주소를 구할 수 없습니다. 레지스터 변수는 저장 공간이 메모리에 있는 것이 아니므로 주소 연산자를 써서 주소를 구할 수 없습니다.

주의3 레지스터의 사용 여부는 컴파일러가 결정합니다. 재미있게도 레지스터 변수를 선언했다고 모두 레지스터에 변수가 생성되는 것은 아닙니다. 레지스터는 CPU의 연산장치가 사용하는 비싸고 중요한 저장 공간이므로 당장 연산할 필요가 없는 데이터를 레지스터에 보관하면 레지스터의 활용성이 떨어집니다. 따라서 컴파일러는 사용자가 레지스터 변수를 선언하더라도 레지스터와 메모리 중에 어디에 할당하는 것이 더 이득인지 판단해 적당한 저장 공간을 선택합니다.

> 레지스터 변수의 생성 위치는 컴파일러가 상황에 따라 정한다.

마무리

▶ 4가지 키워드로 끝내는 핵심 포인트

- **지역 변수**의 사용 범위는 블록으로 제한된다.

- 지역 변수와 **전역 변수**의 사용 범위가 겹치면 지역 변수를 먼저 사용한다.

- 지역 변수에 static을 사용해서 **정적 지역 변수**로 만들면 프로그램의 시작부터 종료까지 저장 공간이 유지된다.

- **레지스터 변수**는 컴파일러가 레지스터에 생성할지 말지를 결정한다.

▶ 표로 정리하는 핵심 포인트

표 13-1 여러 가지 변수의 특징

종류	지역 변수			전역 변수	
예약어	auto	register	static	없음	static
선언 위치	코드 블록 내부			함수 외부	
사용 범위	선언 ~ 선언한 블록 끝			프로그램 전체	하나의 파일 내부
메모리 존재 기간	선언 ~ 선언한 블록 끝		프로그램 시작 ~ 종료		
자동 초기화	없음		0으로 자동 초기화		
메모리 위치	스택 영역	레지스터	데이터 영역		

note 전역 변수에 static을 사용하는 정적 전역 변수와 전역 변수에 대한 extern 선언은 아직 다루지 않았습니다. 이들은 분할 컴파일과 관련된 내용이므로 19장에서 다룹니다.

변수 종류가 사용 범위로도 나뉘는구나. 암기! 암기!

▶ 확인 문제

프로그램에서 사용하는 변수는 사용 범위에 따라 간단히 지역 변수와 전역 변수로 구분합니다. 그러나 같은 지역 변수라도 저장 공간의 유지 기간이 다른 정적 지역 변수도 있고 저장 공간이 메모리가 아닌 레지스터인 것도 있습니다. 이런 변수의 특성을 이해하고 적절히 사용하면 안정적이고 효율적인 프로그램을 만들 수 있습니다.

1. 다음 문장에서 설명이 **틀린** 것을 모두 고르세요.

① 지역 변수는 선언된 함수가 반환되면 할당된 저장 공간이 자동으로 회수된다.
② 전역 변수와 정적 변수는 프로그램이 실행되는 동안 계속 저장 공간을 유지한다.
③ 정적 지역 변수와 전역 변수는 변수의 사용 범위가 같다.
④ auto를 사용한 지역 변수는 저장 공간 할당과 동시에 0으로 자동 초기화된다.
⑤ 하나의 함수 내에서는 같은 이름의 변수를 선언할 수 없다.
⑥ 전역 변수와 지역 변수는 같은 이름을 사용할 수 있으나 전역 변수에 우선권이 있다.

2. 다음 프로그램의 실행결과를 적으세요.

```c
#include <stdio.h>

void func(void);

int a = 10;

int main(void)
{
    a = 20;
    func();
    printf("%d", a);
    return 0;
}

void func(void)
{
    a = 30;
}
```

실행결과

×

3. 실행결과와 일치하도록 빈칸에 적당한 예약어를 적으세요.

```c
#include <stdio.h>

int func(void);

int main(void)
{
    int i, sum = 0;

    for (i = 0; i < 10; i++)
    {
        sum += func();
    }

    printf("%d", sum);
    return 0;
}

int func(void)
{
            int a = 0;
    a++;
    return a;
}
```

실행결과 ✕

```
55
```

13-2 함수의 데이터 공유 방법

값을 복사해서 전달　　주소를 전달　　주소를 반환

둘 이상의 함수로 구현된 프로그램은 함수 간에 데이터를 공유하기 위해 다양한 방법을 사용합니다. 함수의 기능에 따라 꼭 사용해야 하는 방법도 있으나 적절한 방법을 선택하면 안정적이고 읽기 쉬운 프로그램을 만들 수 있습니다. 여기서는 함수 간의 데이터 공유 방법과 장단점을 살펴봅니다.

시작하기 전에

프로그램은 데이터와 명령으로 이뤄집니다. 컴퓨터가 주로 하는 일은 데이터를 명령으로 처리하는 일인데, 이때 특정 기능의 명령을 묶어서 함수로 만들어 사용한다고 했습니다. 그렇다면 함수 사이에 데이터를 공유하기 위한 연결고리는 무엇일까요? 지금부터는 함수끼리 데이터를 어떻게 공유하는지 알아보겠습니다.

값을 복사해서 전달하는 방법

함수를 호출할 때 필요한 데이터를 전달하는 가장 일반적인 방법은 값을 복사해서 전달하는 것입니다. 이 방법은 함수를 호출할 때 변수뿐 아니라 상수나 수식도 사용할 수 있으며 지금까지 여러 차례 사용했던 방식입니다. 이렇게 하면 호출된 함수가 반환된 이후에도 호출한 함수에 있는 변수의 값은 변하지 않습니다. 예제를 통해 무슨 뜻인지 확인해 보겠습니다.

> 호출된 함수의 기능과 상관없이 호출한 함수의 변숫값은 그대로다.

13-6 직접 해보는 손코딩

10을 더하기 위해 값을 인수로 주는 경우   소스 코드 예제13-6.c

```
01  #include <stdio.h>
02
03  void add_ten(int a);          // 함수 선언
04
05  int main(void)
06  {
07      int a = 10;
08
09      add_ten(a);               // a 값을 복사해 전달
10      printf("a : %d\n", a);
11
12      return 0;
13  }
14
15  void add_ten(int a)           // 7행의 a와 다른 독립적인 저장 공간 할당
16  {
17      a = a + 10;               // 15행의 매개변수 a에 10을 더한다.
18  }
```

실행결과 ✕

```
a : 10
```

9행에서 변수 a를 인수로 주고 함수를 호출합니다. 이 경우 a 값이 복사되어 함수에 전달되며 15행에서는 매개변수 a를 위한 저장 공간이 별도로 할당되어 인수로 넘어오는 값을 저장합니다.

```
    add_ten(a);                  // 9행. a 값을 복사해 전달
```

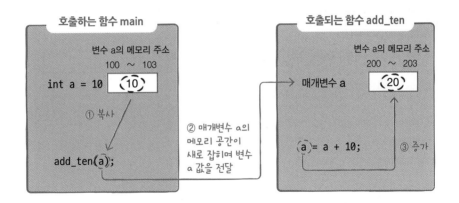

도식으로 보면 a의 값은 20인데 실행결과는 10입니다. 왜 그럴까요? 바로 매개변수 a의 메모리 주소에 저장된 값을 main 함수로 넘겨주지 않기 때문입니다. 따라서 17행에서 매개변수 a를 증가시켜도 main 함수에 있는 a는 변함이 없습니다.

만약 main 함수의 변수 a가 증가하기를 원한다면 add_ten 함수가 증가시킨 값을 반환해 main 함수의 a에 다시 대입하는 방법을 사용해야 합니다. [13-6 직접 해보는 손코딩]에서 3, 9, 15행을 다음처럼 수정하면 됩니다. 물론 17행 다음에 증가한 a 값을 반환하는 문장도 있어야 합니다.

```
int add_ten(int a);            // 3행. 반환값이 있는 함수로 선언
...
    a = add_ten(a);            // 9행. 증가한 값을 반환해 main 함수의 변수 a에 대입
...
int add_ten(int a)             // 15행. 반환값이 있는 함수로 정의
...
    return a;                  // 17행의 다음 행에 반환 문장 추가
```

호출되는 함수에 값을 복사해 전달하는 방식은 값을 출력하거나 연산하는 경우 또는 같이 호출하는 함수의 값을 바꿀 필요가 없는 경우에 사용합니다.

주소를 전달하는 방법

함수를 호출할 때 처리할 변수의 주소를 넘기는 방법도 있습니다. 이 경우 포인터 연산으로 값을 처리해야 하므로 값을 전달하는 방법보다 불편합니다. 하지만 호출된 함수에서 호출한 함수에 있는 변수의 값을 바꿀 수 있습니다. [13-6 직접 해보는 손코딩]을 수정해 포인터로 main 함수에 있는 변수의 값을 바꿔 보겠습니다.

> 주소를 전달하면 호출한 함수의 변숫값을 바꿀 수 있다.

포인터를 써서 변수의 값에 10을 더하는 경우 〔 소스 코드 예제13-7.c 〕

```c
01  #include <stdio.h>
02
03  void add_ten(int *pa);      // 매개변수로 포인터 pa 선언
04
05  int main(void)
06  {
07      int a = 10;
08
09      add_ten(&a);                // a의 주소를 인수로 준다.
10      printf("a : %d\n", a); // 증가된 a 값 출력
11
12      return 0;
13  }
14
15  void add_ten(int *pa)  // 포인터 pa가 a의 주소를 받는다.
16  {
17      *pa = *pa + 10;       // 포인터 pa가 가리키는 변수의 값 10 증가
18  }
```

┌─ 실행결과 ──────── × ─┐
│ a : 20   │
└─────────────────────┘

9행에서 변수 a의 주소가 함수에 전달되며, 15행에서는 포인터를 매개변수로 선언해 받습니다. 따라서 17행에서 매개변수 pa에 간접 참조 연산자를 사용하면 main 함수에 있는 a를 사용할 수 있으며 그 값을 바꾸는 것도 가능해집니다.

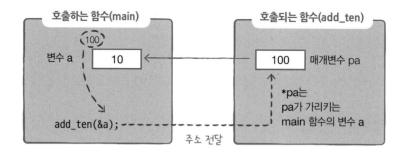

값을 복사해서 전달하는 방식 vs 주소를 전달하는 방식

지금까지 2가지 방식으로 함수의 데이터를 공유하는 방법을 배웠습니다. 이 두 방식은 각기 장단점이 있습니다.

먼저 값을 복사해서 전달하는 방식은 원본 데이터를 보존할 수 있으므로 안정성을 담보해야 하는 상황에 유용합니다. 다만, 원본의 데이터 수정이 목적일 경우에는 사용법이 제한됩니다.

반대로 주소를 전달하는 방식은 원본 데이터를 바꿀 때 유용하지만, 사용법이 복잡하며 절대 바꾸면안 되는 데이터를 다룰 때 사용하면 문제가 생길 수 있습니다. 따라서 꼭 필요한 경우가 아니면 값을복사해서 전달하는 방식을 기본으로 사용합니다.

> **+ 여기서 잠깐** **C 언어에서 call by value와 call by reference에 대한 논란**
>
> 함수를 호출할 때 변수의 값을 복사해 인수로 주는 방식을 call by value(값에 의한 호출)라고 합니다. 반면에 call by reference(참조에 의한 호출)는 호출 함수의 변수를 피호출 함수에서 매개변수의 이름으로 직접 사용하는 방식입니다. 따라서 call by reference 방식을 사용하면 하나의 저장 공간을 서로 다른 함수에서 2개의 이름으로 쉽게 공유할 수 있습니다.
> 그런데 C 언어에는 call by reference를 구현하는 문법 형식이 없습니다. 다만, 주소를 함수의 인수로 주고 포인터로 받아 간접 참조 연산을 통해 call by reference와 비슷한 효과를 낼 수 있습니다. 이 방법도 주소 값을 주고받으므로 결국 call by value입니다.

주소를 반환하는 함수

반환값이 있는 함수는 호출한 함수로 값을 복사해서 반환합니다. 함수 안에서 사용한 지역 변수는 함수가 반환되면 저장 공간이 사라지므로 그 값을 복사해 반환해야 호출한 함수에서 사용할 수 있습니다. 그러나 함수가 반환된 후에도 변수의 저장 공간이 계속 유지된다면 주소를 반환해 호출하는 함수에서 쓸 수도 있습니다. 즉, 정적 지역 변수와 전역 변수는 주소를 반환할 수 있습니다. 예제를 통해구체적으로 살펴보겠습니다.

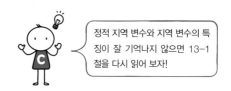

정적 지역 변수와 지역 변수의 특징이 잘 기억나지 않으면 13-1절을 다시 읽어 보자!

주소를 반환해서 두 정수의 합 계산 소스 코드 예제13-8.c

```c
01 #include <stdio.h>
02
03 int *sum(int a, int b);          // int형 변수의 주소를 반환하는 함수 선언
04
05 int main(void)
06 {
07     int *resp;                   // 반환값을 저장할 포인터 resp(result pointer)
08
09     resp = sum(10, 20);          // 반환된 주소는 resp에 저장
10     printf("두 정수의 합 : %d\n", *resp);       // resp가 가리키는 변숫값 출력
11
12     return 0;
13 }
14
15 int *sum(int a, int b)           // int형 변수의 주소를 반환하는 함수
16 {
17     static int res;              // 정적 지역 변수
18
19     res = a + b;                 // 두 정수의 합을 res(result)에 저장
20
21     return &res;                 // 정적 지역 변수의 주소 반환
22 }
```

> **실행결과** ✕
> 두 정수의 합 : 30

호출하는 함수가 주소를 주고 호출하듯이 호출되는 함수도 주소를 반환할 수 있습니다.

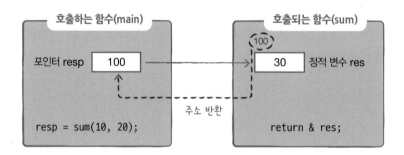

15행의 sum 함수는 매개변수에 받은 두 정수를 더한 후에 직접 반환하지 않고 res 변수에 저장하고 res의 주소를 반환합니다. 이 경우 호출한 함수에서는 그 값을 포인터에 저장하고 간접 참조 연산을 수행해 언제든지 두 정수의 합을 사용할 수 있습니다. 10행에서는 단지 그 값을 출력하고 있지만, resp가 가리키는 변수 res의 값을 바꾸는 것도 가능합니다. 이처럼 주소를 반환하는 함수를 만들 때는 2가지 주의할 점이 있습니다.

주의1 **반환값의 자료형은 반환값을 저장할 포인터의 자료형과 같아야 합니다.** 즉, sum 함수는 int형 변수인 res의 주소를 반환하므로 그 값을 저장할 포인터는 7행과 같이 int *형으로 선언해야 하며 sum 함수의 반환형도 int *형이 되어야 합니다.

```
         int *resp;          // 7행. 반환값을 저장할 포인터
같다.
         int *sum(int a, int b)  // 15행. int형 변수의 주소를 반환하는 함수
```

주의2 **지역 변수의 주소를 반환해서는 안 됩니다.** 17행의 변수 res는 static을 사용한 정적 지역 변수로 함수가 반환된 후에도 저장 공간이 계속 유지되므로 호출한 함수에서 포인터 연산을 통해 언제든지 그 변수를 사용할 수 있습니다.

```
    static int res;          // 17행. 정적 지역 변수
```

그러나 일반 지역 변수는 함수가 반환되면 저장 공간이 회수되어 언제 다른 용도로 재활용될지 알 수 없습니다. 따라서 지역 변수의 주소를 반환하면 안 됩니다. 컴파일러는 이 경우 다음과 같은 경고 메시지로 알려 줍니다.

```
⊡ 경고            ✕

warning C4172: 지역 변수 또는 임시 변수의 주소를 반환하고 있습니다.
```

정적 지역 변수나 전역 변수의 주소를 반환하거나 호출하는 함수에 있는 변수의 주소를 인수로 받은 경우 그 주소를 다시 반환할 수 있습니다. 그 외에도 동적 할당한 메모리의 주소도 가능한데 동적 할당은 16장에서 자세히 다룹니다.

▶ 3가지 키워드로 끝내는 핵심 포인트

- **값을** 복사해서 인수로 **전달**하면 호출하는 함수의 값은 바뀌지 않는다.

- 호출하는 함수의 값을 바꾸려면 **주소**를 인수로 **전달**해야 한다.

- 정적 지역 변수나 전역 변수와 같이 함수가 반환된 후에도 저장 공간이 유지되는 경우에만 **주소를 반환**한다.

▶ 표로 정리하는 핵심 포인트

표 13-2 여러 가지 데이터 공유 방법

공유 방법	호출하는 함수	호출되는 함수
값을 넘겨준다.	`int a = 10;` `func(a);`	`void func(int b);`
값을 반환받는다.	`int a;` `a = func();`	`return b;`
주소를 넘겨준다.	`int a = 10;` `func(&a);`	`void func(int *p);`
주소를 반환받는다.	`int *p;` `p = func();`	`static int b = 10;` `return &b;`

▶ 확인 문제

지금까지 둘 이상의 함수에서 데이터를 공유하는 방법을 살펴보았습니다. 크게 나누면 처리할 값을 직접 주고받는 경우와 값을 사용할 수 있도록 주소를 주고받는 경우가 있습니다. 어떤 방식이 더 좋은지는 상황에 따라 달라집니다. 따라서 다양한 문제를 풀면서 함수의 설계 방식을 연습해 보겠습니다.

1. 함수 원형과 데이터 공유 방법이 일치하도록 연결하세요.

void swap(int *pa, int *pb);　·　　　·　값을 복사해서 전달하는 방법

double avg(int a, int b);　　·　　　·　주소를 반환하는 함수

char *get_str(void);　　　　·　　　·　주소를 전달하는 방법

2. 다음은 키보드로부터 정수를 입력받은 후에 값이 저장된 변수의 주소를 반환하는 함수입니다. 구현에 문제가 있는 부분을 찾고 그 이유를 적으세요.

```c
int *get_num(void)
{
    int n;                  // 정수를 입력할 변수
    scanf("%d", &n);        // n에 정수 입력
    return &n;              // n의 주소 반환
}
```

3. 다음 프로그램의 실행결과가 30이 되도록 빈칸에 알맞은 수식을 적으세요.

```c
#include <stdio.h>
void add_by_pointer(int *pa, int *pb, int *pr)
{

}
int main(void)
{
    int a = 10, b = 20, res = 0;
    add_by_pointer(&a, &b, &res);
    printf("%d", res);
    return 0;
}
```

▶ 도전 실전 예제

도전 전역 변수 교환 프로그램

2개의 전역 변수에 값을 입력하고 교환한 후 출력하는 프로그램을 작성합니다. 입력, 교환, 출력 작업은 다음에 제시된 함수 원형을 지켜 작성합니다.

```c
#include <stdio.h>

void input_data(int *pa, int *pb);
void swap_data(void);
void print_data(int a, int b);

int a, b;

int main(void)
{
    input_data(&a, &b);      // 전역 변수에 정수 값 입력
    swap_data();             // 두 변수 교환
    print_data(a, b);        // 교환된 변숫값 출력

    return 0;
}
```

풀이가 궁금하다면?

실행결과 ✕
```
두 정수 입력 : 10 20 ↵
두 정수 출력 : 20, 10
```

Chapter

14

다차원 배열과 포인터 배열

14-1 다차원 배열

2차원 배열의 요소   초기화   반복문 처리   3차원 배열

같은 자료형의 변수를 배열로 선언해 사용하듯, 배열도 형태가 같으면 묶어서 선언할 수 있습니다. 이 절에서는 배열을 하나의 요소로 갖는 2차원 배열의 선언과 사용법을 배우고 그 논리적 의미를 생각해 보겠습니다.

시작하기 전에

앞서 학습했던 배열은 흔히 1차원 배열이라고 합니다. 예로 성적표 처리를 생각해 보겠습니다. 1번 학생의 국어, 영어, 수학, 과학 성적을 앞서 배운 배열로 표기하면 다음과 같을 겁니다.

100번지 ~			~ 115번지
국어 성적	영어 성적	수학 성적	과학 성적

int score1[4];

같은 반 2번, 3번 학생의 점수도 처리하려면 같은 형태의 배열이 2개 더 필요합니다. 한 반의 성적을 모두 처리하려면 최소 20명은 될 테고, 이렇게 따로 배열을 만들어서 관리하기는 힘들 겁니다. 이때 2차원 배열을 사용합니다. 2차원 배열은 행렬의 구조와 같습니다. 또 잘 생각해 보면 엑셀과도 비슷합니다. 지금부터는 이렇게 1차원 배열을 모아서 만드는 다차원 배열에 관해 학습하겠습니다.

> 2차원 배열은 행렬의 구조와 같다.

	A	B	C	D	E
1	score1	국어성적1	영어성적1	수학성적1	과학성적1
2	score2	국어성적2	영어성적2	수학성적2	과학성적2
3	score3	국어성적3	영어성적3	수학성적3	과학성적3
4	score4	국어성적4	영어성적4	수학성적4	과학성적4
5	score5	국어성적5	영어성적5	수학성적5	과학성적5
6	score6	국어성적6	영어성적6	수학성적6	과학성적6
7	score7	국어성적7	영어성적7	수학성적7	과학성적7
18	score18	국어성적18	영어성적18	수학성적18	과학성적18
19	score19	국어성적19	영어성적19	수학성적19	과학성적19
20	score20	국어성적20	영어성적20	수학성적20	과학성적20

2차원 배열 선언과 요소 사용

형태가 같은 배열이 여러 개 필요한 경우 이들을 모아 배열을 만들 수 있습니다. 이 배열을 2차원 배열이라고 합니다. 즉, 2차원 배열은 1차원 배열을 요소로 갖는 배열입니다.

한 학생의 네 과목 점수를 처리할 때는 요소가 4개인 **int**형 배열 하나면 되지만, 학생 수가 3명으로 늘어나면 같은 형태의 1차원 배열이 3개 필요합니다. 이때 2차원 배열로 만들면 더 편하게 관리할 수 있습니다.

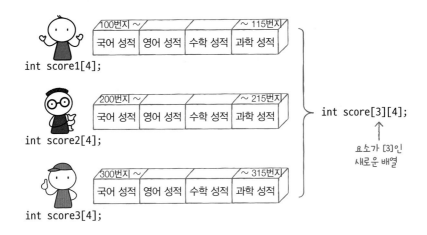

그런데 이렇게 2차원 배열을 선언하면 한 가지 변화가 발생합니다. 바로 메모리 주소입니다. 1차원 배열을 하나씩 선언했을 때는 각각의 score1[4], score2[4], score3[4]가 앞의 그림처럼 각기 다른 메모리 주소에 할당될 수 있습니다. 하지만 2차원 배열로 한 번에 선언하면 각 배열은 연속성을 지닙니다. 바로 다음과 같이 말이죠.

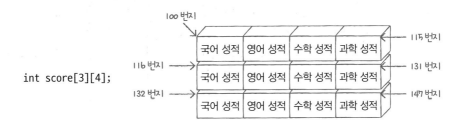

이제 예제를 통해 2차원 배열의 선언과 사용법을 구체적으로 살펴보겠습니다.

학생 3명의 네 과목 총점과 평균을 구하는 프로그램　소스 코드　예제14-1.c

```c
01  #include <stdio.h>
02
03  int main(void)
04  {
05      int score[3][4];                        // 3명의 네 과목 점수를 저장할 2차원 배열 선언
06      int total;                              // 총점
07      double avg;                             // 평균
08      int i, j;                               // 반복 제어 변수
09
10      for (i = 0; i < 3; i++)                 // 학생 수만큼 반복
11      {
12          printf("4과목의 점수 입력 : ");      // 입력 안내 메시지
13          for (j = 0; j < 4; j++)             // 과목 수만큼 반복
14          {
15              scanf("%d", &score[i][j]);      // 점수 입력
16          }
17      }
18
19      for (i = 0; i < 3; i++)                 // 학생 수만큼 반복
20      {
21          total = 0;                          // 학생이 바뀔 때마다 0으로 초기화
22          for (j = 0; j < 4; j++)             // 과목 수만큼 반복
23          {
24              total += score[i][j];           // 학생별로 총점 누적
25          }
26          avg = total / 4.0;                  // 평균 계산
27          printf("총점 : %d, 평균 : %.2lf\n", total, avg);    // 총점, 평균 출력
28      }
29
30      return 0;
31  }
```

```
▣ 실행결과                                        ✕
4과목의 점수 입력 : 72 80 95 60 ↵
4과목의 점수 입력 : 68 98 83 90 ↵
4과목의 점수 입력 : 75 72 84 90 ↵
총점 : 307, 평균 : 76.75
총점 : 339, 평균 : 84.75
총점 : 321, 평균 : 80.25
```

5행에서 2차원 배열을 선언합니다.

int score[3][4];   // 5행

행의 수 ⎯ 열의 수

score[3][4]에서 4는 1차원 배열 요소의 개수, 3은 1차원 배열을 요소로 가지는 2차원 배열 요소의 개수입니다. 즉, 2차원 배열은 1차원 배열을 여러 개 갖는 구조이므로 논리적으로 행과 열로 표현하고 그림을 그려 이해하는 것이 편합니다. 따라서 배열을 선언할 때 사용하는 두 숫자는 행의 수와 열의 수로 생각하면 됩니다.

> 첫 번째 숫자는 행(row)의 수며 두 번째 숫자는 열(column)의 수다.

이제 행마다 한 학생의 네 과목 점수를 차례로 저장하면 행 첨자로 학생을 구분하고 열 첨자로 과목을 구분해서 처리할 수 있습니다.

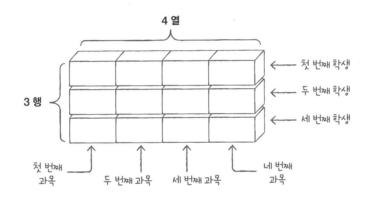

결국 score 배열은 점수를 저장할 수 있는 int형 변수가 12개 있는 셈이며, 배열명에 행 첨자와 열 첨자를 지정해 각 요소를 지목할 수 있습니다. 이때 위치를 지정하는 규칙은 1차원 배열과 같습니다. 행 첨자와 열 첨자는 0부터 시작하며 최댓값은 '행의 수 −1'과 '열의 수 − 1'입니다. 예를 들어 두 번째 학생의 세 번째 과목은 2행 3열의 요소가 되며 행 첨자는 1, 열 첨자는 2를 사용합니다.

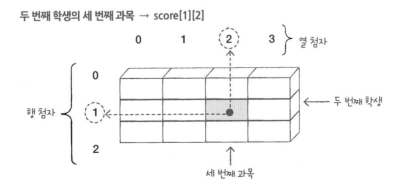

두 번째 학생의 세 번째 과목 → score[1][2]

결국 행 첨자와 열 첨자를 써서 모든 배열 요소를 다음과 같이 사용할 수 있습니다.

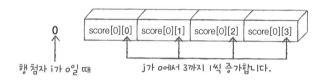

이제 각 학생의 점수를 입력해 보겠습니다. 우선 첫 번째 학생의 점수를 입력하는 코드를 완성하고 그 과정을 학생 수만큼 반복해서 완성합니다. 13행에서 16행까지 한 학생의 네 과목 점수를 입력합니다.

```
for (j = 0; j < 4; j++)          // 13행. 과목 수만큼 반복
{
    scanf("%d", &score[i][j]);   // 점수 입력
}
```

score[i][j]에서 i가 0일 때 반복문을 수행하면 j는 0부터 3까지 증가하면서 첫 번째 행의 모든 요소에 점수를 입력합니다.

이제 나머지 2명의 점수를 입력하기 위해 이 과정을 반복하면 됩니다. 따라서 13행 위에 10행을 넣어 다시 i를 반복합니다.

```
for (i = 0; i < 3; i++)          // 10행. 학생 수만큼 반복
```

10행에서 i의 값이 0에서 1로 증가하면 두 번째 행이 입력되고 2로 증가하면 마지막 행이 입력되어 모든 학생의 점수가 입력됩니다.

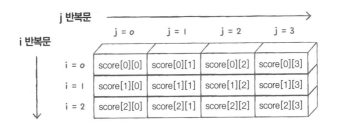

점수 입력이 끝난 후에 19행에서 28행까지 총점과 평균을 구하는 과정도 같습니다. 다만, 21행에서 total 변수는 학생별로 총점을 누적해야 하므로 새로운 학생의 총점을 계산할 때는 이전 학생의 총점이 함께 누적되지 않도록 0으로 초기화해야 합니다.

메모리에서의 2차원 배열

2차원 배열은 실은 1차원 배열과 같습니다. 2차원 배열은 논리적으로는 행렬의 구조를 가지고 있지만, 물리적으로는 1차원 배열의 형태로 메모리에 할당됩니다. 할당되는 방법은 한 행씩 차례로 할당됩니다. 예를 들어 2차원 배열 int score[3][4];는 다음과 같이 메모리에 연속적으로 할당됩니다.

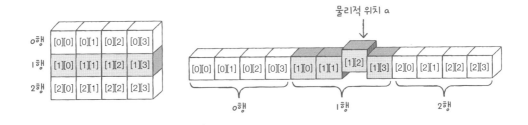

note 편의상 그림에서는 배열명 score를 생략했습니다.

자 이렇게 펼쳐 놓았을 때 메모리상, 즉 물리적으로 a 위치에 있는 요소가 score 배열의 몇 번 첨자인가를 알 수 있을까요? 물론 지금처럼 하나씩 배열의 첨자를 적어 주는 방법도 있습니다만, [99][99] 정도의 배열이라면 이렇게 하나씩 세기 어려울 겁니다.

그럴 때는 이렇게 한번 계산해 보세요. 첨자는 0부터 시작하니 일곱 번째에 있으면 위치 값은 6이 됩니다.

- 행 첨자 : 1차원 배열로 계산했을 때의 위치 / 열의 수 ➡ 6 / 4 = 1
- 열 첨자 : 1차원 배열로 계산했을 때의 위치 % 열의 수 ➡ 6 % 4 = 2

각기 1차원 배열의 위치를 열의 수로 나눈 몫과 나머지가 첨자의 값입니다. 결국 4개씩 끊었을 때 몇 번째 그룹인지가 행 첨자가 되고 나머지가 그 그룹에서 몇 번째 있는지에 해당하므로 열 첨자가 됩니다. 진짜 그렇게 되는지 직접 한번 세어 보세요.

결국 할당된 메모리의 일곱 번째 공간의 첨자는 다음과 같이 계산할 수 있습니다.

```
score[(7 - 1) / 4] [(7 - 1) % 4]  ➡  score[1][2]
```

2차원 배열 초기화

2차원 배열을 함수 내에서 선언하면 자동 변수와 같이 메모리에 남아 있는 쓰레기 값을 지니게 됩니다. 따라서 배열의 저장 공간에 특정 값을 저장할 필요가 있을 때는 선언과 동시에 초기화해야 합니다. 2차원 배열의 초기화는 중괄호 쌍을 2개 써서 행 부분도 표시합니다. 두 번째 중괄호 쌍이 하나의 요소가 되는 거죠. 예제를 통해 다양한 초기화 방법을 살펴보겠습니다.

14-2 직접 해보는 손코딩

2차원 배열의 다양한 초기화 방법   소스 코드   예제14-2.c

```c
01  #include <stdio.h>
02
03  int main(void)
04  {
05      int num[3][4] = {           // 2차원 배열의 선언과 초기화
06          {1,  2,  3,  4},        // num의 0행
07          {5,  6,  7,  8},        // num의 1행
08          {9, 10, 11, 12}         // num의 2행
09      };
10      // int num[3][4] = { {1, 2, 3, 4}, {5, 6, 7, 8}, {9, 10, 11, 12} };와 같은 문장
11
12      int i, j;
13
14      for (i = 0; i < 3; i++)
15      {
16          for (j = 0; j < 4; j++)
17          {
18              printf("%5d", num[i][j]);       // 배열 요소 출력
```

```
19            }
20            printf("\n");        // 한 행을 출력한 후에 줄 바꿈
21        }
22
23        return 0;
24    }
```

실행결과

1	2	3	4
5	6	7	8
9	10	11	12

5~9행의 내용이 2차원 배열을 초기화하는 가장 일반적인 방법입니다. 행을 구분하는 중괄호를 한 번 더 사용해 논리적 구조에 맞게 초기화합니다. 10행과 같이 한 줄로 작성해도 되지만, 2차원 배열의 행과 열의 구조를 코드에 표현하는 것이 좋습니다.

```
int num[3][4] = {          // 5 ~ 9행
    {1,  2,  3,  4},       ←─── num의 0행
    {5,  6,  7,  8},       ←─── num의 1행
    {9, 10, 11, 12}        ←─── num의 2행
};
```

2차원 배열에서 일부 초깃값 생략

기본으로는 배열 전체의 초기화를 알려줬지만, 일부 초깃값을 생략하는 것도 가능합니다. 예를 들어 5~9행을 다음과 같이 고치고 다시 컴파일해 보겠습니다.

```
int num[3][4] = { {1}, {5, 6}, {9, 10, 11} };
```

이렇게 초깃값을 부족하게 입력하면 각 행의 앞에서부터 차례로 값을 저장하고 남는 요소는 0으로 자동 초기화됩니다. 0행의 초깃값은 {1} 하나이므로 다음처럼 [0][0]에 값을 저장하고 나머지는 0으로 자동 초기화되었습니다. 나머지 1행과 2행도 마찬가지입니다.

행의 수 생략

2차원 배열을 초기화하면서 행의 수를 아예 생략하고 선언할 수 있습니다. 5~9행을 다음과 같이 바꾸고 컴파일해서 실행해 보겠습니다.

```
int num[][4] = { {1}, {2, 3}, {4, 5, 6} };
```

이 경우 컴파일러는 행의 중괄호의 개수로 행의 수를 결정해 저장 공간을 할당합니다. 한 행의 크기는 열의 수로 결정합니다. 따라서 초기화할지라도 열의 개수는 생략할 수 없습니다.

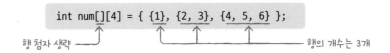

행 첨자 생략   행의 개수는 3개

1	0	0	0
2	3	0	0
4	5	6	0

3행 4열의 저장 공간 할당

1차원 배열의 초기화 방식으로 초기화

2차원 배열은 물리적으로 1차원 배열의 나열이라고 앞서 잠시 말했습니다. 따라서 2차원 배열을 초기화할 때 행 초기화 괄호를 생략하고 1차원 배열을 초기화하는 방식과 같게 할 수도 있습니다.

이 경우 전체 저장 공간의 수만큼 초깃값을 나열하며 행 단위로 차례로 저장됩니다.

```
int num[3][4] = { 1, 2, 3, 4, 5, 6, 7, 8, 9, 10, 11, 12 };
```

0행이 먼저 초기화된 후,
1, 2행이 차례로 초기화됩니다.

1	2	3	4
5	6	7	8
9	10	11	12

또는 다음과 같이 저장 공간의 수보다 초깃값이 적은 경우에는 남는 저장 공간은 모두 0으로 초기화됩니다.

```
int num[3][4] = { 1, 2, 3, 4, 5, 6 };
```

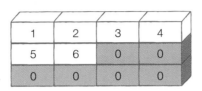

따라서 배열의 모든 저장 공간을 0으로 초기화하는 것은 간단합니다. 첫 번째 저장 공간만 0으로 초기화하면 됩니다.

```
int num[100][200] = { 0 };   // 20000개의 요소가 모두 0으로 초기화
```

그렇다면 행의 첨자를 적지 않은 상태에서 1차원 배열 초기화 방식을 사용하면 어떻게 처리할까요? 마치 다음과 같이 말이죠.

```
int num[][4] = { 1, 2, 3, 4, 5, 6 };
```

이렇게 행의 수가 생략된 채 행 초기화 괄호가 없으면 열의 수에 맞게 초깃값을 끊어 행의 수를 결정합니다. 따라서 초깃값의 수에 따라 할당되는 저장 공간 크기가 달라집니다.

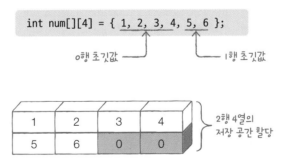

2차원 배열의 요소는 1차원 배열

2차원 배열은 1차원 배열을 요소로 갖는 1차원 배열입니다. [14-1 직접 해보는 손코딩]에 선언된 score 배열은 int형 변수 12개가 1차원 배열처럼 메모리에 할당됩니다. 따라서 배열 요소의 개수를 12개로 생각할 수 있습니다. 그러나 2차원 배열의 논리적인 구조를 생각하면 배열 요소의 개수는 3개며 각 배열 요소의 형태는 int형 변수 4개짜리 1차원 배열이 됩니다. 따라서 첫 번째 괄호 안의 숫자는 배열 요소의 수가 되고 두 번째 괄호 안의 숫자는 int와 함께 묶여 배열 요소의 형태를 나타냅니다.

> 2차원 배열은 1차원 배열을 요소로 갖는 1차원 배열이다.

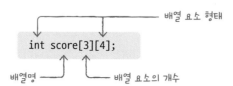

2차원 배열이 갖는 논리적인 구조는 3행 4열의 행렬과 같습니다. 이때 각 행은 1차원 배열의 형태를 가지며 한 학생의 4과목 점수를 저장하는 단위가 됩니다. 이 1차원 배열을 2차원 배열의 부분배열이라고 합니다. 부분배열은 2차원 배열에서는 하나의 배열 요소가 되므로 배열명과 첨자를 사용해서 표현합니다. 결국 score 배열은 score[0], score[1], score[2]이라는 부분배열을 가집니다.

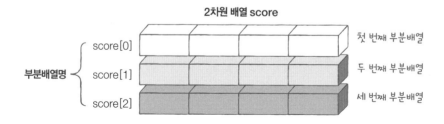

부분배열명은 1차원 배열의 배열명이며 각 행의 단위를 독립적으로 처리할 때 배열명의 역할을 수행합니다.

✚ **여기서 잠깐**　**행의 수를 계산식으로 구할 수 있나요?**

네, 계산할 수 있습니다. 다음이 행의 수를 계산식으로 구하는 문장입니다. 행의 수는 배열 전체의 크기를 부분배열 하나의 크기로 나누어 구합니다.

```
count = sizeof(score) / sizeof(score[0]);
```

2차원 char 배열

하나의 문자열을 저장하기 위해서는 1차원 char 배열이 필요하고 여러 개의 문자열을 저장하려면 1차원 char 배열이 여러 개 필요합니다. 이때 1차원 char 배열을 모아 새로운 배열을 만드는 것이 효율적입니다.

2차원의 char 배열은 이렇게 여러 개의 문자열을 처리할 때 사용합니다. 예제를 통해 여러 개의 문자열을 저장하고 출력해 보겠습니다.

> 여러 개의 문자열은 2차원 char 배열로 처리한다.

14-3 직접 해보는 손코딩

여러 개의 동물 이름을 입출력하는 프로그램　소스 코드　예제14-3.c

```
01  #include <stdio.h>
02
03  int main(void)
04  {
05      char animal[5][20];   // 2차원 char 배열 선언
06      int i;                // 반복 제어 변수
07      int count;            // 행의 수를 저장할 변수
08
09      count = sizeof(animal) / sizeof(animal[0]);    // 행의 수 계산
10      for (i = 0; i < count; i++)     // 행의 수만큼 반복
11      {
12          scanf("%s", animal[i]);     // 문자열 입력
13      }
14
15      for (i = 0; i < count; i++)
16      {
17          printf("%s", animal[i]);    // 입력된 문자열 출력
18      }
19
20      return 0;
21  }
```

실행결과
```
dog ↵
tiger ↵
rabbit ↵
horse ↵
cat ↵
dog  tiger  rabbit  horse  cat
```

5개의 동물 이름을 저장하려면 2차원 char 배열이 필요합니다. 5개의 문자열을 저장해야 하므로 행의 수는 5행이며 열의 수는 가장 긴 동물 이름도 저장할 수 있도록 넉넉하게 선언합니다. 5행에서 animal 배열을 선언하면 다음과 같이 100개의 char형 저장 공간이 생깁니다.

```
char animal[5][20];          // 5행. 2차원 char 배열 선언
```

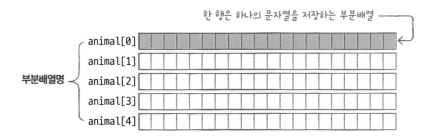

각 행은 하나의 1차원 **char** 배열이며 부분배열명이 각 행의 배열명의 기능을 합니다.

따라서 부분배열명을 사용해 각 행에 하나의 문자열을 입력할 수 있습니다. 예를 들어 첫 번째 행에 문자열을 입력하는 방법은 다음과 같습니다.

```
scanf("%s", animal[0]);
```
첫 번째 행 1차원 char 배열의 배열명

animal[0]은 배열명으로 부분배열의 시작 위치 값입니다. 따라서 앞에 주소 연산자 **&**를 붙일 필요가 없습니다. 배열명의 표현식이 특이해 자칫 하나의 변수로 오해할 수 있으나 2차원 배열에서는 부분배열의 이름이 됨을 기억합시다. 이제 한 행에 동물 이름을 입력하는 문장을 행 수만큼 반복하면 동물 이름을 모두 입력할 수 있습니다. 9행은 행의 수를 계산식으로 구하는 문장입니다. 배열 전체의 크기를 부분배열 하나의 크기로 나누어 구합니다.

이 수를 10행과 15행에서 문자열을 입출력하는 횟수로 활용합니다. 이렇게 반복 횟수를 계산식으로 구하면 동물 이름의 수에 변화가 생기더라도 반복문을 찾아 일일이 수정할 필요 없이 배열의 크기만 바꾸면 됩니다.

2차원 char 배열 초기화

2차원 char 배열을 초기화하는 2가지 방법이 있습니다. 첫 번째는 다른 2차원 배열처럼 배열 요소를 하나씩 초기화하는 방법입니다. 두 번째는 각 행의 단위를 문자열로 초기화하는 방법입니다. 예제를 통해 2가지 방법을 비교해 보겠습니다.

14-4 직접 해보는 손코딩

2차원 char 배열에 동물 이름을 초기화하는 방법 소스 코드 예제14-4.c

```c
01  #include <stdio.h>
02
03  int main(void)
04  {
05      char animal1[5][10] = {                    // 문자 상수로 하나씩 초기화
06          {'d', 'o', 'g', '\0'},
07          {'t', 'i', 'g', 'e', 'r', '\0'},
08          {'r', 'a', 'b', 'b', 'i', 't', '\0'},
09          {'h', 'o', 'r', 's', 'e', '\0'},
10          {'c', 'a', 't', '\0'}
11      };
12      // 문자열 상수로 한 행씩 초기화, 행의 수 생략 가능
13      char animal2[][10] = { "dog", "tiger", "rabbit", "horse", "cat" };
14      int i;
15
16      for (i = 0; i < 5; i++)
17      {
18          printf("%s ", animal1[i]);
19      }
20      printf("\n");
21      for (i = 0; i < 5; i++)
22      {
23          printf("%s ", animal2[i]);
24      }
25
26      return 0;
27  }
```

> 🖥 **실행결과**   ✕
>
> dog tiger rabbit horse cat
> dog tiger rabbit horse cat

2차원 char 배열은 char형 변수의 집합이므로 기본적으로 각 공간을 문자 상수로 초기화할 수 있습니다. 또는 2차원 char 배열은 1차원 char 배열을 요소로 가지므로 각 행이 되는 1차원 char 배열을 문

자열로 초기화할 수 있습니다.

즉, 5개의 1차원 char 배열을 따로 선언하고 초기화하면 다음과 같습니다.

```
char animal1[10] = "dog";          // 1개의 문자열로 1차원 char 배열 초기화
char animal2[10] = "tiger";        // 1개의 문자열로 1차원 char 배열 초기화
char animal3[10] = "rabbit";       // 1개의 문자열로 1차원 char 배열 초기화
char animal4[10] = "horse";        // 1개의 문자열로 1차원 char 배열 초기화
char animal5[10] = "cat";          // 1개의 문자열로 1차원 char 배열 초기화
```

위의 1차원 char 배열 5개를 2차원 char 배열로 선언하고 초기화하면 다음과 같이 할 수 있습니다.

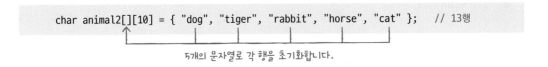

```
char animal2[][10] = { "dog", "tiger", "rabbit", "horse", "cat" };   // 13행
```

5개의 문자열로 각 행을 초기화합니다.

d	o	g	\0	\0	\0	\0	\0	\0	\0
t	i	g	e	r	\0	\0	\0	\0	\0
r	a	b	b	i	t	\0	\0	\0	\0
h	o	r	s	e	\0	\0	\0	\0	\0
c	a	t	\0	\0	\0	\0	\0	\0	\0

남는 저장 공간은 널 문자로 채워집니다.

13행처럼 초기화를 하면 행의 수를 생략할 수 있습니다. 이때 초기화되는 문자열 상수의 개수가 행의 수가 됩니다.

3차원 배열

1차원 배열에서 2차원 배열을 만드는 과정을 이해하면 3차원 이상의 배열을 만드는 것도 어렵지 않습니다. 3차원 배열은 2차원 배열을 요소로 가지며 3개의 첨자를 사용해 선언합니다. 2차원 배열이 1차원 배열을 요소로 가지는 것과 같은 이치입니다.

int형 3행 4열의 2차원 배열 2개를 모아 3차원 배열을 만드는 방법을 예로 들면 다음과 같습니다.

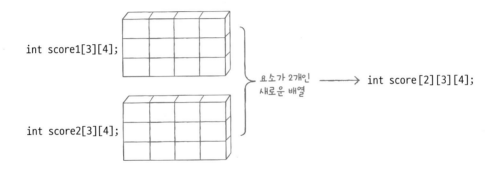

int score1[3][4];

int score2[3][4];

요소가 2개인
새로운 배열 ⟶ int score[2][3][4];

3차원 배열을 사용한 간단한 예제를 살펴보겠습니다.

14-5 직접 해보는 손코딩

2개 반 3명 학생의 4과목 점수를 저장하는 3차원 배열   소스 코드 예제14-5.c

```
01  #include <stdio.h>
02
03  int main(void)
04  {
05      int score[2][3][4] = {          // 2개 반 3명의 4과목 점수 저장
06          { { 72, 80, 95, 60 }, { 68, 98, 83, 90 }, { 75, 72, 84, 90 } },
07          { { 66, 85, 90, 88 }, { 95, 92, 88, 95 }, { 43, 72, 56, 75 } }
08      };
09
10      int i, j, k;                            // 반복 제어 변수
11
12      for (i = 0; i < 2; i++)                 // 반 수만큼 반복
13      {
14          printf("%d반 점수...\n", i + 1);    // 반이 바뀔 때마다 출력
15          for (j = 0; j < 3; j++)             // 학생 수만큼 반복
16          {
17              for (k = 0; k < 4; k++)         // 과목 수만큼 반복
18              {
19                  printf("%5d", score[i][j][k]);    // 점수 출력
20              }
21              printf("\n");   // 한 학생의 점수를 출력하고 줄 바꿈
22          }
23          printf("\n");       // 한 반의 점수를 출력하고 줄 바꿈
```

```
24          }
25
26          return 0;
27  }
```

실행결과   ✕

1반 점수...
    72   80   95   60
    68   98   83   90
    75   72   84   90
2반 점수...
    66   85   90   88
    95   92   88   95
    43   72   56   75

5행은 2개 반 학생 3명의 4과목 점수를 저장하기 위한 3차원 배열입니다. 2차원 배열에서 각 행은 1차원 배열로서 2차원 배열을 구성하는 하나의 부분배열이 되는데, 3차원 배열에서는 2차원 배열이 부분배열이 되며 그 부분배열은 다시 1차원 부분배열들로 구성됩니다. 3차원 배열은 논리적으로 다음과 같이 정리하면 쉽습니다.

2차원 배열을 행렬의 구조로 본다면 3차원 배열은 면, 행, 열의 구조가 됩니다.

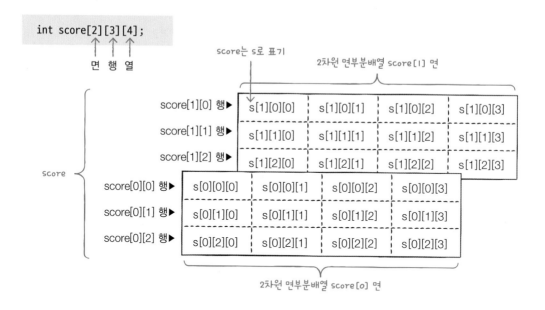

따라서 3차원 배열 score에는 score[0], score[1] 2개의 면부분배열과 각 면부분배열을 구성하는 3개씩의 행부분배열이 존재합니다. 행부분배열은 면첨자와 행첨자를 사용해 score[0][0], score[0][1], score[0][2], score[1][0], score[1][1], score[1][2]와 같이 표시합니다. 결국 배열 score는 2면 3행 4열의 3차원 배열로 각 면은 반을 뜻하고 행과 열은 각 반의 학생과 점수가 됩니다.

> 3차원 배열은 2차원 행렬에 면이 추가된 면, 행, 열의 구조다.

3차원 배열의 초기화는 면을 구분하는 중괄호가 추가되어 중괄호를 3쌍 사용합니다.

```
int score[2][3][4] = {
    {{72, 80, 95, 60},    {68, 98, 83, 90},    {75, 72, 84, 90}},    ← score[0] 면 초기화
     score[0][0] 행 초기화    score[0][1] 행 초기화    score[0][2] 행 초기화

    {{66, 85, 90, 88},    {95, 92, 88, 95},    {43, 72, 56, 75}}    ← score[1] 면 초기화
     score[1][0] 행 초기화    score[1][1] 행 초기화    score[1][2] 행 초기화
};
```

초깃값이 저장 공간에 채워지는 순서나 초깃값이 부족한 경우에 남는 저장 공간을 채우는 방식은 2차원 배열과 같습니다.

각 저장 공간을 사용하는 방법은 면, 행, 열 순서로 3개의 첨자를 사용합니다. 배열 요소를 표시하는 각 첨자는 0부터 사용하므로 선언할 때 사용한 요소 수보다 하나 적은 값이 최댓값이 됩니다. 즉, 배열 score의 경우 면첨자는 0~1, 행첨자는 0~2, 열첨자는 0~3까지 사용할 수 있고 score[0][0][0]이 배열의 첫 번째 저장 공간이며 score[1][2][3]이 배열의 마지막 저장 공간이 됩니다.

> 3차원 배열에서 첨자의 순서는 면, 행, 열 순서이다.

12~24행과 같이 3차원 배열을 처리할 때는 그 논리적 구조에 맞게 3중 for문을 사용하는 것이 좋습니다. 이때 각 for문은 바깥쪽부터 면, 행, 열을 다루는 반복문으로 사용됩니다. 3차원 배열의 논리적 구조와 달리 물리적으로는 int형 변수 24개가 면-행-열의 순서를 기준으로 메모리에 연속 할당됩니다. 연속된 저장 공간을 3개의 첨자로 면, 행, 열과 같이 논리적으로 접근할 수 있도록 구현합니다.

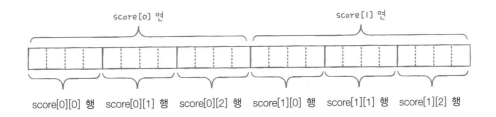

note 비슷한 그림을 본 기억이 나나요? 415쪽을 보면 2차원 배열에서도 물리적 구조는 연속성을 지닌다고 했습니다. 3차원 배열도 마찬가지입니다.

마무리

▶ 4가지 키워드로 끝내는 핵심 포인트

- **2차원 배열의 요소**는 행 첨자와 열 첨자로 쓰며 0부터 시작한다.

- **2차원 배열의 초기화**는 중괄호 쌍('{'와 '}')을 두 번 사용한다.

- **2차원 배열**은 주로 이중 for문(**반복문**)으로 **처리**하며 행의 수와 열의 수만큼 반복한다.

- **2차원 char 배열의 초기화**는 중괄호 안에 여러 개의 문자열로 초기화할 수 있다.

- **3차원 배열**은 2차원 배열에 면을 더해 면, 행, 열로 이뤄진다.

▶ 표로 정리하는 핵심 포인트

표 14-1 2차원 배열의 선언과 사용

구분	기능	예
2차원 int 배열	선언 방법	`int ary[3][4];`
	두 번째 행 세 번째 열 요소	`ary[1][2];`
	초기화 방법	`int ary[3][4] = { {1, 2, 3, 4}, {5, 6, 7, 8}, {9, 10, 11, 12} };`
2차원 char 배열	선언 방법	`char ary[5][20];`
	두 번째 행의 문자열	`ary[1];`
	초기화 방법	`char ary[5][20] = { "tiger", "dog", "lion", "giraffe", "cat" };`

▶ 확인 문제

지금까지 다차원 배열의 개념과 선언 방법 및 초기화에 관해 살펴봤습니다. 다차원 배열을 쓰면 데이터를 논리적으로 분류해 이해하기 쉬운 코드를 만들 수 있습니다. 특히 2차원 char 배열은 여러 개의 문자열을 다루는 데 효과적입니다. 다만, 3차원 이상의 배열은 오히려 코드를 복잡하게 만들 수 있으므로 특별한 경우에만 쓰는 것이 좋습니다. 이제 문제를 풀어 보겠습니다.

1. 괄호 안의 배열명을 참고해서 다음 문제에 맞는 2차원 배열을 선언하세요.

① A사는 25개의 점포에 200가지의 제품을 공급하고 있다. 각 점포에 남아 있는 재고량 (stock)을 저장할 배열을 선언한다.

② 신체검사를 받는 50명의 좌, 우 시력(sight)을 저장할 배열을 선언한다.

③ 15,000개의 단어(word)를 저장할 배열을 선언한다. 단, 가장 긴 단어의 길이는 45자다.

2. 다음 배열의 초기화 방법 중에서 <u>잘못된</u> 것을 고르세요.

① `int a[][4] = { {1, 1, 1, 1}, {2, 2, 2, 2}, {3, 3, 3, 0} };`

② `int a[][] = { {1, 1, 1, 1}, {2, 2, 2, 2}, {3, 3, 3, 0} };`

③ `int a[][4] = { 1, 1, 1, 2, 2, 2, 2, 3, 3, 3 };`

④ `char a[][6] = { "apple", "pear", "banana" };`

⑤ `char a[][] = { "apple", "pear", "banana" };`

3. 다음 그림과 같이 2차원 배열에 문자 X가 저장되도록 반복문의 빈칸을 채우세요.

①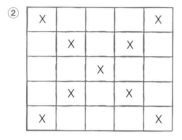

```c
char mark[5][5] = { 0 };
int i, j;
for (i = 0; i < 5; i++)
{
    for (j = 0; j < 5; j++)
    {
        if (            ) mark[i][j] = 'X';
    }
}
```

②

```c
char mark[5][5] = { 0 };
int i, j;
for (i = 0; i < 5; i++)
{
    for (j = 0; j < 5; j++)
    {
        if (            ) mark[i][j] = 'X';
    }
}
```

14-2

포인터 배열

포인터 배열 선언   char 포인터 배열   포인터 배열 사용

포인터도 변수이므로 같은 자료형의 포인터를 많이 사용하는 경우 배열로 선언하는 것이 효율적입니다. 이 절에서는 포인터 배열의 선언과 초기화, 활용 예를 살펴보겠습니다.

시작하기 전에

생일날 같은 반 친구들에게 초대장을 직접 보낸다면 주소록에서 같은 반 친구들의 주소만 골라내야 합니다. 만약 같은 반 친구들의 주소를 따로 모아 그룹화해 두었다면 어떨까요? 한 번에 쉽게 초대장을 모두 보낼 수 있을 겁니다. 이렇듯 처리할 데이터가 여기저기 흩어져 있더라도 그 주소만 따로 모아 놓으면 반복문으로 모든 데이터를 쉽게 처리할 수 있습니다. C 언어에서 이렇게 하려면 포인터 배열이 필요합니다.

혼공반 주소록

이름	사진	주소	본명
혼공C		서울시 마포구 XXX	혼자 공부하는 C 언어
혼공자		서울시 서대문구 XXX	혼자 공부하는 자바
혼공파		서울시 마포구 XXX	혼자 공부하는 파이썬

포인터 배열 선언과 사용

포인터는 주소를 저장하는 특별한 용도로 쓰이지만, 일반 변수처럼 메모리에 저장 공간을 갖는 변수입니다. 따라서 같은 포인터가 많이 필요한 경우 배열을 사용하는 것이 좋습니다. 포인터 배열은 같은 자료형의 포인터를 모아 만든 배열입니다.

형태가 같은 포인터 3개

```
int *pa;
int *pb;
int *pc;
```

포인터 배열로 표현

```
int *pary[3];
```

포인터 배열을 다양하게 응용할 수 있는데 먼저 여러 개의 문자열 처리에 응용해 보겠습니다.

14-6 직접 해보는 손코딩

포인터 배열로 여러 개의 문자열 출력　소스 코드　예제14-6.c

```
01  #include <stdio.h>
02
03  int main(void)
04  {
05      char *pary[5];              // 포인터 배열 선언. pointer와 array의 약어로 pary
06      int i;                      // 반복 제어 변수
07
08      pary[0] = "dog";           // 배열 요소에 문자열 대입
09      pary[1] = "elephant";
10      pary[2] = "horse";
11      pary[3] = "tiger";
12      pary[4] = "lion";
13
14      for (i = 0; i < 5; i++)    // i는 0부터 4까지 다섯 번 반복
15      {
16          printf("%s\n", pary[i]); // 배열 요소를 사용해 모든 문자열 출력
17      }
18
19      return 0;
20  }
```

실행결과　✕

```
dog
elephant
horse
tiger
lion
```

포인터 배열의 선언 방식은 일반적인 배열 선언 방식과 같습니다. 단, 각 배열 요소의 자료형이 포인터형이므로 배열명 앞에 별(*)을 붙입니다. 결국 5행은 char *형 변수 5개를 요소로 갖는 포인터 배열의 선언이며 모든 배열 요소가 포인터인 저장 공간이 할당됩니다.

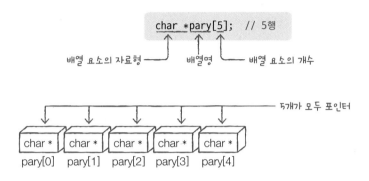

8~12행에서 포인터 배열의 각 요소에 문자열 상수를 대입합니다. 문자열 상수는 변경이 불가능한 메모리 영역에 보관되고 포인터 배열에는 그 첫 번째 문자의 주소가 저장됩니다. 대입 후 메모리의 상태는 다음 그림과 같습니다. 메모리의 주소 값은 임의로 가정합니다.

```
pary[0] = "dog";              // 8 ~ 12행
pary[1] = "elephant";
pary[2] = "horse";
pary[3] = "tiger";
pary[4] = "lion";
```

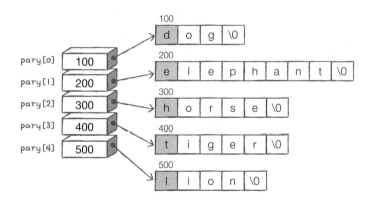

14~17행이 반복문으로 모든 문자열을 출력합니다. 포인터 배열의 각 요소는 문자열 상수가 저장된 메모리의 주소를 가지므로 변환 문자 %s로 출력하면 각 요소가 연결하고 있는 문자열을 출력합니다.

고급편

이 과정을 반복하면 결국 모든 문자열을 출력할 수 있습니다.

```
for (i = 0; i < 5; i++)              // 14 ~ 17행. i는 0부터 4까지 다섯 번 반복
{
    printf("%s\n", pary[i]);        // 배열 요소를 사용해 모든 문자열 출력
}
```

+ 여기서 잠깐 **포인터 배열은 연속해서 생성되나요?**

포인터 배열은 다른 배열처럼 메모리에 연속해서 위치합니다. 앞서 설명한 pary[0] ~ pary[4]는 4바이트씩 다음과 같이 메모리에 있습니다. 다만, 각 요소에 저장된 주소 값은 개별적인 문자열의 주소이므로 연속성을 지니지 않습니다.

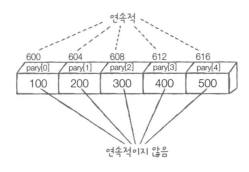

포인터 배열의 초기화

문자열 상수를 중괄호로 묶어 char 포인터 배열을 초기화합니다. 이때 문자열은 별도의 메모리 영역에 따로 보관되고, 배열 요소에는 개별 문자열의 주소가 대입됩니다.

> char 포인터 배열의 초기화 방법은 2차원 char 배열의 초기화 방법과 같다.

char 포인터 배열의 초기화

```
char *pary[5] = { "dog", "elephant", "horse", "tiger", "lion" };
```

2차원 char 배열의 초기화

```
char animal[5][20] = { "dog", "elephant", "horse", "tiger", "lion" };
```

그러나 이 2가지 초기화 방법에는 분명한 차이가 있습니다. 포인터 배열의 초기화는 문자열의 시작 주소만 배열 요소에 저장하며, 2차원 char 배열의 초기화는 문자열 자체를 배열의 공간에 저장합니다. 2가지 모두 초기화 방법이 같으므로 컴파일러는 선언된 배열에 따라 적절한 초기화를 수행합니다.

2차원 배열처럼 활용하는 포인터 배열

포인터 배열은 첨자를 하나 사용하는 1차원 배열입니다. 그러나 2차원 배열로 활용하는 방법도 있습니다. 1차원 배열을 포인터 배열로 연결하면 2차원 배열처럼 쓸 수 있습니다. 구체적인 사용법은 예제를 통해 확인해 보겠습니다.

14-7 직접 해보는 손코딩

여러 개의 1차원 배열을 2차원 배열처럼 사용   소스 코드 예제14-7.c

```c
01  #include <stdio.h>
02
03  int main(void)
04  {
05      int ary1[4] = { 1, 2, 3, 4 };          // 1차원 배열의 선언과 초기화
06      int ary2[4] = { 11, 12, 13, 14 };
07      int ary3[4] = { 21, 22, 23, 24 };
08      int *pary[3] = { ary1, ary2, ary3 };   // 포인터 배열에 각 배열명 초기화
09      int i, j;                               // 반복 제어 변수
10
11      for (i = 0; i < 3; i++)                 // 3행 반복
12      {
13          for (j = 0; j < 4; j++)             // 4열 반복
14          {
15              printf("%5d", pary[i][j]);      // 2차원 배열처럼 출력
16          }
17          printf("\n");    // 한 행을 출력한 후에 줄 바꿈
18      }
19
20      return 0;
21  }
```

실행결과 ✕
```
    1    2    3    4
   11   12   13   14
   21   22   23   24
```

note 실행결과가 나란히 출력되는 것은 15행의 printf 함수에서 %5d로 5자리씩 맞춰 출력하라고 지정해 줬기 때문입니다.

5~7행은 모두 배열 요소가 4개인 int형 배열입니다.

```
int ary1[4] = { 1, 2, 3, 4 };        // 5행. 1차원 배열의 선언과 초기화
int ary2[4] = { 11, 12, 13, 14 };    // 6행
int ary3[4] = { 21, 22, 23, 24 };    // 7행
```

이들의 배열명은 첫 번째 요소의 주소이므로 int형을 가리키는 포인터에 저장할 수 있습니다. 따라서 배열 요소가 3개인 포인터 배열을 선언하면 각 배열 요소에 3개의 배열명을 모두 저장할 수 있습니다.

물론 8행처럼 포인터 배열의 선언과 동시에 초기화하는 것도 가능합니다.

```
int *pary[3] = { ary1, ary2, ary3 };        // 8행. 포인터 배열에 각 배열명 초기화
```

초기화가 끝나면 다음 그림과 같이 포인터 배열의 요소가 각각 3개의 1차원 배열을 연결하는 상태가 됩니다. 각 저장 공간의 주소 값은 설명의 편의를 위해 임의로 가정했습니다.

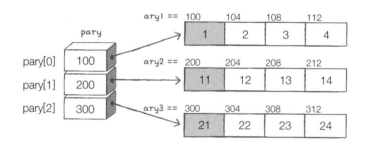

이 상황에서 포인터 배열의 배열명 pary를 사용해 ary3 배열의 세 번째 저장 공간에 있는 23을 출력해 보겠습니다. 먼저 pary 배열의 세 번째 요소가 ary3 배열을 연결하고 있으므로 그 값을 사용해야 합니다.

```
pary[2]                    // pary의 세 번째 배열 요소
```

pary[2]는 배열명을 저장한 포인터이므로 ary3과 같이 배열명으로 사용할 수 있습니다. 따라서 pary[2]를 배열명처럼 사용해 ary3 배열의 세 번째 요소를 다음과 같이 사용할 수 있습니다. 비어 있는 19행을 다음과 같이 수정해서 컴파일해 보겠습니다.

```
printf("%5d", pary[2][2]); // pary[2]가 연결하고 있는 배열의 세 번째 요소
```

마지막 줄에 23이 추가 되었음을 확인했나요? 결국, 포인터 배열 pary는 3개의 1차원 배열을 요소로 갖는 2차원 배열의 배열명처럼 사용되고, 각 배열 요소 pary[0], pary[1], pary[2]는 부분배열명의 기능을 합니다.

+ 여기서 잠깐 **각 배열 요소의 개수가 다르면 어떻게 될까요?**

예를 들어 세 번째 배열만 5개 요소가 있는 경우는 어떨지 7행을 다음과 같이 수정하고 컴파일해 보겠습니다.

```
    int ary3[5] = { 21, 22, 23, 24, 25 };
```

배열 요소의 개수가 달라도 실행에는 지장이 없습니다. 그렇다면 이번에는 첫 번째 배열은 그대로 두고, 두 번째 배열을 요소가 5개인 배열로 수정한 후 열을 다섯 번 반복해 보겠습니다. 다음처럼 6행과 13행을 수정한 다음 다시 컴파일해 보겠습니다.

```
    int ary2[5] = { 11, 12, 13, 14 };  // 6행. 초깃값은 그대로 두고 요소의 개수만 5개로 수정
    ...
        for (j = 0; j < 5; j++)          // 13행. 5열 반복
```

아마 첫 번째 배열의 다섯 번째 요소는 쓰레기 값이 출력되고, 두 번째 배열의 다섯 번째 요소는 0이 출력될 겁니다. 이것은 2차원 배열과 달리 각 행의 배열끼리는 메모리에 연속으로 할당되지 않기 때문입니다. 결국 첫 번째 배열은 할당되지 않은 메모리를 사용하게 됩니다.

C 언어를 배우다 보면 다양한 궁금증이 생길 겁니다. 그때는 두려워하지 말고 코드를 직접 수정해 보며 결과를 확인하는 습관을 들이길 권합니다. 직접 경험해 보는 것이 더 오래 기억에 남으니까요.

포인터 배열을 2차원 배열처럼 사용할 수 있는 이유

이제 11~18행과 같이 반복문을 사용하면 2차원 배열의 배열 요소를 출력하듯이 모든 값을 출력할 수 있습니다. 이렇게 포인터 배열을 2차원 배열처럼 쓸 수 있는 이유는 무엇일까요? 답은 바로 포인터 연산에 있습니다.

> 포인터 배열은 포인터 연산을 통해 2차원 배열처럼 쓸 수 있다.

포인터는 자신이 가리키는 변수의 형태를 알고 있으므로 정수 연산을 통해 원하는 위치를 찾아갈 수 있습니다. pary[2][2]의 배열 표현식으로 어떻게 23의 값을 사용하는지 주소 값을 계산해 보겠습니다. 일단 배열 표현 pary[2][2]를 포인터 표현으로 바꿉니다. pary[2]를 배열명으로 생각하면 다음과 같이 바꿀 수 있습니다.

배열 표현

```
pary[2][2]
```

포인터 표현

```
*(pary[2] + 2)
```

pary[2]는 int형 변수를 가리키는 포인터이므로 그곳에 저장된 값 300은 int형 변수의 주소입니다. 따라서 이 값에 2를 더하면 int형의 크기인 4를 곱해서 더하므로 308이 됩니다. 이 값은 ary3 배열의 세 번째 요소의 주소가 됩니다. 마지막으로 이 값에 간접 참조 연산을 수행하면 그곳에 저장된 값 23을 사용할 수 있습니다.

```
*(pary[2] + 2)  ➡  *(300 + (2 * sizeof(int)))  ➡  *(308)
```

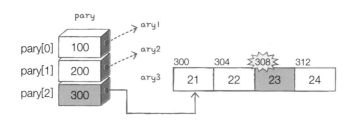

▶ 3가지 키워드로 끝내는 핵심 포인트

- 포인터 배열을 선언하고 사용하는 방법은 일반 배열과 같다.

- char 포인터 배열을 이용하면 여러 개의 문자열을 다루기에 편하다.

- 포인터 배열을 사용하면 1차원 배열을 모아 2차원 배열처럼 쓸 수 있다.

▶ 표로 정리하는 핵심 포인트

표 14-2 포인터 배열의 선언과 초기화

	char 포인터 배열	int 포인터 배열
선언 방법	char *pary[5];	int *pary[3];
요소의 사용	pary[0] = "apple";	int ary[4]; pary[0] = ary;
초기화 방법	char *ary[5] = { "tiger", "dog", "lion", "giraffe", "cat" };	int ary1[4], ary2[4], ary3[4]; int *pary[3] = { ary1, ary2, ary3 };

포인터 배열은 어렵긴 하지만, 자세히 보면 배열과 비슷해.

▶ 확인 문제

포인터 배열은 특별하지 않습니다. int형 배열을 선언하듯 자료형이 같은 포인터를 배열로 선언한 것뿐입니다. 그러나 포인터와 배열의 특징을 모두 사용하므로 다양한 프로그래밍이 가능합니다. 이제 문제를 풀면서 포인터 배열의 필요성에 관해 좀 더 고민해 봅시다.

1. 다음 5개의 문자열 상수를 저장하기 위한 포인터 배열을 선언하고 초기화하세요.

```
"apple", "pear", "peach", "banana", "melon"
```

2. 다음 프로그램의 실행결과를 적으세요.

```c
#include <stdio.h>
int main(void)
{
    char a[4][10] = { "horse", "fox", "hippo", "tiger" };
    char *pa[] = { a[0], a[1], a[2], a[3] };
    int count;
    int i;
    count = sizeof(pa) / sizeof(pa[0]);
    for (i = 0; i < count; i++)
    {
        printf("%c", pa[i][i]);
    }
    return 0;
}
```

실행결과 ☒

3. 다음과 같은 코드가 있을 때 보기 중에서 배열 요소의 사용이 <u>잘못된</u> 것을 고르세요.

```
char *pa = "apple";
char ary[] = "banana";
char *pary[4];
```

① pary[1] = pa;   ② pary[2] = ary;

③ pary[3] = "mango";   ④ pary[4] = "orange";

▶ 도전 실전 예제

도전 가로 세로의 합 구하기

5행 6열의 2차원 배열을 선언하고 4행 5열 부분은 1부터 20까지 초기화합니다. 초기화된 배열에서 마지막 열의 요소에는 각 행의 합을 저장하고 마지막 행의 요소에는 각 열의 합을 저장한 후 전체 배열의 값을 출력하세요.

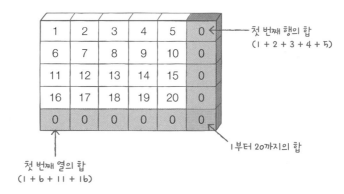

고급편

어느새 응용 포인터를 앞두고 있어. 포인터에 관해 이만큼 이해한 나, 멋질지도?

Chapter

15

응용 포인터

15-1 이중 포인터와 배열 포인터

핵심 키워드

포인터의 주소 단일 포인터 부분배열의 주소 2차원 배열의 배열명

배열 포인터

프로그램이 크고 복잡해지면 그만큼 프로그램에 다양한 형태의 변수와 배열이 사용됩니다. 따라서 큰 프로그램을 만들려면 이들을 포인터로 다루는 능력이 반드시 필요합니다. 이 절에서는 포인터를 가리키는 이중 포인터와 배열을 가리키는 배열 포인터의 개념을 정리하고 활용하는 예를 살펴봅니다.

시작하기 전에

지금까지의 포인터 주소 값은 처리하고자 하는 데이터 그 자체가 아니었습니다. 포인터를 사용하는 목적이 가리키는 데이터를 사용하기 위한 것이었는데 이제부터는 주소 값 자체를 처리할 데이터로 생각해 보겠습니다. 즉, 주소를 저장한 포인터도 하나의 변수이므로 그 주소를 구할 수 있으며 또 다른 포인터에 저장하고 가리키는 것도 가능합니다. 복잡한가요? 찾아간 주소 위치에 주소 값이 있다고 생각합시다.

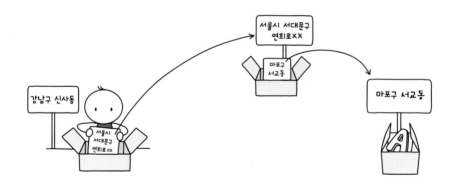

이중 포인터 개념

포인터도 메모리에 저장 공간을 갖는 하나의 변수입니다. 따라서 주소 연산으로 포인터의 주소도 구할 수 있습니다.

예를 들어 어떤 변수를 가리키는 포인터 pi가 있고, 이 포인터 pi가 할당된 메모리의 시작 위치가 200번지일 때 그 주소를 구하면 다음과 같습니다.

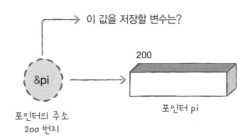

그리고 이 주소를 저장하는 포인터가 이중 포인터입니다. 즉, 포인터의 주소는 이중 포인터에 저장되며, 포인터를 가리킵니다. 포인터의 주소를 저장한 이중 포인터에 간접 참조 연산을 수행하면 가리키는 대상인 포인터를 쓸 수 있습니다. 예제를 통해 이중 포인터의 선언과 사용법을 살펴보겠습니다.

15-1 직접 해보는 손코딩

포인터와 이중 포인터의 관계 소스 코드 예제15-1.c

```
01  #include <stdio.h>
02
03  int main(void)
04  {
05      int a = 10;          // int형 변수의 선언과 초기화
06      int *pi;             // 포인터 선언
07      int **ppi;           // 이중 포인터 선언
08
09      pi = &a;             // int형 변수의 주소를 저장한 포인터
10      ppi = &pi;           // 포인터의 주소를 저장한 이중 포인터
11
12      printf("---------------------------------------------------\n");
13      printf("변수      변숫값        &연산        *연산        **연산\n");
14      printf("---------------------------------------------------\n");
15      printf("  a%12d%12u\n", a, &a);
16      printf(" pi%12u%12u%12d\n", pi, &pi, *pi);
```

```
17      printf("ppi%12u%12u%12u%12u\n", ppi, &ppi, *ppi, **ppi);
18      printf("------------------------------------------------\n");
19
20      return 0;
21  }
```

실행결과   ✕
```
------------------------------------------------
변수    변숫값    &연산    *연산    **연산
------------------------------------------------
 a            10  0000000100
pi   0000000100  0000000200          10
ppi  0000000200  0000000300  0000000100          10
------------------------------------------------
```

note 각자의 컴퓨터에서 메모리 주소를 확인하는 프로그램이므로 실행결과는 책과 다를 수 있습니다. 실행결과에 보이는 주소 값은 설명의 편의를 위해 수정했습니다. 설명을 위해 주소를 %u로 출력한 탓에 경고 메시지가 뜹니다. 또한 Visual Studio 2022 컴파일러는 주소 값과 포인터의 크기를 8바이트로 처리하므로 값의 크기가 큽니다. 이 책에서는 다른 컴파일러와의 호환성을 위해 앞으로 포인터의 크기를 4바이트라고 가정하고 설명합니다.

이중 포인터는 7행과 같이 별(*)을 2개 붙여 선언합니다. 이때 두 별은 각각 다른 의미를 가집니다.

```
int **ppi;                      // 7행
    ‾‾‾  ‾
     ↑   ↑
  가리키는  ppi는 포인터
  자료형
```

첫 번째 별은 ppi가 가리키는 자료형이 포인터임을 뜻하며, 두 번째 별은 ppi 자신이 포인터임을 뜻합니다.

> 첫 번째 별은 가리키는 변수의 자료형, 두 번째 별은 자신의 자료형을 의미한다.

이중 포인터를 선언해 메모리에 저장 공간을 할당한 후 그 이중 포인터를 사용할 때는 변수명을 쓰면 됩니다.

10행에서 포인터 pi의 주소를 ppi에 저장하면 ppi가 pi를 가리킵니다.

```
pi = &a;                 // 9행. int형 변수의 주소를 저장한 포인터
ppi = &pi;               // 10행. 포인터의 주소를 저장한 이중 포인터
```

이미 9행에서 변수 a의 주소를 pi에 저장했으므로 다음과 같이 그림을 그릴 수 있습니다.

이중 포인터 ppi → 포인터 pi → 변수 a

이제 그림을 보면서 다음 원칙을 적용하면 복잡한 포인터 연산의 비밀이 마법처럼 풀릴 겁니다.

규칙1 포인터를 변수명^{r-value}으로 쓰면 그 안의 값이 됩니다.

규칙2 포인터에 & 연산을 하면 포인터 변수의 주소가 됩니다.

규칙3 포인터의 * 연산은 화살표를 따라갑니다.

15~17행과 실행결과를 살펴보겠습니다. 다음은 실행결과를 보기 편하게 정리한 그림입니다.

```
printf("  a%12d%12u\n", a, &a);                        // 15행
printf(" pi%12u%12u%12d\n", pi, &pi, *pi);             // 16행
printf("ppi%12u%12u%12u%12u\n", ppi, &ppi, *ppi, **ppi); // 17행
```

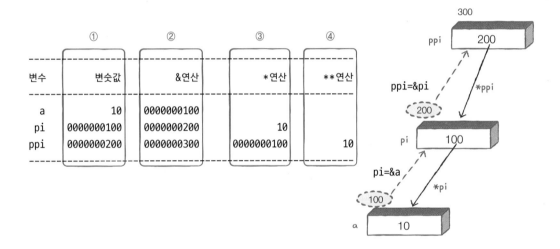

① pi와 ppi가 변수명으로 사용되어 그 안의 값이 됩니다.

② pi와 ppi에 & 연산을 한 결과는 자신의 주소 값을 의미합니다.

③ ppi에 * 연산을 하면 ppi가 가리키는 대상 pi를 뜻합니다.

④ ppi에 ** 연산을 하면 ppi가 가리키는 pi가 가리키는 대상이므로 변수 a가 됩니다.

결국 이중 포인터 ppi로 변수 a 값을 사용하려면 간접 참조 연산자를 두 번 써야 합니다. ppi가 가리키는 것은 포인터 pi이므로 ppi에 간접 참조 연산을 수행하면 pi가 됩니다. 따라서 포인터 pi가 가리키는 변수 a 값을 쓰려면 간접 참조 연산자를 한 번 더 사용해야 합니다.

레벨업 스킬
이중 포인터의 완벽 이해를 위한
포인터의 l-value와 r-value

이중 포인터의 형태

포인터에서 형태를 얘기할 때는 2가지를 명확히 구분해야 합니다. 포인터가 가리키는 것의 형태와 포인터 자신의 형태입니다. 예를 들어 int형 변수의 주소를 저장하는 포인터는 가리키는 자료형이 int형이고 자신의 형태는 (int *)형이 됩니다. 포인터도 변수이므로 형태를 가지는데, 일반 변수와 구분하기 위해 *를 포함해 그 형태를 나타냅니다.

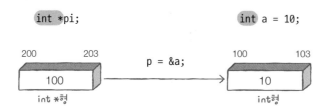

단일 포인터도 가리키는 자료형에 따라 다양하게 선언하듯이 이중 포인터도 가리키는 포인터의 형태에 맞춰 선언해야 합니다. 따라서 이중 포인터를 선언할 때는 이중 포인터에 저장할 주소가 어떤 포인터형의 주소인지를 먼저 파악해야 합니다. 예를 들어 다음과 같이 변수와 포인터가 선언된 경우를 생각해 보겠습니다.

```
double a = 3.5;
double *pi = &a;
```

pi가 (double *)형 변수이므로 &pi는 (double *)형의 주소가 됩니다. 따라서 (double *)형을 가리키는 이중 포인터를 선언합니다.

```
double **ppi;
```

가리키는   ppi는 포인터
자료형

이제 ppi = π를 수행하면 다음과 같은 그림이 됩니다.

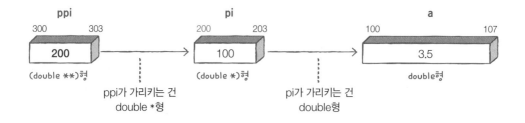

+ 여기서 잠깐 **pi나 ppi는 왜 4바이트인가요?**

그림을 유심히 본 독자라면 눈치챘겠지만, pi와 ppi는 4바이트만 차지하고 있습니다. 분명 선언할 때 double *, double **를 사용했으니 double형처럼 8바이트를 사용해야 할 것 같죠? 이런 의문이 든다면 9장을 다시 한번 살펴보고 오길 권합니다.

많은 독자가 오해하는 부분인데 포인터 앞에 적는 double이나 int는 포인터가 가리키는 자료형에 관한 정보일 뿐이지 포인터 자체를 의미하진 않습니다. 포인터는 주소 값만을 저장하는 변수이므로 주소 값 자체의 크기에 따라 모든 포인터의 크기가 결정됩니다.

주소와 포인터의 차이

여기서 주소와 포인터의 차이를 명확히 하고자 합니다. 포인터는 변수이므로 주소 연산자를 사용해 그 주소를 구할 수 있지만, 상수인 주소에는 주소 연산자를 쓸 수 없습니다.

> 주소 상수에는 주소 연산자를 쓸 수 없다.

```
int a;
int *pi = &a;        // 주소를 포인터에 저장
&pi;                 // 포인터에 주소 연산자 사용 가능 (O)
&(&a);               // a의 주소에 다시 주소 연산자 사용 불가능 (X)
```

다중 포인터

이중 포인터도 변수이므로 주소 연산자를 사용하면 그 주소를 구할 수 있습니다. 만약 이중 포인터가 가리키는 자료형이 double 포인터라면 이중 포인터를 가리키는 삼중 포인터는 다음과 같이 선언합니다.

> 이중 포인터의 주소는 삼중 포인터에 저장한다.

```
double ***ppp;
```

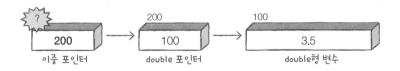

같은 방식으로 사중 이상의 포인터도 사용할 수 있으나 프로그램의 가독성을 떨어뜨리므로 가능한 한 사용하지 않는 편이 좋습니다. 참고로 이중 이상의 포인터를 다중 포인터라 부릅니다.

이중 포인터 활용 1 : 포인터 값을 바꾸는 함수의 매개변수

이중 포인터는 포인터의 값을 바꾸는 함수의 매개변수에 사용합니다. 예를 들어 다음과 같이 2개의 포인터가 문자열을 연결하고 있는 상황에서,

```
char *pa = "success";
char *pb = "failure";
```

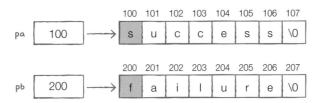

두 포인터가 다른 문자열을 연결하도록 포인터의 값을 바꾸는 함수를 만들어 보겠습니다.

15-2 직접 해보는 손코딩

이중 포인터를 사용한 포인터 교환 소스 코드 예제15-2.c

```
01  #include <stdio.h>
02
03  void swap_ptr(char **ppa, char **ppb);
04
05  int main(void)
06  {
07      char *pa = "success";
08      char *pb = "failure";
09
10      printf("pa -> %s, pb -> %s\n", pa, pb);      // 바꾸기 전에 문자열 출력
11      swap_ptr(&pa, &pb);                          // 함수 호출
12      printf("pa -> %s, pb -> %s\n", pa, pb);      // 바꾼 후에 문자열 출력
13
14      return 0;
15  }
16
17  void swap_ptr(char **ppa, char **ppb)
18  {
19      char *pt;
```

```
20
21      pt = *ppa;
22      *ppa = *ppb;
23      *ppb = pt;
24  }
```

실행결과   ✕

pa -> success, pb -> failure
pa -> failure, pb -> success

이 예제는 문자열을 바꿔 출력하지만, 문자열 자체를 바꾸지 않습니다. 하지만 문자열을 연결하는 포인터의 값을 바꾸면 연결 상태가 바뀌므로 이후에 포인터를 사용하면 마치 문자열을 바꾼 것처럼 사용할 수 있습니다.

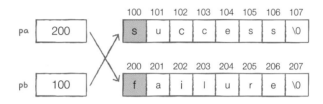

이 예제에서는 포인터의 값을 수시로 바꾸기 위해 앞서 설명한 기능을 함수로 만들었습니다. 두 변수의 값을 바꾸는 함수는 변수의 주소를 인수로 주고 함수가 그 주소를 간접 참조해 변수의 값을 바꿔야 합니다. 그런데 11행에서 바꾸고자 하는 변수 pa, pb는 포인터이므로 함수의 인수로 포인터의 주소를 줘야 하고 결국 그 값을 받는 매개변수로 이중 포인터가 필요합니다.

함수 호출

```
swap_ptr(&pa, &pb);                    // 11행. pa, pb의 주소를 인수로 주고 호출
```

함수 선언

```
void swap_ptr(char **ppa, char **ppb);    // 3행. 매개변수로 이중 포인터 사용
```

함수가 호출되어 매개변수가 포인터의 주소를 저장하면 다음 그림과 같은 과정을 거칩니다.

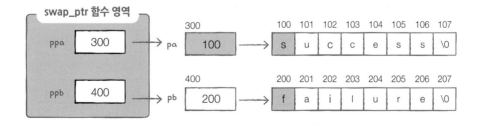

이제 매개변수 ppa와 ppb를 사용해 main 함수에 있는 포인터 pa, pb의 값을 바꿉니다. pa와 pb가 포인터이므로 이 값을 바꾸는 데 사용할 임시 포인터를 pt로 선언하고 다음과 같이 3단계를 거치면 두 값이 바뀝니다.

01   pt = *ppa;   // 21행. ppa가 가리키는 pa의 값을 pt에 저장

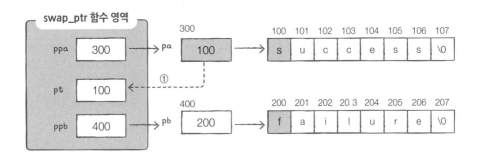

02   *ppa = *ppb;   // 22행. ppb가 가리키는 pb의 값을 ppa가 가리키는 pa에 저장

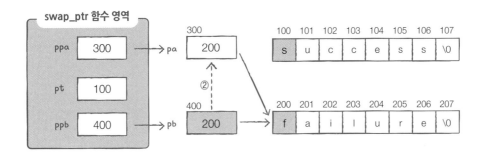

03   *ppb = pt;   // 23행. pt의 값을 ppb가 가리키는 pb에 저장

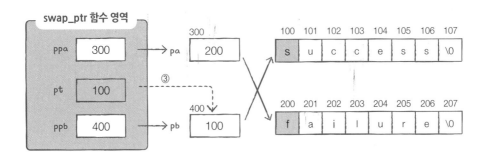

이중 포인터 활용 2 : 포인터 배열을 매개변수로 받는 함수

이중 포인터는 포인터 배열을 매개변수로 받는 함수에도 사용합니다. 배열명은 첫 번째 배열 요소의 주소이므로 int형 배열의 이름은 int형 변수의 주소입니다. 마찬가지로 int형 포인터 배열의 이름은 int형 포인터의 주소가 됩니다. 따라서 포인터 배열의 배열명을 이중 포인터에 저장합니다.

int형 변수의 주소

int형 포인터의 주소

여러 개의 문자열을 출력하는 함수의 예를 살펴보겠습니다.

15-3 직접 해보는 손코딩

포인터 배열의 값을 출력하는 함수　　소스 코드　예제15-3.c

```
01  #include <stdio.h>
02
03  void print_str(char **pps, int cnt);
04
05  int main(void)
06  {
07      char *ptr_ary[] = {"eagle", "tiger", "lion", "squirrel"};    // 초기화
08      int count;                              // 배열 요소 수를 저장할 변수
09
10      count = sizeof(ptr_ary) / sizeof(ptr_ary[0]);     // 배열 요소의 수 계산
11      print_str(ptr_ary, count);         // 배열명과 배열 요소 수를 주고 호출
12
13      return 0;
14  }
15
16  void print_str(char **pps, int cnt)  // 매개변수로 이중 포인터 사용
17  {
18      int i;
19
20      for (i = 0; i < cnt; i++)            // 배열 요소 수만큼 반복
```

```
21      {
22          printf("%s\n", pps[i]);        // 이중 포인터를 배열명처럼 사용
23      }
24  }
```

🔲 실행결과   ✕

eagle
tiger
lion
squirrel

11행에서 인수로 주는 ptr_ary는 포인터 배열의 이름이므로 포인터의 주소입니다.

```
print_str(ptr_ary, count);        // 11행. 배열명과 배열 요소 수를 주고 호출
```

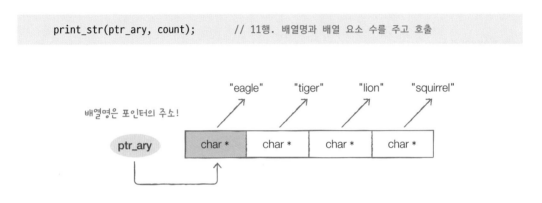

따라서 배열명 ptr_ary를 인수로 받는 함수의 매개변수는 이중 포인터를 선언해야 합니다. 포인터가 배열명을 저장하면 배열명처럼 쓸 수 있으므로 함수 안에서는 매개변수를 배열명처럼 사용해 문자열을 출력합니다.

배열 요소의 주소와 배열의 주소

지금까지 배열명을 첫 번째 요소의 주소로 사용해 왔습니다. 이제 배열 전체를 하나의 변수로 생각하고 그 주소를 구해 보겠습니다.

> 배열에 주소 연산자를 사용하면 배열을 가리키는 주소가 된다.

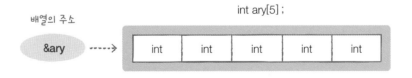

배열의 주소 &ary가 주소로 쓰이는 ary와 어떤 차이가 있는지 예제를 통해 살펴보겠습니다.

주소로 쓰이는 배열명과 배열의 주소 비교   소스 코드 예제15-4.c

```
01  #include <stdio.h>
02
03  int main(void)
04  {
05      int ary[5];
06
07      printf("  ary의 값 : %u\t", ary);      // 주소로서의 배열명의 값
08      printf("ary의 주소 : %u\n", &ary);      // 배열의 주소
09      printf("   ary + 1 : %u\t", ary + 1);
10      printf("  &ary + 1 : %u\n", &ary + 1);
11
12      return 0;
13  }
```

실행결과   ✕

ary의 값 : 5241932 ① 4 차이   ary의 주소 : 5241932 ② 20 차이
ary + 1 : 5241936   &ary + 1 : 5241952

note 오랜만에 \t를 봤을 겁니다. \t는 출력 위치를 다음 탭으로 옮기는 제어 문자입니다. 변환 문자와 제어 문자는 C 프로그래밍을 하는 내내 필요합니다. 기억나지 않는다면 2장을 다시 한번 읽어 보세요.

실행결과에서 알 수 있듯이 ary가 주소로 쓰일 때와 ary에 주소 연산자를 사용한 &ary의 값은 모두 배열의 시작 위치입니다. 그러나 가리키는 대상이 다르므로 두 주소에 1을 더한 결과는 다릅니다. ary 자체가 주소로 쓰일 때는 첫 번째 요소를 가리키므로 가리키는 대상의 크기는 ① 4가 됩니다. 반면에 배열의 주소 &ary는 배열 전체를 가리키므로 가리키는 대상의 크기는 ② 20이 됩니다. 이 둘의 차이를 명확히 구분하려면 다음 규칙을 이해해야 합니다.

➕ 여기서 잠깐   **배열의 크기와 배열 요소의 개수**

배열의 주소가 가리키는 대상의 크기는 4바이트 * 배열 요소의 수로 계산(4*5=20)합니다. 이 책에서는 '배열의 크기'라는 용어를 메모리에 할당된 크기(전체 바이트 수)라는 의미로 사용합니다. 따라서 배열 요소의 개수와 함께 쓰면 혼동될 수 있을 듯합니다. 배열의 크기라는 말이 일반적으로 요소의 개수(저장 가능한 데이터 수)로 표현하지만, C에서는 배열의 메모리 크기도 알아야 하므로 구분 지어 이해하는 것이 좋습니다.

규칙 1 배열은 전체가 하나의 논리적인 변수입니다.

배열도 일반 변수처럼 크기와 형태에 관한 정보를 가집니다. 다만, 다양한 방법으로 배열을 선언할 수 있으므로 그 방법에 따라 배열의 크기와 형태가 달라질 수 있습니다. 예를 들어 다음과 같은 배열이 있다고 합시다.

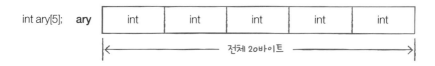

이때 배열 **ary**는 크기가 20바이트며 'int형 변수 5개의 배열'이라는 자료형의 정보를 가집니다. 배열 전체가 하나의 변수와 같은 역할을 하므로 변수에 사용하는 연산자를 배열에도 쓸 수 있습니다.

sizeof 연산자 사용

```
sizeof(ary)     ←—— 배열 전체의 크기 계산
```

주소 연산자 사용

```
&ary            ←—— 배열 전체의 시작 주소, 배열 전체를 가리키는 주소
```

단, 배열은 논리적인 변수이므로 일반 변수처럼 대입 연산자 왼쪽에 사용하는 것은 불가능합니다.

```
int ary[5];
ary = 10;      // ary 배열의 5개 요소 중에 어떤 요소에 저장할지 알 수 없음
  └── ※ 주의 : 이렇게 대입할 수 없습니다!
```

규칙 2 배열의 주소에 정수를 더하면 배열 전체의 크기를 곱해서 더합니다.

배열의 정수 연산

```
ary + 1  ➡  5241932 + (1 * sizeof(ary[0]))  ➡  5241932 + (1 * 4)  ➡  5241936
```

배열의 주소에 정수 연산

```
&ary + 1  ➡  5241932 + (1 * sizeof(ary))  ➡  5241932 + (1 * 20)  ➡  5241952
```

1차원 배열에서 배열의 주소를 구하고 정수를 더하는 연산은 가능합니다. 그러나 배열의 주소에 정수를 더하면 배열이 할당된 메모

> 주로 2차원 이상의 배열에서 배열의 주소를 사용한다.

리 영역을 벗어나므로 특별한 경우가 아니면 사용하지 않습니다.

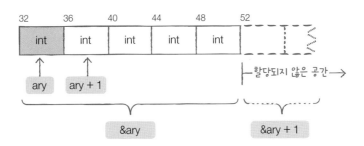

2차원 배열과 배열 포인터

2차원 배열은 1차원 배열로 만든 배열이므로 논리적인 배열 요소가 1차원 배열입니다. 또한 배열명
은 첫 번째 요소의 주소이므로 이렇게 정리할 수 있습니다. 2차원 배열의 이
름은 1차원 배열의 주소며 배열을 가리키는 포인터에 저장합니다.

> 2차원 배열의 이름
> = 1차원 배열의 주소

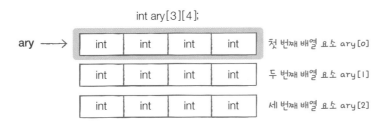

배열 포인터는 배열을 가리키는 포인터로 2차원 배열의 이름을 저장할 수 있습니다. 배열 포인터의
선언과 사용법을 예제를 통해 살펴보겠습니다.

15-5 직접 해보는 손코딩

배열 포인터로 2차원 배열의 값 출력　소스 코드　예제15-5.c

```
01  #include <stdio.h>
02
03  int main(void)
04  {
05      int ary[3][4] = { {1,2,3,4}, {5,6,7,8}, {9,10,11,12} };
06      int (*pa)[4];           // int형 변수 4개의 배열을 가리키는 배열 포인터
```

```
07      int i, j;
08
09      pa = ary;
10      for (i = 0; i < 3; i++)
11      {
12          for (j = 0; j < 4; j++)
13          {
14              printf("%5d", pa[i][j]);        // pa를 2차원 배열처럼 사용
15          }
16          printf("\n");
17      }
18
19      return 0;
20  }
```

실행결과

    1   2   3   4
    5   6   7   8
    9   10   11   12

2차원 배열의 이름을 저장할 배열 포인터의 선언을 살펴보겠습니다. 일단 변수명 앞에 별(*)을 붙여 포인터임을 표시하고 괄호로 묶습니다. 그리고 양옆에 가리키는 배열의 형태를 나누어 적습니다. ary가 가리키는 첫 번째 부분배열은 (int[4])형의 배열이므로 다음과 같이 pa를 선언합니다. 괄호가 없으면 포인터 배열이 되므로 주의해야 합니다.

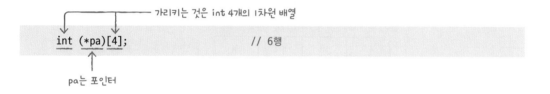

```
                    ┌──── 가리키는 것은 int 4개의 1차원 배열

        int (*pa)[4];                       // 6행

              └ pa는 포인터
```

선언된 배열 포인터는 일반 포인터처럼 메모리에 저장 공간이 확보되므로 그 이후부터는 이름으로 사용하면 됩니다. 9행에서 배열 포인터에 2차원 배열의 이름을 저장합니다.

```
    pa = ary;                           // 9행
```

포인터에 배열명을 저장하면 배열처럼 쓸 수 있으므로 14행과 같이 배열 포인터를 마치 2차원 배열처럼 사용하면 됩니다.

> 배열 포인터를 매개변수에 쓰면 함수 안에서 2차원 배열처럼 쓸 수 있다.

```
        printf("%5d", pa[i][j]);        // 14행. pa를 2차원 배열처럼 사용
```

이 예제는 사실 ary를 직접 사용하는 것이 더 간단하므로 굳이 배열 포인터를 쓸 이유가 없으나 2차원 배열을 출력하는 함수에는 배열 포인터가 필요합니다.

다음은 [15-5 직접 해보는 손코딩]의 출력 부분을 함수로 만든 예제입니다.

15-6 직접 해보는 손코딩

2차원 배열의 값을 출력하는 함수 소스 코드 예제15-6.c

```c
01  #include <stdio.h>
02
03  void print_ary(int (*)[4]);
04
05  int main(void)
06  {
07      int ary[3][4] = { {1,2,3,4}, {5,6,7,8}, {9,10,11,12} };
08
09      print_ary(ary);                     // 배열명을 인수로 주고 함수 호출
10
11      return 0;
12  }
13
14  void print_ary(int (*pa)[4])            // 매개변수는 배열 포인터
15  {
16      int i, j;
17
18      for (i = 0; i < 3; i++)
19      {
20          for (j = 0; j < 4; j++)
21          {
22              printf("%5d", pa[i][j]);    // pa를 2차원 배열처럼 사용
23          }
24          printf("\n");
25      }
26  }
```

실행결과 ✕
```
    1    2    3    4
    5    6    7    8
    9   10   11   12
```

9행에서 print_ary 함수를 호출할 때 2차원 배열명을 인수로 주면 함수에는 첫 번째 부분배열의 주소가 전달됩니다.

```
        print_ary(ary);                    // 9행. 배열명을 인수로 주고 함수 호출
```

따라서 이 값을 저장하기 위한 매개변수로 배열 포인터를 선언해야 합니다. 함수가 호출된 후에는 22행처럼 함수 안에서 매개변수 pa를 배열처럼 사용해 2차원 배열의 값을 출력합니다.

```
        printf("%5d", pa[i][j]);      // 22행. pa를 2차원 배열처럼 사용
```

2차원 배열 요소의 2가지 의미

2차원 배열에는 2가지 의미의 배열 요소가 있습니다. 개념적으로 2차원 배열의 요소는 1차원 배열이지만, 실제로 데이터가 저장되는 공간은 1차원 배열의 요소입니다. 따라서 2차원 배열에서 '배열 요소'는 논리적으로는 1차원의 부분배열을 뜻하고 물리적으로는 실제 데이터를 저장하는 부분배열의 요소를 뜻합니다.

```
int ary[3][4];
```

- 2차원 배열 ary의 논리적 배열 요소의 개수는? 3개
- 2차원 배열 ary의 물리적 배열 요소의 개수는? 12개

2차원 배열의 요소를 참조하는 원리

2차원 배열은 1차원 배열과 같이 모든 저장 공간이 메모리에 연속으로 할당됩니다. 이 공간을 2차원의 논리적 공간으로 사용할 수 있는 것은 배열명이 1차원 배열의 주소로서 1차원 배열 전체를 가리키기 때문입니다. 따라서 배열 포인터를 쓰면 1차원의 물리적 공간을 2차원의 논리적 구조로 사용할 수 있습니다.

2차원 배열 int ary[3][4];이 다음과 같이 초기화되고 메모리에 할당되었을 때 일곱 번째 물리적 요소를 참조하는 과정을 살펴보겠습니다.

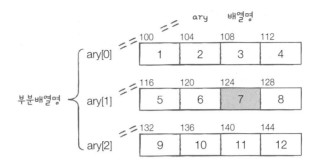

일곱 번째 물리적 요소는 두 번째 부분배열 ary[1]에 속하므로 먼저 ary[1]의 시작 위치를 구해야 합니다. 2차원 배열 ary는 첫 번째 부분배열의 주소이므로 ary에 1을 더하면 두 번째 부분배열 ary[1]의 주소를 구할 수 있습니다.

```
ary + 1   ➡   100 + (1 * sizeof(ary[0]))   ➡   100 + (1 * 16)   ➡   116
                              ↑
                  ary가 가리키는 첫 번째 부분배열의 크기
```

여기서 쉽게 생각하면 116번지에 2를 더해 일곱 번째 물리적 배열 요소의 위치를 구할 수 있을 듯 합니다. 그러나 (ary+1)+2의 값은 ary+3이 되므로 같은 계산 규칙에 따라 148번지가 됩니다.

ary+1의 결과인 116번지는 두 번째 부분배열 전체를 가리키는 주소입니다. 즉, 주소 ary에 정수를 더한 값도 주소며 가리키는 자료형도 변하지 않습니다. 따라서 116번지에 간접 참조 연산자를 사용해 두 번째 부분배열을 구하는 과정이 필요합니다.

```
*(ary + 1)   ➡   ary[1]      // 두 번째 부분배열
```

부분배열명 ary[1]은 다시 두 번째 부분배열의 첫 번째 요소의 주소로 쓸 수 있습니다. 즉, *(ary+1)의 연산 결과는 다섯 번째 물리적 요소의 주소가 됩니다. 이제 여기에 2를 더하면 124번지를 구할 수 있습니다.

```
*(ary + 1) + 2   ➡   *(ary + 1) + (2 * sizeof(ary[1][0]))   ➡   116 + (2 * 4) ➡ 124
                                        ↑
                     두 번째 부분배열의 첫 번째 배열 요소의 크기
```

연산의 결괏값 124번지는 일곱 번째 물리적 배열 요소의 주소입니다. 따라서 그 요소를 쓰기 위해서는 마지막으로 간접 참조 연산을 수행합니다.

```
*(*(ary + 1) + 2)   ➡   ary[1][2]        // 두 번째 부분배열의 세 번째 배열 요소
```

결국 첫 번째 부분배열의 주소인 ary를 사용하면 배열의 모든 공간과 값을 사용할 수 있습니다. 같은 원리로 ary를 배열 포인터에 저장하면 배열 포인터를 배열처럼 쓰는 것이 가능해집니다.

2차원 배열 int ary[3][4];에서 다음 주소는 모두 같은 값을 가집니다.

```
&ary                // ① 2차원 배열 전체의 주소
ary                 // ② 첫 번째 부분배열의 주소
&ary[0]             // ③ 첫 번째 부분배열의 주소
ary[0]              // ④ 첫 번째 부분배열의 첫 번째 배열 요소의 주소
&ary[0][0]          // ⑤ 첫 번째 부분배열의 첫 번째 배열 요소의 주소
```

그러나 주소는 가리키는 자료형이 다르면 같다고 할 수 없으므로 ②, ③번과 ④, ⑤번만 서로 같습니다. 더 정확히 말하면 ②번과 ③번에도 차이가 있습니다. ②번은 배열이고 ③번은 단순한 주소이기 때문입니다. 배열은 주소뿐 아니라 논리적으로 변수의 기능도 합니다. 따라서 sizeof 연산을 수행하면 크기가 서로 다릅니다. ④번과 ⑤번도 마찬가지입니다. ④번은 부분배열로 논리적으로 변수의 기능을 가지지만, ⑤번은 단지 주소일 뿐입니다.

```
sizeof(ary)         // 배열 전체의 크기 48바이트
sizeof(&ary[0])     // 주소의 크기 4바이트
sizeof(ary[0])      // 부분배열 전체의 크기 16바이트
sizeof(&ary[0][0])  // 주소의 크기 4바이트
```

15장은 포인터와 배열에 관한 기초 지식이 있어야지 이해할 수 있어.

▶ 5가지 키워드로 끝내는 핵심 포인트

- 포인터도 하나의 변수이므로 그 주소가 있다.

- 이중 포인터에 간접 참조 연산자 *를 사용하면 단일 포인터가 된다.

- 2차원 배열의 배열명은 첫 번째 부분배열의 주소가 된다.

- 배열 포인터에 간접 참조 연산자를 사용하면 가리키는 배열이 된다.

▶ 표로 정리하는 핵심 포인트

표 15-1 이중 포인터와 배열 포인터의 용도

구분	기능	설명
이중 포인터	선언 방법	int **p;
	사용 예 1	포인터를 교환하는 함수의 매개변수로 사용
	사용 예 2	포인터 배열을 처리하는 함수의 매개변수로 사용
배열 포인터	선언 방법	int (*pa)[4];
	의미	int형 변수 4개짜리 1차원 배열을 가리킨다.
	사용 예	2차원 배열의 배열명을 받는 함수의 매개변수에 사용

▶ 확인 문제

지금까지 이중 포인터와 배열 포인터를 배웠습니다. 응용 포인터에는 삼중, 사중 포인터 등 다중 포인터도 있고 3차원 배열을 다루는 배열 포인터도 있습니다. 따라서 응용 포인터는 사용법을 익히는 것보다 개념을 이해하는 것이 무엇보다 중요합니다. 그 핵심은 포인터나 배열 모두 하나의 변수처럼 저장 공간이 있고 그 주소를 구할 수 있다는 것입니다. 이제 문제를 통해 응용 포인터의 개념을 차근차근 정리해 보겠습니다.

1. 다음과 같이 변수가 선언되고 그림처럼 메모리에 할당되어 있을 때 출력문의 실행결과를 적으세요(100, 200, 300은 각 변수의 주소입니다).

```
double grade = 4.5;
double *pg = &grade;
double **ppg = &pg;

printf("%.1lf\n", **ppg);
printf("%u\n", &ppg);
printf("%u\n", *&pg);
printf("%u\n", *ppg);
printf("%u\n", &*ppg);
```

🔲 실행결과	✕

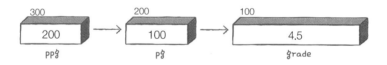

헷갈릴 때는 직접 그림으로 그려 보는 것도 좋은 방법이야.

2. 다음 프로그램의 실행결과를 적으세요.

```c
#include <stdio.h>

int main(void)
{
    int a = 10, b = 20;
    int *pa = &a, *pb = &b;
    int **ppa = &pa, **ppb = &pb;
    int *pt;

    pt = *ppa;
    *ppa = *ppb;
    *ppb = pt;

    printf("a:%d, b:%d\n", a, b);
    printf("*pa:%d, *pb:%d\n", *pa, *pb);

    return 0;
}
```

실행결과 ✕

3. 다음과 같이 배열이 선언되어 있을 때 ①~⑤의 각 값을 저장할 포인터를 선언하세요(변수 명은 p로 합니다).

```c
char *ps[5] = {"baseball", "football", "volleyball", "swimming", "golf"};
int ary[2][3] = { {1,2,3}, {4,5,6} };
```

① ps   ② ary

③ ary[0]   ④ &ps[2]

⑤ &ary

함수 포인터와 void 포인터

함수명의 의미 함수 포인터 void 포인터 void 포인터의 연산

기능은 다르지만 형태가 같은 함수를 선택적으로 호출하려면 함수 포인터가 필요합니다. 또한 자료형과 독립적으로 포인터를 다루려면 void 포인터가 필요합니다. 이 절에서는 이들 포인터의 의미와 사용법을 살펴봅니다.

시작하기 전에

지금까지의 주소는 변수나 배열과 같이 데이터의 주소였습니다. 그러나 이제 명령어 집합인 함수의 주소를 살펴보고 포인터를 통해 함수의 기능을 사용해 보겠습니다. 함수의 이름만 알면 이름을 통해 그 함수를 쉽게 호출할 수 있습니다. 그러나 프로그램 만들 때는 호출 함수를 알 수 없으며 프로그램이 실행될 때 결정되는 상황이라면 호출 할 함수의 주소를 받기 위해 함수 포인터가 필요합니다.

> 함수의 이름은 함수가 있는 메모리의 주소가 된다.

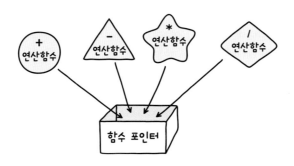

함수 포인터의 개념

함수 포인터를 사용하기 위해 알아야 하는 가장 중요한 것은 함수명의 의미입니다. 함수명은 함수 정의가 있는 메모리의 시작 위치입니다. 함수명이 주소이므로 포인터에 저장하면 함수를 다양한 방식으로 호출할 수 있습니다. 예제를 통해 함수 포인터를 선언하는 방법과 사용법을 익혀 보겠습니다.

> 함수명은 함수 정의가 있는 메모리의 시작 위치다.

15-7 직접 해보는 손코딩

함수 포인터를 사용한 함수 호출   소스 코드   예제15-7.c

```
01  #include <stdio.h>
02
03  int sum(int, int);                  // 함수 선언
04
05  int main(void)
06  {
07      int (*fp)(int, int);            // 함수 포인터 선언
08      int res;                        // 반환값을 저장할 변수
09
10      fp = sum;                       // 함수명을 함수 포인터에 저장
11      res = fp(10, 20);               // 함수 포인터로 함수 호출
12      printf("result : %d\n", res);   // 반환값 출력
13
14      return 0;
15  }
16
17  int sum(int a, int b)               // 함수 정의
18  {
19      return (a + b);
20  }
```

실행결과   ✕
```
result : 30
```

17행부터 20행까지 sum 함수를 정의합니다. 프로그램을 컴파일하면 함수도 실행 파일의 한 부분을 차지하므로 프로그램을 실행하면 함수도 메모리에 올려집니다. 메모리에 올려진 함수를 실행시키기 위해서는 그 위치를 알아야 합니다. 이때 컴파일이 끝나면 함수명이 함수가 올려진 메모리 주소로 바뀌므로 함수를 호출할 때 함수명을 사용하면 됩니다.

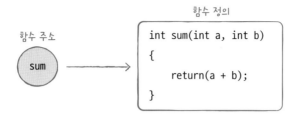

함수명이 주소라는 증거는 간접 참조 연산자를 사용하면 알 수 있습니다. 주소에 간접 참조 연산자를 사용하면 가리키는 대상을 사용할 수 있듯이, 함수명에도 간접 참조 연산자를 사용하면 가리키는 함수의 기능을 사용할 수 있습니다. 11행을 다음과 같이 수정하고 다시 컴파일해 보겠습니다. 같은 결과가 나오나요?

```
res = (*sum)(10, 20);      // 11행. 함수명에 괄호와 함께 간접 참조 연산자를 사용해 호출
```

함수의 주소도 포인터에 저장하면 포인터로 함수를 호출할 수 있습니다. 주소를 저장할 포인터는 주소가 가리키는 것과 동일한 형태를 가리키도록 선언합니다. 따라서 우선 sum 함수의 형태를 파악해야 합니다.

함수의 형태

7장에서 배웠던 함수 정의를 다시 생각해 보겠습니다. 함수 형태는 매개변수의 개수와 자료형, 그리고 반환값의 자료형으로 정의합니다. 함수 형태는 함수 선언에서 알 수 있으며, 이것이 함수 포인터가 가리키는 형태입니다.

> 함수의 형태가 함수 포인터가 가리키는 형태다.

```
int sum(int, int);
```
└─────┴─── 함수 형태

이제 함수의 주소 sum을 저장할 함수 포인터를 선언하겠습니다. 함수 포인터는 변수명 앞에 *를 붙여 포인터임을 표시합니다. 그리고 가리키는 함수의 형태를 반환형과 매개변수로 나누어 적습니다.

fp는 포인터
```
int (*fp)(int, int);
```
가리키는 것은
int (int, int)형 함수

이때 반드시 변수명을 *와 함께 괄호로 묶어야 합니다. 괄호가 없으면 주소를 반환하는 함수 선언이 되므로 주의해야 합니다.

```
int *fp(int, int);                    // 7행. 두 정수를 인수로 받고 주소를 반환하는 함수의 선언
```

함수 포인터를 선언한 후 함수명을 저장하면 포인터를 함수처럼 쓸 수 있습니다. 이때 함수 포인터 역시 간접 참조 연산자 없이 바로 함수 호출이 가능합니다.

```
res = fp(10, 20);                     // 11행. 함수 포인터로 함수 호출, (*fp)(10, 20)도 사용 가능
```

함수 포인터의 활용

함수의 형태만 같으면 기능과 상관없이 모든 함수에 함수 포인터를 사용할 수 있습니다. 따라서 형태가 같은 다양한 기능의 함수를 선택적으로 호출할 때 함수 포인터를 주로 사용합니다. 구체적인 사용법은 예제를 통해 살펴보겠습니다.

15-8 직접 해보는 손코딩

함수 포인터로 원하는 함수를 호출하는 프로그램   소스 코드 예제15-8.c

```
01  #include <stdio.h>
02
03  void func(int (*fp)(int, int));      // 함수 포인터를 매개변수로 갖는 함수
04  int sum(int a, int b);               // 두 정수를 더하는 함수
05  int mul(int a, int b);               // 두 정수를 곱하는 함수
06  int max(int a, int b);               // 두 정수 중에 큰 값을 구하는 함수
07
08  int main(void)
09  {
10      int sel;                         // 선택된 메뉴 번호를 저장할 변수
11
12      printf("01 두 정수의 합\n");       // 메뉴 출력
13      printf("02 두 정수의 곱\n");
14      printf("03 두 정수 중에서 큰 값 계산\n");
15      printf("원하는 연산을 선택하세요 : ");
16      scanf("%d", &sel);               // 메뉴 번호 입력
17
```

```
18      switch(sel)
19      {
20      case 1: func(sum); break;        // 1이면 func에 덧셈 기능 추가
21      case 2: func(mul); break;        // 2이면 func에 곱셈 기능 추가
22      case 3: func(max); break;        // 3이면 func에 큰 값 구하는 기능 추가
23      }
24
25      return 0;
26  }
27
28  void func(int (*fp)(int, int))
29  {
30      int a, b;                        // 두 정수를 저장할 변수
31      int res;                         // 함수의 반환값을 저장할 변수
32
33      printf("두 정수의 값을 입력하세요 : ");
34      scanf("%d%d", &a, &b);           // 두 정수 입력
35      res = fp(a, b);                  // 함수 포인터로 가리키는 함수를 호출
36      printf("결괏값은 : %d\n", res);   // 반환값 출력
37  }
38
39  int sum(int a, int b)                // 덧셈 함수
40  {
41      return (a + b);
42  }
43
44  int mul(int a, int b)                // 곱셈 함수
45  {
46      return (a * b);
47  }
48
49  int max(int a, int b)    // 큰 값을 구하는 함수
50  {
51      if (a > b) return a;
52      else return b;
53  }
```

```
┌─────────────────────────────────────────┐
│ 💻 실행결과                          ✕   │
├─────────────────────────────────────────┤
│ 01 두 정수의 합                          │
│ 02 두 정수의 곱                          │
│ 03 두 정수 중에서 큰 값 계산             │
│ 원하는 연산을 선택하세요 : 2 ⏎          │
│ 두 정수의 값을 입력하세요 : 3 7 ⏎       │
│ 결괏값은 : 21                            │
└─────────────────────────────────────────┘
```

이 프로그램에서는 함수를 정의할 때 모든 기능을 구현하지 않습니다. 대신 함수가 호출될 때 그 기능을 결정합니다. 일단 28행에서 구현한 func 함수는 다음 기능을 수행할 예정입니다.

① 2개의 정수를 키보드로부터 입력한다.

② 두 정수로 연산을 수행한다.

③ 연산 결과를 화면에 출력한다.

이 함수의 기능에서 ①번과 ③번은 변함이 없고 ②번의 연산 종류를 함수 호출 시에 결정하고 싶다면 매개변수에 함수 포인터를 선언합니다. 그리고 func 함수를 호출할 때는 원하는 기능의 함수를 인수로 주고 호출합니다.

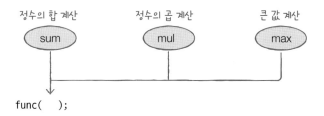

func 함수 안에서는 함수 포인터인 매개변수 fp가 함수명을 저장해 해당 함수를 가리키므로 fp를 통해 해당 기능을 가진 함수를 호출할 수 있습니다.

```
void func(int (*fp)(int, int))
{
    ...
    res = fp(a, b);   // 입력한 두 정수를 주고 fp가 가리키는 함수 호출
    ...
}
```

➕ 여기서 잠깐   **어떤 경우에 함수 포인터를 써야 할까요?**

[15-8 직접 해보는 손코딩]에서 굳이 함수 포인터를 쓰지 않아도 func 함수는 필요한 함수를 직접 호출해 같은 기능을 수행하는 코드를 만들 수 있습니다. 그러나 만약 func 함수만 따로 만들 때, 만드는 시점에서 연산 방법을 결정할 수 없다면 일단 함수 포인터를 쓰고 나중에 func 함수를 호출하는 곳에서 연산 방법을 함수로 구현할 수 있습니다. 그 밖에 하나의 프로그램이 여러 개의 파일로 분리되어 있는 경우 다른 파일에 있는 정적 함수(static function)를 호출하는 방법으로 함수 포인터를 쓸 수 있습니다. 분할 컴파일과 정적 함수는 19장에서 살펴봅니다.

함수 포인터는
어디에 쓰나?

void 포인터

가리키는 자료형이 일치하는 포인터에만 주소를 대입할 수 있습니다. 따라서 가리키는 자료형이 다른 주소를 저장하는 경우라면 void 포인터를 사용해야 합니다. 예제를 통해 void 포인터의 선언과 사용법을 살펴보겠습니다.

> void 포인터는 가리키는 자료형이 정해지지 않은 포인터다.

15-9 직접 해보는 손코딩

void 포인터의 사용 소스 코드 예제15-9.c

```
01  #include <stdio.h>
02
03  int main(void)
04  {
05      int a = 10;                  // int형 변수
06      double b = 3.5;              // double형 변수
07      void *vp;                    // void 포인터
08
09      vp = &a;                     // int형 변수의 주소 저장
10      printf("a : %d\n", *(int *)vp);
11
12      vp = &b;                     // double형 변수의 주소 저장
13      printf("b : %.1lf\n", *(double *)vp);
14
15      return 0;
16  }
```

실행결과 ✕
```
a : 10
b : 3.5
```

7행에서 void 포인터를 선언했습니다. 변수명 앞에 *를 붙여 포인터임을 표시하고 맨 앞에 void를 적었습니다. void는 가리키는 자료형을 결정하지 않겠다는 뜻입니다.

가리키는 자료형이 정해지지 않음

void *vp;   // 7행

vp는 포인터

void 포인터는 가리키는 자료형이 정해져 있지 않으므로 어떤 주소든 저장할 수 있습니다. 또한 같은 이유로 간접 참조 연산이나 정수를 더하는 포인터 연산이 불가능합니다. 간접 참조 연산을 하려면 몇 바이트를 어떤 형태로 읽어야 하는지 알아야 하는데, 어떤 주소가 올지 알 수 없으므로 연산이 불

가능합니다. 징수 연산도 마산가시입니다. 그러면 void 포인터는 어떻게 사용할까요? void 포인터를 사용할 때는 원하는 형태로 변환해 사용합니다.

```
printf("a : %d\n", *(int *)vp);           // 10행
```
↑
int *로 형 변환

```
printf("b : %.1lf\n", *(double *)vp);           // 13행
```
↑
double *로 형 변환

10행과 13행 모두 원래의 자료형에 맞게 void 포인터를 형 변환합니다. 형 변환 후에는 각각 가리키는 변수를 출력하기 위해 간접 참조 연산을 수행합니다. 형 변환 연산자와 간접 참조 연산자는 모두 단항 연산자로서 우선순위가 같습니다. 이 경우 오른쪽부터 왼쪽으로 차례로 연산합니다.

```
*(int *)vp
```
① vp를 (int *)형으로 변환
② 변환된 vp가 가리키는 변수 참조

형 변환을 하면 정수 연산도 가능합니다. 11행에 다음 내용을 넣어 컴파일해 보세요. 이렇게 하면 int *형으로 형 변환된 void 포인터에 +1 연산을 한 값이 출력됩니다. 물론 a의 주소 값보다 4가 큰 주소 값이 출력됩니다.

```
printf("a의 주소 + 1의 값 : %u\n", (int *)vp + 1);    // 11행
```

+ 여기서 잠깐   **void 포인터가 형 변환을 하지 않는 경우도 있나요?**

대입 연산을 할 때는 형 변환 없이 void 포인터를 다른 포인터에 대입할 수 있습니다. 그래도 항상 명시적으로 형 변환해 사용하는 것이 좋습니다. 참고로 다음과 같은 코드에서 int *pi를 double *pi로 잘못 작성하면 컴파일러가 경고 메시지로 알려 줍니다. 이를 바탕으로 형 변환을 명시적으로 합시다.

```
int *pi = (int *)vp;               // 명시적으로 형 변환해 대입하는 것이 좋다!
```

▶ 4가지 키워드로 끝내는 핵심 포인트

• **함수명의 의미**부터 살펴보자면 함수명은 함수 정의가 있는 메모리의 시작 주소다.

• **함수 포인터**에 함수명을 대입하면 함수처럼 호출할 수 있다.

• void 포인터에는 임의의 주소를 저장할 수 있다.

• void 포인터는 간접 참조 연산과 주소에 대한 정수 연산이 불가능하다.

▶ 표로 정리하는 핵심 포인트

표 15-2 함수 포인터와 void 포인터의 용도

구분	기능	설명
함수 포인터	선언 방법	`int (*fp)(int, int);`
	함수의 호출	`fp(10, 20);`
	용도	함수명을 대입해 호출 함수를 결정한다.
void 포인터	선언 방법	`void *vp;`
	의미	가리키는 자료형에 대한 정보가 없다.
	용도	임의의 주소를 받는 함수의 매개변수에 사용한다.

▶ 확인 문제

지금까지 함수 포인터와 void 포인터에 관해 살펴봤습니다. 함수 포인터는 데이터의 주소를 다루는 포인터가 아닌, 실행 코드인 함수의 주소를 다루는 점에서 특별합니다. 또한 void 포인터는 자료형을 정하지 않으므로 자료형과 독립된 코드를 만들 때 쓸 수 있습니다. 이들 포인터의 필요성을 문제를 풀면서 정리해 보겠습니다.

1. 다음과 같이 선언된 함수가 있을 때 대입 연산이 가능하도록 함수 포인터를 선언하세요.

```
double div(int, int);
void prn(char *);
int *save(int);


    ①
    ②
    ③


fpa = div;      // ①의 대입 연산
fpb = prn;      // ②의 대입 연산
fpc = save;     // ③의 대입 연산
```

2. 다음의 배열과 포인터가 있을 때 포인터 **vp**로 세 번째 배열 요소의 값 **30**을 출력하세요.

```
#include <stdio.h>

int main(void)
{
    int ary[5] = { 10, 20, 30, 40, 50 };
    void *vp = ary;

    printf(                    );

    return 0;
}
```

💻 실행결과	✕
30	

3. 다음 프로그램의 실행결과를 적으세요.

```
#include <stdio.h>

int add(int a, int b) { return (a + b); }
int sub(int a, int b) { return (a - b); }
int mul(int a, int b) { return (a * b); }
```

```
int main(void)
{
    int (*pary[3])(int, int) = { add, sub, mul };
    int i, res = 0;

    for (i = 0; i < 3; i++)
    {
        res += pary[i](2, 1);
    }

    printf("%d", res);

    return 0;
}
```

┌─────────────────────────────────┐
│ 🖥 실행결과   ✕ │
├─────────────────────────────────┤
│   │
│   │
│   │
└─────────────────────────────────┘

▶ 도전 실전 예제

도전 **프로필 교환 프로그램**

2명의 나이와 키를 입력한 후 바꾸어 출력합니다. 단, 나이와 키를 바꾸는 함수는 int형과 double형을 모두 교환할 수 있도록 하나의 함수로 구현하세요. 다음을 참고해 작성합니다.

```
swap("int", &a, &b);        // int형 변수 a, b의 값을 바꿀 때
swap("double", &a, &b);     // double형 변수 a, b의 값을 바꿀 때
```

┌───┐
│ 🖥 실행결과   ✕ │
├───┤
│ 첫 번째 사람의 나이와 키 입력 : 22 187.5 ↵   │
│ 두 번째 사람의 나이와 키 입력 : 44 165.4 ↵   │
│ 첫 번째 사람의 나이와 키 : 44, 165.4   │
│ 두 번째 사람의 나이와 키 : 22, 187.5   │
└───┘

풀이가 궁금하다면?

Chapter

16

메모리 동적 할당

16-1 동적 할당 함수

핵심 키워드

(동적 할당) (동적 할당 공간 반환) (동적 할당 배열) (calloc) (realloc)

프로그램을 작성할 때 처리할 데이터 종류나 수를 장담할 수 없다면 필요한 변수나 배열의 공간을 실행 도중에 동적으로 확보하는 것이 좋습니다. 이 절에서는 동적 할당 함수의 사용법과 할당된 저장 공간을 활용하는 방법을 살펴봅니다.

시작하기 전에

프로그램에 필요한 메모리 저장 공간(이하 저장 공간)은 프로그램을 작성할 때 변수나 배열 선언을 통해 확보한다고 배웠습니다. 그런데 언제나 시작부터 변수나 배열 선언을 해서 저장 공간을 확보할 수 있는 건 아닙니다. 때로는 프로그램 실행 중에 저장 공간을 할당해야 할 수도 있습니다. 이때 사용한 저장 공간은 실행 중에 재활용을 위해 반납해야 합니다. 이처럼 프로그램 실행 중에 저장 공간을 할당하는 것을 동적 할당이라 합니다.

> 동적 할당은 실행 시점에 메모리 공간을 할당하는 것을 뜻한다.

```
int num;        ←── 변수 공간을 확보하라!
int ary[2];     ←── 배열 공간을 확보하라!
```

저도 자리 하나만 주세요.

malloc, free 함수

프로그램 실행 중에 메모리를 동적 할당할 때는 malloc 함수를, 반환할 때는 free 함수를 사용합니다. 이 함수들을 사용할 때는 stdlib.h 헤더 파일을 인클루드해야 합니다. 간단한 예제를 통해 함수의 사용법을 익혀 보겠습니다.

> 메모리를 동적으로 할당할 때는 malloc 함수를, 반환할 때는 free 함수를 사용한다.

16-1 직접 해보는 손코딩

동적 할당한 저장 공간을 사용하는 프로그램　　소스 코드　예제16-1.c

```c
01  #include <stdio.h>
02  #include <stdlib.h>        // malloc, free 함수 사용을 위한 헤더 파일
03
04  int main(void)
05  {
06      int *pi;               // 동적 할당 영역을 연결할 포인터 선언
07      double *pd;
08
09      pi = (int *)malloc(sizeof(int));        // 메모리 동적 할당 후 포인터 연결
10      if (pi == NULL)                         // 동적 할당에 실패하면 NULL 포인터 반환
11      {
12          printf("# 메모리가 부족합니다.\n");    // 예외 상황 메시지 출력
13          exit(1);                            // 프로그램 종료
14      }
15      pd = (double *)malloc(sizeof(double));
16
17      *pi = 10;                               // 포인터로 동적 할당 영역 사용
18      *pd = 3.4;
19
20      printf("정수형으로 사용 : %d\n", *pi);    // 동적 할당 영역에 저장된 값 출력
21      printf("실수형으로 사용 : %.1lf\n", *pd);
22
23      free(pi);                               // 동적 할당 영역 반환
24      free(pd);
25
26      return 0;
27  }
```

> 🖥 **실행결과**　　　　　　　✕
> 정수형으로 사용 : 10
> 실수형으로 사용 : 3.4

9행과 15행에서 메모리를 동적으로 할당합니다. int형 변수에는 4바이트를, double형 변수에는

8바이트를 할당해야 하므로 필요한 바이트 수를 malloc 함수의 인수로 줍니다. 여기서 직접 바이트 수를 인수로 주는 것보다 sizeof 연산자로 각 자료형에 대한 크기를 계산해 주는 것이 좋습니다. 그러면 컴파일러에 따라 int형 변수의 크기가 다르더라도 프로그램을 수정할 필요가 없습니다. malloc 함수는 주어진 인수의 바이트 크기만큼 메모리에서 연속된 저장 공간을 할당한 후에 그 시작 주소를 반환합니다.

> ➕ 여기서 잠깐 **malloc 함수와 free 함수의 원형**
>
> 각 함수의 반환값과 매개변수는 함수의 원형을 보면 알 수 있습니다. stdlib.h에 선언된 두 함수는 다음과 같습니다.
> malloc 함수의 반환형은 void *고, free 함수는 void입니다. 이 부분이 잘 기억나지 않는다면 7장 함수 관련 내용과
> 13장의 주소를 반환하는 함수 관련 내용을 다시 읽어 보기 바랍니다.
>
> ```
> void *malloc(unsigned int size);
> void free(void *p);
> ```

malloc 함수는 (void *)형을 반환합니다. 따라서 용도에 맞는 포인터형으로 형 변환해 사용합니다. 9행은 동적 할당한 저장 공간을 int형 변수로 쓰기 위해 int형을 가리키는 포인터에 저장합니다.

> malloc 함수는 (void *)형을 반환하므로 용도에 맞는 포인터형으로 형 변환해 사용한다.

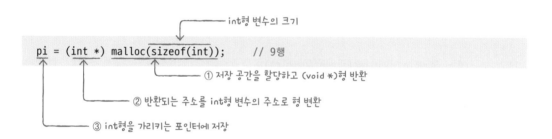

만약 메모리 100번지부터 할당되었다면 다음과 같이 그릴 수 있습니다.

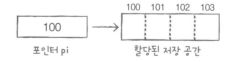

반환값을 포인터에 저장한 후에는 간접 참조 연산을 수행해 가리키는 저장 공간에 값을 저장하거나 출력할 수 있습니다.

```
*pi = 10;                                  // 17행. pi가 가리키는 저장 공간에 10 저장
...
printf("정수형으로 사용 : %d\n", *pi);      // 20행. pi가 가리키는 저장 공간의 값 출력
```

동적으로 메모리를 사용할 때는 항상 포인터가 필요한데, 이때 2가지 주의할 점이 있습니다.

주의1 **malloc 함수의 반환값이 널 포인터인지 반드시 확인하고 사용해야 합니다.** 메모리 할당 함수
는 원하는 크기의 공간을 할당하지 못하면 0번지인 널 포인터^{null pointer}를 반환합니다. 널 포인터는 보통 NULL로 표기하는데 전처리 단계에서 0으로 바뀌므로 정수 0과 같다고 생각해도 됩니다. 널 포인터는 포인터의 특별한 상태를 나타내기 위해 사용하므로 간접 참조 연산을 할 수 없습니다. 따라서
`malloc` 함수가 널 포인터를 반환한 경우 그 값을 참조하면 실행 중에
에러 메시지를 표시하고 비정상 종료됩니다.

> 널 포인터는 NULL로 표기하며
> 전처리 단계에서 0으로 바뀐다.

note NULL처럼 상수를 기호화하는 방법은 19장 전처리 명령어에서 다룹니다.

이 문제는 프로그램이 실행될 때 메모리의 상태에 따라 달라지므로 평소에는 잘 실행되던 프로그램
이 메모리가 부족해 어느 날 갑자기 문제를 일으킬 수 있습니다. 따라서 동적 할당 함수를 호출한 후
에는 반드시 반환값을 검사하는 과정이 필요합니다.

10~14행에서 이 과정을 수행하며 메모리를 할당하지 못한 경우에는 13행의 `exit` 함수가 프로그램
을 정상적으로 종료합니다. `exit` 함수는 `main` 함수뿐 아니라 어떤 함수에서든 프로그램을 바로 종료
할 수 있으며 예외 상황이 발생해 프로그램을 바로 종료하는 경우 인수로 1을 주고 호출합니다.

```
if (pi == NULL)                  // 10 ~ 14행
{
    printf("# 메모리가 부족합니다.\n");
    exit(1);
}
```

15행 이후에도 할당 여부를 검사하는 과정이 필요하나 이를 설명하면 너무 길어지므로 이 책에서는
생략합니다. 메모리를 동적으로 할당할 때는 제대로 할당되었는지를 확인하는 것 외에 또 중요한 일
이 있습니다.

주의2 **사용이 끝난 저장 공간은 재활용할 수 있도록 반환해야 합니다.** 자동 지역 변수의 저장 공간은
함수가 반환될 때 자동으로 회수되지만, 동적으로 할당한 저장 공간은 함수가 반환된 후에도 그대로
메모리에 남아 있습니다. 따라서 함수가 반환되기 전에 동적 할당한 저장 공간은 `free` 함수로 직접
반환해야 합니다.

프로그램에서 동적으로 할당한 저장 공간은 해당 프로그램이 종료될 때 운영체제에 의해서 자동으로 회수되어 다른 프로그램이 실행될 때 재활용됩니다. 따라서 main 함수가 끝날 때는 굳이 반환할 필요가 없지만, 그 외 다른 함수에서 사용하던 저장 공간은 불필요한 경우 반환해 새로운 동적 할당에 재활용해야 합니다.

> ### ✚ 여기서 잠깐   main 함수를 종료하면 어차피 반환되는데 왜 메모리 해제를 하나요?
>
> 물론 main 함수를 종료하면 어차피 메모리 공간은 반환됩니다. 하지만 그렇다 해서 그대로 두는 습관을 들이면 위험합니다. 메모리 해제를 잊으면 메모리 누수(memory leak)를 일으켜 프로그램이 의도치 않게 종료될 수 있습니다. 간단한 계산을 하고 금방 종료되는 프로그램에서는 티가 안 날 수 있지만, 한 달 혹은 1년 365일 내내 돌아가는 서버에서는 메모리 누수가 큰 문제를 일으키게 됩니다. 따라서 사용한 메모리를 반드시 해제하는 습관을 들여야 합니다.

동적 할당 영역을 배열처럼 쓰기

형태가 같은 변수가 많이 필요할 때 하나씩 동적 할당하는 것은 비효율적입니다. 할당한 저장 공간의 수만큼 포인터가 필요하기 때문입니다. 따라서 크기가 큰 저장 공간을 한꺼번에 동적 할당해 배열처럼 사용하는 편이 좋습니다. 이때 할당한 저장 공간의 시작 위치만 포인터에 저장하면 포인터를 배열처럼 쓸 수 있습니다.

> 한 번에 저장 공간을 동적 할당해 배열처럼 사용할 수 있다.

16-2 직접 해보는 손코딩

동적 할당 영역을 배열처럼 사용   소스 코드 예제16-2.c

```
01   #include <stdio.h>
02   #include <stdlib.h>
03
04   int main(void)
05   {
06       int *pi;                              // 동적 할당 영역을 연결할 포인터
07       int i, sum = 0;                       // 반복 제어 변수와 누적 변수
08
09       pi = (int *)malloc(5 * sizeof(int));  // 저장 공간 20바이트 할당
10       if (pi == NULL)
11       {
12           printf("메모리가 부족합니다!\n");    ⎫ 메모리가 부족할 때의 예외 처리 구문
13           exit(1);                          ⎬
14       }                                     ⎭
```

```
15      printf("다섯 명의 나이를 입력하세요 : ");
16      for (i = 0; i < 5; i++)                    // i는 0부터 4까지 다섯 번 반복
17      {
18          scanf("%d", &pi[i]);                  // 배열 요소에 입력
19          sum += pi[i];                         // 배열 요소의 값 누적
20      }
21      printf("다섯 명의 평균 나이 : %.1lf\n", (sum / 5.0));      // 평균 나이 출력
22      free(pi);    // 할당한 메모리 영역 반환
23
24      return 0;
25  }
```

> **실행결과**   ✕
>
> 다섯 명의 나이를 입력하세요 : 21 27 24 22 35 ↵
> 다섯 명의 평균 나이 : 25.8

9행은 배열처럼 사용할 전체 저장 공간을 동적 할당해 int형을 가리키는 포인터에 그 주소를 저장합니다. 그러면 포인터의 주소 값을 int형의 크기만큼 증가시켜 전체 저장 공간을 배열처럼 사용할 수 있습니다.

```
pi = (int *)malloc(5 * sizeof(int));    // 9행. 저장 공간 20바이트 할당
```

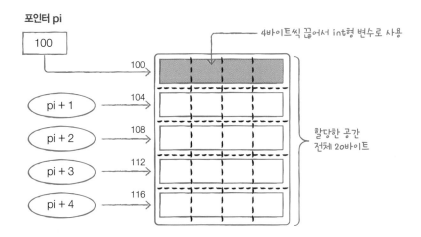

10~14행은 예외처리 구문으로 포인터 값이 널 포인터인지 검사합니다. 널 포인터면 저장 공간을 할당하지 못한 것이므로 에러 메시지를 출력하고 프로그램을 끝냅니다.

18행은 할당한 메모리를 배열처럼 사용해 값을 입력합니다. 포인터 pi를 마치 배열인 것처럼 배열 요소 표현식을 사용하면 됩니다. scanf 함수는 데이터를 저장할 공간의 주소가 필요하므로 pi + i와 같이 포인터 계산식을 직접 사용하는 것도 가능합니다.

기타 동적 할당 함수

메모리를 동적 할당할 때 가장 많이 사용하는 함수는 malloc입니다. 그러나 경우에 따라 더 유용하게 사용할 수 있는 함수들이 있습니다.

calloc 함수는 할당한 저장 공간을 0으로 초기화하고, realloc 함수는 크기를 조절합니다.

메모리를 동적으로 할당하고 0으로 초기화된 메모리 공간을 얻고자 할 때 calloc 함수를 사용하면 편리합니다. calloc 함수 원형은 다음과 같습니다. 반환값과 매개변수를 확인해 보세요.

calloc 함수 원형

```
void *calloc(unsigned int, unsigned int);
```

↑ 반환값   ↑ 매개변수

또한 메모리를 동적 할당할 때는 대부분 입력되는 데이터에 맞게 저장 공간을 확보합니다. 그러나 사용하다 보면 처음에 예측한 크기가 너무 크거나 혹은 작을 수 있습니다. 이때는 realloc 함수로 저장 공간의 크기를 조절할 수 있습니다. 이 함수 원형은 다음과 같습니다. 역시 반환값과 매개변수를 확인해 보세요.

realloc 함수 원형

```
void *realloc(void *, unsigned int);
```

↑ 반환값   ↑ 매개변수

예제를 통해 이 함수들의 사용법을 익혀 보겠습니다.

16-3 직접 해보는 손코딩

calloc, realloc 함수를 사용한 양수 입력   소스 코드   예제16-3.c

```
01  #include <stdio.h>
02  #include <stdlib.h>
03
04  int main(void)
05  {
06      int *pi;            // 할당한 저장 공간을 연결할 포인터
07      int size = 5;       // 한 번에 할당할 저장 공간의 크기, int형 변수 5개씩
08      int count = 0;      // 현재 입력된 양수 개수
```

```
09        int num;                                  // 양수를 입력할 변수
10        int i;                                    // 반복 제어 변수
11
12        pi = (int *)calloc(size, sizeof(int));    // 먼저 5개의 저장 공간 할당
13        while (1)
14        {
15            printf("양수만 입력하세요 => ");
16            scanf("%d", &num);                    // 데이터 입력
17            if (num <= 0) break;                  // 0또는 음수이면 종료
18            if (count == size)                    // 저장 공간을 모두 사용하면
19            {
20                size += 5;                        // 크기를 늘려서 재할당
21                pi = (int *)realloc(pi, size * sizeof(int));
22            }
23            pi[count++] = num;
24        }
25        for (i = 0; i < count; i++)
26        {
27            printf("%5d", pi[i]);                 // 입력한 데이터 출력
28        }
29        free(pi); // 동적 할당 저장 공간 반납
30
31        return 0;
32    }
```

실행결과   ✕

양수만 입력하세요 => 1 ↵
양수만 입력하세요 => 2 ↵
양수만 입력하세요 => 3 ↵
양수만 입력하세요 => 4 ↵
양수만 입력하세요 => 5 ↵
양수만 입력하세요 => 6 ↵
양수만 입력하세요 => 7 ↵
양수만 입력하세요 => -1 ↵
          1   2   3   4   5   6   7

12행에서 calloc 함수를 호출하는데 이때 사용된 인수는 2개입니다.

```
pi = (int *)calloc(size, sizeof(int));          // 12행. 먼저 5개의 저장 공간 할당
```

먼저 두 번째 인수 sizeof(int)는 malloc 함수와 마찬가지로 할당할 저장 공간의 크기를 바이트 단위로 줍니다. 그리고 첫 번째 인수 size로 그 개수를 줍니다. 만약 배열 요소가 5개인 double형 배열처럼 사용할 공간이 필요하다면 다음과 같이 사용합니다.

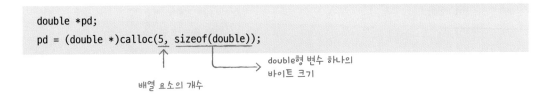

```
double *pd;
pd = (double *)calloc(5, sizeof(double));
```

배열 요소의 개수

double형 변수 하나의
바이트 크기

calloc 함수는 할당된 저장 공간을 모두 0으로 초기화하므로 0으로 초기화가 필요한 경우 이 함수를 사용하면 따로 초기화하는 수고를 덜 수 있습니다. 18행은 입력한 양수 개수와 현재 저장 공간의 크기를 비교해 재할당 여부를 결정합니다.

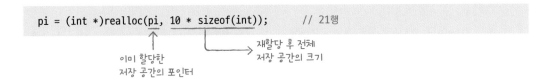

```
if (count == size)                        // 18행. 저장 공간을 모두 사용
```

만약 저장 공간의 크기를 조정해야 한다면 realloc 함수를 사용하면 됩니다. realloc 함수는 이미 할당한 저장 공간의 포인터와 조정할 저장 공간의 전체 크기를 줍니다. 프로그램 실행 중에 입력된 양수가 5개를 넘으면 20행에서 size가 10으로 증가하므로 결국 저장 공간은 10개로 늘어납니다.

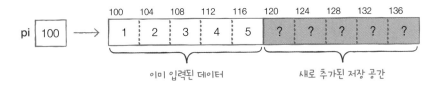

```
pi = (int *)realloc(pi, 10 * sizeof(int));        // 21행
```

이미 할당한
저장 공간의 포인터

재할당 후 전체
저장 공간의 크기

저장 공간을 늘리는 경우 이미 입력한 값은 그대로 유지되며 추가된 공간에는 쓰레기 값이 존재합니다. 저장 공간을 줄이는 경우라면 입력된 데이터는 잘려 나갑니다. 저장 공간의 크기를 조정한 후에는 다시 그 주소를 반환하므로 포인터에 저장해 사용합니다.

| pi | 100 | → | 100 | 104 | 108 | 112 | 116 | 120 | 124 | 128 | 132 | 136 |

| | | 1 | 2 | 3 | 4 | 5 | ? | ? | ? | ? | ? |

이미 입력된 데이터

새로 추가된 저장 공간

이미 사용하던 저장 공간의 위치를 포인터가 기억하고 있더라도 재할당 과정에서 메모리의 위치가 바뀔 수 있으므로 항상 realloc 함수가 반환하는 주소를 다시 포인터에 저장해 사용하는 것이 좋습니다. 메모리의 위치가 바뀌는 경우 이미 있던 데이터를 계속 사용할 수 있도록 옮겨 저장하며 사용하던 저장 공간은 자동으로 반환됩니다. 또한 첫 번째 인수가 널 포인터인 경우는 malloc과 같은 기능을 수행해 두 번째 인수의 크기만큼 동적 할당하고 그 주소를 반환합니다.

프로그램은 실행될 때 일정한 메모리 영역을 사용합니다. 이 영역은 다시 몇 개의 영역으로 나뉘어 관리되는데 이를 기억 부류storage class라고 합니다. 구체적인 구분은 시스템에 따라 다르겠지만, 주로 프로그램이 올라가는 코드 영역과 데이터가 저장되는 데이터 영역으로 나눕니다. 데이터 영역은 지역 변수가 할당되는 **스택**stack 영역이 있고, 동적 할당되는 저장 공간은

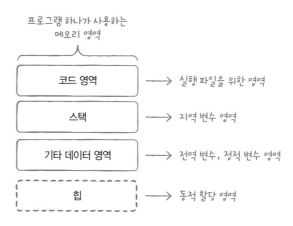

힙heap 영역을 사용합니다. 그 외에 전역 변수나 정적 변수를 위한 데이터 영역이 있습니다.

힙에 할당한 저장 공간에는 지역 변수와 마찬가지로 쓰레기 값이 있습니다. 그러나 지역 변수와 달리 프로그램이 종료될 때까지 메모리에 존재합니다. 따라서 주소만 알면 특정 함수에 구애 받지 않고 어디서나 사용할 수 있습니다. 동적 할당이 갖는 이런 특징 때문에 할당된 저장 공간을 사용할 때는 반환에 세심한 주의가 필요합니다. 꼭 기억합시다. 지역 변수와 달리 동적 할당된 저장 공간은 함수가 반환되어도 메모리가 회수되지 않습니다!

메모리에 저장 공간이 넉넉히 남아 있어도 메모리 할당 함수들이 널 포인터를 반환할 수 있습니다. 힙 영역은 메모리의 사용과 반환이 불규칙적이기 때문에 사용 가능한 영역이 조각나서 흩어져 있을 수 있습니다. 이때 연속된 큰 저장 공간을 요구하면 동적 할당 함수는 원하는 저장 공간을 찾지 못하고 널 포인터를 반환할 수 있습니다.

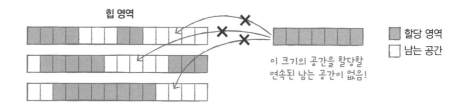

따라서 동적 할당 함수를 호출한 후에는 반드시 반환값을 검사해서 메모리의 할당 여부를 확인해야 합니다.

▶ 5가지 키워드로 끝내는 핵심 포인트

• **동적 할당**한 공간은 변수와 달리 이름이 없으므로 포인터에 주소를 대입해 사용한다. 동적 할당을 요청한 후에는 제대로 할당되었는지 반환값을 확인해야 한다.

• 사용이 끝난 **동적 할당 공간**은 재활용을 위해 **반환**한다.

• **동적 할당**한 저장 공간을 **배열**처럼 쓸 때는 포인터가 배열명의 역할을 한다.

• **calloc** 함수는 동적 할당한 저장 공간을 0으로 초기화하고, **realloc** 함수는 크기를 바꿔 재할당한다.

▶ 표로 정리하는 핵심 포인트

표 16-1 동적 할당 관련 함수

함수	구분	사용 예
malloc	원형	void *malloc(unsigned int size);
	기능	size 바이트 수 만큼 할당하고 시작 위치 반환
	사용 예	int *p = (int *)malloc(sizeof(int));
calloc	원형	void *calloc(unsigned int count, unsigned int size);
	기능	(count * size) 바이트 수 만큼 할당하고 0으로 초기화 후 시작 위치 반환
	사용 예	double *p = (double *)calloc(5, sizeof(double));
realloc	원형	void *realloc(void *p, unsigned int size);
	기능	p가 연결한 영역의 크기를 size 바이트의 크기로 조정하고 시작 위치 반환
	사용 예	char *p = (char *)realloc(p, 2 * strlen(str));
free	원형	void free(void *p);
	기능	p가 연결한 영역 반환

▶ 확인 문제

지금까지 기본적인 동적 할당 방법과 포인터를 통한 사용법을 살펴봤습니다. 동적 할당은 함수 호출로 구현되므로 여러 가지 동적 할당 함수의 사용법을 정확히 익히는 것이 중요합니다. 또한 더 이상 사용하지 않는 동적 할당 영역을 반드시 반환해 메모리 누수가 발생하지 않도록 꼼꼼히 챙기는 습관이 필요합니다.

1. 다음 용도에 맞게 저장 공간을 동적 할당해 각 포인터에 연결하세요.

① 몸무게를 저장할 변수

```
double *weight =
```

② 열 과목의 점수를 저장할 배열

```
int *scores =
```

③ 널 문자를 포함해 최대 80글자의 문자열을 저장할 char 배열

```
char *string =
```

2. 동적 할당이 제대로 되었는지 검사하고 사용이 끝난 동적 할당 영역을 반환하도록 빈칸을 채우세요.

```
int *max = (int *)malloc(sizeof(int));    // 동적 할당
if (        ①        )                    // 할당 성공 여부 검사
{
    printf("메모리가 부족합니다.");
    return 1;
}
*max = 999;                               // 할당한 저장 공간 사용
        ②                                 // 사용이 끝난 저장 공간 반납
```

note 함수의 return 값은 정상 종료에서는 0, 예외 상황 종료는 1로 처리합니다.

3. 다음 코드에서 pa, pb, pc 중 동적 할당 영역의 크기가 <u>가장 큰</u> 것을 고르세요.

```
int ary[5] = { 1, 2, 3, 4, 5 };
int *pa, *pb, *pc;
int i;
pa = (int *)malloc(sizeof(ary));

for (i = 0; i < 5; i++)
{
    pa[i] = ary[i];
}

pb = (int *)calloc(pa[3], sizeof(int));
pc = (int *)realloc(NULL, pa[4]);
```

표로 정리하는 핵심 포인트를
다시 보면서 정답을 찾아봐!

16-2 동적 할당 저장 공간의 활용

핵심 키워드

가변 메모리 공간   명령행 인수   빠짐없이 반환

정수 하나를 저장하기 위해 동적 할당을 수행하면 변수 선언을 하는 것보다 실행 시간이나 메모리 활용 면에서 비효율적입니다. 따라서 동적 할당은 활용 방법을 익히는 것이 무엇보다 중요합니다. 이 절에서 어떤 경우에 동적 할당을 사용하는지 살펴보고 그 구현 방법을 배웁니다.

시작하기 전에

영어 사전의 단어 수가 10,000개이고 가장 긴 단어의 길이가 45자라고 합시다. 진폐증을 뜻하는 영단어가 실제 45자입니다.

• pneumonoultramicroscopicsilicovolcanokoniosis [명사] 진폐증

이때 사전의 모든 단어를 메모리에 저장하고 정렬이나 탐색하는 경우 널 문자까지 포함해 46만 바이트가 필요합니다. 배열은 각 행의 길이가 모두 같아야 하기 때문이죠. 그런데 단어의 평균 길이가 6~7자 정도라면 실제 사용하는 메모리 공간은 7만 바이트 정도밖에 되지 않습니다. 결국 대부분의 메모리 공간은 낭비되는 것이죠. 따라서 각 단어의 길이만큼만 메모리를 확보하고 처리하는 방법이 필요한데 이때 동적 할당을 사용해 데이터 맞춤 프로그래밍을 할 수 있습니다.

동적 할당을 사용한 문자열 처리

동적 할당은 프로그램의 효율을 높이기 위한 하나의 방법으로 사용됩니다. 예를 들어 입력할 문자열의 길이를 알 수 없는 상황에서 무조건 큰 배열을 선언한다면 저장 공간이 크게 낭비될 수 있습니다.

동적 할당을 수행하면 입력되는 문자열의 길이에 맞게 저장 공간을 사용할 수 있습니다. 예제를 통해 길이가 다른 여러 개의 문자열을 효율적으로 처리하는 방법을 알아보겠습니다.

16-4 직접 해보는 손코딩

3개의 문자열을 저장하기 위한 동적 할당 소스 코드 예제16-4.c

```c
01  #include <stdio.h>
02  #include <stdlib.h>
03  #include <string.h>
04
05  int main(void)
06  {
07      char temp[80];                    // 임시 char 배열
08      char *str[3];                     // 동적 할당 영역을 연결할 포인터 배열
09      int i;                            // 반복 제어 변수
10
11      for (i = 0; i < 3; i++)
12      {
13          printf("문자열을 입력하세요 : ");
14          gets(temp);                             // 문자열 입력
15          str[i] = (char *)malloc(strlen(temp) + 1);   // 문자열 저장 공간 할당
16          strcpy(str[i], temp);       // 동적 할당 영역에 문자열 복사
17      }
18
19      for (i = 0; i < 3; i++)
20      {
21          printf("%s\n", str[i]);    // 입력된 문자열 출력
22      }
23
24      for (i = 0; i < 3; i++)
25      {
26          free(str[i]); // 동적 할당 영역 반환
27      }
28
29      return 0;
30  }
```

실행결과 ✕

```
문자열을 입력하세요 : Hi ↵
문자열을 입력하세요 : Let me introduce ↵
문자열을 입력하세요 : Hello ↵
Hi
Let me introduce
Hello
```

문자열을 입력하기 전에는 그 길이를 알 수 없으므로 우선 7행에서 충분한 크기(80)의 char 배열을 선언하고 문자열을 입력합니다. 그리고 그 길이에 맞게 다시 동적 할당한 후 입력한 문자열을 복사합니다. 이 작업을 반복하면 여러 개의 문자열을 그 길이에 맞게 저장할 수 있습니다. 단, 동적 할당 영역을 연결할 포인터가 필요하므로 8행에서 포인터 배열을 선언합니다.

```
char temp[80];              // 7행. 임시 char 배열
char *str[3];               // 8행. 동적 할당 영역을 연결할 포인터 배열
```

동적 할당을 모두 끝낸 후의 상태는 다음과 같습니다.

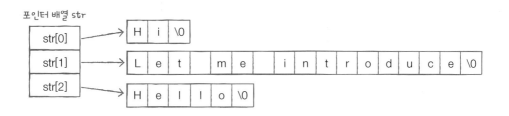

11~17행에서 3개의 문자열을 반복해 입력합니다.

```
for (i = 0; i < 3; i++)                        // 11행
{                                              // 12행
    printf("문자열을 입력하세요 : ");              // 13행
    gets(temp);                                // 14행. 문자열 입력
    str[i] = (char *)malloc(strlen(temp) + 1); // 15행. 문자열 저장 공간 할당
    strcpy(str[i], temp);                      // 16행. 동적 할당 영역에 문자열 복사
}                                              // 17행
```

14행에서 일단 임시 char 배열에 문자열을 입력합니다. 그리고 15행에서 입력한 문자열의 길이를 계산해 malloc 함수의 인수로 줍니다. 이때 strlen 함수는 널 문자를 제외하고 문자열의 길이를 계산하므로 malloc 함수에 인수로 줄 때는 1을 더해서 널 문자도 포함할 수 있도록 저장 공간을 할당해야 합니다. malloc 함수가 반환하는 주소는 포인터 배열의 요소에 저장해 할당한 저장 공간을 연결합니다. 마지막으로 16행에서 할당한 저장 공간에 입력한 문자열을 복사하면 길이가 다른 여러 개의 문자열을 포인터 배열로 묶어 처리할 수 있습니다.

동적 할당 영역에 저장한 문자열을 함수로 처리하는 예

동적 할당한 저장 공간을 함수로 처리할 때는 할당한 공간의 구조를 잘 살펴야 합니다. 다음 예제에서는 [16-4 직접 해보는 손코딩]의 문자열 출력 부분을 함수로 바꿔 동적 할당 영역에 저장한 데이터를 함수로 처리하겠습니다.

16-5 직접 해보는 손코딩

동적 할당 영역의 문자열을 함수로 출력   소스 코드 예제16-5.c

```
01  #include <stdio.h>
02  #include <stdlib.h>
03  #include <string.h>
04
05  void print_str(char **ps);        // 동적 할당 영역의 문자열을 출력하는 함수
06
07  int main(void)
08  {
09      char temp[80];                // 임시 char 배열
10      char *str[21] = { 0 };        // 문자열을 연결할 포인터 배열, 널 포인터로 초기화
11      int i = 0;                    // 반복 제어 변수
12
13      while (i < 20)                // 최대 20개까지 입력
14      {
15          printf("문자열을 입력하세요 : ");
16          gets(temp);                           // 문자열 입력
17          if (strcmp(temp, "end") == 0) break;  // end가 입력되면 반복 종료
18          str[i] = (char *)malloc(strlen(temp) + 1);  // 문자열 저장 공간 할당
19          strcpy(str[i], temp);                 // 동적 할당 영역에 문자열 복사
20          i++;
21      }
22      print_str(str);                           // 입력한 문자열 출력
23
24      for (i = 0; str[i] != NULL; i++)          // str에 연결된 문자열이 없을 때까지
25      {
26          free(str[i]);                         // 동적 할당 영역 반환
27      }
28
29      return 0;
30  }
31
```

```
32  void print_str(char **ps)          // 이중 포인터 선언
33  {
34      while (*ps != NULL)             // 포인터 배열의 값이 널 포인터가 아닌 동안 반복
35      {
36          printf("%s\n", *ps);        // ps가 가리키는 것은 포인터 배열의 요소
37          ps++;                       // ps가 다음 배열 요소를 가리킨다.
38      }
39  }
```

```
┌─────────────────────────────────────────────────────────┐
│ 🖥 실행결과                                            ✕ │
├─────────────────────────────────────────────────────────┤
│ 문자열을 입력하세요 : Hi ⏎                               │
│ 문자열을 입력하세요 : Let me introduce ⏎                 │
│ 문자열을 입력하세요 : Hello ⏎                            │
│ 문자열을 입력하세요 : end ⏎                              │
│ Hi                                                       │
│ Let me introduce                                         │
│ Hello                                                    │
└─────────────────────────────────────────────────────────┘
```

char 배열의 문자열을 출력하는 함수는 배열명을 저장할 포인터를 매개변수로 선언합니다. 마찬가지로 포인터 배열의 문자열을 출력하는 함수도 포인터 배열의 이름을 저장할 포인터 매개변수가 필요합니다. 그렇다면 어떤 포인터가 필요할까요? 10행의 배열명 str은 포인터 배열의 첫 번째 요소를 가리키므로 가리키는 것의 형태는 (char *)형입니다.

```
char *str[21] = { 0 };          // 10행
```

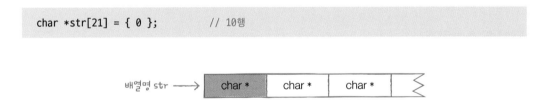

따라서 32행에서 str을 저장할 매개변수로 (char *)형을 가리키는 이중 포인터를 선언합니다.

```
void print_str(char **ps)          // 32행. 이중 포인터 선언
```

함수가 호출되고 매개변수 ps가 배열명 str을 저장하면 ps 역시 배열명과 같이 사용할 수 있으므로 함수 안에서 반복문을 사용해 문자열을 출력합니다. 그런데 여기서 반복문의 형식을 살짝 바꿔서 for문 대신 while문을 사용해 코드를 작성해 봅시다.

main 함수에서 문자열을 직접 출력할 때는 str이 배열명이므로 그 값을 바꿀 수 없습니다. 따라서 str[i]와 같이 배열 표현을 사용하거나 *(str+i)와 같이 정수를 더하면서 각 문자열을 출력할 수밖

에 없습니다. 그러나 배열명을 포인터에 저장하면 포인터 자신의 값을 바꿀 수 있으므로 매개변수를
하나씩 증가시키면서 문자열을 출력할 수 있습니다.

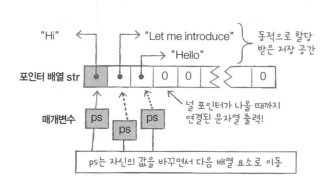

여기서 포인터의 사용과 관련해서 한 가지 주의할 것이 있습니다. 포인터나 포인터 배열을 auto 지역
변수로 선언하면 쓰레기 값이 주소로 존재합니다. 만약 쓰레기 값이 참조가 불가능한 코드 영역의 주
소이고 부주의로 이 값을 참조한다면 프로그램은 중간에 실행을 멈춥니다. 따라서 포인터 배열을 선
언과 동시에 널 포인터로 초기화하고 참조할 때 널 포인터인지를 검사하면 더 안정적인 프로그래밍
이 가능합니다. 물론 최소한 포인터 배열의 마지막 요소는 널 포인터의 자리로 남겨 둬야 합니다. 예
를 들어 포인터 배열의 요소가 100개라면 문자열은 최대 99개까지만 입력하고 마지막 배열 요소는
널 포인터로 채웁니다.

포인터 배열을 선언할 때

```
char *str[100] = { 0 };                  // 포인터 배열을 널 포인터로 초기화
```

저장된 문자열을 출력할 때

```
for (i = 0; str[i] != NULL; i++)         // 배열 요소가 널 포인터가 아닌 동안 출력
{
    printf("%s\n", str[i]);
}
```

이 예제에서는 동적 할당 영역을 행의 길이가 가변적인 2차원의 char 배열처럼 씁니다. 이런 방식은
메모리를 효과적으로 사용할 수 있게 해줍니다. 물론 입력할 문자열의 수를 미리 예상해 포인터 배열
의 크기를 넉넉히 선언해야 하므로 실제 입력된 문자열이 적으면 포인터 배열의 공간이 낭비됩니다.
그러나 동적 할당으로 얻는 이익을 생각한다면 공간을 낭비할 가치가 충분히 있습니다.

main 함수의 명령행 인수 사용

프로그램의 실행 방법은 운영체제마다 다릅니다. 윈도우에서는 바탕화면의 프로그램 아이콘을 더블 클릭해야 하며 도스나 유닉스에서는 명령행에 실행 파일의 이름을 직접 입력해야 합니다. 명령행에서 프로그램을 실행시킬 때는 프로그램 이름 외에도 프로그램에 필요한 정보를 함께 줄 수 있는데 이를 **명령행 인수** command line argument라고 합니다. 운영체제가 명령행 인수를 프로그램의 main 함수로 넘기는 방법을 통해 포인터로 동적 할당한 영역을 배열처럼 사용하는 예를 살펴보겠습니다.

`16-6` **직접 해보는 손코딩**

명령행 인수를 출력하는 프로그램　소스 코드　예제16-6.c

```
01  #include <stdio.h>
02
03  int main(int argc, char **argv)          // 명령행 인수를 받을 매개변수
04  {
05      int i;
06
07      for (i = 0; i < argc; i++)           // 인수 개수만큼 반복
08      {
09          printf("%s\n", argv[i]);         // 인수로 받은 문자열 출력
10      }
11
12      return 0;
13  }
```

이번 프로그램은 명령 프롬프트에서 직접 실행해 보겠습니다. 먼저 컴파일러에서 [Ctrl]+[Shift]+[B]를 눌러 코드를 빌드합시다. 그리고 윈도우에서 [Ctrl]+[ESC]를 누른 다음 cmd를 입력하고 [명령 프롬프트] 아이콘을 클릭합시다. 이러면 명령 프롬프트가 실행됩니다. 이제 명령 프롬프트에서 다음과 같이 입력합시다.

🖾 **실행결과**　　　　　　　　　　　　　　　　×

```
C:\> cd C:\study\16-6\x64\Debug ⏎
C:\study\16-6\x64\Debug> 16-6 first_arg second_arg ⏎
16-6
first_arg
second_arg
C:\study\16-6\x64\Debug> exit ⏎
```

note 이 책에서 안내한 디렉터리에 프로젝트를 생성했을 때를 가정한 명령입니다. 다른 위치에 프로젝트를 생성했다면 'cd 디렉터리' 명령을 입력해 해당 프로젝트의 Debug 디렉터리로 이동한 후 두 번째 명령을 실행하면 됩니다.

3행에서 main 함수는 명령행 인수를 받기 위해 매개변수를 선언합니다.

```
int main(int argc, char **argv)      // 3행. 명령행 인수를 받을 매개변수
```

매개변수의 이름은 임의로 작성할 수 있으나 관례적으로 `argc`와 `argv`를 사용합니다. 각각 argument count, argument vector라는 의미입니다. 만약 실행결과와 같이 명령행을 입력했다면 명령행 인수의 개수 3은 `argc` 매개변수에 저장되고 명령행에서 입력한 문자열의 위치는 `argv` 매개변수에 저장됩니다. 운영체제가 명령행 문자열을 처리하는 방법은 다음과 같습니다.

예를 들어 명령 프롬프트에서 사용하는 복사 프로그램은 복사할 파일과 복사 받을 파일의 이름을 함께 입력하는데 이들 모두 명령행 인수가 됩니다. 이때 명령행 인수의 수는 프로그램의 이름까지 포함해 3개입니다.

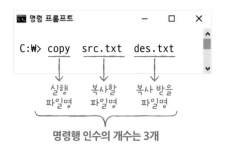

명령행에서 프로그램을 실행시키면 운영체제는 명령행 인수를 가공해 문자열의 형태로 메모리에 저장하고 포인터 배열로 연결한 후에 포인터 배열의 시작 위치를 실행 프로그램의 main 함수에 넘깁니다. 이때 명령행 인수의 개수도 함께 전달됩니다.

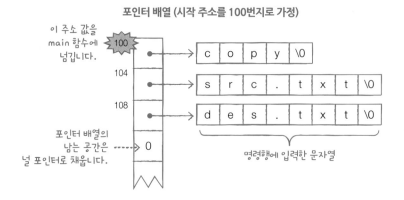

```
int main(int argc, char **argv)      // 3행
{
    ...     명령행 인수의      포인터 배열의 시작
}           개수 3개          주소 100번지
```

7행은 **argv**가 연결하는 문자열을 하나씩 반복문으로 출력합니다.

```
    for (i = 0; i < argc; i++)        // 7 ~ 10행. 인수 개수만큼 반복
    {
        printf("%s\n", argv[i]);      // 인수로 받은 문자열 출력
    }
```

명령행의 문자열 수는 **argc**가 받으므로 **argc**만큼 반복합니다. **argc**의 값이 아닌 널 포인터를 활용해 출력하는 방법도 있습니다. 명령행의 문자열을 연결하는 포인터 배열은 마지막 문자열 다음 배열 요소가 널 포인터이므로 널 포인터가 아닌 동안 출력하도록 **while**문으로 작성하는 것도 가능합니다.

```
    while (*argv != NULL)             // argv가 가리키는 배열 요소의 값이 널 포인터가 아닌 동안
    {
        printf("%s\n", *argv);        // 문자열을 출력
        argv++;                       // 포인터 배열의 다음 요소로 이동
    }
```

단, 이 방법을 사용하면 **argv**의 값이 바뀌므로 명령행 인수를 다시 사용하지 않도록 주의해야 합니다. 운영체제는 프로그램이 실행될 때마다 항상 명령행 인수를 가공해 프로그램에서 사용할 수 있도록 준비하지만, 프로그램에서 그 값들을 사용하는 것은 선택입니다.

▶ 3가지 키워드로 끝내는 핵심 포인트

• 입력하는 문자열의 길이에 딱 맞는 **가변 메모리 공간**을 확보할 수 있다.

• **명령행 인수**의 구현 방식을 이해할 수 있다.

• 동적 할당 방식이 복잡할수록 할당 영역은 **빠짐없이 반환**해야 한다.

▶ 표로 정리하는 핵심 포인트

표 16-2 동적 할당 활용 방법

구분	설명	상세
입력 문자열 처리	사용 예	입력 문자열의 길이에 맞는 저장 공간 확보

	구현 방법	`char str[80];`
		`char *ps;`
		`ps = (char *)malloc(strlen(str) + 1);`
		`strcpy((ps, str);`

명령행 인수 처리	main 함수의 인수	`int main(int argc, char **argv)`
	의미	argc - 명령행 문자열의 수, argv - 명령행의 문자열

	사용 예	`for (i = 0; i < argc; i++)`
		`{`
		`    printf("%s\n", argv[i]);`
		`}`

▶ 확인 문제

지금까지 문자열 위주로 동적 할당을 사용하는 예를 살펴보았습니다. 길이가 다른 문자열을 동적 할당 영역에 저장하면 포인터 배열로 처리할 수 있으며 포인터 배열 자체도 동적 할당할 수 있습니다. 동적 할당 영역을 2차원 배열처럼 사용해 숫자를 처리하는 방법도 다르지 않습니다. 어떤 용도로 사용하든 동적 할당에는 포인터가 필요하므로 사용하기 쉽지 않습니다. 따라서 프로그래밍 연습을 통해 자기 것으로 만드는 과정이 필요합니다.

1. 4행 5열의 행렬 값을 저장할 2차원 배열을 동적 할당하는 코드를 작성하세요.

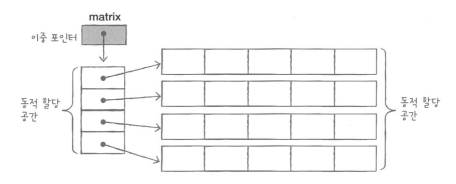

2. 1에서 코드를 작성해 만든 동적 할당 영역을 반환하는 코드를 작성하세요.

3. 다음의 명령행 인수를 사용해 프로그램 이름을 제외한 나머지 인수를 출력하는 코드가 완성되도록 빈칸을 채우세요.

```
int main(        ❶        )              // 명령행 인수 사용
{
    int i;                              // 반복 제어 변수
    for (i = 0; i <     ❷     ; i++)
    {
        printf("%s\n",     ❸     );     // 인수 출력
    }
}
```

▶ 도전 실전 예제

도전 소수(prime number) 계산 **프로그램**

키보드로 양수를 입력한 후에 입력한 수까지의 모든 소수를 출력합니다. 2부터 한 줄에 5개씩 출력하며 소수가 아닌 수는 X를 출력합니다. 입력한 수에 따라 적절한 크기의 배열을 동적 할당해 사용합니다.

```
🖂 실행결과                          ✕
> 양수 입력 : 30
     2    3    X    5    X
     7    X    X    X   11
     X   13    X    X    X
    17    X   19    X    X
     X   23    X    X    X
     X    X   29
```

풀이가 궁금하다면?

- 형태가 서로 다른 변수를 묶을 때 사용하는 구조체에 관해 알아봅니다.
- 구조체와 비슷한 사용자 정의 자료형인 공용체와 열거형에 관해서도 알아봅니다.

Chapter

17

사용자 정의 자료형

17-1 구조체

핵심 키워드

구조체 선언   구조체 변수   멤버   구조체 변수의 대입 연산

구조체는 사용자가 만들어 쓰는 자료형이므로 자료형의 구조를 먼저 선언하고 써야 합니다. 이 절에서는 구조체를 선언하는 다양한 방법과 구조체 변수를 선언하고 멤버를 사용하는 방법에 관해 살펴봅니다.

시작하기 전에

우리가 배운 자료형 중 배열은 같은 형태의 데이터를 묶어 반복문으로 처리할 수 있는 훌륭한 자료형입니다. 그러나 배열을 사용하려면 모든 데이터의 형태가 같아야 합니다. 즉, 한 학생의 학번(315), 이름(홍길동), 학점(3.5)처럼 형태가 다른 데이터를 하나의 배열로 선언해 처리하는 것은 불가능합니다. 학번은 정수고 이름은 문자열, 학점은 실수이기 때문입니다. 형태별로 학번 배열, 이름 배열, 학점 배열을 따로 만들어 쓴다면 한 학생의 데이터를 처리할 때 모든 배열을 사용해야 하는 문제가 생깁니다.

만약 다른 형태의 데이터를 하나로 묶어 단일 자료형으로 다룰 수 있다면 학생별로 데이터를 처리할 수 있고 반복문을 이용해 많은 학생의 데이터를 훨씬 효율적으로 처리할 수 있습니다. 이때 유용한 것이 바로 구조체입니다. 구조체는 다양한 자료형을 하나로 묶을 수 있는 복합 자료형으로 다양한 형태의 데이터를 처리할 때 기본으로 사용됩니다.

> 구조체는 사용자가 만드는 자료형이다.

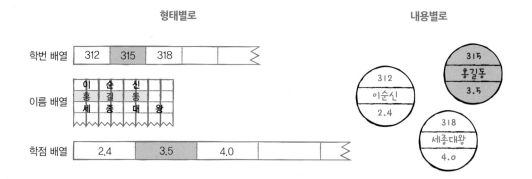

구조체 선언과 멤버 사용

구조체는 하나의 자료형으로 변수 선언이 가능하지만, 변수 선언 전에 꼭 필요한 절차가 있습니다. 구조체의 형태를 컴파일러에 미리 알려 주는 **구조체 선언**을 수행해야 합니다. 구조체 선언이 끝나면 새로운 자료형이 만들어지며 그 이후부터는 구조체의 변수를 사용할 수 있습니다. 간단한 예제를 통해 구조체를 사용하는 방법을 살펴보겠습니다.

> 구조체 선언을 통해 컴파일러에 미리 구조체의 형태를 알려야 한다.

17-1 직접 해보는 손코딩

구조체를 선언하고 멤버를 사용하는 방법 소스 코드 예제17-1.c

```
01  #include <stdio.h>
02
03  struct student                      // 구조체 선언
04  {
05      int num;                        // int형 멤버
06      double grade;                   // double형 멤버
07  };                                  // 세미콜론 사용
08
09  int main(void)
10  {
11      struct student s1;              // struct student형의 변수 선언
12
13      s1.num = 2;                     // s1의 num 멤버에 2 저장
14      s1.grade = 2.7;                 // s1의 grade 멤버에 2.7 저장
15      printf("학번 : %d\n", s1.num);    // num 멤버 출력
16      printf("학점 : %.1lf\n", s1.grade); // grade 멤버 출력
17
18      return 0;
19  }
```

> 실행결과 ☒
>
> 학번 : 2
> 학점 : 2.7

3행에서 7행까지 struct 예약어를 사용해 구조체를 선언했습니다.

```
struct student                  // 3 ~ 7행
{   ↑       ↑
    예약어  구조체 이름
    int num;
    double grade;   } 구조체 멤버
};
```

구조체의 성격에 맞는 적절한 이름을 붙이고 블록 안에 멤버를 나열합니다. 멤버 선언은 구조체를 구성하는 자료형 종류와 이름을 컴파일러에 알리는 것이며 실제 저장 공간이 할당되는 변수 선언과는 다릅니다. 마지막으로 블록을 닫은 후에는 반드시 세미콜론을 붙여야 합니다.

> 구조체는 struct 예약어로 선언된다.

➕ 여기서 잠깐 | 구조체 선언의 위치

구조체 선언이 main 함수 앞에 있으면 프로그램 전체에서 사용할 수 있고, 함수 안에 선언하면 그 함수 안에서만 쓸 수 있습니다. 구조체 선언이 끝나면 그 이후부터 사용자가 정의한 새로운 자료형을 컴파일러가 인식할 수 있습니다.

이제 새로 만든 구조체로 변수를 선언합시다. 11행에서 구조체 변수를 선언합니다. 구조체는 struct 예약어와 구조체 이름을 함께 하나의 자료형 이름으로 사용합니다.

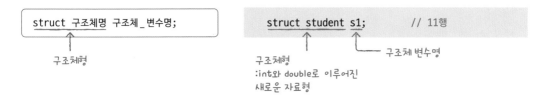

구조체 변수를 선언하면 비로소 저장 공간이 할당됩니다. 각 멤버의 공간이 메모리에 연속으로 할당되며 모든 멤버를 더한 전체 저장 공간이 하나의 구조체 변수가 되므로 변수의 크기는 각 멤버의 크기를 더한 값이 됩니다.

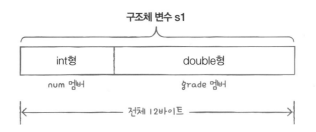

선언된 구조체 변수는 그 안에 여러 개의 멤버를 가지므로 특정 멤버를 골라서 사용해야 하는데 이때 별도의 멤버 접근 연산자인 .가 필요합니다. 13행에서 s1의 멤버 num을 사용하는 방법은 다음과 같습니다.

> 구조체 변수가 사용할 멤버에 접근할 때 멤버 접근 연산자(.)를 사용한다.

```
구조체_변수명.멤버명
```

이렇게 하면 멤버를 독립된 변수로 사용할 수 있습니다. 즉, s1은 구조체 변수지만, s1.num은 int형 변수가 됩니다. 따라서 연산하거나 입출력하는 등 하나의 int형 변수로 수행할 수 있는 모든 작업을 똑같이 할 수 있습니다. 같은 방식으로 grade 멤버를 다음과 같이 표현합니다.

```
        s1.grade = 2.7;                      // 14행
```

구조체 변수의 크기

모든 시스템은 데이터를 빠르게 읽고 쓰기 위해 일정한 크기 단위로 메모리에 접근합니다. 따라서 컴파일러는 구조체 멤버의 크기가 들쑥날쑥한 경우 멤버 사이에 **패딩 바이트**^{padding byte}를 넣어 멤버를 가지런하게 정렬합니다. 이를 **바이트 얼라인먼트**^{byte alignment}라고 합니다. 실제로 필자의 컴퓨터에서 struct student 구조체의 크기는 패딩 바이트가 추가되어 16바이트로 계산됩니다. 바이트 얼라인먼트 방식은 시스템마다 다를 수 있으나 필자가 확인한 시스템의 경우

> 구조체 변수의 크기는 바이트 얼라인먼트로 인해 시스템마다 다를 수 있다.

크기가 가장 큰 멤버가 메모리를 할당하는 기준 단위가 됩니다. 즉, struct student 구조체는 grade 멤버의 크기가 가장 크므로 8바이트가 기준 단위가 됩니다. 따라서 num 멤버는 첫 번째 8바이트 블록의 처음 4바이트에 할당되고 grade 멤버는 남은 4바이트에 할당될 수 없으므로 다음 8바이트 블록에 할당됩니다. 결국 4바이트의 패딩 바이트가 포함되므로 전체 구조체의 크기는 16바이트가 됩니다.

```
struct student
{
    int num;
    double grade;
};
```

패딩 바이트

num	(패딩)
grade	

총 16바이트

8바이트 단위

기준 블록 내에서 크기가 작은 멤버는 각 자료형의 크기 단위로 할당됩니다. char형은 1바이트 단위로 할당되므로 모든 위치에서 할당될 수 있고 short형은 2바이트 단위, int형은 4바이트 단위로 끊

어서 할당됩니다. 예를 들어 다음과 같이 구조체를 선언하면 크기는 32바이트가 됩니다.

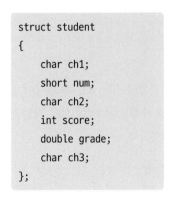
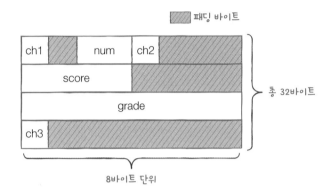

결국 멤버의 순서에 따라 구조체의 크기가 달라질 수 있으므로 패딩 바이트가 가장 작도록 구조체를 선언하면 메모리를 아낄 수 있습니다. 또는 다음과 같이 컴파일러에 패딩 바이트를 넣지 않도록 지시할 수 있습니다.

```
#pragma pack(1);   // 바이트 얼라인먼트를 1로 설정하면 패딩 바이트가 필요 없음
```

이 경우 데이터를 읽고 쓰는 시간은 더 걸릴 수 있지만, 구조체의 크기는 모든 멤버의 크기를 더한 것과 같아지므로 사용하는 메모리의 크기를 최소화할 수 있습니다. 이 구문은 구조체 선언 전에 적으며, 보통 include 다음에 넣습니다.

➕ 여기서 잠깐 패딩 바이트를 줄여 볼까요?

멤버의 순서에 따라 구조체 크기가 달라진다고 했습니다. 따라서 앞에 선언한 멤버의 순서를 변경해서 패딩 바이트를 줄여 보겠습니다. short num;와 char ch2;의 순서를 바꿨을 뿐인데 8바이트가 줄어든 것을 확인할 수 있습니다. 임베디드 소프트웨어처럼 메모리 크기가 중요한 프로그램을 작성할 때는 꼭 메모리를 최소화할 방법을 고민해 봅시다.

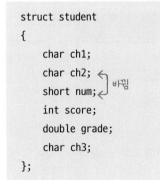
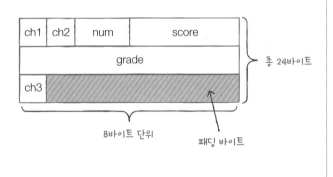

다양한 구조체 멤버

구조체 멤버로 앞서 예를 든 int, double 외에도 다양한 자료형을 사용할 수 있습니다. 배열, 포인터는 물론이고 이미 선언된 다른 구조체도 멤버로 쓸 수 있습니다. 다음 예제를 통해 사용 방법을 살펴보겠습니다.

17-2 직접 해보는 손코딩

배열과 포인터를 멤버로 갖는 구조체 사용 소스 코드 예제17-2.c

```c
01  #include <stdio.h>
02  #include <stdlib.h>
03  #include <string.h>
04
05  struct profile                      // 신상명세 구조체 선언
06  {
07      char name[20];                  // 이름을 저장할 배열 멤버
08      int age;                        // 나이
09      double height;                  // 키
10      char *intro;                    // 자기소개를 위한 포인터
11  };
12
13  int main(void)
14  {
15      struct profile yuni;            // profile 구조체 변수 선언
16
17      strcpy(yuni.name, "서하윤");     // name 배열 멤버에 이름 복사
18      yuni.age = 17;                  // age 멤버에 나이 저장
19      yuni.height = 164.5;            // height 멤버에 키 저장
20
21      yuni.intro = (char *)malloc(80);  // 자기소개를 저장할 공간 동적 할당
22      printf("자기소개 : ");
23      gets(yuni.intro);               // 할당한 공간에 자기소개 입력
24
25      printf("이름 : %s\n", yuni.name);    // 각 멤버의 데이터 출력
26      printf("나이 : %d\n", yuni.age);
27      printf("키 : %.1lf\n", yuni.height);
28      printf("자기소개 : %s\n", yuni.intro);
29      free(yuni.intro);   // 동적 할당 영역 반환
30
31      return 0;
32  }
```

실행결과 ✕

```
자기소개 : 항상 행복하세요. ⏎
이름 : 서하윤
나이 : 17
키 : 164.5
자기소개 : 항상 행복하세요.
```

고급편

7행에서 profile 구조체는 이름을 저장하는 멤버로 배열을 사용합니다.

```
char name[20];                      // 7행. 이름을 저장할 배열 멤버
```

즉, 배열이 구조체 안에 하나의 멤버가 되므로 구조체 변수를 선언하면 배열 멤버도 그 크기만큼 저장 공간이 할당됩니다.

```
struct profile yuni;                // 15행. 구조체 변수 선언
```

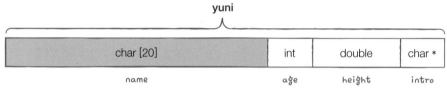

배열 멤버를 사용할 때는 다른 멤버와 마찬가지로 멤버 접근 연산자인 .를 씁니다. 또한 구조체 멤버인 name은 일반 char 배열과 같습니다. 따라서 name 멤버에 이름을 저장할 때는 17행과 같이 strcpy 함수를 써야 합니다.

> 구조체 멤버로 배열을 사용할 수 있다.

구조체의 멤버로 포인터를 쓰면 포인터 멤버에 대입 연산으로 간단히 문자열을 연결할 수 있습니다. 즉, 10행의 intro 멤버를 다음과 같이 쓸 수 있습니다.

> 구조체 멤버로 포인터를 사용할 수 있다.

```
yuni.intro = "항상 행복하세요.";
```

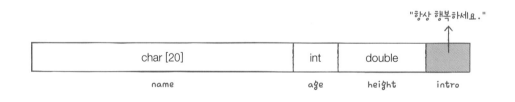

다만, 이 경우 문자열 상수 대신 키보드로 문자열을 바로 입력해서는 안 됩니다. intro 멤버는 포인터이므로 문자열 자체를 저장할 공간은 없습니다. 따라서 자기소개를 입력해야 한다면 21행과 같이 동적 할당을 통해 적당한 크기의 저장 공간을 먼저 확보해야 합니다.

```
yuni.intro = (char *)malloc(80);          // 21행
```

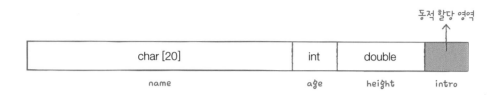

결국 포인터 멤버는 배열 멤버보다 사용하기 더 번거롭습니다. 그러나 길이가 고정적인 배열과 달리 다양한 길이의 공간을 동적 할당해 쓸 수 있으므로 필요에 따라 적절한 멤버를 사용하면 됩니다.

구조체의 멤버로 다른 구조체 사용하기

만약 student 구조체에 신상명세에 관한 부분이 추가된다면 profile 구조체를 활용할 수 있습니다. 물론 student 구조체보다 profile 구조체가 먼저 선언되어 있어야 합니다. 간단한 예를 살펴보겠습니다.

17-3 직접 해보는 손코딩

다른 구조체를 멤버로 갖는 구조체 사용   소스 코드 예제17-3.c

```
01  #include <stdio.h>
02
03  struct profile                 // 신상명세 구조체 선언
04  {
05      int age;                   // 나이
06      double height;             // 키
07  };
08
09  struct student
10  {
11      struct profile pf;         // profile 구조체를 멤버로 사용
12      int id;                    // 학번을 저장할 멤버
13      double grade;              // 학점을 저장할 멤버
14  };
15
16  int main(void)
17  {
```

```
18      struct student yuni;            // student 구조체 변수 선언
19
20      yuni.pf.age = 17;               // pf 멤버의 age 멤버에 나이 저장
21      yuni.pf.height = 164.5;         // pf 멤버의 height 멤버에 키 저장
22      yuni.id = 315;
23      yuni.grade = 4.3;
24
25      printf("나이 : %d\n", yuni.pf.age);           // pf 멤버의 age 멤버 출력
26      printf("키 : %.1lf\n", yuni.pf.height);       // pf 멤버의 height 멤버 출력
27      printf("학번 : %d\n", yuni.id);               // id 멤버 출력
28      printf("학점 : %.1lf\n", yuni.grade);         // grade 멤버 출력
29
30      return 0;
31 }
```

실행결과

```
나이 : 17
키 : 164.5
학번 : 315
학점 : 4.3
```

11행에서 student 구조체는 profile 구조체를 멤버의 자료형으로 사용합니다. 이 경우 나이와 키를 저장할 멤버를 일일이 선언하지 않아도 student 구조체는 profile 구조체의 멤버를 모두 자신의 데이터로 가질 수 있습니다.

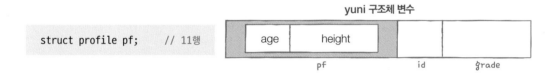

다만, 포함된 profile 구조체의 멤버를 사용하기 위해서는 멤버 접근 연산자인 .를 두 번 사용해야 합니다. 즉, 20행에서 나이를 저장하는 age 멤버를 다음과 같이 사용합니다.

26행의 height 멤버에 접근하는 방법도 같습니다. 그러나 27, 28행의 id와 grade 멤버는 yuni의 멤버이므로 멤버 접근 연산자를 한 번만 사용해도 접근할 수 있습니다.

구조체 멤버 접근을 도식화하면 다음과 같습니다.

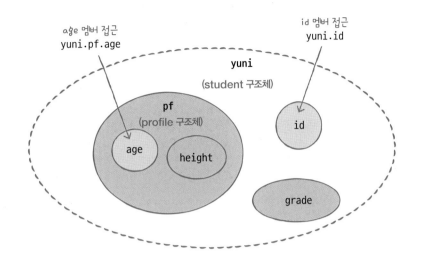

구조체 변수의 초기화와 대입 연산

구조체 변수도 일반 변수와 같이 선언과 동시에 초기화할 수 있습니다. 단, 여러 개의 멤버를 초기화하므로 배열 초기화와 비슷한 방법을 사용합니다. 즉, 초깃값을 중괄호로 묶고 각 멤버의 형태에 맞는 값으로 초기화합니다. 구조체 변수의 초기화 방법과 다른 변수에 대입하는 예를 살펴보겠습니다.

> 초깃값을 중괄호로 묶어서 구조체를 초기화할 수 있다.

17-4 직접 해보는 손코딩

최고 학점의 학생 데이터 출력 소스 코드 예제17-4.c

```
01  #include <stdio.h>
02
03  struct student          // 학생 구조체 선언
04  {
05      int id;             // 학번
06      char name[20];      // 이름
07      double grade;       // 학점
08  };
09
10  int main(void)
11  {
```

실행결과   ✕

학번 : 317
이름 : 세종대왕
학점 : 4.4

```
12      struct student s1 = { 315, "홍길동", 2.4 },       // 구조체 변수 선언과 초기화
13                       s2 = { 316, "이순신", 3.7 },
14                       s3 = { 317, "세종대왕", 4.4 };
15
16      struct student max;                              // 최고 학점을 저장할 구조체 변수
17
18      max = s1;                                        // s1을 최고 학점으로 가정
19      if (s2.grade > max.grade) max = s2;              // s2가 더 높으면 max에 대입
20      if (s3.grade > max.grade) max = s3;              // s3가 더 높으면 max에 대입
21
22      printf("학번 : %d\n", max.id);                    // 최고 학점 학생의 학번 출력
23      printf("이름 : %s\n", max.name);                  // 최고 학점 학생의 이름 출력
24      printf("학점 : %.1lf\n", max.grade);              // 최고 학점 학생의 학점 출력
25
26      return 0;
27  }
```

3행의 **student** 구조체는 학번, 이름, 학점을 저장하는 멤버가 있으므로 멤버에 따라 정수, 문자열, 실수가 각각 필요합니다. 따라서 12행과 같이 구조체 변수 선언과 함께 중괄호를 사용해 각 멤버의 형태에 맞는 값으로 초기화합니다.

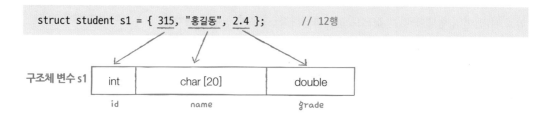

이후 프로그램은 3명 중에서 학점이 가장 높은 학생의 데이터를 출력합니다. 일단 16행에서 최고 학점의 학생 데이터를 저장할 **max** 구조체 변수를 선언합니다. 그리고 **s1**을 최고 학점을 갖는 학생으로 가정하고 나머지 학생과 학점을 비교해 결국 최고 학점을 갖는 학생의 데이터를 **max**에 저장합니다 (18~20행). 여기서 구조체 변수끼리 값을 복사하는 과정에 대입 연산을 사용합니다. 구조체 변수의 대입은 각 멤버들을 자동으로 다른 구조체 변수에 복사합니다.

```
max = s1;                                // 18행. s1을 최고 학점으로 가정
if (s2.grade > max.grade) max = s2;      // 19행. s2가 더 높으면 max에 대입
if (s3.grade > max.grade) max = s3;      // 20행. s3가 더 높으면 max에 대입
```

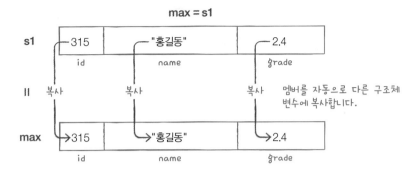

만일 학번, 이름, 학점이 서로 분리되어 있다면 복사하는 과정을 따로 수행해야 하지만, 구조체로 묶여 있으므로 대입 연산으로 이 모든 과정을 한 번에 처리할 수 있습니다.

멤버별 복사 방법

```
max.id = s1.id;
strcpy(max.name, s1.name);
max.grade = s1.grade;
```

⟶

대입 연산으로 복사

```
max = s1;
```

구조체의 경우 보통 형 선언을 먼저 한 후에 구조체 변수 선언과 초기화를 하지만 다음과 같이 3가지를 동시에 하는 것도 가능합니다.

```
struct student                         // 구조체 선언
{
    int id;
    char name[20];
    double grade;
} s1 = { 315, "홍길동", 2.4 };          // 구조체 변수 선언과 초기화
```

이때 구조체 선언을 함수 밖에서 하면 함께 선언되는 변수가 전역 변수가 되므로 별도로 초기화하지 않을 경우 모든 멤버가 0으로 자동 초기화됩니다.

구조체 변수를 함수 매개변수에 사용하기

구조체 변수는 대입 연산이 가능하므로 함수의 인수로 주거나 함수에서 여러 개의 값을 구조체로 묶어 동시에 반환하는 것이 가능합니다. 예를 들어 두 변수의 값을 바꾸는 함수에는 포인터가 필요합니

다. 그러나 구조체 변수를 사용해 값을 주고받으면 포인터 없이도 두 변수의 값을 바꾸는 함수를 만들 수 있습니다. 간단한 예를 살펴보겠습니다.

17-5 직접 해보는 손코딩

구조체를 반환해 두 변수의 값 교환   소스 코드   예제17-5.c

```c
01  #include <stdio.h>
02
03  struct vision              // 로봇의 시력을 저장할 구조체
04  {
05      double left;           // 왼쪽 눈
06      double right;          // 오른쪽 눈
07  };
08
09  struct vision exchange(struct vision robot);      // 두 시력을 바꾸는 함수
10
11  int main(void)
12  {
13      struct vision robot;                          // 구조체 변수 선언
14
15      printf("시력 입력 : ");
16      scanf("%lf%lf", &(robot.left), &(robot.right));  // 시력 입력
17      robot = exchange(robot);                      // 교환 함수 호출
18      printf("바뀐 시력 : %.1lf  %.1lf\n", robot.left, robot.right);
19
20      return 0;
21  }
22
23  struct vision exchange(struct vision robot)       // 구조체를 반환하는 함수
24  {
25      double temp;           // 교환을 위한 임시 변수
26
27      temp = robot.left;     // 좌우 시력 교환
28      robot.left = robot.right;
29      robot.right = temp;
30
31      return robot;          // 구조체 변수 반환
32  }
```

실행결과   ✕

시력 입력 : 15.5 20.0 ⏎
바뀐 시력 : 20.0 15.5

함수를 호출할 때 인수로 구소체 변수를 사용하면 멤버들의 값을 한꺼번에 함수에 줄 수 있습니다. 심지어 멤버가 배열이라도 모든 배열 요소의 값이 함수에 복사됩니다. 이런 전달 방식은 구조체 변수를 반환할 때도 똑같이 적용되므로 함수가 여러 개의 값을 한 번에 반환할 수 있습니다.

이 예제에서는 로봇의 좌, 우 시력을 입력한 후 함수로 두 값을 바꾸고 다시 출력합니다. 함수를 호출할 때 구조체 변수를 인수로 주고 함수 내에서 두 값을 바꿉니다. 바꾼 두 값은 구조체 변수로 함께 반환되므로 main 함수에서는 바뀐 결과를 다시 돌려받을 수 있습니다. 따라서 9행의 함수 선언에서 매개변수와 반환값의 형으로 모두 구조체를 사용했습니다.

```
struct vision exchange (struct vision robot);              // 9행
```

매개변수와 반환형 모두 구조체

16행은 구조체 변수의 각 멤버에 키보드로부터 값을 입력받습니다.

```
scanf("%lf%lf", &(robot.left), &(robot.right));      // 16행
robot = exchange(robot);                             // 17행. 교환 함수 호출
```

여기서 멤버 접근 연산자인 .는 주소 연산자보다 우선순위가 높으므로 괄호가 없더라도 robot 변수의 멤버에 먼저 접근하고 그 멤버에 주소 연산을 수행합니다. 17행은 먼저 구조체 변수 robot의 값이 함수의 매개변수로 복사됩니다. 따라서 함수를 호출한 시점에서는 main 함수의 robot 값에는 변화가 없습니다. 함수가 호출되면 함수는 매개변수에 복사된 두 값을 바꿉니다. 여기까지도 main 함수의 robot에는 변화가 없습니다. 그러나 31행에서 바뀐 robot의 값이 반환되면서 17행에 있는 main 함수의 robot에 복사되므로 결국 main 함수에 있는 robot의 값이 바뀌게 됩니다.

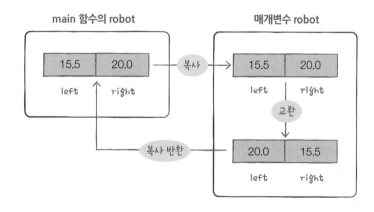

▶ 4가지 키워드로 끝내는 핵심 포인트

- 구조체 변수는 구조체 선언 후 멤버 멤버 접근 연산자(.)로 원하는 멤버의 이름을 직접 사용한다.

- 구조체의 경우 배열, 포인터, 다른 구조체 등도 **멤버**로 넣어 확장할 수 있다.

- 자료형이 같은 구조체 변수는 **대입 연산**이 가능하며 함수의 매개변수에 쓸 수 있다.

▶ 표로 정리하는 핵심 포인트

표 17-1 구조체의 기본적인 사용법

구분	기능	사용 예
구조체 기본	형 선언	struct student { int num; double grade; };
	변수 선언	struct student s1;
	멤버 접근	s1.num = 315;
다양한 멤버	배열	strcpy(yuni.name, "서하윤");
	포인터	yuni.intro = "항상 행복하세요.";
	다른 구조체	yuni.pf.age = 17;
구조체 대입	대입 연산자	struct student s1, s2; s2 = s1;
함수에 사용	매개변수	void func(struct student s1);
	반환형	struct student func(void);

▶ 확인 문제

지금까지 구조체를 선언하고 멤버를 사용하는 방법을 살펴봤습니다. 멤버를 사용하는 방식이 어색해 어렵게 느껴질 수 있으나 하나의 자료형으로 변수를 선언하고 사용하는 방법과 다르지 않습니다. 따라서 구조체를 익숙하게 사용하려면 다양한 프로그래밍 문제를 풀어 보는 것이 좋습니다.

1. 도서명(title), 저자(author), 페이지수(page), 가격(price)을 멤버로 갖는 book 구조체를 선언하세요.

2. 크래커의 가격(price)과 열량(calories)을 저장할 cracker 구조체를 선언합니다. 그리고 그 구조체로 변수를 선언하고 가격과 열량을 키보드로 입력하면 입력값을 화면에 출력하는 프로그램을 작성하세요.

```
</> 실행결과                                    ×
바사삭의 가격과 열량을 입력하세요 : 1200 500 ⏎
바사삭의 가격 : 1200원
바사삭의 열량 : 500kcal
```

3. 다음과 같이 구조체가 선언되어 있을 때, 잘못 사용한 것을 찾고 그 이유를 적으세요.

```
struct profile              // 선수 개인정보 구조체
{
    int num;                // 번호
    char name[20];          // 이름
    char *skill;            // 주요 기술
};
struct sports               // 스포츠 경기 구조체
{
    char *event;            // 종목 이름
    struct profile player;  // 선수 정보
};
struct sports a;            // 구조체 변수 선언
```

① strcpy(a.event, "figure skating");

② a.player.name = "Yuni Seo";

③ a.num = 19;

④ scanf("%s", a.player.skill);

17-2 구조체 활용, 공용체, 열거형

핵심 키워드

구조체 포인터   구조체 배열   연결 리스트   공용체 변수   열거형

이 절에서는 구조체 포인터, 구조체 배열, 자기 참조 구조체 등 구조체의 활용법을 살펴봅니다. 또한 구조체와 유사한 사용자 정의 자료형인 공용체와 관련된 상수를 모아 기호화된 이름으로 쓰는 열거형의 특징과 사용법을 배우고 자료형 이름을 재정의하는 typedef에 관해서도 살펴봅니다.

시작하기 전에

구조체는 어떤 대상과 관련된 데이터를 형태가 달라도 하나로 묶어 처리할 수 있다는 장점이 있습니다. 그러나 데이터의 종류가 많을 때는 구조체 변수의 크기가 커지는 아쉬움이 있습니다. 예를 들어 좋아하는 숫자를 다양한 표현 방법으로 저장한다면 메모리가 크게 낭비될 수 있습니다.

```
struct stNumber
{
    int num;            // 정수라면 여기 저장
    double dnum;        // 실수라면 여기 저장
    int nums[3];        // 여럿이라면 여기 저장
    char snum[10];      // 문자열이면 여기 저장
};
```

좋아하는 숫자?

이럴 때 공용체를 쓰면 하나의 공간을 여러 멤버가 공유하므로 최소한의 메모리만 사용할 수 있습니다.

구조체 포인터와 -> 연산자

구조체 변수는 그 안에 여러 개의 변수를 멤버로 가질 수 있으나, 그 자신은 단지 하나의 변수일 뿐입니다. 따라서 구조체 변수에 주소 연산자를 사용하면 특정 멤버의 주소가 아니라 구조체 변수 전체의 주소가 구해집니다. 또한 그 값을 저장할 때 는 구조체 포인터를 사용합니다. 예제를 통해 구조체 포인터의 사용법을 자세히 살펴보겠습니다.

> 구조체 변수의 주소는 구조체 포인터에 저장되며, 구조체 변수 전체를 가리킨다.

17-6 직접 해보는 손코딩

구조체 포인터의 사용 소스 코드 예제17-6.c

```c
01  #include <stdio.h>
02
03  struct score        // 구조체 선언
04  {
05      int kor;        // 국어 점수를 저장할 멤버
06      int eng;        // 영어 점수
07      int math;       // 수학 점수
08  };
09
10  int main(void)
11  {
12      struct score yuni = { 90, 80, 70 };  // 구조체 변수 선언과 초기화
13      struct score *ps = &yuni;            // 구조체 포인터에 주소 저장
14
15      printf("국어 : %d\n", (*ps).kor);    // 구조체 포인터로 멤버 접근
16      printf("영어 : %d\n", ps->eng);      // -> 연산자 사용
17      printf("수학 : %d\n", ps->math);
18
19      return 0;
20  }
```

```
실행결과                        ✕
국어 : 90
영어 : 80
수학 : 70
```

13행에서 구조체 포인터를 선언하면서 **yuni**의 주소로 초기화합니다. 구조체 포인터는 가리키는 자료형으로 구조체를 사용해서 선언합니다.

```
struct score *ps = &yuni;        // 13행
```
가리키는 것은
struct score 구조체
ps는 포인터

yuni는 하나의 변수이므로 주소 연산을 수행하면 구조체 변수 전체의 주소가 구해집니다. 이 값을 구조체 포인터 ps에 저장하면 ps가 구조체 변수 yuni를 가리키게 됩니다.

여기서 ps의 사용법은 지금까지 배운 포인터와 다르지 않습니다. 즉, ps에 * 연산을 수행하면 가리키는 변수인 yuni를 사용할 수 있습니다. 그런데 yuni의 데이터는 멤버가 가지고 있으므로 추가로 멤버에 접근하는 과정이 필요합니다. 이 과정에서 주의할 것이 있습니다. 바로 멤버에 접근하는 .가 * 보다 우선순위가 높다는 점입니다. 따라서 *가 먼저 수행될 수 있도록 *와 구조체 포인터 ps를 괄호로 묶어야 합니다.

만약 괄호를 쓰지 않으면 우선순위에 따라 ps.kor이 먼저 수행되는데 ps는 포인터로 kor 멤버가 없으므로 컴파일 오류가 발생합니다. 매번 괄호를 사용하는 것이 번거롭다면 같은 기능을 하는 -> 연산자를 사용하면 됩니다. 16, 17행은 ps에 -> 연산자를 사용해 eng와 math 멤버를 쉽게 사용하는 예를 보여 줍니다.

```
printf("국어 : %d\n", (*ps).kor);    // 15행. 구조체 포인터로 멤버 접근
printf("영어 : %d\n", ps->eng);      // 16행. -> 연산자 사용
printf("수학 : %d\n", ps->math);     // 17행
```

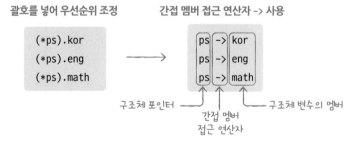

구조체 배열

구조체 변수는 멤버가 여러 개지만, 구조체 변수 자체는 하나의 변수로 취급됩니다. 따라서 같은 형태의 구조체 변수가 많이 필요하다면 배열을 선언할 수 있습니다. 주소록을 만드는 프로그램을 통해 구조체 배열의 사용법을 익히겠습니다.

17-7 직접 해보는 손코딩

구조체 배열을 초기화하고 출력　소스 코드　예제17-7.c

```c
01  #include <stdio.h>
02
03  struct address          // 주소록을 만들 구조체 선언
04  {
05      char name[20];      // 이름을 저장할 멤버
06      int age;            // 나이를 저장할 멤버
07      char tel[20];       // 전화번호를 저장할 멤버
08      char addr[80];      // 주소를 저장할 멤버
09  };
10
11  int main(void)
12  {
13      struct address list[5] = {              // 요소가 5개인 구조체 배열 선언
14          {"홍길동", 23, "111-1111", "울릉도 독도"},
15          {"이순신", 35, "222-2222", "서울 건천동"},
16          {"장보고", 19, "333-3333", "완도 청해진"},
17          {"유관순", 15, "444-4444", "충남 천안"},
18          {"안중근", 45, "555-5555", "황해도 해주"}
19      };
20      int i;
21
22      for (i = 0; i < 5; i++)                 // 배열 요소 수만큼 반복
23      {
24          printf("%10s%5d%15s%20s\n",         // 각 배열 요소의 멤버 출력
25              list[i].name, list[i].age, list[i].tcl, list[i].addr);
26      }
27
28      return 0;
29  }
```

실행결과　✕

```
홍길동    23    111-1111        울릉도 독도
이순신    35    222-2222       서울 건천동
장보고    19    333-3333       완도 청해진
유관순    15    444-4444         충남 천안
안중근    45    555-5555        황해도 해주
```

3행이 주소록 데이터를 저장할 구조체 선언 부분입니다. 주소록은 여러 명의 데이터를 저장하므로 address 구조체 변수가 많이 필요합니다. 따라서 13행에서 구조체 변수를 배열로 선언합니다. 배열을 선언하면 배열 요소가 하나의 구조체 변수가 되며 각 요소는 일정한 크기로 연속된 저장 공간에 할당됩니다.

```
struct address list[5] = {        // 13행. 요소가 5개인 구조체 배열 선언
```

list 배열

	name	age	tel	addr
list[0]	name	age	tel	addr
list[1]	name	age	tel	addr
list[2]	name	age	tel	addr
list[3]	name	age	tel	addr
list[4]	name	age	tel	addr

배열 요소는 구조체 변수

구조체 배열의 초기화는 배열의 초기화와 같습니다. 단, 배열의 요소가 구조체이므로 각각의 초깃값은 구조체를 초기화하는 형식을 사용합니다. 따라서 중괄호 쌍을 2개 사용합니다. 첫 번째 중괄호 쌍은 배열 초기화 괄호며 안쪽의 중괄호 쌍은 구조체 초기화 괄호입니다. 구조체 초기화 괄호 안쪽에는 구조체 멤버의 형태에 맞게 초깃값을 나열합니다.

> 구조체 배열의 초기화는 배열 초기화와 같다.

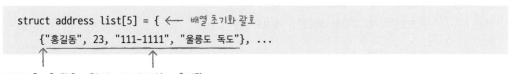

```
struct address list[5] = {  ←── 배열 초기화 괄호
    {"홍길동", 23, "111-1111", "울릉도 독도"}, ...
```
구조체 초기화 괄호   첫 번째 구조체 변수의 초깃값

각 배열 요소를 사용할 때는 보통의 배열과 마찬가지로 첨자를 사용합니다. 단, 배열 요소가 구조체 변수이므로 멤버에 접근할 때는 멤버 접근 연산자를 추가로 사용합니다. 예를 들어 list 배열의 네 번째 요소의 age 멤버를 사용할 때는 다음과 같이 배열 요소에 멤버 접근 연산자를 사용합니다.

list[3].age

① list 배열의 네 번째 요소   ② 배열 요소의 age 멤버

최종적으로 멤버까지 접근하면 그 이후는 앞에서 나눈 구소체의 멤버를 사용하는 방법과 같습니다. 24, 25행은 배열 요소의 모든 멤버를 출력하므로 반복문이 수행되면 결국 list 배열의 모든 초깃값이 출력됩니다.

```
printf("%10s%5d%15s%20s\n",              // 24행. 각 배열 요소의 멤버 출력
    list[i].name, list[i].age, list[i].tel, list[i].addr);    // 25행
```

구조체 배열을 처리하는 함수

구조체 배열은 배열 요소가 구조체 변수일 뿐 지금까지 살펴본 배열과 다르지 않습니다. 구조체 배열의 이름은 첫 번째 요소의 주소이므로 구조체 변수를 가리킵니다. 따라서 구조체 배열의 이름을 인수로 받는 함수는 구조체 포인터를 매개변수로 선언합니다. [17-7 직접 해보는 손코딩]의 주소록을 출력하는 부분을 함수로 만들어 구조체 배열을 함수에서 구조체 포인터로 다루는 방법을 살펴보겠습니다.

17-8 직접 해보는 손코딩

함수에서 -> 연산자를 사용해 구조체 배열의 값 출력   소스 코드 예제17-8.c

```
01  #include <stdio.h>
02
03  struct address        // 주소록을 만들 구조체 선언
04  {
05      char name[20];    // 이름을 저장할 멤버
06      int age;          // 나이를 저장할 멤버
07      char tel[20];     // 전화번호를 저장할 멤버
08      char addr[80];    // 주소를 저장할 멤버
09  };
10
11  void print_list(struct address *lp);
12
13  int main(void)
14  {
15      struct address list[5] = {           // 요소가 5개인 구조체 배열 선언
16          {"홍길동", 23, "111-1111", "울릉도 독도"},
17          {"이순신", 35, "222-2222", "서울 건천동"},
18          {"장보고", 19, "333-3333", "완도 청해진"},
19          {"유관순", 15, "444-4444", "충남 천안"},
20          {"안중근", 45, "555-5555", "황해도 해주"}
```

```
21          };
22
23          print_list(list);
24
25          return 0;
26  }
27
28  void print_list(struct address *lp)          // 매개변수는 구조체 포인터
29  {
30      int i;                                    // 반복 제어 변수
31
32      for (i = 0; i < 5; i++)                   // 배열 요소의 개수 만큼 반복
33      {
34          printf("%10s%5d%15s%20s\n",           // 각 배열 요소의 멤버 출력
35              (lp+i)->name, (lp+i)->age, (lp+i)->tel, (lp+i)->addr);
36      }
37  }
```

```
🔲 실행결과                                                    ✕

    홍길동      23      111-1111             울릉도 독도
    이순신      35      222-2222             서울 건천동
    장보고      19      333-3333             완도 청해진
    유관순      15      444-4444             충남 천안
    안중근      45      555-5555             황해도 해주
```

23행에서 print_list 함수를 호출할 때 배열명 list를 인수로 줍니다. 배열명 list는 첫 번째 요소의 주소로 struct address 구조체 변수를 가리킵니다.

```
print_list(list);              // 23행
```

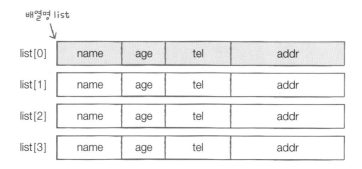

note 배열명은 첫 번째 배열 요소의 주소이며, 첫 번째 배열 요소를 가리킵니다. 이 내용이 잘 떠오르지 않으면 10-1의 〈배열과 포인터의 관계〉를 다시 읽어 보세요.

따라서 print_list 함수의 매개변수로 struct address 구조체를 가리키는 포인터를 선언합니다. 포인터가 배열명을 저장하면 배열명처럼 사용할 수 있으므로 이제 매개변수 lp로 각 배열 요소를 참조하고 멤버들을 출력할 수 있습니다. 35행에서는 lp에 포인터 연산만 사용했지만, 다음과 같이 배열 표현식도 쓸 수 있습니다.

```
printf("%10s%5d%15s%20s\n", lp[i].name, lp[i].age, lp[i].tel, lp[i].addr);
```

또한 *를 사용하는 방법도 있습니다. 즉, 다음 3가지 표현은 모두 같은 결괏값을 갖습니다.

배열 표현	포인터 표현	-> 연산자 사용
lp[i].name	(*(lp+i)).name	(lp+i)->name

이때 괄호를 적절히 사용해야 합니다. 배열 요소를 참조하는 연산자인 대괄호([ ])는 .와 우선순위가 같고 연산 방향이 왼쪽에서 오른쪽이므로 배열의 요소에 먼저 접근하고 해당 배열 요소의 name 멤버에 접근합니다. 그러나 배열 표현을 포인터 표현식으로 바꾸면 *가 .보다 우선순위가 낮으므로 반드시 괄호를 추가로 사용해야 합니다.

자기 참조 구조체

개별적으로 할당된 구조체 변수를 포인터로 연결하면 관련된 데이터를 하나로 묶어 관리할 수 있습니다. 이때 자기 참조 구조체를 사용합니다. 자기 참조 구조체의 의미와 활용법은 예제를 통해 살펴보겠습니다.

> 자기 참조 구조체는 자신의 구조체를 가리키는 포인터를 멤버로 가진다.

17-9 직접 해보는 손코딩

자기 참조 구조체로 list 만들기 소스 코드 예제17-9.c

```
01  #include <stdio.h>
02
03  struct list                    // 자기 참조 구조체
04  {
05      int num;                   // 데이터를 저장하는 멤버
06      struct list *next;         // 구조체 자신을 가리키는 포인터 멤버
07  };
08
```

```
09   int main(void)
10   {
11       struct list a = {10, 0}, b = {20, 0}, c = {30, 0};    // 구조체 변수 초기화
12       struct list *head = &a, *current;        // 헤드 포인터 초기화
13
14       a.next = &b;                             // a의 포인터 멤버가 b를 가리킴
15       b.next = &c;                             // b의 포인터 멤버가 c를 가리킴
16
17       printf("head->num : %d\n", head->num); // head가 가리키는 a의 num 멤버 사용
18       printf("head->next->num : %d\n", head->next->num);  // head로 b의 num 멤버 사용
19
20       printf("list all : ");
21       current = head;                          // 최초 current 포인터가 a를 가리킴
22       while (current != NULL)                  // 마지막 구조체 변수까지 출력하면 반복 종료
23       {
24           printf("%d  ", current->num);        // current가 가리키는 구조체 변수의 num 출력
25           current = current->next;             // current가 다음 구조체 변수를 가리키도록 함
26       }
27       printf("\n");
28
29       return 0;
30   }
```

┌─────────────────────────────────────┐
│ </> 실행결과   ✕ │
├─────────────────────────────────────┤
│ head->num : 10   │
│ head->next->num : 20   │
│ list all : 10 20 30   │
└─────────────────────────────────────┘

3행의 구조체는 6행에서 자신의 구조체를 가리키는 포인터 멤버를 포함합니다.

```
struct list ←┐            // 3행
{             │
    int num;  │  형태가 같음
    struct list *next;    // 6행. 자신의 구조체를 가리키는 포인터 멤버
};        └────┘
```

따라서 struct list 구조체 변수는 next 멤버로 다른 변수를 가리킬 수 있습니다. 14, 15행은 각각 a의 next 멤버로 b를 가리키고 b의 next 멤버로 c를 가리키도록 만들어 결국 a, b, c를 연결합니다.

```
    a.next = &b;                    // 14행. a의 포인터 멤버가 b를 가리킴
    b.next = &c;                    // 15행. b의 포인터 멤버가 c를 가리킴
```

연결 리스트

구조체 변수를 포인터로 연결한 것을 **연결 리스트**^{linked list}라고 합니다. 연결 리스트(또는 **링크드 리스트**)는 첫 번째 변수의 위치만 알면 나머지 변수는 포인터를 따라가 모두 사용할 수 있으므로 대부분 12행처럼 첫 번째 변수의 위치를 head 포인터에 저장해 연결 리스트를 사용합니다.

```
struct list *head = &a, *current;      // 12행. head 포인터 초기화
```

17행의 head->num은 head가 가리키는 a의 num 멤버이므로 10이 됩니다. 18행의 head->next는 a의 next이고 a.next->num은 20입니다. 따라서 head->next->num은 b의 num 값 20이 됩니다. 만약 head로 c의 num 값 30을 사용하려면 head->next->next->num과 같이 사용할 수 있습니다. 연결 리스트가 길면 head로 모든 값을 찾아가기 힘들므로 다음 값을 찾아가는 별도의 포인터를 사용합니다.

21행에서 current는 최초 a를 가리키다 반복문 안에서 25행이 수행될 때마다 다음 변수를 가리키며 모든 num 값을 출력합니다. 25행에서 최초 current->next는 a의 next이므로 그 값을 current에 다시 저장하면 current는 b를 가리키게 됩니다. 따라서 다음 반복에서 current->next는 b의 next가 되므로 그 값을 current에 저장하면 결국 current는 c를 가리키게 됩니다.

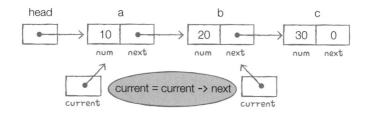

마지막으로 current가 c를 가리킬 때 current->next는 0이므로 그 값을 current에 저장하면 current는 널 포인터가 되어 22행에서 반복을 종료합니다. 결국 current 포인터는 연결 리스트의 링크를 따라가며 모든 값을 출력합니다. 물론 이 과정은 head 포인터로도 수행할 수 있지만, head 포인터의 값을 바꾸면 다시 처음 위치를 찾아갈 수 없으므로 항상 연결 리스트의 시작 위치를 기억하도록 그 값을 바꾸지 않는 것이 좋습니다.

공용체

공용체의 선언 방식은 구조체와 비슷합니다. 하지만 공용체의 경우 모든 멤버가 하나의 저장 공간을 같이 사용합니다. 공용체가 저장 공간을 공유하므로 생기는 장단점을 예제를 통해 살펴보겠습니다.

17-10 직접 해보는 손코딩

공용체를 사용한 학번과 학점 데이터 처리　소스 코드　예제17-10.c

```
01  #include <stdio.h>
02
03  union student                        // 공용체 선언
04  {
05      int num;                         // 학번을 저장할 멤버
06      double grade;                    // 학점을 저장할 멤버
07  };
08
09  int main(void)
10  {
11      union student s1 = { 315 };      // 공용체 변수의 선언과 초기화
12
13      printf("학번 : %d\n", s1.num);    // 학번 멤버 출력
14      s1.grade = 4.4;                  // 학점 멤버에 값 대입
15      printf("학점 : %.1lf\n", s1.grade);
16      printf("학번 : %d\n", s1.num);    // 학번 다시 출력
17
18      return 0;
19  }
```

> 🖥 **실행결과**　✕
>
> 학번 : 315
> 학점 : 4.4
> 학번 : -1717986918

학번의 초깃값이 학점 멤버에 의해서 바뀜 ──→ 학번 : -1717986918

3행에서 공용체를 선언합니다. 공용체도 구조체와 마찬가지로 자료형을 선언한 후 사용해야 합니다. 공용체는 예약어 union을 사용하며 그 외의 다른 부분들은 구조체를 선언하는 형식과 같습니다.

> 공용체의 예약어는 union이다.

```
union 공용체_이름
{
    // 공용체 멤버
};
```

예약어　공용체 이름
↑　　　　↑
```
union  student    // 3 ~ 7행
{
    int num;         ⎫ 공용체 멤버
    double grade;    ⎭
};
```

공용체 선언이 끝나면 공용체형으로 변수를 선언할 수 있습니다. 이때 저장 공간이 할당되는 방식과 초기화는 다음 규칙을 따릅니다.

규칙1 **공용체 변수의 크기는 멤버 중에서 크기가 가장 큰 멤버로 결정됩니다.** 따라서 11행에서 union student의 변수를 선언하면 double형 멤버의 크기인 8바이트의 저장 공간이 할당되고 num 과 grade 멤버가 하나의 공간을 공유합니다.

```
union student s1 = { 315 };        // 11행. 공용체 변수의 선언과 초기화
```

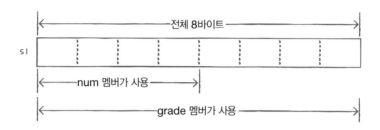

공용체는 저장 공간을 공유하는 점 외에 구조체와 특별히 다르지 않습니다. 멤버를 참조하거나 배열, 포인터를 사용하는 것은 구조체와 같습니다. 다만, 저장 공간이 하나이므로 초기화하는 방법이 구조체와 다릅니다.

규칙2 **공용체 변수의 초기화는 중괄호를 사용해 첫 번째 멤버만 초기화합니다.** 만약 첫 번째 멤버가 아닌 멤버를 초기화할 때는 멤버 접근 연산자로 멤버를 직접 지정해야 합니다.

```
union student s1 = { .grade = 4.4 };  ←— grade 멤버를 4.4로 초기화
```

11행의 공용체 변수는 첫 번째 멤버인 num만 초기화됩니다.

```
union student s1 = { 315 };        // 11행. 공용체 변수의 선언과 초기화
```

그리고 14행에서 grade 멤버에 값을 저장한 후에 다시 num을 출력합니다.

```
s1.grade = 4.4;                    // 14행. 학점 멤버에 값 대입
```

출력 결과로 알 수 있듯이 처음에 초기화했던 num 값이 다음에 입력된 grade 멤버에 의해 바뀐 것을 알 수 있습니다. 결국 공용체 멤버는 언제든지 다른 멤버에 의해 값이 변할 수 있으므로 항상 각 멤버의 값을 확인해야 하는 단점이 있습니다. 그러나 여러 멤버가 하나의 저장 공간을 공유하므로

메모리를 절약할 수 있고, 특히 같은 공간에 저장된 값을 여러 가지 형태로 사용할 수 있다는 장점이 있습니다.

열거형

열거형의 선언 방식도 구조체와 비슷합니다. 그러나 구조체 멤버와 열거형 멤버 간 차이가 있습니다. 열거형은 변수에 저장할 수 있는 정수 값을 기호로 정의해서 나열합니다. 구체적인 내용은 예제를 통해 살펴보겠습니다.

17-11 직접 해보는 손코딩

열거형을 사용한 프로그램 소스 코드 예제17-11.c

```
01  #include <stdio.h>
02
03  enum season {SPRING, SUMMER, FALL, WINTER};  // 열거형 선언
04
05  int main(void)
06  {
07      enum season ss;         // 열거형 변수 선언
08      char *pc = NULL;        // 문자열을 저장할 포인터
09
10      ss = SPRING;            // 열거 멤버의 값 대입
11      switch (ss)             // 열거 멤버 판단
12      {
13      case SPRING:                        // 봄이면
14          pc = "inline"; break;           // 인라인 문자열 선택
15      case SUMMER:                        // 여름이면
16          pc = "swimming"; break;         // 수영 문자열 선택
17      case FALL:                          // 가을이면
18          pc = "trip"; break;             // 여행 문자열 선택
19      case WINTER:                        // 겨울이면
20          pc = "skiing"; break;           // 스키 문자열 선택
21      }
22      printf("나의 레저 활동 => %s\n", pc);   // 선택된 문자열 출력
23
24      return 0;
25  }
```

실행결과 ✕

나의 레저 활동 => inline

3행에서 열거형을 선언합니다. 예약어 enum과 열거형 이름을 짓고 괄호 안에 멤버를 콤마로 나열합니다.

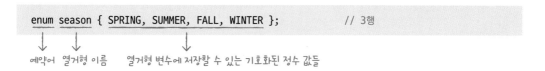

```
enum season { SPRING, SUMMER, FALL, WINTER };          // 3행
```

예약어   열거형 이름   열거형 변수에 저장할 수 있는 기호화된 정수 값들

컴파일러는 멤버를 0부터 차례로 하나씩 큰 정수로 바꿉니다. 즉, SPRING은 0, SUMMER는 1, FALL은 2, WINTER는 3이 됩니다. 초깃값을 원하는 값으로 다시 설정할 수 있습니다.

```
enum season { SPRING = 5, SUMMER, FALL = 10, WINTER };
```

이때 값이 새로 설정된 멤버 이후의 멤버는 설정된 멤버보다 하나씩 큰 정수로 바뀝니다. 즉, SUMMER 는 6, WINTER는 11이 됩니다. 열거형이 선언된 이후에는 열거형의 변수를 선언할 수 있습니다. 7행 에 선언된 열거형 변수는 int형과 같은 크기로 정수를 저장할 수 있는 공간이 할당되며 이후에는 10 행과 같이 열거형 멤버를 저장하는 용도로 쓰입니다. 결국 열거형 멤버는 정수로 바뀌므로 사실상 정 수 상수를 사용해 [17-11 직접 해보는 손코딩]을 작성할 수도 있습니다. 그러나 열거형을 정의하면 계절 이름을 직접 사용할 수 있으므로 훨씬 읽기 쉬운 코드를 만들 수 있습니다.

typedef를 사용한 형 재정의

구조체, 공용체, 열거형의 이름은 항상 struct 등 예약어와 함께 써야 하므로 불편합니다. 특히 함수 의 매개변수나 반환값의 형태에 쓰면 함수 원형이 복잡해집니다. 이때 typedef를 사용하면 자료형 이름에서 struct와 같은 예약어를 생략할 수 있습니다. 이처럼 형 재정의를 통해 자료형을 짧고 쉬 운 이름으로 사용하는 방법을 살펴보겠습니다.

17-12 직접 해보는 손코딩

typedef를 사용한 자료형 재정의   소스 코드 예제17-12.c

```
01  #include <stdio.h>
02
03  struct student
04  {
05      int num;
```

```
06        double grade;
07    };
08    typedef struct student Student;          // Student형으로 재정의
09    void print_data(Student *ps);            // 매개변수는 Student형의 포인터
10
11    int main(void)
12    {
13        Student s1 = { 315, 4.2 };           // Student형의 변수 선언과 초기화
14
15        print_data(&s1);                     // Student형 변수의 주소 전달
16
17        return 0;
18    }
19
20    void print_data(Student *ps)
21    {
22        printf("학번 : %d\n", ps->num);       // Student 포인터로 멤버 접근
23        printf("학점 : %.1lf\n", ps->grade);
24    }
```

📄 실행결과1	✕
학번 : 315	
학점 : 4.2	

이 예제는 함수를 사용해 구조체 변수의 값을 출력합니다. 구조체를 선언한 후에 8행에서 typedef로 자료형을 재정의했습니다. 방법은 typedef 뒤에 재정의할 자료형의 이름을 적고 뒤이어서 새로운 이름을 적습니다. 그리고 맨 뒤에 세미콜론(;)을 붙이면 됩니다.

typedef 사용법

```
typedef   구조체_이름 새_자료형_이름;
```

```
typedef struct student Student;
        ─────────────  ────────
        구조체 이름      새 자료형 이름
```

재정의 이후에는 13행과 같이 구조체 struct student를 Student로 간단히 쓸 수 있습니다.

```
    Student s1 = { 315, 4.2 };            // 13행. Student형의 변수 선언과 초기화
```

물론 재정의하기 전의 이름도 함께 사용할 수 있습니다. 보통 일반 변수명과 구분하기 위해 재정의된 자료형의 이름을 대문자로 쓰기도 합니다. 재정의하기 전의 자료형을 굳이 사용할 필요가 없다면 다음과 같이 형 선언과 동시에 재정의하는 방법도 있습니다.

```
typedef struct          // 재정의될 것이므로 구조체 이름 생략
{
    int num;
    double grade;
} Student ;             // 재정의된 자료형 이름
```

✚ 여기서 잠깐   **typedef문으로 기본 자료형 재정의하기**

typedef문을 사용해 복잡한 응용 자료형뿐 아니라 필요에 따라 기본 자료형도 재정의할 수 있습니다. 예를 들어 unsigned int형의 변수가 크기와 관련된 데이터를 저장하면 자료형 이름이 의미를 갖도록 다음과 같이 재정의할 수 있습니다.

```
typedef unsigned int nbyte;
```

구조체, 공용체, 열거형을 배웠으니 이제 조금 더 다양한 방식으로 데이터를 사용할 수 있겠지?

마무리

▶ 5가지 키워드로 끝내는 핵심 포인트

• **구조체** 변수의 주소를 **포인터**에 저장하면 포인터로 멤버를 사용할 수 있다.

• **구조체**도 자료형이 같으면 **배열**을 선언할 수 있다.

• 자기 참조 구조체는 **연결 리스트**^{linked list}를 만들 때 사용한다.

• **공용체 변수**의 크기는 멤버의 수에 비례하지 않는다.

• **열거형**의 멤버는 열거형 변수에 저장될 값을 나열한다.

▶ 표로 정리하는 핵심 포인트

표 17-2 구조체 응용, 공용체와 열거형, typedef의 사용법

구분	기능	사용 예
구조체 응용	구조체 포인터	`struct student *ps = &s1;` `ps->num;`
	구조체 배열	`struct address list[5];` `list[0].age = 23;`
	자기 참조 구조체	`struct list { int num; struct list *next; };`
공용체	형 선언	`union student { int num; double grade; };`
	변수 선언	`union student s1;`
	멤버 접근	`s1.num = 315;` `s1.grade = 3.4;`
	초기화	`union student s1 = { 315 };`
열거형	형 선언	`enum season { SPRING, SUMMER, FALL, WINTER };`
	변수 선언	`enum season ss;`
	변수 사용	`ss = SPRING;`
typedef	형 재정의	`typedef struct student Student;`
	재정의 형 사용	`Student s1;`

▶ 확인 문제

지금까지 구조체의 활용법과 구조체와 비슷한 사용자 정의 자료형인 공용체와 열거형에 관해 살펴봤습니다. 공용체는 멤버들이 저장 공간을 공유하므로 메모리를 절약할 수 있고 하나의 데이터를 다양하게 해석할 수 있는 방법을 제공합니다. 또한 열거형과 형 재정의를 잘 활용하면 가독성이 좋은 프로그램을 만들 수 있습니다. 문제를 풀며 이들의 활용 방법을 익히겠습니다.

1. 다음과 같이 구조체 변수와 구조체 포인터를 선언했을 때, mp를 사용해 m1에 저장된 값을 출력하세요.

```
struct marriage
{
    char name[20];          // 이름을 저장할 멤버
    int age;                // 나이를 저장할 멤버
    char gender;            // 성별을 저장할 멤버, 남성 'm', 여성 'f' 저장
    double height;          // 키를 저장할 멤버
};
struct marriage m1 = { "Andy", 22, 'm', 187.5 };
struct marriage *mp = &m1;
```

hint 멤버를 참조할 때는 -> 연산자를 사용합니다.

2. 다음 그림과 같이 연결 리스트를 만들 수 있도록 코드의 빈칸을 채우세요.

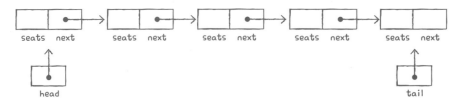

```c
#include <stdio.h>
#include <stdlib.h>

typedef struct train Train;

struct train
{
    int seats;              // 객차의 좌석 수
        ①     *next;       // 다음 객차를 연결할 포인터
};

int main(void)
{
    Train *head = NULL, *tail = NULL;
    int i;
    for (i = 0; i < 5; i++)
    {
        if (head == NULL)
        {
            head = tail = (Train *)malloc(sizeof(Train));
        }
        else
        {
            tail->next = (Train *)malloc(sizeof(Train));
                        ②
        }
    }
    return 0;
}
```

3. 다음 프로그램의 실행결과를 적으세요.

```c
#include <stdio.h>

typedef enum { CYAN, MAGENTA, YELLOW = 5, BLACK } COLOR;
typedef enum { UP, DOWN, LEFT, RIGHT } ARROW;

int main(void)
{
    COLOR my_color = YELLOW, c;
    ARROW direction = UP;

    for (c = CYAN; c <= BLACK; c++)
    {
        direction++;
        direction = direction % 4;
        if (c == my_color) break;
    }

    switch (direction)
    {
    case UP: printf("현재 방향 : 위"); break;
    case DOWN: printf("현재 방향 : 아래"); break;
    case LEFT: printf("현재 방향 : 왼쪽"); break;
    case RIGHT: printf("현재 방향 : 오른쪽"); break;
    }
    return 0;
}
```

⟨/⟩ 실행결과	✕

프로그램을 직접 실행해 보기 전에 손으로 쓰면서 프로그램이 어떻게 동작할지 생각해 보면 원리를 조금 더 확실히 이해할 수 있어.

▶ 도전 실전 예제

도전 성적 처리 프로그램

학생 5명의 국어, 영어, 수학 점수를 입력해 총점, 평균, 학점을 구하고 총점 순으로 정렬해 출력합니다. 학점은 평균이 90점 이상이면 A, 80점 이상이면 B, 70점 이상이면 C, 그 외는 F로 평가합니다.

```
📄 실행결과                                                          ✕
학번 : 315 ↵
이름 : 홍길동 ↵
국어, 영어, 수학 점수 : 80 75 90 ↵
학번 : 316 ↵
이름 : 이순신 ↵
국어, 영어, 수학 점수 : 88 92 100 ↵
학번 : 317 ↵
이름 : 서하윤 ↵
국어, 영어, 수학 점수 : 95 99 98 ↵
학번 : 318 ↵
이름 : 유관순 ↵
국어, 영어, 수학 점수 : 84 70 72 ↵
학번 : 319 ↵
이름 : 박신혜 ↵
국어, 영어, 수학 점수 : 60 65 40 ↵
# 정렬 전 데이터...
   315 홍길동    80    75    90   245   81.7   B
   316 이순신    88    92   100   280   93.3   A
   317 서하윤    95    99    98   292   97.3   A
   318 유관순    84    70    72   226   75.3   C
   319 박신혜    60    65    40   165   55.0   F
# 정렬 후 데이터...
   317 서하윤    95    99    98   292   97.3   A
   316 이순신    88    92   100   280   93.3   A
   315 홍길동    80    75    90   245   81.7   B
   318 유관순    84    70    72   226   75.3   C
   319 박신혜    60    65    40   165   55.0   F
```

풀이가 궁금하다면?

• 파일 입출력의 개념을 이해합니다.

• fopen, fclose, fgets, fscanf 함수 등 다양한 파일 입출력 함수의 사용법을 배웁니다.

Chapter

18

파일 입출력

18-1 파일 개방과 입출력

`fopen` `스트림 파일` `파일 입출력 함수` `fclose`

우리가 만들 프로그램이 하드디스크에 있는 데이터를 처리하기 위해 하드디스크를 직접 제어해야 한다면 굉장히 복잡한 과정을 거쳐야 합니다. 다행스럽게도 C 언어는 이 과정을 쉽게 수행할 수 있도록 다양한 파일 입출력 함수를 제공합니다. 이 절에서는 파일 입출력 과정을 이해하고 파일을 개방하는 함수와 문자를 입출력하는 함수의 사용법을 배워 보겠습니다.

시작하기 전에

앞서 우리는 키보드를 통해 데이터를 입력받고 출력하는 형식으로 데이터를 처리하는 방법을 배웠습니다. 프로그램을 실행하면 메모리 공간에 변수나 배열을 만들고 해당 공간에 데이터를 저장했었죠. 그다음 프로그램이 끝나면 어떻게 된다고 했던가요? 바로 메모리 공간은 해제되고 사용했던 데이터는 모두 사라졌습니다. 그런데 대부분 일회성 데이터를 다루는 일은 드물 겁니다. 학생의 성적도, 오늘의 일정도 대부분은 하드디스크에 저장하고 다시 불러들입니다. 이처럼 데이터를 저장하고 다시 불러드릴 수 있게 해주는 방법 중 하나가 바로 파일 입출력입니다.

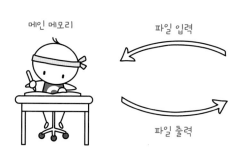
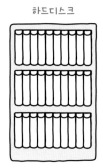

하드디스크

메인 메모리

파일 입력

파일 출력

파일 개방과 폐쇄

파일을 입출력하려면 먼저 어떤 용도로 사용할지를 결정한 후 원하는 데이터 파일을 하드디스크에서 찾아야 합니다. 이렇게 데이터를 입출력하기 전에 준비하는 과정이 파일 개방입니다. 또한 사용이 끝난 파일은 닫는 과정인 파일 폐쇄도 필요합니다. 이 두 과정 모두 함수 호출로 수행합니다. 이때 사용하는 함수가 fopen과 fclose 함수입니다. 각각 file open과 file close를 의미합니다. 간단한 예제로 이 함수의 사용법과 파일 입출력의 개념을 정리하겠습니다.

> fopen 함수는 파일을 열고, fclose 함수는 파일을 닫는다.

18-1 직접 해보는 손코딩

파일을 열고 닫는 프로그램 소스 코드 예제18-1.c

```
01  #include <stdio.h>
02
03  int main(void)
04  {
05      FILE *fp;                              // 파일 포인터
06
07      fp = fopen("a.txt", "r");              // a.txt 파일을 읽기 전용으로 개방
08      if (fp == NULL)                        // fp가 널 포인터면 파일 개방 실패
09      {
10          printf("파일이 열리지 않았습니다.\n");   // 안내 메시지 출력
11          return 1;                          // 프로그램 종료
12      }
13      printf("파일이 열렸습니다.\n");
14      fclose(fp);                            // 파일 닫기
15
16      return 0;
17  }
```

```
📄 실행결과                          ✕
파일이 열리지 않았습니다.
```

파일을 개방할 때는 7행과 같이 fopen 함수를 사용합니다. 함수 원형을 보고 매개변수의 형태를 살펴보세요.

fopen 함수 원형

```
FILE *fopen(const char *, const char *);
                    ↑
                 매개변수
```

함수 원형에서 보이듯이 fopen 함수에 파일명과 개방 모드를 문자열로 주면 원하는 파일을 찾아 개방합니다.

```
fp = fopen("a.txt", "r");                // 7행
```

개방할 파일명 　개방 모드

fopen 함수가 개방할 파일을 찾는 기본 위치는 [현재 작업 디렉터리]입니다. 현재 작업 디렉터리는 실행 파일이 있는 곳으로 프로그램이 실행되는 위치입니다. 만약 다른 곳에 있는 파일을 개방하고 싶다면 경로를 함께 적어 주면 됩니다. 예를 들어 실행 파일이 어디에 있든지 C 드라이브에 있는 source 디렉터리에서 파일을 찾는다면 다음과 같이 작성합니다.

```
fopen("c:\\source\\a.txt", "r");   // 경로를 포함한 파일명 사용
```

note 이때 백슬래시는 두 번 사용합니다. 문자열 안에서 백슬래시는 제어 문자의 시작을 뜻하므로 백슬래시 자체를 디렉터리를 나타내는 기호로 사용하려면 두 번 써야 하는 것입니다.

➕ 여기서 잠깐 **절대경로와 상대경로**

현재 작업 디렉터리를 기준으로 상대경로를 지정하는 것도 가능합니다. 디렉터리 구조가 다음과 같을 때 studyC를 기준으로 다른 위치를 찾아갈 수 있습니다.

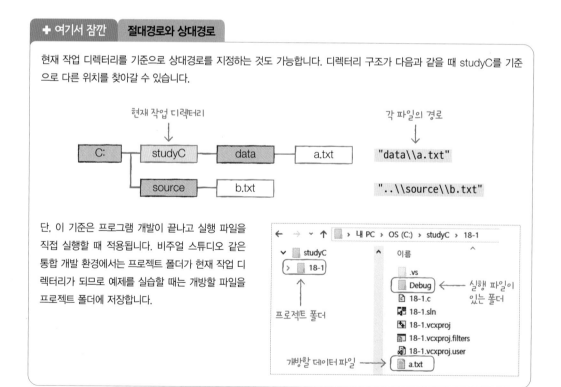

단, 이 기준은 프로그램 개발이 끝나고 실행 파일을 직접 실행할 때 적용됩니다. 비주얼 스튜디오 같은 통합 개발 환경에서는 프로젝트 폴더가 현재 작업 디렉터리가 되므로 예제를 실습할 때는 개방할 파일을 프로젝트 폴더에 저장합니다.

개방 모드는 개방할 파일의 용도를 표시하며 기본적인 개방 모드는 다음과 같습니다.

개방 모드	파일이 있을 때	파일이 없을 때
r	읽기 위해 개방	NULL(널 포인터) 반환
w	파일의 내용을 지우고 쓰기 위해 개방	새로운 파일 생성
a	파일의 끝에 추가하기 위해 개방	새로운 파일 생성

note r은 read(읽기), w는 write(쓰기), a는 append(덧붙이기)를 의미합니다.

fopen 함수가 파일을 찾아 개방하면 파일 포인터를 반환합니다. fopen 함수는 실제 파일이 있는 장치와 연결되는 스트림 파일을 메모리에 만듭니다. 그리고 스트림 파일에 접근할 수 있도록 파일 포인터를 반환합니다. 이 포인터를 가지면 입출력 함수를 통해 원하는 입출력 작업을 수행할 수 있습니다.

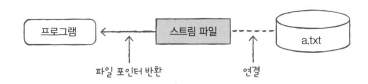

따라서 7행과 같이 포인터에 fopen 함수가 반환하는 값을 저장해 둡니다. 만약 fopen 함수가 파일을 개방하지 못하면 NULL(널 포인터)을 반환합니다. NULL은 0번지를 이름으로 정의해서 사용하는 것으로 stdio.h 헤더 파일에 다음과 같이 정의되어 있습니다.

```
#define NULL     ((void *)0)     // 0번지를 NULL이라는 이름으로 사용할 수 있도록 정의
```

NULL은 포인터를 반환하는 함수에서 예외 상황을 알리기 위해 사용하므로 간접 참조해 사용할 수 없습니다. 따라서 8~12행과 같이 fopen 함수를 호출한 후에는 반드시 반환값을 검사해 파일이 정상적으로 열렸는지를 확인해야 합니다.

```
if (fp == NULL)                              // 8 ~ 12행. fp가 널 포인터면 파일 개방 실패
{
    printf("파일이 열리지 않았습니다.\n");   // 안내 메시지 출력
    return 1;                                // 프로그램 종료
}
```

note define 지시자는 19-1의 〈매크로명을 만드는 #define〉에서 자세히 설명하겠습니다.

fopen 함수가 개방할 파일을 찾지 못했을 때의 결과는 개방 모드에 따라 달라집니다. 데이터를 입력하기 위해 개방하는 r 모드일 때는 NULL을 반환하지만, 출력을 위한 w 모드일 때는 내용이 없는 새로운 파일을 만들어 개방합니다. 단, 같은 이름의 파일이 있으면 그 내용을 모두 지우고 개방하므로 주의해야 합니다. 이 경우 a 모드를 사용하면 파일의 내용을 지우지 않고 파일의 끝에 데이터를 추가할 수 있습니다. w와 a 모드는 파일이 없어도 빈 파일을 만들어 개방하지만, 프로그램이 개방할 수 있는 파일 수를 넘거나 하드디스크 장치에 문제가 생길 수도 있으므로 fopen 함수를 사용한 후에는 항상 개방 여부를 검사하는 것이 좋습니다.

개방한 파일을 더 이상 사용하지 않으면 fclose 함수로 닫습니다. 다음이 함수 원형입니다.

fclose 함수 원형

```
int fclose(FILE *);
```

함수 원형을 보면 알 수 있듯이 fclose 함수는 닫을 파일의 파일 포인터를 줍니다. 해당 파일을 성공적으로 닫았을 때는 0을 반환하고 오류가 발생하면 EOF를 반환합니다.

➕ 여기서 잠깐　　EOF는 무엇인가요?

EOF는 End Of File의 뜻으로 오류가 발생했는지 또는 파일의 데이터를 모두 읽었는지 확인할 때 사용합니다. EOF는 stdio.h 헤더 파일에 다음과 같이 정의되어 있습니다.

```
#define EOF     (-1)    // -1을 EOF라는 이름으로 사용할 수 있도록 정의
```

파일 개방을 통해 만들어진 스트림 파일은 메모리를 사용합니다. 따라서 파일 입출력이 끝나면 이들을 회수해 재활용하기 위해 파일을 닫아야 합니다. 또한 스트림 파일에 남아 있는 중요한 데이터가 장치에 기록되기 전에 시스템 사고로 지워질 수 있으므로 사용이 끝난 파일은 즉시 닫아 스트림 파일의 데이터를 장치에 기록하는 것이 좋습니다.

스트림 파일과 파일 포인터

스트림 파일은 프로그램과 입출력 장치 사이의 다리 역할을 하는 논리적인 파일입니다. 프로그램은 일단 메모리에 있는 스트림 파일로 입출력을 수행하고 그 파일이 다시 키보드, 모니터, 하드디스크와 같은 물리적인 장치와 연결되어 실제적인 입출력을 수행합니다.

이제 스트림 파일의 내부를 간단히 살펴보고 파일 포인터의 정체를 밝혀 보겠습니다.

스트림 파일은 문자 배열 형태의 버퍼를 가지고 있습니다. 버퍼는 프로그램이 출력한 데이터를 모아서 한꺼번에 출력 장치로 보내거나 입력 장치에서 한 번에 많은 데이터를 읽어 저장해 놓고 프로그램이 필요한 데이터를 바로 꺼내 쓸 수 있도록 준비합니다.

그런데 버퍼만 가지고는 저장된 데이터를 관리할 수 없습니다. 버퍼에서 데이터를 읽거나 쓸 때 그 위치를 알아야 하고 버퍼의 메모리 위치와 크기도 필요합니다. 결국 입출력 함수들은 버퍼를 사용하기 전에 이런 정보를 통해 버퍼의 상태를 파악하고 데이터를 입출력합니다.

스트림 파일은 이들 정보를 구조체로 묶어 보관합니다. 이때 스트림 파일이 사용하는 구조체의 이름이 **FILE**입니다. 따라서 **fopen** 함수는 메모리에 스트림 파일을 만들고 프로그램에서 사용할 수 있도록 **FILE** 구조체 변수의 주소를 반환합니다. 이 값을 사용하면 스트림 파일을 통해 쉽게 파일 입출력을 수행할 수 있습니다.

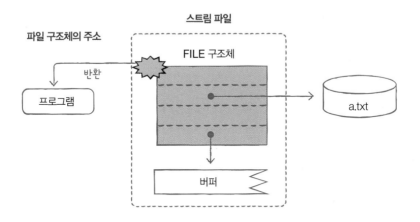

FILE 구조체 변수는 위에서 언급한 내용 외에도 구현에 따라 여러 가지 정보를 더 포함하며 컴파일러에 따라 차이가 있습니다.

스트림 파일 사용의 장점

스트림 파일을 사용하면 다음과 같은 장점이 있습니다.

장점1 **스트림 파일을 사용하면 입출력 효율을 높이고 장치로부터 독립된 프로그래밍이 가능합니다.**
입출력 함수가 장치를 직접 접근하면 입출력 장치가 바뀔 때마다 함수를 수정해야 합니다. 따라서 입출력 함수들은 표준화된 스트림 파일로 입출력하고 스트림 파일과 입출력 장치의 연결은 하드웨어 특성에 따라 운영체제가 담당하도록 합니다.

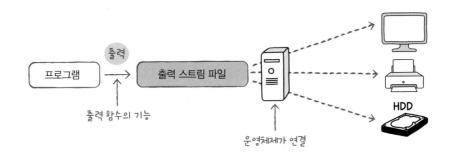

장점2 **스트림 파일을 사용하면 프로그램과 장치의 입출력 속도 차이를 줄일 수 있습니다.** 하드디스크 동작 속도는 프로그램의 데이터 처리 속도보다 훨씬 느립니다. 따라서 스트림 파일의 버퍼에 출력 데이터를 모아 한꺼번에 장치로 보내면 장치가 데이터를 기록하는 시간에 프로그램이 다시 버퍼를 채울 수 있습니다. 입력할 때도 적당한 크기의 데이터를 한꺼번에 버퍼에 입력한 후에 프로그램이 필요한 데이터를 버퍼에서 가져오는 방식을 사용합니다.

문자 입력 함수: fgetc

파일이 개방되면 데이터를 입출력할 준비가 끝난 겁니다. 실질적인 데이터 입출력은 함수를 통해 수행되며 이때 파일 포인터를 함수의 인수로 줍니다.

fgetc 함수는 파일에서 하나의 문자를 입력해 반환합니다. 간단한 예제를 통해 함수 사용법과 데이터 입력 과정을 살펴보겠습니다. 프로젝트 생성 후 예제를 입력하고 실행하기 전에 a.txt를 만들어 두는 걸 잊지 마세요. 데이터 파일은 메모장에 apple이라고 입력한 다음에 프로젝트 폴더에 저장해 준비해 둡니다.

파일의 내용을 화면에 출력하기 <u>소스 코드 예제18-2.c</u>

```c
01  #include <stdio.h>
02
03  int main(void)
04  {
05      FILE *fp;                          // 파일 포인터 선언
06      int ch;                            // 입력한 문자를 저장할 변수
07
08      fp = fopen("a.txt", "r");          // 읽기 전용으로 파일 개방
09      if (fp == NULL)                    // 파일이 개방되었는지 확인
10      {
11          printf("파일이 열리지 않았습니다.\n");
12          return 1;
13      }
14
15      while (1)
16      {
17          ch = fgetc(fp);                // 개방한 파일에서 문자 입력
18          if (ch == EOF)                 // 함수의 반환값이 EOF면 입력 종료
19          {
20              break;
21          }
22          putchar(ch);                   // 입력한 문자를 화면에 출력
23      }
24      fclose(fp);                        // 파일 닫음
25
26      return 0;
27  }
```

```
🖥 실행결과                          ✕
apple
```

8행부터 13행까지가 파일을 개방하고 확인하는 부분입니다. 파일 개방에 실패하면 오류 메시지를 출력하고 12행에서 프로그램을 끝냅니다. 예외 상황으로 프로그램을 종료하므로 1을 반환합니다.

15행이 실행될 때는 파일이 문제 없이 개방된 상태이므로 파일로부터 데이터를 읽을 수 있습니다. 17행의 **fgetc** 함수는 파일 포인터와 연결된 파일에서 하나의 문자를 읽어 반환해 **ch** 변수에 저장한 후 화면에 출력합니다. 따라서 이 과정을 반복하면 파일의 데이터를 모두 화면에 출력할 수 있습니다. 단, 데이터를 모두 읽은 경우 반복을 끝내야 하므로 **fgetc** 함수의 반환값을 반복문의 종료 조건

에 사용합니다. fgetc 함수는 파일의 데이터를 모두 읽으면 EOF를 반환합니다. 따라서 18행은 반환값을 저장한 ch의 값이 EOF인지 확인해 반복을 종료합니다.

> 파일의 데이터를 다 읽어 오면 fgetc 함수는 EOF를 반환한다.

예제에서 살펴본 바와 같이 파일로부터의 입력이 특별히 어려워 보이지는 않습니다. 그러나 fgetc 함수가 스트림 파일에서 데이터를 입력하는 과정은 쉽지 않습니다. 먼저 fgetc 함수는 파일 포인터와 연결된 스트림 파일의 버퍼에서 데이터를 가져옵니다. 처음에는 버퍼가 비어 있으므로 하드디스크에서 데이터를 가져와 버퍼를 채우게 되는데 이때 읽는 데이터 크기에 주목해야 합니다.

하드디스크에서 데이터를 가져올 때는 한 번에 버퍼의 크기만큼 가져와 저장합니다. 물론 파일의 크기가 버퍼 크기보다 작으면 모든 데이터가 한 번에 버퍼에 저장됩니다. 그 후 fgetc 함수는 버퍼에서 첫 번째 문자를 가져와 반환합니다.

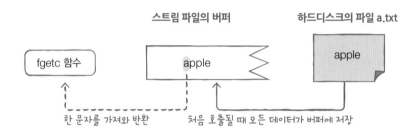

그리고 fgetc 함수가 두 번째 호출될 때는 이미 버퍼에 저장된 데이터가 있으므로 버퍼로부터 바로 문자를 읽어 들입니다. 이때 fgetc 함수는 자동으로 버퍼의 두 번째 문자인 'p'를 읽어 반환합니다. 이런 입력 방식이 가능한 이유는 위치 지시자 덕분입니다.

스트림 파일에는 문자를 입력할 버퍼의 위치를 알려주는 지시자가 있습니다. 위치 지시자는 파일이 개방되면 0으로 초기화되며 입력 함수가 데이터를 읽을 때 그 크기만큼 증가합니다. fgetc 함수는 한 문자씩 읽으므로 데이터를 읽을 때마다 위치 지시자의 값은 1씩 증가합니다.

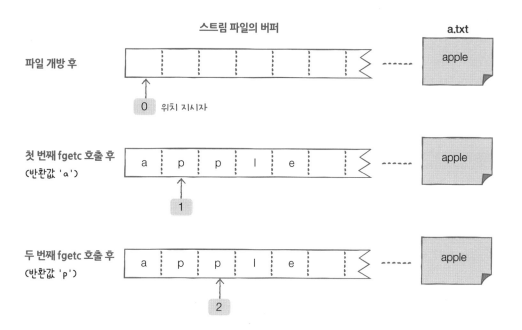

버퍼의 데이터를 모두 읽으면 위치 지시자의 값은 버퍼에 저장된 데이터 크기와 같아집니다. 이후에 다시 fgetc 함수가 호출되면 다시 하드디스크로부터 새로운 데이터를 가져와 버퍼를 채웁니다. 만약 하드디스크에 더 이상 읽을 데이터가 없으면 fgetc 함수는 EOF를 반환합니다.

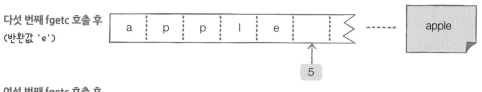

여섯 번째 fgetc 호출 후
여섯 번째 fgetc 함수를 호출하면 EOF를 반환합니다.

결국 fgetc 함수가 EOF를 반환하면 파일의 데이터를 모두 읽었음을 뜻합니다. EOF는 컴파일 과정에서 stdio.h에 정의된 상수 −1로 바뀌므로 −1을 직접 사용할 수도 있습니다. 그러나 시스템에 따라 EOF의 정의가 다를 수 있으므로 호환성을 위해 EOF를 쓰는 것이 좋습니다. fgetc 함수가 하드디스크에 있는 파일의 입력이 끝났음을 확인하는 방법은 파일의 크기와 현재까지 읽어 들인 데이터의 크기를 비교해 판단하는 것입니다. 파일에는 끝을 표시하는 어떤 정보도 포함되지 않습니다.

지금까지 fgetc 함수를 통해 파일에서 데이터를 읽는 과정을 살펴보았습니다. 이런 입출력 과정은 fgetc 함수뿐 아니라 스트림 파일을 사용하는 모든 입력 함수에 똑같이 적용됩니다.

문자 출력 함수: fputc

한 문자를 파일로 출력할 때는 fputc 함수를 사용합니다. fputc 함수에 출력할 문자와 파일 포인터를 인수로 주면 파일로 문자를 출력합니다. 반환값은 출력한 문자를 다시 반환하며 에러가 발생하면 EOF를 반환합니다. 간단한 예제를 통해 그 사용법과 출력 과정을 살펴보겠습니다.

> **18-3** 직접 해보는 손코딩

문자열을 한 문자씩 파일로 출력하기 소스 코드 예제18-3.c

```
01  #include <stdio.h>
02
03  int main(void)
04  {
05      FILE *fp;                       // 파일 포인터 선언
06      char str[] = "banana";          // 출력할 문자열
07      int i;                          // 반복 제어 변수
08
09      fp = fopen("b.txt", "w");       // 쓰기 전용으로 개방
10      if (fp == NULL)                 // 파일 개방 확인
11      {
12          printf("파일을 만들지 못했습니다.\n");
13          return 1;
14      }
15
16      i = 0;                          // 문자 배열의 첫 번째 문자부터 출력
17      while (str[i] != '\0')          // 널 문자가 아니면
18      {
19          fputc(str[i], fp);          // 문자를 파일에 출력
20          i++;                        // 다음 문자로 이동
21      }
22      fputc('\n', fp);
23      fclose(fp);                     // 파일 닫음
24
25      return 0;
26  }
```

실행결과는 프로젝트 폴더(18-3)에서 b.txt 파일을 찾아 텍스트 편집기로 확인합니다. 마우스로 더블클릭하면 텍스트 편집기가 열리고 banana라는 텍스트가 보일 겁니다.

이 예제는 문자열을 한 문자씩 디스크 파일로 출력합니다. 일단 9행에서 출력용으로 사용할 파일을 개방하고 17~21행에서 str 배열의 문자를 하나씩 개방한 파일에 반복적으로 출력합니다.

fputc 함수도 출력 과정에서 스트림 파일의 버퍼를 사용합니다. 즉, 문자가 하나씩 하드디스크에 직접 저장되는 것이 아니고 버퍼에 데이터를 모은 후에 한 번에 출력합니다.

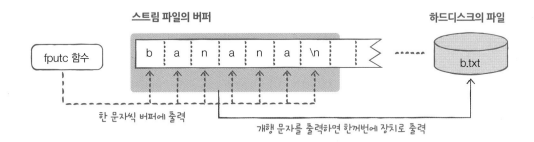

버퍼가 모두 채워지면 하드디스크에 출력하며 버퍼가 모두 채워지지 않더라도 개행 문자(\n)를 출력하거나 새로운 입력을 수행하는 경우 버퍼의 데이터를 장치로 출력합니다. 이런 규칙은 시스템에 따라 차이가 있을 수 있습니다. 다만, 버퍼의 데이터를 하드디스크에 기록하기 전에 갑자기 전원이 꺼지면 데이터가 지워질 수 있으므로 주의해야 합니다. 만약 버퍼의 데이터를 즉시 장치로 출력해야 한다면 fflush 함수를 사용합니다.

note fflush 함수의 사용법은 18-2의 〈스트림 파일의 버퍼 공유 문제와 fflush 함수〉에서 별도로 설명하겠습니다.

기본적으로 개방되는 표준 입출력 스트림 파일

운영체제는 프로그램을 실행할 때 기본적으로 3개의 스트림 파일을 만듭니다. 그리고 이들을 키보드와 모니터 등에 연결해서 입출력 함수들이 파일 포인터 없이 사용할 수 있도록 제공합니다. 간단한 예제를 통해 운영체제가 개방한 스트림 파일을 사용하는 과정을 살펴보겠습니다.

표준 입출력 스트림을 사용한 문자열 입력 　소스 코드　예제18-4.c

```
01  #include <stdio.h>
02
03  int main(void)
04  {
05      int ch;                         // 입력한 문자를 저장할 변수
06
07      while (1)
08      {
09          ch = getchar();             // 키보드에서 문자 입력
10          if (ch == EOF)              // <Ctrl> + <Z>로 입력 종료
11          {
12              break;
13          }
14          putchar(ch);                // 화면에 문자 출력
15      }
16
17      return 0;
18  }
```

> **실행결과**　✕
> banana ⏎
> banana
> ^Z ⏎

운영체제에 따라 기본적으로 개방하는 스트림 파일의 수는 다를 수 있지만, 다음과 같은 3개의 스트림 파일은 공통적으로 개방합니다.

스트림 파일명	용도	연결된 입출력 장치
stdin	표준 입력 스트림	키보드
stdout	표준 출력 스트림	모니터
stderr	표준 에러 스트림	모니터

스트림 파일의 이름인 stdin, stdout, stderr은 운영체제가 개방한 파일의 주소를 의미합니다.

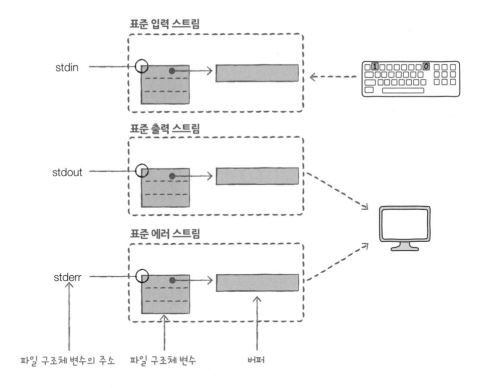

파일 구조체 변수의 주소   파일 구조체 변수   버퍼

getchar 함수는 내부적으로 stdin을 사용하므로 표준 입력 스트림 파일의 버퍼를 통해 입력합니다. 따라서 getchar 함수가 처음 호출되면 키보드에서 입력하는 데이터는 개행 문자와 함께 stdin 스트림 파일의 버퍼에 한꺼번에 저장됩니다.

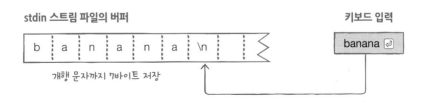

그리고 버퍼에서 첫 번째 문자를 가져다 반환합니다. 그 이후에 호출되는 getchar 함수는 버퍼로부터 차례로 다음 문자를 반환합니다.

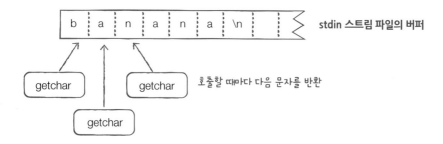

결국 9행의 **getchar** 함수는 반복문 안에서 여러 번 호출되지만, 문자열은 키보드로 한 번에 입력합니다. 그리고 버퍼에 저장된 문자열을 반복문에서 한 문자씩 가져갑니다. 버퍼의 데이터를 모두 가져가면 다시 키보드로 입력하고, 이후 작업을 반복합니다. 이때 Ctrl + Z를 입력하면 **getchar** 함수가 EOF를 반환해 프로그램을 종료시킵니다.

note Ctrl + Z를 눌러 나오는 ^Z는 EOF 문자이며 End Of File을 의미합니다. 텍스트 파일의 끝을 나타내며 이 문자가 입력되면 키보드 입력이 끝났음을 의미합니다. 유닉스나 리눅스 시스템에서는 Ctrl + D를 사용합니다.

14행의 **putchar** 함수는 모니터와 연결된 표준 출력 스트림을 사용하며, 표준 에러 스트림은 출력 과정에서 발생하는 오류 메시지 등을 화면으로 확인할 수 있도록 또 다른 출력 경로를 제공합니다.

운영체제가 기본적으로 개방하는 스트림 파일을 **scanf**, **printf**, **getchar**, **putchar**, **gets**, **puts** 등 표준 입출력 함수들이 사용하지만, 파일 포인터를 인수로 받는 함수도 사용할 수 있습니다. 방법은 간단합니다. **stdin**, **stdout**, **stderr**을 직접 **fgetc** 함수나 **fputc** 함수 등의 인수로 사용하면 됩니다. 간단한 예제를 통해 확인해 보겠습니다.

18-5 직접 해보는 손코딩

stdin과 stdout을 사용한 문자 입출력　소스 코드　예제18-5.c

```
01  #include <stdio.h>
02
03  int main(void)
04  {
05      int ch;                 // 입력한 문자를 저장할 변수
06
07      while (1)
08      {
09          ch = fgetc(stdin);  // 키보드에서 문자 입력
10          if (ch == EOF)      // <Ctrl> + <Z>로 입력 종료
11          {
```

```
12              break;
13          }
14          fputc(ch, stdout);        // 화면에 문자 출력
15      }
16
17      return 0;
18  }
```

🖥 실행결과   ✕
rabbit ⏎
rabbit
turtle ⏎
turtle
^Z ⏎

이 예제는 프로그램 내에서 별도의 파일을 개방하지 않고 운영체제가 개방한 스트림 파일을 사용합니다. 물론 이 경우 운영체제가 연결해 놓은 장치로 입출력을 수행합니다. 즉, 9행의 fgetc 함수는 stdin을 사용하므로 표준 입력 스트림과 연결된 키보드에서 문자를 입력하며 14행의 fputc 함수는 stdout을 사용하므로 표준 출력 스트림과 연결된 장치인 모니터로 출력합니다. 이 과정을 반복하다 키보드에서 Ctrl + Z 를 입력하면 fgetc 함수는 EOF를 반환해 반복을 종료합니다. 결국 하나의 문자를 반복적으로 입출력하지만, 스트림 파일의 버퍼를 사용하므로 문자열을 한 줄씩 입출력하는 기능을 수행하게 됩니다.

텍스트 파일과 바이너리 파일

파일은 데이터의 기록 방식에 따라 **텍스트**text 파일과 **바이너리**binary 파일로 나눕니다. 텍스트 파일은 데이터를 아스키 코드 값에 따라 저장한 것이며 그 이외의 방식으로 저장된 파일은 바이너리 파일입니다. 텍스트 파일은 아스키 코드 값에 따라 데이터를 읽고 저장하는 메모장 같은 프로그램에서 확인할 수 있으며 바이너리 파일은 해당 기록 방식을 적용한 별도의 프로그램을 사용해야 합니다.

> 텍스트 파일은 데이터를 아스키 코드 값에 따라 저장한 파일이고, 그 외는 바이너리 파일이다.

예를 들어 텍스트 파일은 메모장 프로그램에서 그 내용을 확인할 수 있으나 그림 파일을 보기 위해서는 그림판 프로그램을 사용해야 합니다. 파일 입출력 함수들도 파일의 형태에 따라 데이터를 읽고 쓰는 방식이 다릅니다. 따라서 파일을 개방할 때 개방 모드에 파일의 형태도 함께 표시해야 합니다.

개방 모드에 텍스트 파일은 t, 바이너리 파일은 b를 추가해 개방합니다.

개방 모드	파일의 용도
rb	바이너리 파일을 읽기 위해 개방
wb	바이너리 파일을 쓰기 위해 개방
ab	바이너리 파일의 끝에 추가하기 위해 개방

> 텍스트 파일은 개방 모드가 rt, wt, at겠구나.

파일의 형태를 별도로 표시하지 않으면 자동으로 텍스트 파일로 개방합니다. 지금까지 사용한 모든 파일은 텍스트 파일을 텍스트 모드로 개방했으므로 문제없이 사용할 수 있었습니다. 그러나 파일의 형태와 개방 모드가 다르면 심각한 문제가 발생합니다. 간단한 예제를 통해 확인해 보겠습니다.

18-6 직접 해보는 손코딩

파일의 형태와 개방 모드가 다른 경우   소스 코드   예제18-6.c

```
01  #include <stdio.h>
02
03  int main(void)
04  {
05      FILE *fp;
06      int ary[10] = { 13, 10, 13, 13, 10, 26, 13, 10, 13, 10 };
07      int i, res;
08
09      fp = fopen("a.txt", "wb");    // 바이너리 파일로 개방
10      for (i = 0; i < 10; i++)
11      {
12          fputc(ary[i], fp);        // 배열 요소의 각 값에 해당하는 아스키 문자 출력
13      }
14      fclose(fp);                   // 파일 닫음
15
16      fp = fopen("a.txt", "rt");    // 같은 파일을 텍스트 파일로 개방
17      while (1)
18      {
19          res = fgetc(fp);          // 파일에서 한 문자 입력
20          if (res == EOF) break;
21          printf("%4d", res);       // 입력한 문자의 아스키 코드 값 출력
22      }
23      fclose(fp);                   // 파일 닫음
24
25      return 0;
26  }
```

실행결과 ✕

텍스트 파일로 개방해
읽은 데이터

　10　13　10

처음 출력한 바이너리 파일의 크기
- 탐색기에서 마우스 오른쪽 버튼으로 속성 확인

a 속성

| 일반 | 보안 | 자세히 | 이전 버전 |

　　　　　a

파일 형식:　　텍스트 문서(.txt)
연결 프로그램:　📝 메모장　　　　　　변경(C)...

위치:　　　　C:₩studyC₩18-06
크기:　　　　10바이트 (10 바이트)
디스크 할당 크기:　4.00KB (4,096 바이트)

이 예제에서는 10개의 아스키 문자를 바이너리 파일로 저장한 후에 다시 텍스트 모드로 개방해 제대로 읽히는지 확인합니다. 먼저 6행에서 10개의 아스키 코드 값을 배열에 초기화합니다.

```
int ary[10] = { 13, 10, 13, 13, 10, 26, 13, 10, 13, 10 };        // 6행
```

이후 바이너리 모드로 개방한 파일에 각 아스키 코드 값에 해당하는 문자를 출력합니다. 출력 파일을 확인하면 10개의 아스키 코드 값이 제대로 기록된 것을 확인할 수 있습니다. 아스키 코드 값 10은 개행Line Feed(\n), 13은 리턴Carriage Return(\r), 26은 Ctrl+Z(^Z)을 의미합니다. 이 아스키 코드는 다음과 같이 저장됩니다.

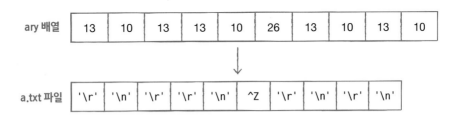

a.txt 파일은 16행에서 다시 텍스트 모드로 개방하고 파일의 데이터를 모두 읽어 그 아스키 코드 값을 출력합니다. 그런데 실행결과는 10개 중에 3개의 문자만 입력된 것을 알 수 있습니다. 원인은 fgetc 함수가 텍스트 모드로 개방된 파일을 읽는 방식에 있습니다.

방식1 **fgetc 함수는 리턴 문자(\r)를 읽으면 버리고 다음의 개행 문자(\n) 하나만 입력합니다.** 윈도우 운영체제는 화면에서 줄을 바꿀 때 리턴 문자와 개행 문자를 이어서 함께 사용하는데 프로그램에서는 개행 문자 하나만으로 줄을 바꿀 수 있도록 입출력 함수들이 중간에서 리턴 문자를 추가하거나 제거하는 작업을 수행합니다. 따라서 fgetc 함수도 a.txt 파일에서 리턴 문자와 개행 문자를 차례로 읽으면 개행 문자만 입력하게 됩니다. 그리고 아스키 코드 값이 26인 문자 이후의 문자들이 입력되지 않은 이유도 있습니다.

방식2 **fgetc 함수는 Ctrl+Z에 대한 아스키 문자를 읽으면 파일의 끝으로 인식합니다.** 결국 fgetc 함수는 Ctrl+Z의 아스키 문자를 읽고 EOF를 반환해 입력 작업을 끝내게 됩니다.

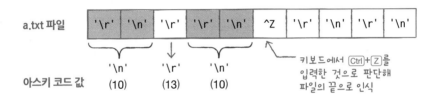

고급편

반면, 텍스트 파일에 출력하는 함수는 개행 문자를 출력할 때 리턴 문자를 추가해 2개의 문자를 파일에 출력합니다. 이런 동작은 텍스트 모드로 개방된 파일에서만 수행되며 바이너리 모드로 개방된 파일은 파일의 내용을 있는 그대로 읽거나 씁니다.

> **+ 여기서 잠깐** **운영체제마다 줄바꿈이 같나요?**
>
> 아닙니다. 운영체제에 따라 줄을 바꾸는 방식이 다를 수 있으므로 주의해야 합니다. 유닉스 시스템에서는 줄을 바꾸기 위해 개행 문자(\n)만 사용하며, 애플의 macOS 시스템에서는 리턴 문자(\r)를 씁니다. 따라서 유닉스 시스템에서는 파일의 형태를 텍스트 파일과 바이너리 파일로 구분하지 않으며 모두 바이너리 파일로 취급합니다.

+ 개방 모드, fseek, rewind, feof 함수

파일 개방 모드는 기본적으로는 읽고(r 모드), 쓰고(w 모드), 붙이는(a 모드) 3가지 모드가 있으나 +를 사용하면 읽고 쓰는 작업을 함께 할 수 있습니다.

개방 모드	파일이 있을 때
r+	텍스트 파일에 읽고 쓰기 위해 개방
w+	텍스트 파일의 내용을 지우고 읽거나 쓰기 위해 개방
a+	텍스트 파일을 읽거나 파일의 끝에 추가하기 위해 개방
rb+	바이너리 파일을 읽고 쓰기 위해 개방
wb+	바이너리 파일의 내용을 지우고 읽거나 쓰기 위해 개방
ab+	바이너리 파일을 읽거나 파일의 끝에 추가하기 위해 개방

예제를 통해 + 모드의 사용법을 살펴보겠습니다.

18-7 직접 해보는 손코딩

a+ 모드로 파일의 내용을 확인하며 출력 소스 코드 예제18-7.c

```
01  #include <stdio.h>
02  #include <string.h>
03
04  int main(void)
05  {
06      FILE *fp;
```

```
07        char str[20];
08
09        fp = fopen("a.txt", "a+");                    // 읽기 가능한 추가 모드로 개방
10        if (fp == NULL)                               // 파일 개방 확인
11        {
12            printf("파일을 만들지 못했습니다.\n");
13            return 1;
14        }
15
16        while (1)
17        {
18            printf("과일 이름 : ");
19            scanf("%s", str);                         // 키보드로 과일 이름 입력
20            if (strcmp(str, "end") == 0)              // end 입력 시 종료
21            {
22                break;
23            }
24            else if (strcmp(str, "list") == 0)        // list를 입력하면 파일의 내용 확인
25            {
26                fseek(fp, 0, SEEK_SET);               // 버퍼의 위치 지시자를 맨 처음으로 이동
27                while (1)
28                {
29                    fgets(str, sizeof(str), fp);      // 과일 이름을 읽는다.
30                    if (feof(fp))                     // 파일의 내용을 모두 읽으면 종료
31                    {
32                        break;
33                    }
34                    printf("%s", str);                // 읽은 과일 이름을 화면 출력
35                }
36            }
37            else
38            {
39                fprintf(fp, "%s\n", str);             // 입력한 과일 이름을 파일에 출력
40            }
41        }
42        fclose(fp);
43
44        return 0;
45    }
```

```
처음 실행할 때 실행결과                         ✕
과일 이름 : apple ↵
과일 이름 : banana ↵
과일 이름 : list ↵
apple
banana
과일 이름 : end ↵
```

```
두 번째 실행할 때 실행결과                      ✕
과일 이름 : strawberry ↵
과일 이름 : list ↵
apple
banana
strawberry
과일 이름 : end ↵
```

이 프로그램은 키보드로 파일 이름을 입력해 파일에 출력합니다. 최초 실행할 때 파일이 없으면 빈 파일을 만들어서 출력하고 파일이 있으면 데이터를 추가하기 위해 a 모드를 사용합니다. 또한 데이터 기록 중 언제든지 파일의 내용을 다시 읽어서 확인할 수 있도록 + 모드를 함께 사용합니다. 우선 입력한 파일 이름이 20행의 end와 24행의 list와 같지 않으면 39행에서 개방한 파일에 파일 이름을 계속 출력합니다. 이 과정에서 'list'를 입력하면 그동안 출력한 파일 이름을 다시 읽어 화면에 보여 줍니다.

이때 꼭 해야 하는 작업이 있습니다. 파일의 입력과 출력을 서로 전환할 때마다 fseek 함수를 호출해야 합니다. 39행의 fprintf 함수는 스트림 파일의 버퍼에 데이터를 출력해 놓는데, 이때 버퍼에 데이터가 있는 상태에서 바로 하드디스크로부터 데이터를 입력하게 되면 입출력 순서가 꼬입니다. 따라서 버퍼의 데이터를 하드디스크로 옮기고 버퍼를 읽기 위한 공간으로 설정한 후에 하드디스크의 데이터를 처음부터 다시 읽도록 해야 합니다.

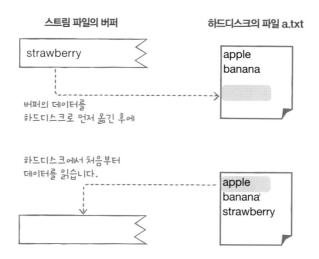

이 과정에 fseek 함수가 쓰이며 그 원형은 다음과 같습니다.

fseek 함수 원형

```
int fseek(FILE * stream, long offset, int whence);
```

각 인수를 보면 첫 번째 인수인 stream 파일의 버퍼에서 whence를 기준으로 offset만큼 위치 지시자를 옮깁니다. 위치 이동에 실패하면 0, 성공하면 0이 아닌 값을 반환합니다. whence에 사용할 수 있는 값과 의미는 다음과 같습니다.

값	매크로명	기준 위치	오프셋값
0	SEEK_SET	파일의 처음	양수만 가능
1	SEEK_CUR	파일의 현재 위치	양수와 음수 모두 가능
2	SEEK_END	파일의 끝	음수만 가능

예를 들어 fseek(fp, -5, SEEK_END);는 파일의 끝에서 다섯 문자 앞쪽으로 위치 지시자를 옮깁니다. 매크로명은 값 대신에 사용할 수 있는 이름인데 전처리 과정에서 약속된 정수로 바뀝니다. 결국 26행의 fseek 함수는 스트림 파일의 위치 지시자를 시작 위치로 옮기며 그 전에 버퍼의 내용을 하드디스크로 출력합니다. 이때 rewind 함수를 사용하면 편합니다.

> rewind 함수는 위치 지시자를 맨 처음으로 설정한다.

```
fseek(fp, 0, SEEK_SET);      // 26행        ⟶        rewind(fp);
```

이후에 29행의 fgets 함수는 비워진 버퍼를 사용해 하드디스크에서 데이터를 처음부터 입력합니다. 파일로부터 데이터를 모두 읽지 않은 상태에서 중간에 다시 출력하려면 역시 fseek 함수를 호출합니다. 다만, 파일의 끝까지 모두 읽고 나서 쓰기로 바꾸는 경우는 fseek 호출 없이 바로 출력할 수 있습니다. 어떤 경우든 a+ 모드에서 출력하는 데이터는 항상 파일의 맨 뒤에 붙여 넣기가 됩니다. 반면, w+ 모드는 데이터를 읽다가 중간에 다시 쓰는 경우 fseek 함수로 설정한 위치부터 내용을 덮어 씁니다.

r+ 모드는 읽기를 먼저 하든 쓰기를 먼저 하든 상관없지만, 읽기와 쓰기를 서로 바꿀 때는 fseek 함수로 파일에서 읽고 쓸 위치를 알려 줘야 합니다. 파일을 열자마자 데이터를 출력하면 파일의 내용을 앞에서부터 덮어 쓰며, 파일의 끝까지 다 읽은 후에 출력하면 fseek 함수 호출 없이 바로 이어서 출력할 수 있습니다.

30행의 feof 함수는 스트림 파일의 데이터를 모두 읽었는지 확인할 때 유용합니다. 파일의 끝이면 0이 아닌 값을 반환하고 끝이 아니면 0을 반환하므로 반환값의 부정이 참이면 파일의 끝이 아님을 알 수 있습니다. feof 함수는 입력 함수가 데이터 입력에 실패한 이후에 그 결과를 알 수 있으므로 입력 함수 다음에 사용합니다.

```
if (feof(fp))         // 30행. 파일의 내용을 모두 읽으면 종료
{                     // 31행
    break;            // 32행
}                     // 33행
```

▶ 4가지 키워드로 끝내는 핵심 포인트

- fopen 함수가 파일을 개방하면 메모리에 스트림 파일^{stream file}을 만든다.

- **스트림 파일**은 프로그램과 장치를 연결하며 버퍼에 데이터를 저장한다.

- **파일 입출력 함수**는 스트림 파일을 통해 입출력을 수행한다.

- fclose 함수는 개방한 스트림 파일을 메모리에서 제거한다.

▶ 표로 정리하는 핵심 포인트

표 18-1 파일 개방 함수와 문자 입출력 함수

구분	기능	사용 예
파일 열기 fopen	원형	`FILE *fopen(const char *, const char *);`
	사용 예	`FILE *fp;` `fp = fopen("a.txt", "r");`
	반환값	개방에 성공하면 FILE 포인터, 실패하면 널 포인터(NULL)
파일 닫기 fclose	원형	`int fclose(FILE *);`
	사용 예	`fclose(fp);`
	반환값	성공하면 0, 오류가 발생한 경우 EOF
문자 입력 fgetc	원형	`int fgetc(FILE *);`
	사용 예	`int ch;` `ch = fgetc(fp);`
	반환값	입력한 문자, 오류나 파일에 데이터가 없을 때 EOF
문자 출력 fputc	원형	`int fputc(int, FILE *);`
	사용 예	`fputc(ch, ofp);`
	반환값	출력한 문자, 오류가 발생한 경우 EOF

▶ 확인 문제

지금까지 파일 입출력 방법과 그 개념을 배웠습니다. 파일 입출력은 파일 개방과 데이터의 입출력이 모두 함수로 수행되므로 함수의 사용법을 익히면 비교적 쉽게 구현할 수 있습니다. 그러나 함수가 예상 외의 값을 반환할 때 그 원인을 파악하려면 스트림 파일과 버퍼의 존재를 이해해야 합니다. 이제 문제를 풀면서 지금까지 배운 내용을 정리하겠습니다.

1. 다음 중에서 스트림 파일에 포함되지 <u>않는</u> 것을 고르세요.

① 스트림 버퍼   ② 파일 포인터

③ 버퍼의 입출력 위치 지시자   ④ 파일 구조체 변수

⑤ EOF

2. 다음 중에서 설명이 <u>잘못된</u> 것을 고르세요.

① 파일을 개방하는 것은 입출력을 위한 준비 작업이다.

② 입출력 함수는 호출될 때마다 각자 독립적인 스트림 버퍼를 만든다.

③ 하나의 프로그램은 입력 파일과 출력 파일을 각각 하나씩 개방할 수 있다.

④ 모든 파일에는 끝을 표시하는 EOF 문자가 있다.

3. 다음의 a.txt 파일에서 데이터를 읽기 위해서 개방하는 코드가 완성되도록 빈칸을 채우세요.

```
   ①    *fp;
fp = fopen("a.txt",    ②   );
if (fp ==    ③   )
{
    printf("파일을 열지 못했습니다.");
    return 1;
}
```

18-2 다양한 파일 입출력 함수

핵심 키워드

fgets fscanf fprintf fflush fread fwrite

파일 입출력은 파일에 저장된 데이터 형태에 따라 프로그래밍 방식이 달라집니다. 따라서 파일의 데이터 형태에 맞는 입출력 함수를 사용하는 것이 좋습니다. 이 절에서는 한 줄씩 입출력하는 함수와 데이터의 형태를 자동으로 변환하는 입출력 함수를 살펴봅니다.

시작하기 전에

파일의 데이터는 fgetc 함수 하나로 모두 읽을 수 있습니다. 한 바이트씩 읽더라도 반복해서 읽으면 파일의 모든 데이터를 읽을 수 있기 때문이죠. 출력할 때도 fputc 함수 하나로 충분합니다. 그러나 한 번의 함수 호출로 한 줄씩 읽거나 쓰면 더 좋지 않을까요? 또 파일의 데이터는 모두 문자인데 정수, 실수 등으로 자동 변환해 준다면 훨씬 편하게 입출력을 수행할 수 있을 겁니다. 함수는 데이터를 처리하는 하나의 도구인데, 외부 장치에 직접 접근하고 까다로운 데이터 변환 과정이 필요한 파일 입출력의 경우 다양한 기능의 도구를 다루는 능력이 꼭 필요합니다.

프린터기

타자기

복합기

비슷하면서도 각기 다른 장점이 있으니 상황에 따라 사용하면 되겠네.

한 줄씩 입출력하는 함수: fgets, fputs

파일에서 데이터를 한 줄씩 입력할 때는 fgets 함수를 사용합니다. 반면에 문자열을 파일에 출력할 때는 fputs 함수를 사용합니다. fgets 함수는 읽을 데이터의 크기가 큰 경우 저장 공간의 크기까지만 입력할 수 있으므로 할당하지 않은 메모리를 침범할 가능성을 차단합니다. 예제를 통해 함수 사용법을 자세히 살펴보겠습니다. 프로그램을 실행하기 전에 문서 편집기를 열어 a.txt에 오른쪽의 내용을 입력해 두세요.

a.txt
monkey likes ⏎
banana ⏎

18-8 직접 해보는 손코딩

여러 줄의 문장을 입력해 한 줄로 출력 　소스 코드　 예제18-8.c

```c
01  #include <stdio.h>
02  #include <string.h>
03
04  int main(void)
05  {
06      FILE *ifp, *ofp;                    // 파일 포인터 선언
07      char str[80];                       // 입력한 문자열을 저장할 배열
08      char *res;                          // fgets 함수의 반환값을 저장할 변수
09
10      ifp = fopen("a.txt", "r");          // 입력 파일을 읽기 전용으로 개방
11      if (ifp == NULL)                    // 개방 여부 확인
12      {
13          printf("입력 파일을 열지 못했습니다.\n");
14          return 1;
15      }
16
17      ofp = fopen("b.txt", "w");          // 출력 파일을 쓰기 전용으로 개방
18      if (ofp == NULL)                    // 개방 여부 확인
19      {
20          printf("출력 파일을 열지 못했습니다.\n");
21          return 1;
22      }
23
24      while (1)                           // 문자열을 입력하고 출력하는 과정 반복
25      {
26          res = fgets(str, sizeof(str), ifp);
27          if (res == NULL)                // 반환값이 널 포인터면 반복 종료
28          {
29              break;
```

```
30              }
31              str[strlen(str) - 1] = '\0';       // 개행 문자 제거
32              fputs(str, ofp);
33              fputs(" ", ofp);
34          }
35
36      fclose(ifp);   // 입력 파일 닫기
37      fclose(ofp);   // 출력 파일 닫기
38
39      return 0;
40  }
```

실행결과

a.txt
monkey likes ⏎
banana ⏎

⟶

b.txt
monkey likes banana

fgets 함수는 인수가 3개입니다. 문자열을 저장할 배열과 그 크기를 주고 마지막으로 입력할 파일의 포인터를 줍니다.

기본 기능은 개방한 파일에서 공백을 포함해 한 줄씩 읽어 배열에 저장합니다. 만약 한 줄의 크기가 배열의 크기보다 크면 할당하지 않은 메모리를 쓰지 못하도록 배열의 크기까지만 입력합니다. 이 경우 '배열의 크기 -1'개의 문자만 입력하고 마지막에 널 문자를 붙여 문자열을 완성합니다. 만약 7행의 배열이 char str[5];로 선언되었다면 처음 호출된 fgets 함수는 배열에 monk까지만 입력합니다.

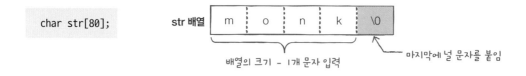

물론 배열의 크기가 충분하다면 한 줄을 모두 입력합니다. 이때 fgets 함수는 줄의 끝에 있는 개행 문자(\n)까지 입력합니다. 입력 파일인 a.txt를 메모장에서 작성할 때 Enter를 누르면 우리 눈에는 줄

이 바뀌어 보이지만, 파일에는 Enter에 해당하는 개행 문자가 추가됩니다.

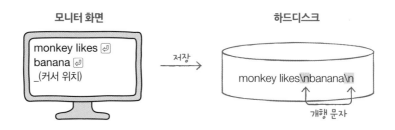

따라서 26행에서 fgets 함수가 처음 호출될 때 첫 줄의 개행 문자까지 읽어 들여 str 배열에는 문자열이 다음과 같이 저장됩니다.

만약 입력한 개행 문자가 필요 없으면 31행처럼 문자열의 길이를 계산하는 방법으로 제거합니다. 입력된 문자열의 길이에서 1을 뺀 값은 개행 문자가 저장된 배열의 위치며 그곳에 널 문자를 저장해 개행 문자를 제거합니다.

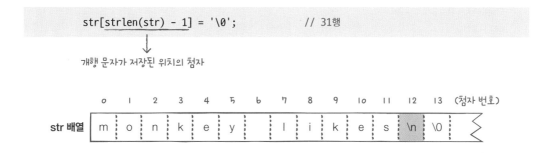

개행 문자를 제거하는 경우 입력 파일의 형식에 주의해야 합니다. a.txt 파일을 만들 때 메모장에서 banana를 입력하고 Enter를 누르지 않으면 fgets 함수는 banana만 배열에 저장하므로 개행 문자를 제거하는 코드가 수행되어 마지막 문자인 a가 지워집니다.

fgets 함수가 입력을 마치면 입력한 배열의 주소를 다시 반환합니다. 이를 활용하면 함수를 호출한 후에 바로 입력된 데이터를 사용할 수 있어 편리합니다. 그러나 fgets 함수가 주소를 반환하므로 파일의 데이터를 모두 읽었을 때의 반환값에 주의해야 합니다.

fgets 함수는 파일에서 더 이상 읽을 데이터가 없으면 NULL을 반환합니다. 따라서 반복적으로

fgets 함수를 호출할 때 파일의 끝을 검사하기 위해서는 27행과 같이 반환값을 NULL과 비교해야 합니다. EOF(-1)을 사용하지 않도록 주의합시다.

32행의 fputs 함수는 문자열을 파일에 출력하며, 성공하면 시스템에 따라 0 또는 출력한 문자의 수를 반환하고 실패하면 EOF를 반환합니다. 사용법은 출력할 문자열의 주소와 파일 포인터를 인수로 줍니다. fputs 함수는 파일 포인터와 연결된 파일로 문자열을 출력하며, 개행 문자를 출력하지 않으면 자동으로 줄을 바꾸지 않습니다.

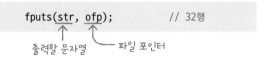

fputs(출력할_문자열, 파일_포인터);

fputs(str, ofp);   // 32행
　　　　　　출력할 문자열　　파일 포인터

➕ 여기서 잠깐 **왜 fgets와 fputs를 사용해야 할까요?**

gets와 puts 대신 fgets와 fputs 함수를 사용하는 것이 좋습니다. 키보드와 모니터로 문자열을 입출력할 때 쉽게 gets와 puts 함수를 사용할 수 있습니다. gets 함수는 문자열을 입력할 때 개행 문자를 제거하지 않아도 되며, puts 함수는 출력할 때 자동으로 줄을 바꿔주므로 나름대로 편리합니다. 그러나 이들 함수는 편리함에 비해 훨씬 더 심각한 문제를 일으킬 수 있습니다. gets 함수는 입력할 저장 공간의 크기를 인수로 줄 수 없으므로 문자열을 입력할 때 할당하지 않은 메모리 공간을 침범할 가능성이 있습니다. 이것은 프로그램을 실행할 때 다른 용도로 사용되는 데이터를 임의로 바꾸거나 허용되지 않은 메모리에 접근해서 런타임 에러를 일으킬 수 있습니다.

```
char str[10];
gets(str);      // 사용자가 10바이트를 넘는 데이터를 입력하면??
```

또한 puts 함수는 항상 줄을 바꾸므로 문자열을 이어서 출력할 수 없습니다. 따라서 문자열의 입출력은 안전하고 정확하게 수행되는 fgets와 fputs 함수를 사용하는 것이 좋습니다. 이들 함수에 stdin과 stdout을 파일 포인터로 주면 키보드와 모니터로 데이터의 입출력이 가능합니다.

```
fgets(str, sizeof(str), stdin);    // 키보드에서 문자열 입력
fputs(str, stdout);                // 모니터로 문자열 출력
```

다양한 형태로 입출력하는 함수: fscanf, fprintf

파일에 저장된 문자열을 숫자로 변환해서 입력할 때는 fscanf 함수를 사용합니다. 반대로 정수나 실수를 쉽게 파일에 출력할 때는 fprintf 함수를 씁니다. 이들은 scanf, printf 함수와 같은 기능을 수행하지만, 파일을 지정할 수 있습니다. 예제를 통해 함수의 사용법을 살펴보겠습니다.

a.txt 파일은 다음과 같습니다.

```
a.txt
소원 95 99 96
유주 80 85 94
신비 92 76 93
```

18-9 직접 해보는 손코딩

다양한 자료형을 형식에 맞게 입출력   소스 코드 예제18-9.c

```c
01  #include <stdio.h>
02
03  int main(void)
04  {
05      FILE *ifp, *ofp;            // 파일 포인터 선언
06      char name[20];             // 이름
07      int kor, eng, math;        // 세 과목 점수
08      int total;                 // 총점
09      double avg;                // 평균
10      int res;                   // fscanf 함수의 반환값 저장
11
12      ifp = fopen("a.txt", "r");     // 입력 파일을 읽기 전용으로 개방
13      if (ifp == NULL)               // 개방 여부 확인
14      {
15          printf("입력 파일을 열지 못했습니다.\n");
16          return 1;
17      }
18
19      ofp = fopen("b.txt", "w");     // 출력 파일을 쓰기 전용으로 개방
20      if (ofp == NULL)               // 개방 여부 확인
21      {
22          printf("출력 파일을 열지 못했습니다.\n");
23          return 1;
24      }
25
26      while (1)
27      {
28          res = fscanf(ifp, "%s%d%d%d", name, &kor, &eng, &math);  // 데이터 입력
29          if (res == EOF)                // 파일의 데이터를 모두 읽으면 EOF 반환
```

```
30              {
31                  break;
32              }
33          total = kor + eng + math;   // 총점 계산
34          avg = total / 3.0;          // 평균 계산
35          fprintf(ofp, "%s%5d%7.1lf\n", name, total, avg);   // 이름, 총점, 평균 출력
36      }
37
38      fclose(ifp);                // 입력 파일 닫기
39      fclose(ofp);                // 출력 파일 닫기
40
41      return 0;
42  }
```

실행 후 b.txt 파일을 열어 보면 다음과 같습니다.

```
b.txt

소원   290    96.7
유주   259    86.3
신비   261    87.0
```

입력 파일 a.txt에는 이름, 세 과목의 점수가 한 줄에 작성되어 있습니다. 이 데이터를 char 배열과 int형 변수 3개에 각각 저장한 후에 총점과 평균을 구해 b.txt에 출력합니다. a.txt 파일은 텍스트 파일이므로 세 과목의 점수는 모두 숫자 형태의 문자열입니다. 따라서 파일에서 데이터를 읽어 int 형 변수에 저장할 때는 문자열을 정수로 바꾸는 과정이 필요합니다.

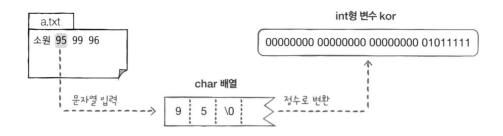

만약 한 줄을 모두 문자열로 입력하면 전체 문자열을 데이터 수로 쪼개고 각 데이터에 형태에 따라 변환하는 작업 코드를 직접 작성해야 합니다. 이 작업을 fscanf 함수로 쉽게 구현할 수 있습니다.

fscanf 함수는 파일의 데이터를 입력할 각 변수의 형태에 맞게 자동 변환합니다. 28행과 같이 첫 번째 인수로 파일 포인터를 줍니다. 나머지 부분은 scanf 함수의 사용법과 같습니다.

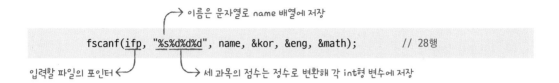

fscanf 함수는 파일의 데이터를 모두 읽으면 EOF를 반환하므로 29행에서 이 값을 반복문의 종료 조건으로 사용합니다.

35행은 계산된 총점과 평균을 이름과 함께 파일로 출력합니다. 출력할 때는 fscanf 함수와 반대의 변환 과정을 수행하는 fprintf 함수를 사용합니다. fprintf 함수는 각 변수의 데이터를 모두 문자열로 변환해 파일에 출력합니다. 예를 들어 첫 번째 학생의 total에 저장된 정수 290은 문자열 "290"으로 변환되어 파일에 기록됩니다.

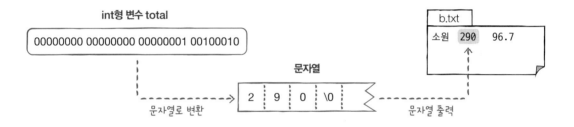

쉽게 정리하면 printf 함수가 화면에 출력하는 형식을 그대로 파일로 출력하는 것과 같습니다. fprintf 함수는 출력한 문자의 바이트 수를 반환하며 출력 과정에서 오류가 발생하면 음수를 반환합니다.

스트림 파일의 버퍼 공유 문제와 fflush 함수

스트림 파일을 사용하는 입출력 함수들이 버퍼를 공유하면 예상과 다른 결과가 나올 수 있습니다. 다음 예제를 통해 문제점과 해결책을 살펴보겠습니다. 개방할 a.txt 파일은 오른쪽과 같습니다.

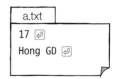

버퍼를 공유하므로 발생하는 문제 소스 코드 예제18-10.c

```c
01  #include <stdio.h>
02
03  int main(void)
04  {
05      FILE *fp;                          // 파일 포인터
06      int age;                           // 나이 저장 변수
07      char name[20];                     // 이름 저장 배열
08
09      fp = fopen("a.txt", "r");          // 파일 개방
10
11      fscanf(fp, "%d", &age);            // 나이 입력
12      fgets(name, sizeof(name), fp);     // 이름 입력
13
14      printf("나이 : %d, 이름 : %s", age, name);      // 입력 데이터 출력
15      fclose(fp);                        // 파일 닫음
16
17      return 0;
18  }
```

실행결과 ✕

나이 : 17, 이름 :
_

이 예제는 파일로부터 나이와 이름을 입력해 화면에 출력합니다. 그런데 실행결과는 나이만 입력한 것처럼 보입니다.

이런 현상은 fscanf 함수와 fgets 함수가 개행 문자를 처리하는 방식이 다르기 때문입니다. 즉, 11 행의 fscanf 함수가 나이를 입력한 후에 버퍼에 남겨 놓은 개행 문자를 다음에 호출되는 fgets 함수가 이어서 입력하기 때문입니다. fgets 함수는 개행 문자가 나올 때까지 문자열을 입력하는데 처음부터 개행 문자가 있으므로 개행 문자만 입력합니다. 따라서 이름을 추가로 입력하지 못한 채 프로그램이 끝납니다.

note 338쪽의 〈입력 버퍼 지우기〉의 [11-7 직접 해보는 손코딩]을 참고하면 fscanf 함수를 더 쉽게 이해할 수 있습니다.

스트림 파일의 버퍼

이 문제는 화이트 스페이스(개행 문자, 공백, 탭)를 데이터로 입력하지 않고 건너뛰는 함수를 쓰면 해결됩니다. 즉, 이름을 입력할 때 fscanf(fp, "%s", name);을 사용합니다. 그러나 이 경우 fscanf 함수가 공백을 입력 데이터를 구분하는 용도로 사용되므로 이름으로 "Hong"만 입력하는 문제가 생깁니다. 따라서 fgetc 함수를 11행과 12행 사이에 끼워 넣어 스트림 버퍼에서 개행 문자를 읽어 내는 방법으로 해결합니다. fgetc 함수는 버퍼에서 개행 문자를 읽어 반환하며 그 값은 별도로 사용하지 않으면 버려집니다.

상황에 따라 버퍼에서 개행 문자 하나만 제거하는 것으로 끝나지 않는 경우가 있습니다. 예를 들어 데이터 파일이 다음과 같을 때 첫 행에서 정수 부분만 나이로 입력한다면 나이를 제외한 나머지 부분은 이름을 입력하기 전에 버퍼에서 제거해야 합니다.

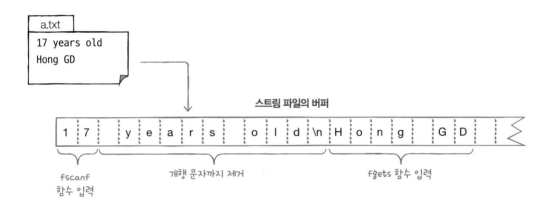

이 경우 반복문을 쓰거나 함수로 만들어 사용합니다.

```
while (fgetc(fp) != '\n') { }      // fgetc 함수의 반환값이 개행 문자가 아닌 동안 반복
void my_fflush(FILE *fp)           // 스트림 버퍼에서 개행 문자까지 데이터를 읽어 제거
{
    while (fgetc(fp) != '\n') { }
}
```

또는 스트림 파일의 버퍼를 비우는 fflush 함수를 생각해 볼 수 있습니다. fflush 함수 원형은 다음과 같습니다.

fflush 함수 원형

```
int fflush(FILE *);           // 인수는 스트림 파일의 포인터
```

fflush 함수는 파일 포인터를 인수로 주면 파일 포인터와 연결된 스트림 파일의 버퍼를 비웁니다. 반환값은 0이며 버퍼를 비우지 못했을 때는 EOF를 반환합니다. fflush 함수를 사용해 버퍼의 불필요한 데이터를 모두 지우면 좋을 듯합니다. 그러나 예제의 11행과 12행 사이에 fflush(fp); 문장을 넣으면 개행 문자를 포함해 버퍼에 입력된 이름도 모두 지워집니다. 따라서 fflush 함수는 입력 파일에 대해서는 표준이 정의되어 있지 않고 사용하면 시스템에 따라 변화가 없거나 컴파일 에러가 나기도 합니다. 단, 출력 파일에 사용하면 버퍼를 비우면서 남은 데이터를 연결된 장치로 바로 출력합니다. 만약 출력 함수를 호출한 후에 버퍼의 데이터를 즉시 하드디스크와 같은 장치로 저장해야 한다면 fflush 함수를 사용할 수 있습니다.

fread, fwrite 함수

fread와 fwrite 함수는 입출력할 데이터의 크기와 개수를 인수로 줄 수 있으므로 구조체나 배열과 같이 데이터양이 많은 경우도 파일에 쉽게 입출력할 수 있습니다.

또한 숫자와 문자 사이의 변환 과정을 수행하지 않으므로 입출력 효율을 높일 수 있습니다. 그러나 파일의 내용을 메모장 같은 편집기로 직접 확인할 수는 없습니다. 이게 대체 무슨 말인지 예제를 통해 살펴보겠습니다.

18-11 직접 해보는 손코딩

fprintf와 fwrite 함수의 차이   소스 코드 예제18-11.c

```
01  #include <stdio.h>
02
03  int main(void)
04  {
05      FILE *afp, *bfp;
06      int num = 10;
07      int res;
08
09      afp = fopen("a.txt", "wt");          // 텍스트 모드로 출력 파일 개방
10      fprintf(afp, "%d", num);             // num의 값을 문자로 변환해 출력
11
12      bfp = fopen("b.txt", "wb");          // 바이너리 모드로 출력 파일 개방
13      fwrite(&num, sizeof(num), 1, bfp);   // num의 값을 그대로 파일에 출력
14
15      fclose(afp);
```

```
16        fclose(bfp);
17
18        bfp = fopen("b.txt", "rb");          // 바이너리 모드로 입력 파일 개방
19        fread(&res, sizeof(res), 1, bfp);    // 파일의 데이터를 그대로 변수에 입력
20        printf("%d", res);                   // 입력한 데이터 확인
21
22        fclose(bfp);
23
24        return 0;
25  }
```

실행결과

10

생성된 파일의 데이터 비트열

```
a.txt
00110001 00110000
```
아스키 코드 값 2바이트

```
b.txt
00000000 00000000 00000000 00001010
```
10의 2진수 값 바이트

13행의 fwrite 함수는 6행의 변수 num에 저장된 값을 b.txt 파일로 출력합니다. 출력할 데이터의 위치, 크기와 개수, 파일 포인터를 차례로 주어 fwrite 함수를 사용할 수 있습니다.

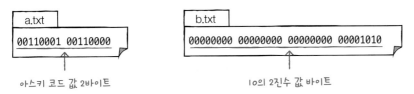

fwrite 함수는 첫 번째 인수로 주어진 메모리 위치로 가서 크기와 개수를 곱한 바이트 수를 읽어 파일 포인터의 파일에 출력합니다. 결국 변수 num의 시작 주소부터 4바이트의 데이터를 b.txt 파일에 출력합니다. 만약 배열의 데이터를 출력한다면 두 번째 인수로 배열 요소의 크기를 주고 세 번째 인수로는 배열 요소의 수를 줄 수 있습니다. 반환값은 출력한 데이터 수가 됩니다. 따라서 출력한 데이터의 크기를 확인하고 싶을 때는 두 번째 인수로 1을 주고 세 번째 인수로 전체 데이터의 크기를 줍니다.

```
int ary[5] = { 1, 2, 3, 4, 5 };
int res;
res = fwrite(ary, 1, sizeof(ary), bfp);  // res는 출력한 데이터의 바이트 수
```

이 예제는 int형 변수에 저장된 값 10을 fprintf 함수와 fwrite 함수로 각각 다른 파일에 출력했을 때의 차이점을 보여 줍니다. 먼저 6행의 변수 num에 저장된 값 10은 4바이트의 메모리 공간에 2진수로 저장됩니다. 그리고 10행의 fprintf 함수는 이 값을 파일에 출력할 때 '1'과 '0', 2개의 아스키 문자로 변환해 저장합니다. 즉, 데이터의 크기와 비트열이 모두 바뀌어 기록됩니다.

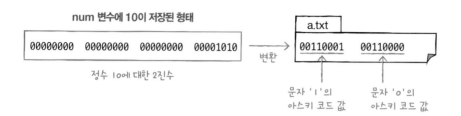

그러나 13행의 fwrite 함수는 변환 과정 없이 메모리에 있는 데이터를 그대로 파일에 저장합니다.

따라서 출력 후의 b.txt 파일은 아스키 코드 값으로 저장되지 않은 바이너리 파일이고 메모장과 같은 텍스트 파일 편집기로 보거나 편집할 수 없습니다. 반면에 19행처럼 fread 함수로 b.txt 파일의 데이터를 그대로 읽어 다시 변수 num에 쉽게 저장할 수 있습니다. 결국 fread와 fwrite 함수는 대량의 데이터를 파일에 입출력할 때 유용하게 쓸 수 있습니다.

마지막으로 한 가지만 더 기억합시다. fread와 fwrite 함수가 데이터를 있는 그대로 입출력할 수 있도록 파일은 항상 바이너리 모드로 개방합니다. 텍스트 모드로 개방하면 개행 문자의 처리 방식이 달라 데이터의 크기와 파일의 크기가 다를 수 있습니다.

파일을 열어서 데이터를 읽고 쓸 수 있다는 건 이제 진짜 사용할 만한 프로그램을 작성할 수 있다는 의미이기도 해. 일상의 문제를 프로그래밍으로 해결할 준비가 됐다는 거지.

마무리

▶ 6가지 키워드로 끝내는 핵심 포인트

- fgets 함수는 한 줄씩 입력하며 데이터를 모두 읽으면 NULL을 반환한다.

- fscanf 함수와 fprintf 함수는 scanf, printf 함수와 사용법이 비슷하다.

- fflush 함수는 출력할 때 사용하며 스트림 버퍼의 내용을 즉시 장치로 기록한다.

- fread와 fwrite 함수는 데이터의 크기를 지정해 입출력할 수 있다.

▶ 표로 정리하는 핵심 포인트

표 18-2 다양한 파일 입출력 함수

구분	기능	사용 예
한 줄 입력 fgets	원형	char *fgets(char *, int, FILE *);
	사용 예	char str[20]; fgets(str, sizeof(str), fp);
	반환값	입력한 char 배열, 파일의 끝이면 NULL
문자열 출력 fputs	원형	int fputs(const char *, FILE *);
	사용 예	fputs(str, ofp);
	반환값	출력에 성공하면 음수가 아닌 값, 실패하면 EOF
변환 입력 fscanf	원형	int fscanf(FILE *, const char *, ...);
	사용 예	int age; fscanf(fp, "%d", &age);
	반환값	입력에 성공한 데이터 수, 파일에 데이터가 없을 때 EOF
변환 출력 fprintf	원형	int fprintf(FILE *, const char *, ...);
	사용 예	fprintf(ofp, "나이 : %d\n", age);
	반환값	출력한 문자의 바이트 수, 실패하면 음수

▶ 확인 문제

지금까지 파일에 입출력을 수행하는 다양한 함수를 살펴봤습니다. fgets와 fputs 함수는 한 줄씩 입출력할 때 유용하며 fscanf와 fprintf 함수는 변환 문자열로 다양한 자료형을 쉽게 입출력할 때 유용합니다. 또한 바이너리 파일을 입출력할 때 유용한 fread와 fwrite 함수도 있습니다. 파일 입출력은 모두 함수 호출로 수행하므로 함수의 정확한 기능을 익히는 것이 좋습니다. 문제를 풀면서 함수의 사용법을 정리해 보겠습니다.

1. 다음 파일 입출력 함수 중에서 반환값의 형태가 <u>다른</u> 함수를 고르세요.

① fgetc   ② fputc

③ fgets   ④ fputs

⑤ fscanf   ⑥ fprintf

2. 다음 코드와 실행결과가 <u>같은</u> 함수 호출을 고르세요.

```c
char str[5];
char ch;
int i = 0;

ch = fgetc(stdin);

while ((i < (sizeof(str) - 1)) && (ch != '\n'))
{
    str[i++] = ch;
    ch = fgetc(stdin);
}

if (i < (sizeof(str) - 1)) str[i++] = ch;
str[i] = '\0';
```

① scanf("%s", str);

② fgets(str, sizeof(str), stdin);

③ gets(str);

④ fscanf(stdin, "%s", str);

3. 다음 프로그램의 실행결과를 적으세요. 파일을 개방할 때 실패하지 않는다고 가정합시다.
a.txt 파일은 다음과 같습니다.

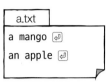

a.txt
a mango ⏎
an apple ⏎

```
#include <stdio.h>

int main(void)
{
    FILE *fp;                          // 파일 포인터
    char str[20] = "empty";            // 문자열 입력 배열
    int ch;                            // 문자 입력 변수

    fp = fopen("a.txt", "r");          // 파일 개방
    ch = fgetc(fp);                    // 문자 입력
    while (fgetc(fp) != EOF);          // 버퍼 비움

    fgets(str, sizeof(str), fp);       // 한 줄 입력
    printf("%s", str);                 // 출력
    fclose(fp);                        // 파일 닫음

    return 0;
}
```

실행결과 ✕

▶ 도전 실전 예제

도전 **단어 검출 프로그램**

텍스트 파일에서 등록되지 않은 단어를 찾아 새로운 파일에 출력합니다. 모든 단어의 길이는 최대 20자, 등록 단어 수는 최대 10개로 제한하며 검출 대상 단어 수에는 제한이 없습니다. 다음 실행결과는 b.txt에서 a.txt에 등록되지 않은 단어를 찾아 c.txt에 출력합니다.

a.txt 등록 단어 파일	b.txt 입력 단어 파일	c.txt 결과 파일
dog ↵	lion ↵	elephant
tiger ↵	elephant ↵	pear
horse ↵	pear ↵	apple
monkey ↵	dog ↵	kangaroo
lion ↵	tiger ↵	orange
koala ↵	apple ↵	bear
giraffe ↵	kangaroo ↵	
owl ↵	orange ↵	
	bear ↵	
	owl ↵	

풀이가 궁금하다면?

- #include, #define 등 다양한 전처리 지시자에 관해 알아봅니다.
- #if, #else, #elif, #ifdef, #ifndef, #endif 등 다양한 조건부 컴파일 지시자에 관해 알아봅니다.
- 모듈을 활용한 분할 컴파일 방법을 배웁니다.

Chapter

19

전처리와 분할 컴파일

19-1 전처리 지시자

핵심 키워드

`#include` `#define` `조건부 컴파일 지시자` `defined`

프로그램은 컴파일 환경을 바꾸거나 여러 개의 모듈로 나누어 작성할 때는 이식성과 호환성을 고려해야 합니다. 따라서 컴파일하기 전에 컴파일 환경에 맞게 소스코드를 편집할 수 있는 기능이 필요한데, 이 절에서는 그 기능을 담당하는 전처리 지시자의 종류와 기능을 알아봅니다.

시작하기 전에

1장 마무리(49쪽)의 〈그림으로 정리하는 컴파일 과정 3단계〉를 다시 살펴보겠습니다.

크게 3단계로 나뉘는 컴파일 과정에서 첫 번째 단계가 바로 전처리 과정입니다. 전처리는 전처리기 preprocessor가 소스 코드를 컴파일하기 좋게 다듬는 과정으로, 소스 코드에서 #으로 시작하는 지시자를 처리하는 과정이기도 합니다. 지금까지 줄곧 사용한 #include를 포함해 EOF나 NULL 등 그동안 설명하지 않고 미뤄 왔던 숙제를 여기서 모두 풀어 보겠습니다.

파일을 포함하는 #include

#include는 지정한 파일의 내용을 읽어 와서 지시자가 있는 위치에 붙여 놓습니다. 붙여 넣을 파일 명을 꺾쇠괄호(<>)나 큰따옴표("")로 묶는 방식으로 #include를 사용할 수 있습니다. 예제를 통해 구체적인 사용법을 살펴보겠습니다. 먼저 프로젝트 [19-1]을 만듭니다. 그리고 [솔루션 탐색기]-[헤더 파일]에서 마우스 오른쪽 버튼을 클릭하고 [추가]-[새 항목]을 선택합니다. 그리고 [이름] 에 student.h를 입력하고 다음 코드를 적습니다.

note .h는 헤더 파일 항목으로 추가해야 합니다.

19-1 직접 해보는 손코딩

사용자 정의 헤더 파일을 사용하는 프로그램   소스 코드 student.h

```
01  //  사용자 정의 헤더 파일 - student.h
02  typedef struct        // student 구조체 선언
03  {
04      int num;          // 학번
05      char name[20];    // 이름
06  } Student;
```

[솔루션 탐색기]-[리소스 파일]에서 마우스 오른쪽 버튼을 클릭하고 [추가]-[새 항목]을 선택합니다. 파일 이름은 main.c로 지정하고 다음 코드를 입력합니다(또는 HonGong.c를 main.c로 바꾸세요).

19-1 직접 해보는 손코딩

사용자 정의 헤더 파일을 사용하는 프로그램   소스 코드 main.c

```
01  //  소스 파일 - main.c
02  #include <stdio.h>              // 시스템 헤더 파일의 내용 복사
03  #include "student.h"            // 사용자 정의 헤더 파일의 내용 복사
04
05  int main(void)
06  {
07      Student a = {315, "홍길동"};    // 구조체 변수 선언과 초기화
08
09      printf("학번 : %d, 이름 : %s\n", a.num, a.name);   // 구조체 멤버 출력
10
11      return 0;
12  }
```

> **실행결과**   ✕
>
> 학번 : 315, 이름 : 홍길동

main.c 파일을 보면 2행과 3행에서 #include로 두 파일을 참조했습니다. 그런데 각기 참조하는 파일을 홑화살괄호(< >)와 큰따옴표(" ")로 묶었습니다. 이 둘의 차이는 무엇일까요?

홑화살괄호를 사용하면 복사할 파일을 컴파일러가 설정한 include 디렉터리에서 찾고 큰따옴표를 사용하면 소스 파일이 저장된 디렉터리에서 먼저 찾습니다. C 컴파일러는 표준 라이브러리 함수가 포함된 헤더 파일을 include 디렉터리에서 제공합니다. #include 다음에 홑화살괄호가 보이면 컴파일러의 include 디렉터리에서 헤더 파일을 참조하는 거죠.

반면에 큰따옴표는 사용자가 만든 헤더 파일을 의미합니다. 예제에서 우리는 student.h 헤더 파일을 만들었고, 이 파일은 프로젝트 파일 밑에 main.c와 나란히 저장되어 있습니다. 이렇게 큰따옴표가 붙어 있으면 컴파일러는 먼저 소스 파일이 있는 곳에서 헤더 파일을 찾습니다. 만약 해당 파일이 없으면 컴파일러가 설정한 include 디렉터리에서 다시 찾습니다.

> 홑화살괄호는 컴파일러가 제공하는, 큰따옴표는 사용자가 만든 헤더 파일을 나타낸다.

또한 다른 디렉터리에 있는 파일을 포함할 수도 있습니다. 이때는 경로를 포함한 파일명을 사용합니다. 다음은 C 드라이브 밑에 user 디렉터리를 만들고 myhdr.h 헤더 파일을 저장한 예입니다.

```
#include "c:\user\myhdr.h"        // 프로젝트 디렉터리가 아닌 곳에서 찾는다.
```

note 이때 백슬래시는 한 번만 사용합니다. 전처리 지시자는 컴파일러가 처리하는 것이 아니므로 백슬래시를 제어 문자로 사용하지 않습니다.

전처리가 끝나면 인클루드한 파일의 내용은 복사되어 소스 파일에 포함됩니다. 즉, 전처리 과정에서 소스 파일은 다음과 같이 바뀝니다.

stdio.h 헤더 파일의 내용 ⟵ stdio.h 파일의 내용이 이처럼 복사됩니다.
stdio.h 파일의 내용은 너무 많아 책에서는 생략했습니다.

```
typedef struct
{
    int num;
    char name[20];
} Student;                        student.h 파일의 내용이 이처럼 복사됩니다.


int main(void)
{
    ...
}
```

헤더 파일을 사용하면 프로그램을 깔끔하고 편하게 작성할 수 있습니다. 보통 하나의 프로그램을 독립적으로 컴파일 가능한 파일 단위인 **모듈**^{module}로 나누어 분할 컴파일합니다. 따라서 각 모듈이 같이 사용하는 구조체나 함수 또는 전역 변수를 하나의 헤더 파일로 만들면 필요한 모듈에 쉽게 포함시켜 쓸 수 있습니다. 이 경우 헤더 파일의 내용이 수정되더라도 컴파일만 다시 하면 수정된 내용이 모든 파일에 동시에 적용되므로 빠르고 정확하게 수정할 수 있습니다. 사용자 정의 헤더 파일을 만드는 구체적인 방법은 19-2의 〈분할 컴파일〉에서 설명하겠습니다.

#include는 사실 파일의 내용을 단순히 복사해 붙여 넣는 기능을 합니다. 따라서 텍스트 형태의 파일이면 모두 사용할 수 있습니다. 심지어 소스 파일을 포함할 수도 있습니다. 예를 들어 다음과 같이 main 함수의 중간에 들어가는 코드를 따로 떼어 헤더 파일로 만든 후에 인클루드하는 것도 가능합니다.

> #include 지시자는 모든 텍스트 파일에 사용할 수 있다.

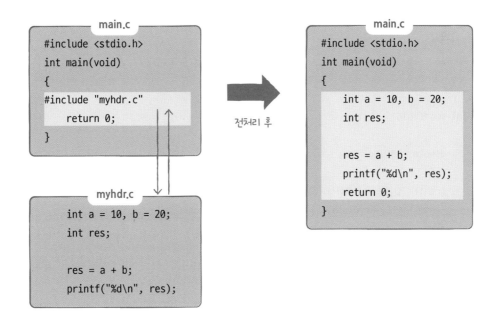

이 코드는 예시를 위한 코드일 뿐입니다. 특별한 이유 없이 이런 식으로 코딩하면 안 됩니다.

마지막으로 전처리 과정이 끝난 후의 파일 형태를 생각해 보겠습니다. 전처리 과정은 소스 파일에 다른 파일의 내용을 포함시키거나 일부 문장을 다른 문장으로 바꾸는 등 소스 파일을 편집하는 일을 주로 수행하므로 전처리된 후의 파일도 소스 파일과 형태가 같은 텍스트 파일임을 기억해 둡시다.

고급편

매크로명을 만드는 #define

#define은 매크로명을 정의하는 전처리 지시자로 사용법은 다음과 같습니다. 매크로명은 다른 변수명과 쉽게 구분할 수 있도록 관례상 대문자로 쓰며 치환될 부분은 매크로명과 하나 이상의 빈칸을 둡니다.

> 매크로명으로는
> 대문자를 쓴다.

```
#define   매크로명   치환될_부분
```

매크로명이 사용되는 다양한 예를 살펴보겠습니다.

19-2 직접 해보는 손코딩

다양한 매크로명의 사용   소스 코드 예제19-2.c

```
01  #include <stdio.h>
02  #define PI 3.14159                          // 상수를 매크로명으로 정의
03  #define LIMIT 100.0                         // 상수를 매크로명으로 정의
04  #define MSG "passed!"                       // 문자열을 매크로명으로 정의
05  #define ERR_PRN printf("허용 범위를 벗어났습니다!\n")          // 출력문을 매크로명으로 정의
06
07  int main(void)
08  {
09      double radius, area;                    // 반지름과 면적 변수
10
11      printf("반지름을 입력하세요(10 이하) : ");
12      scanf("%lf", &radius);                  // 반지름 입력
13      area = PI * radius * radius;            // 면적 계산
14      if (area > LIMIT) ERR_PRN;              // 면적이 100을 초과하면 오류 메시지 출력
15      else printf("원의 면적 : %.2lf (%s)\n", area, MSG);       // 면적과 메시지 출력
16
17      return 0;
18  }
```

📄 실행결과 1   ✕
반지름을 입력하세요(10 이하) : 5 ↵
원의 면적 : 78.54 (passed!)

📄 실행결과 2   ✕
반지름을 입력하세요(10 이하) : 7 ↵
허용 범위를 벗어났습니다!

프로그램에서 사용한 모든 매크로명은 전처리 과정에서 치환될 부분으로 바뀝니다. 2행에서 파이값 3.14159를 매크로명 PI로 정의하므로 13행에서 3.14159 대신 PI를 쓸 수 있습니다. 이렇게 상수 대신에 쓰이는 매크로명은 **매크로 상수**라고 부릅니다. 매크로명은 4행처럼 문자열에 쓰거나 5행처럼 문장에도 사용할 수 있습니다. 만약 매크로명을 정의할 때 치환될 부분이 길어 여러 줄에 써야 한다면 백슬래시(\)로 연결하면 됩니다.

매크로명 정의

```
#define INTRO "Perfect C Language \
& Basic Data Structure"
```

매크로명 사용

```
printf("%s", INTRO);
                   │ 전처리 과정 이후
                   ↓
printf("%s", "Perfect C Language & Basic Data Structure");
```

이처럼 매크로명을 통해 자주 사용하는 복잡한 숫자나 문자열 등을 의미 있는 단어로 쉽게 표현할 수 있습니다. 그러나 문제가 발생하면 매크로명이 어떤 형태로 치환되는지 다시 확인해야 하므로 디버깅과 유지보수가 힘듭니다. 즉, 컴파일러는 전처리가 끝난 후에 치환된 소스 코드로 컴파일하고 사용자는 매크로명으로 작성된 소스 코드를 보게 되므로 컴파일러가 표시하는 에러 메시지를 소스 코드에서 즉시 확인하기 힘듭니다. 따라서 필요한 경우에만 제한적으로 매크로명을 사용하는 편이 좋습니다.

#define을 사용한 매크로 함수

매크로 함수는 인수에 따라 서로 다른 결괏값을 갖도록 치환됩니다. 따라서 함수는 아니지만 인수를 주고 함수처럼 쓸 수 있습니다. 매크로 함수를 만들 때는 매크로명에 괄호를 열고 인수를 나열합니다.

```
#define   매크로_함수명(인수)   치환될_부분
```

간단한 예제를 통해 매크로 함수의 사용법과 장단점을 살펴보겠습니다.

매크로 함수를 사용한 프로그램 소스 코드 예제19-3.c

```
01  #include <stdio.h>
02  #define SUM(a, b) ((a) + (b))                // 두 값을 더하는 매크로 함수
03  #define MUL(a, b) ((a) * (b))                // 두 값을 곱하는 매크로 함수
04
05  int main(void)
06  {
07      int a = 10, b = 20;
08      int x = 30, y = 40;
09      int res;
10
11      printf("a + b = %d\n", SUM(a, b));       // a와 b의 합
12      printf("x + y = %d\n", SUM(x, y));       // x와 y의 합
13      res = 30 / MUL(2, 5);        // 30을 2와 5의 곱으로 나눔
14      printf("res : %d\n", res);
15
16      return 0;
17  }
```

```
실행결과                            ✕
a + b = 30
x + y = 70
res : 3
```

2행에서 두 값을 더하는 매크로 함수 SUM을 정의합니다.

```
#define SUM(a, b) ((a) + (b))                // 2행. 두 값을 더하는 매크로 함수
```

11행과 12행에서 SUM을 사용할 때 인수에 다른 변수를 사용하면 인수에 따라 서로 다르게 치환되므로 결국 결괏값이 달라집니다.

- 변수 a, b를 사용하면 SUM(a, b)는 ((a) + (b))로 치환됩니다.
- 변수 x, y를 사용하면 SUM(x, y)는 ((x) + (y))로 치환됩니다.

매크로 함수는 치환된 후의 부작용을 줄이기 위해 치환될 부분에 괄호를 써서 정의합니다. 매크로 함수가 치환된 후에 다른 연산자와 추가적인 연산을 하면 예상치 못한 결과가 나올 수 있습니다. 예를 들어 3행의 매크로 함수 MUL을 괄호 없이 정의하고 전처리 과정을 거치면 13행은 다음과 같이 치환됩니다.

매크로 함수 정의

```
#define MUL(a, b) a * b
```

매크로 함수 사용

```
res = 30 / MUL(2, 5);
              ↓ 전처리 후
res = 30 / 2 * 5;
```

이 코드는 2와 5를 곱한 값으로 30을 나누어 3이 되리라는 예상과 달리 결괏값은 75가 됩니다. 그 이유는 전처리가 끝나고 치환된 코드에서 연산 순서가 뒤바뀌기 때문입니다. 이와 같이 치환된 후에 발생할 수 있는 부작용을 줄이기 위해 치환될 부분을 괄호로 묶어 줍니다.

매크로 함수 정의

```
#define MUL(a, b) (a * b)
```

매크로 함수 사용

```
res = 30 / MUL(2, 5);
              ↓ 괄호와 함께 치환
res = 30 / (2 * 5);
```

치환될 부분 전체를 괄호로 묶는다고 부작용을 완전히 해결할 수 있는 것은 아닙니다. 예를 들어 매크로 함수의 인수로 수식이 사용되면 새로운 부작용이 생길 수 있습니다.

매크로 함수 정의

```
#define MUL(a, b) (a * b)
```

매크로 함수 사용

```
res = 30 / MUL(2, 2 + 3);
                  ↓ 괄호와 함께 치환
res = 30 / (2 * 2 + 3);
```

이 경우는 곱셈을 먼저 수행해 7이 계산되고 결국 30을 7로 나눈 몫 4가 최종 결괏값이 됩니다. 결국 부작용을 최소화하기 위해 치환될 부분을 구성하는 인수에 모두 괄호를 붙이는 것이 좋습니다.

매크로 함수는 함수처럼 쓰이지만, 치환된 후 발생할 문제를 예측하기 어렵습니다. 또한 많은 기능을 매크로 함수로 구현하기 힘들고 수정하기도 쉽지 않습니다. 그러나 매크로 함수는 호출한 함수로 이동할 때 필요한 준비작업이 없으므로 함수 호출보다 상대적으로 실행 속도가 빠릅니다. 따라서 크기가 작은 함수를 자주 호출한다면 매크로 함수가 도움이 될 수 있습니다.

이미 정의된 매크로

매크로에는 이미 그 정의가 약속되어 있어 사용자가 취소하거나 바꿀 수 없는 매크로명이 있습니다. 그 종류는 다양하고 컴파일러나 버전에 따라 다를 수 있으므로 여기서는 디버깅에 유용한 몇 가지만 소개합니다.

이미 정의된 매크로	기능
__FILE__	전체 디렉터리 경로를 포함한 파일명
__FUNCTION__	매크로명이 사용된 함수 이름
__LINE__	매크로명이 사용된 행 번호
__DATE__	컴파일을 시작한 날짜
__TIME__	컴파일을 시작한 시간

19-4 직접 해보는 손코딩

이미 정의된 매크로의 기능   소스 코드 예제19-4.c

```
01  #include <stdio.h>
02
03  void func(void);
04
05  int main(void)
06  {
07      printf("컴파일 날짜와 시간 : %s, %s\n\n", __DATE__, __TIME__);
08      printf("파일명 : %s\n", __FILE__);
09      printf("함수명 : %s\n", __FUNCTION__);
10      printf("행번호 : %d\n", __LINE__);
11
12  #line 100 "macro.c"      // 행 번호를 100부터 시작, 파일명은 macro.c로 표시
13      func();              // 여기부터 행 번호는 100으로 시작
14
```

```
15        return 0;
16   }
17
18   void func(void)
19   {
20       printf("\n");
21       printf("파일명 : %s\n", __FILE__);
22       printf("함수명 : %s\n", __FUNCTION__);
23       printf("행번호 : %d\n", __LINE__);
24   }
```

┌───┐
│ 📄 실행결과   ✕ │
├───┤
│ 컴파일 날짜와 시간 : Apr 4 2019, 17:22:15 │
│   │
│ 파일명 : c:\studyc\19-4\예제19-4.c   │
│ 함수명 : main   │
│ 행번호 : 10   │
│   │
│ 파일명 : macro.c   │
│ 함수명 : func   │
│ 행번호 : 110   │
└───┘

매크로명 __DATE__와 __TIME__은 컴파일을 시작한 날짜와 시간으로 치환되고 __FILE__은 전체 디렉터리 경로를 포함한 파일명으로 치환됩니다. __FUNCTION__은 매크로명이 사용된 함수 이름으로 치환되므로 9행은 main으로 22행은 func로 치환됩니다. 모두 문자열의 형태로 치환되므로 %s로 출력하면 확인할 수 있습니다. 반면에 __LINE__은 매크로명이 사용된 행 번호로 치환되므로 printf 함수에서 %d로 출력합니다. 첫 번째 __LINE__은 10행에 사용했으므로 정수 10이 됩니다.

매크로명 __FILE__과 __LINE__은 #line 지시자로 그 정의를 바꿀 수 있습니다. #line 지시자는 매크로명 __LINE__의 행 번호를 셀 때 그 시작값을 설정합니다. 즉, 12행에서 시작 행 번호를 100으로 설정했으므로 13행부터 100을 시작으로 행 번호가 1씩 증가합니다. 결국 23행에 있는 __LINE__ 매크로명은 110으로 치환됩니다. 또한 __FILE__이 치환되는 파일의 이름도 바꿀 수 있습니다. __FILE__은 기본적으로 경로까지 포함한 파일명으로 치환되어 복잡하므로 #line 지시자에 파일명을 표시하면 간단한 파일명으로 치환할 수 있습니다. 이때 행 번호는 정수를 사용하고 파일명은 문자열을 사용합니다. 행 번호만 바꾸고 싶으면 파일명은 생략할 수 있으나 파일명만 사용하는 것은 불가능합니다.

```
#line 100               // __LINE__ 행 번호 설정
#line 100 "macro.c"     // __LINE__ 행 번호 설정, __FILE__ 이름 설정
#line "macro.c"         // 사용할 수 없음
```

지금까지 살펴본 매크로를 프로그램이 실행 중에 갑자기 종료되는 경우 함수명이나 행 번호를 출력해 어디까지 진행되었는지 확인하는 용도로 쓸 수 있습니다.

매크로 연산자 #과

매크로 함수를 만들 때 매크로 연산자를 사용하면 인수를 특별한 방법으로 치환할 수 있습니다. #은 매크로 함수의 인수를 문자열로 치환하고 ##은 두 인수를 붙여서 치환합니다. 무슨 뜻인지 예제로 확인해 보겠습니다.

19-5 직접 해보는 손코딩

#과 ##을 사용한 매크로 함수   소스 코드   예제19-5.c

```
01  #include <stdio.h>
02  #define PRINT_EXPR(x) printf(#x " = %d\n", x)
03  #define NAME_CAT(x, y) (x ## y)
04
05  int main(void)
06  {
07      int a1, a2;
08
09      NAME_CAT(a, 1) = 10;        // (a1) = 10;
10      NAME_CAT(a, 2) = 20;        // (a2) = 20;
11      PRINT_EXPR(a1 + a2);        // printf("a1 + a2" " = %d\n", a1 + a2);
12      PRINT_EXPR(a2 - a1);        // printf("a2 - a1" " = %d\n", a2 - a1);
13
14      return 0;
15  }
```

> 🖥 실행결과1   ✕
>
> a1 + a2 = 30
> a2 - a1 = 10

#과 ##은 매크로 함수의 치환될 부분에서 사용하는 매크로 연산자입니다. 먼저 #은 인수를 문자열로 치환합니다.

```
#define PRINT_EXPR(x) printf(#x " = %d\n", x)            // 2행
```

        a1 + a2   "a1 + a2"

즉, 11행의 인수 a1 + a2는 2행의 매크로 함수를 통해 큰따옴표로 묶여 문자열로 치환됩니다.

```
PRINT_EXPR(a1 + a2);                // 11행. printf("a1 + a2" " = %d\n", a1 + a2);
```

컴파일러는 여러 개의 문자열을 연속으로 사용하면 하나의 문자열로 연결해 처리하므로 치환된 문자열은 이어지는 문자열 " = %d\n"과 합쳐져 "a1 + a2 = %d\n"이 됩니다. 결국 인수에 사용하는 수식이 그대로 문자열로 출력되는 효과를 얻을 수 있습니다.

연산자는 2개의 **토큰**token을 붙여서 하나로 만드는 연산자입니다. 토큰은 프로그램에서 독립된 의미를 갖는 하나의 단위로 9행은 각각 다른 2개의 토큰 a와 1을 하나로 붙여서 변수명 a1으로 사용하도록 치환합니다.

조건부 컴파일 지시자

조건부 컴파일은 소스 코드를 조건에 따라 선택적으로 컴파일합니다. 이때 #if, #else, #elif, #ifdef, #ifndef, #endif 등의 전처리 지시자를 다양한 방법으로 조합해 사용합니다. 간단한 예제를 통해 사용법을 배워 보겠습니다.

19-6 직접 해보는 손코딩

#if, #ifdef, #else, #endif를 사용한 조건부 컴파일　　소스 코드　예제19-6.c

```
01  #include <stdio.h>
02  #define VER 7              // 치환될 부분이 있는 매크로명 정의
03  #define BIT16              // 치환될 부분이 없는 매크로명 정의
04
05  int main(void)
06  {
07      int max;
08
09  #if VER >= 6               // 매크로명 VER이 6 이상이면
10      printf("버전 %d입니다.\n", VER);   // 이 문장 컴파일
11  #endif                     // #if의 끝
12
13  #ifdef BIT16               // 매크로명 BIT16이 정의되어 있으면
14      max = 32767;           // 이 문장 컴파일
15  #else                      // BIT16이 정의되어 있지 않으면
16      max = 2147483647;      // 이 문장 컴파일
17  #endif                     // #ifdef의 끝
18
19      printf("int형 변수의 최댓값 : %d\n", max); // max 출력
```

```
20
21       return 0;
22  }
```

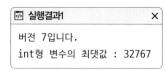

실행결과1   ×

버전 7입니다.
int형 변수의 최댓값 : 32767

9행~11행의 #if ~ #endif 형식은 가장 기본적인 조건부 컴파일 구문으로 다음과 같이 사용됩니다.

사용법은 if문과 비슷합니다. #if문의 조건식이 참이면 #if와 #endif 사이의 모든 문장을 컴파일합니다. 조건식에는 정수 상수나 정수로 치환되는 매크로 상수로 만든 식을 사용하며 조건식에 괄호는 생략 가능합니다. 이 형식은 if문과 기능이 비슷하지만, 마지막에 반드시 #endif를 사용하며 컴파일할 문장이 두 문장 이상이라도 중괄호를 쓰지 않습니다. 2행의 매크로명 VER이 7이므로 9행의 조건식은 참이 되고 #endif까지의 문장인 10행이 컴파일됩니다. #else와 #elif를 써서 다음과 같이 응용할 수 있으며 if ~ else 구문이나 if ~ else if ~ else 구문과 같은 방식으로 사용합니다.

조건식에 특정 매크로명이 정의되어 있는지 검사할 때는 전처리 연산자 defined를 사용합니다. 예를 들어 BIT16 매크로명이 정의되어 있는지 확인해 컴파일한다면 다음과 같이 작성합니다. 이때 #if와 defined를 묶어 13행처럼 #ifdef로 쓸 수 있습니다.

이미 3행에서 매크로명 **BIT16**을 정의했으므로 13행의 조건식은 참이 되고 결국 14행이 컴파일됩니다. 매크로명은 3행과 같이 매크로명만 정의해 컴파일할 문장을 선택하는 조건으로 쓸 수 있습니다. 만약 14행 대신 16행을 컴파일한다면 3행의 매크로명 정의를 지우거나 13행 이전에 #undef 지시자로 매크로명의 정의를 취소하면 됩니다.

```
#undef BIT16     // BIT16 매크로명의 정의 취소
```

매크로명이 정의되지 않은 경우를 확인할 때는 !defined 연산자나 #ifndef를 씁니다.

결국 #ifdef와 #if defined 그리고 #ifndef와 #if !defined의 용도는 같습니다. 그러나 #ifdef와 #ifndef는 매크로명의 정의 여부만 확인할 수 있으므로 다른 연산자와 함께 조건식을 만들 때는 defined나 !defined 연산자를 사용해야 합니다.

```
#if (defined(BIT16) && (VER >= 6))     // BIT16 매크로가 정의되어 있고 VER가 6 이상이면
    컴파일할 문장
#endif
```

조건을 만족하지 않아 컴파일 자체를 중단할 때는 #error 지시자를 사용합니다. 예를 들어 9행의 조건식 VER >= 6을 만족하지 않는 경우 컴파일 자체를 끝내고 싶다면 다음과 같이 사용합니다.

> 조건 불만족 시에는 #error 지시자로 컴파일을 중단할 수 있다.

```
#if VER >= 6                                    // 매크로명 VER이 6 이상이면
    printf("버전 %d입니다.\n", VER);            // 이 문장 컴파일
#else                                           // 그렇지 않으면
#error 컴파일러 버전은 6.0 이상이어야 합니다.    // 메시지를 보여주고 컴파일 종료
#endif                                          // #if의 끝
```

컴파일러는 VER이 6보다 작은 경우 #error 지시자에 있는 메시지를 컴파일 에러 메시지로 출력하고 컴파일을 중단합니다. 만약 2행의 매크로명 VER이 5라면 다음과 같은 에러 메시지가 출력되고 컴파일은 중단됩니다.

```
error C1189: #error :  컴파일러 버전은 6.0 이상이어야 합니다.
```

조건부 컴파일은 프로그램의 호환성을 좋게 합니다. C 언어의 기본 문법은 어디서든 동일하게 작동하지만, 컴파일러와 운영체제에 따라 자료형의 크기나 지원되는 라이브러리 함수는 다를 수 있습니다. 따라서 조건부 컴파일 기능을 사용해 컴파일할 코드를 구별하면 서로 다른 컴파일러에서 컴파일이 가능한 코드를 만들 수 있습니다.

#pragma 지시자

#pragma 지시자는 컴파일러의 컴파일 방법을 세부적으로 제어할 때 사용합니다. 사용법은 지시명^{directive-name}을 통해 컴파일러의 어떤 기능을 제어할 것인지 알려 줍니다. pack은 구조체의 패딩 바이트 크기를 결정하며, warning은 경고 메시지를 관리합니다. 예제를 통해 사용법을 살펴보겠습니다.

19-7 직접 해보는 손코딩

#pragma 를 사용한 바이트 얼라인먼트 변경 소스 코드 예제19-7.c

```
01  #include <stdio.h>
02  #pragma pack(push, 1)        // 바이트 얼라인먼트를 1로 바꿈
03  typedef struct
04  {
05      char ch;
06      int in;
07  } Sample1;
08
09  #pragma pack(pop)            // 바꾸기 전의 바이트 얼라인먼트 적용
10  typedef struct
11  {
12      char ch;
13      int in;
14  } Sample2;
15
16  int main(void)
17  {
18      printf("Sample1 구조체의 크기 : %d바이트\n", sizeof(Sample1));
19      printf("Sample2 구조체의 크기 : %d바이트\n", sizeof(Sample2));
20
21      return 0;
22  }
```

📄 **실행결과** ✕

Sample1 구조체의 크기 : 5바이트
Sample2 구조체의 크기 : 8바이트

#pragma pack은 구조체의 바이트 얼라인먼트 단위 크기를 결정합니다. 2행은 단위 크기를 1로 설정해 구조체 멤버가 메모리의 모든 위치에 할당할 수 있도록 합니다.

```
#pragma pack(push, 1)          // 2행. 바이트 얼라인먼트를 1로 바꿈
```

따라서 이후에 어떤 구조체를 정의하더라도 패딩 바이트를 포함하지 않으며 구조체의 크기는 멤버의 크기를 모두 더한 크기가 됩니다. push는 바이트 얼라인먼트를 바꿀 때 현재의 규칙을 기억합니다. 따라서 바꾸기 전의 바이트 얼라인먼트 규칙을 적용하고자 하면 9행과 같이 pop을 사용해 이전의 규칙을 복원할 수 있습니다. 또는 push, pop을 사용하지 않고 크기만 사용하는 것도 가능합니다.

```
#pragma pack(1)               // 바이트 얼라인먼트의 단위 크기를 1로 설정
```

구조체와 바이트 얼라인먼트에 대한 기억을 되살려야 한다면 507쪽 〈구조체 변수의 크기〉를 다시 살펴봅시다. warning은 컴파일러가 표시하는 경고 메시지를 제거하는 데 쓸 수 있습니다. VC++ 컴파일러는 변수를 선언만 하고 사용하지 않으면 다음과 같은 경고 메시지를 표시합니다.

```
⚠ 경고          ✕

warning C4101: 'a' :참조되지 않은 지역 변수입니다.
```

그러나 개발 과정에서 미리 넣어 놓은 변수라면 경고 메시지를 귀찮은 잔소리로 생각할 수 있습니다. 또한 더 중요한 경고 메시지를 쉽게 파악하지 못할 수 있으므로 특정 경고 메시지를 표시하지 않도록 다음과 같이 컴파일러에 지시할 수 있습니다.

```
#pragma warning(disable:4101)    // 4101번 경고 메시지는 모두 표시하지 않음
```

pragma에는 pack, warning 외에도 많은 지시명을 사용할 수 있습니다. 그러나 컴파일러에 따라 사용법이 다르거나 지원하지 않을 수 있으므로 사용하는 컴파일러의 매뉴얼을 참고해서 사용하는 것이 좋습니다.

▶ 4가지 키워드로 끝내는 핵심 포인트

- #include는 지정한 파일을 소스 코드에 적절하게 포함시킨다.

- #define은 매크로 상수와 매크로 함수를 만들 때 쓰인다.

- #if, #else, #elif, #ifdef, #ifndef, #endif는 조건부 컴파일을 위해 사용하는 **조건부 컴파일 지시자**다. 그외에도 #pragma, #error, #line 등 컴파일 과정을 돕는 다양한 지시자가 있다.

- defined, #, ##은 전처리 지시자와 함께 사용하는 전처리 연산자다.

▶ 표로 정리하는 핵심 포인트

표 19-1 다양한 전처리 지시자

지시자	사용 예	기능
#include	#include <stdio.h>	include 디렉터리에서 stdio.h를 찾아 그 내용 복사
	#include "myhdr.h"	소스 파일이 있는 디렉터리에서 myhdr.h를 찾아 그 내용 복사
#define	#define PI 3.14	PI는 상수 3.14로 바뀜
	#define SUM(x, y) ((x)+(y))	SUM(10, 20)은 ((10)+(20))으로 바뀜

#if ~ #endif	#if (VER >= 6)
	  max = 1;
	#endif
		VER이 6 이상이면 max = 1; 컴파일

#ifdef ~ #endif	#ifdef DEBUG
	  printf("%d", a);
	#endif
		DEBUG가 정의되어 있으면 printf 문장 컴파일

기타	#ifndef, #else, #elif, #undef, #pragma, #error, #line 등 사용 가능	

표 19-2 정의되어 있는 매크로

이미 정의된 매크로	기능
__FILE__	전체 디렉터리 경로를 포함한 파일명
__FUNCTION__	매크로명이 사용된 함수 이름
__LINE__	매크로명이 사용된 행 번호
__DATE__	컴파일을 시작한 날짜
__TIME__	컴파일을 시작한 시간

▶ 확인 문제

지금까지 컴파일을 지원하는 전처리 지시자에 대해 살펴봤습니다. #include 지시자는 헤더 파일을 여러 모듈에서 쉽게 공유할 수 있도록 하며 #define은 매크로명을 정의하고 매크로 함수를 통해 일반 함수의 단점을 보완할수 있습니다. 조건부 컴파일을 사용하면 프로그램의 호환성도 높일 수 있습니다. 그러나 단점과 부작용도 있으므로 정확히 사용하는 연습이 필요합니다. 지금부터 문제를 풀며 연습해 보겠습니다.

1. 다음 중 설명이 옳지 <u>않은</u> 문장을 고르세요.

① 소스 파일과 전처리 후의 파일은 형태가 같은 텍스트 파일이다.

② 전처리 지시자 include는 파일의 내용을 단순히 복사한다.

③ 매크로 함수를 많이 사용하면 실행 속도는 빨라지나 프로그램의 크기가 커진다.

④ #ifndef 지시자는 수식과 매크로명을 모두 조건식으로 쓸 수 있다.

2. 다음과 같이 매크로 함수가 정의되어 있을 때 출력문의 실행결과를 적으세요.

```
#define SUM(x, y) x + y
printf("%d", SUM(20, 5) * 3);
```

> 🖥 **실행결과**   ✕

3. 다음의 조건부 컴파일 명령을 사용한 프로그램의 실행결과를 적으세요.

```c
#include <stdio.h>
#define DEBUG
#define LEVEL 2

int main(void)
{
    int flag;

#ifndef DEBUG
    flag = 0;
#elif LEVEL == 1
    flag = 1;
#elif defined(MAX_LEVEL) && (LEVEL == 2)
    flag = 2;
#else
    flag = 3;
#endif
    printf("%d", flag);

    return 0;
}
```

실행결과

19-2 분할 컴파일

핵심 키워드

모듈 · 분할 컴파일 · 링크 · extern · static · 헤더 파일 중복 문제

하나의 프로그램을 여러 개의 소스 파일로 나누어 각각 독립적으로 컴파일하면 디버깅하기 쉽고 유지보수와 코드 재활용에 유리합니다. 이 절에서는 프로그램을 나누는 방법과 전역 변수의 공유 및 사용자 정의 헤더 파일을 만드는 방법을 살펴봅니다.

시작하기 전에

하나의 프로그램을 여러 사람이 나누어 개발할 수 있다면 프로그램의 크기가 커도 개발 기간을 줄일 수 있습니다. 하지만 이때 2가지 문제를 해결해야 합니다. 하나는 개별적으로 코드를 작성하고 컴파일 및 에러 수정을 할 수 있어야 합니다. 두 번째는 개발자 간의 데이터 공유와 코드 재활용이 가능해야 합니다. C 언어는 분할 컴파일을 통해 여러 개의 소스 코드를 각각 독립적으로 작성하고 컴파일할 수 있으며 컴파일된 개체 파일을 링크해 하나의 큰 프로그램으로 만들 수 있습니다. 또한 extern 선언을 통해 파일 간 데이터를 공유하고 전처리 지시자로 코드를 쉽게 재활용할 수 있습니다. 이제 예제의 코드를 직접 작성하고 실행하면서 그 방법을 배우겠습니다.

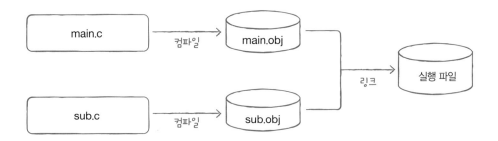

분할 컴파일 방법

하나의 프로그램을 여러 개의 파일로 나누어 작성해서 분할 컴파일을 진행할 수 있습니다. 비주얼 스튜디오와 같은 통합 개발환경에서 분할 컴파일하는 것은 어렵지 않습니다. 간단한 예제를 통해 그 방법을 살펴보겠습니다. 이번에는 소스 파일로 main.c와 sub.c 파일을 만들 겁니다.

두 정수의 평균을 구하는 프로그램

main 함수 정의   소스 코드 main.c

```c
01  #include <stdio.h>
02
03  void input_data(int *, int *);        // 두 정수를 입력하는 함수 선언
04  double average(int, int);             // 평균을 구하는 함수 선언
05
06  int main(void)
07  {
08      int a, b;
09      double avg;
10
11      input_data(&a, &b);               // 두 정수 입력
12      avg = average(a, b);              // 평균 계산
13      printf("%d와 %d의 평균 : %.1lf\n", a, b, avg);   // 입력값과 평균 출력
14
15      return 0;
16  }
```

input_data, average 함수 정의   소스 코드 sub.c

```c
01  #include <stdio.h>                     // printf, scanf 함수 사용을 위해 필요
02
03  void input_data(int *pa, int *pb)     // 두 정수 입력 함수
04  {
05      printf("두 정수 입력 : ");
06      scanf("%d%d", pa, pb);
07  }
08
09  double average(int a, int b)          // 평균을 구하는 함수
10  {
11      int tot;
```

```
12      double avg;
13
14      tot = a + b;
15      avg = tot / 2.0;
16
17      return avg;
18   }
```

┌─────────────────────────────────┐
│ 📟 실행결과   ✕ │
├─────────────────────────────────┤
│ 두 정수 입력 : 5 8 ⏎   │
│ 5와 8의 평균 : 6.5   │
└─────────────────────────────────┘

이 예제는 두 정수를 입력받아 평균을 구하는 프로그램이며, 3개의 함수를 2개의 파일로 나누어 작성합니다. main.c 파일에는 main 함수를, sub.c 파일에는 두 정수를 입력하는 input_data 함수와 평균을 구하는 average 함수를 만듭니다. 일단 VC++ 컴파일러로 분할 컴파일하는 과정은 다음과 같습니다.

01 프로젝트에 main.c 파일을 추가하고 컴파일합니다.

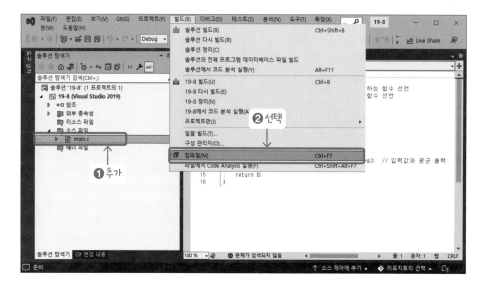

프로젝트에 main.c 파일을 추가하고 컴파일하는 과정은 지금까지 했던 컴파일 방법과 같습니다. 다만, main.c에 모든 함수가 포함된 것이 아니므로 링크(솔루션 빌드)는 수행하지 않습니다. 만약 지금까지 한 번도 컴파일해 본 적이 없다면 42쪽의 〈소스 파일 컴파일하기〉를 참고하기 바랍니다. main.c 파일이 컴파일되면 프로젝트 폴더 안 Debug 폴더에 main.obj 개체 파일이 생성됩니다.

02 프로젝트에 sub.c 파일을 추가하고 컴파일합니다.

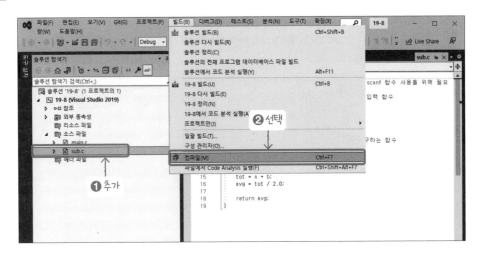

솔루션 탐색기의 소스 파일 항목에 마우스 포인터를 놓고 마우스 오른쪽 버튼을 클릭하고 [추가]-[새 항목] 선택하면 쉽게 추가할 수 있습니다. sub.c 파일도 에러 없이 컴파일되면 Debug 디렉터리에 sub.obj 개체 파일이 생성됩니다.

03 링크([빌드]-[솔루션 빌드])를 수행해 실행 파일을 만듭니다.

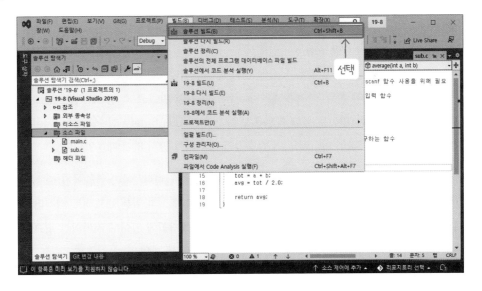

main.obj와 sub.obj 2개의 개체 파일이 모두 생성되면 빌드 메뉴의 [솔루션 빌드]를 선택해서 링크를 수행합니다. 링크가 성공적으로 끝나면 Debug 폴더에 프로젝트와 이름이 같은 실행 파일이 생성됩니다. 각 파일은 개별적으로 컴파일된 후 링크 단계에서 합쳐져 하나의 실행 파일이 됩니다. 분할 컴파일 과정을 그림으로 정리하면 다음과 같습니다.

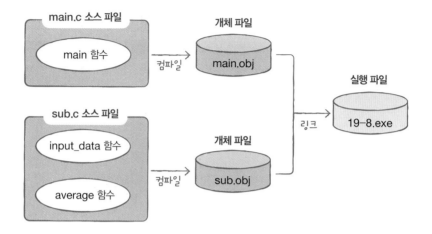

이때 개체 파일은 각 소스 파일과 같은 이름으로 만들어지고 실행 파일명은 프로젝트 이름으로 만들어집니다.

분할 컴파일을 위해 파일을 나눌 때는 한 가지 주의할 점이 있습니다.

주의 **각 파일을 독립적으로 컴파일할 수 있도록 필요한 선언을 포함해야 합니다.** 즉, 첫 번째 파일인 main.c에 input_data와 average 함수를 호출하므로 반드시 3, 4행과 같이 함수의 선언이 있어야 합니다. 두 번째 파일인 sub.c에서도 5, 6행에서 printf와 scanf 함수를 사용하므로 그 원형이 있는 stdio.h 헤더 파일을 포함해야 합니다. 그리고 1장에서 만들었던 HonGong 템플릿을 사용한 프로젝트라도 새로 추가한 sub.c 파일에서 scanf 함수를 사용하기 위해서는 #define _CRT_SECURE_NO_WARNINGS 문장을 첫줄에 추가해야 합니다. 또한 모든 파일을 성공적으로 컴파일한 후에 링크를 수행해야 합니다. 예를 들어 main.c 파일만 만들고 컴파일한 후에 링크를 수행하면 에러가 발생합니다. 컴파일러는 실행 파일을 만들기 위해 input_data 함수와 average 함수에 대한 개체 파일이 필요한데, 파일 어디에도 이 함수들이 정의되어 있지 않기 때문입니다.

프로젝트에 항상 새로운 소스 파일만 추가할 수 있는 것은 아닙니다. 이미 만들어진 소스 파일이나 컴파일된 개체 파일도 프로젝트에 포함할 수 있습니다. 이때 소스 파일은 프로젝트 디렉터리에 저장하고 개체 파일은 Debug 디렉터리에 저장합니다. 다른 디렉터리에 있어도 컴파일과 링크에는 문제가 없으나 프로그램의 한 부분이므로 같은 프로젝트 안에서 모든 파일을 관리하는 것이 좋습니다. 또한 파일을 복사한 후에 VC++ 컴파일러가 인식할 수 있도록 프로젝트에 추가하는 과정이 필요합니다. 프로젝트 메뉴의 '기존 항목 추가'에서 소스 파일이나 개체 파일을 찾아 선택하면 솔루션 탐색기에 추가된 항목이 나타납니다.

> 분할 컴파일 하더라도 소스 파일은 한 프로젝트 디렉터리 안에서 관리하자.

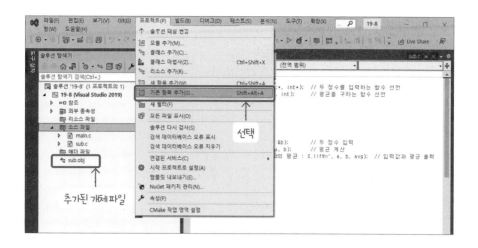

추가된 가짜 파일

분할 컴파일을 하면 프로그램을 나눠 작성하고 파일별로 에러를 수정할 수 있으므로 규모가 큰 프로그램도 쉽게 만들 수 있습니다. 또한 기능이 검증된 소스 파일을 다른 프로그램에서도 사용할 수 있으므로 코드의 재활용에 도움이 됩니다.

분할 컴파일에서 extern과 static의 용도

프로그램을 여러 개의 파일로 나누면 각 파일 간 전역 변수를 공유하기가 쉽지 않습니다. 컴파일러는 소스 파일 단위로 컴파일하므로 다른 파일에 선언된 전역 변수를 알 수 없기 때문입니다. 이때 특별한 선언이 필요합니다.

다른 파일에 선언된 전역 변수를 사용할 때는 extern 선언을 합니다. 반면, 다른 파일에서 전역 변수를 공유하지 못하게 할 때는 static을 씁니다. 분할 컴파일 예제를 통해 extern과 static의 용도를 살펴보겠습니다.

> extern 선언은 다른 파일에 선언된 전역 변수를 사용할 때 사용한다.

19-9 직접 해보는 손코딩

전역 변수에 extern과 static을 사용한 프로그램

main, print_data 함수 정의 소스 코드 main.c

```
01  #include <stdio.h>
02
03  int input_data(void);        // 양수를 입력하고 그 합을 반환
04  double average(void);        // 평균을 구하는 함수
05  void print_data(double);     // 출력 함수
06
```

```
07   int count = 0;                         // 입력한 양수의 수 누적
08   static int total = 0;                   // 입력한 양수의 합
09
10   int main(void)
11   {
12       double avg;                         // 입력한 양수의 평균
13
14       total = input_data();               // 양수를 입력하고 그 합을 반환
15       avg = average();                    // 평균 계산
16       print_data(avg);
17
18       return 0;
19   }
20
21   void print_data(double avg)
22   {
23       printf(" 입력한 양수의 개수 : %d\n", count);
24       printf(" 전체 합과 평균 : %d, %.1lf\n", total, avg);
25   }
```

input_data 함수 정의 소스 코드 input.c

```
01   #include <stdio.h>
02
03   extern int count;                       // main.c 파일의 전역 변수 count 공유
04   int total = 0;                          // 전역 변수 선언
05
06   int input_data(void)
07   {
08       int pos;                            // 양수 저장
09
10       while (1)
11       {
12           printf("양수 입력 : ");
13           scanf("%d", &pos);              // 양수 입력
14           if (pos < 0) break;             // 음수면 입력 종료
15           count++;                        // 개수 증가
16           total += pos;                   // 입력값을 전역 변수 total에 누적
17       }
18
19       return total;                       // 전역 변수 total의 값 반환
20   }
```

average 함수 정의 소스 코드 `average.c`

```
01  extern int count;            // main.c의 전역 변수 count 공유
02  extern int total;            // input.c의 전역 변수 total 공유
03
04  double average(void)
05  {
06      return total / (double)count;  // 입력값의 평균 반환
07  }
```

> **실행결과**   ✕
>
> 양수 입력 : 8 ↵
> 양수 입력 : 3 ↵
> 양수 입력 : 6 ↵
> 양수 입력 : -1 ↵
> 입력한 양수의 개수 : 3
> 전체 합과 평균 : 17, 5.7

이 예제는 양수를 반복 입력해 합과 평균을 구하는 프로그램으로 4개의 함수를 3개의 파일로 나누어 작성합니다. 각 파일에 작성한 함수의 기능은 다음과 같습니다.

main.c 파일

> • main 함수 : input_data, average, print_data 함수를 호출합니다.
> • print_data 함수 : 입력한 양수의 개수, 전체 양수의 합과 평균을 출력합니다.

input.c 파일

> • input_data 함수 : 음수가 입력될 때까지 양수를 반복 입력해 그 합을 반환합니다.

average.c 파일

> • average 함수 : 입력한 양수의 평균을 구해 반환합니다.

또한 함수 간 데이터 공유를 위해 전역 변수를 사용합니다. 먼저 main.c 파일의 7행에 선언한 count는 입력한 양수의 개수를 저장하므로 input_data 함수에서 쓰고 평균을 구하거나 출력할 때도 필요합니다. 즉, 모든 함수에서 필요하므로 전역 변수로 선언해 쉽게 공유하고자 합니다. 따라서 같은 파일에 있는 print_data 함수는 23행과 같이 count를 직접 사용해 출력할 수 있습니다. 그러나 다른 파일에 있는 함수가 count를 직접 사용할 때는 문제가 발생합니다.

컴파일러는 소스 파일 단위로 컴파일하므로 다른 파일에 선언된 전역 변수를 알지 못합니다.

즉, input.c 파일을 컴파일할 때 15행에 사용한 count가 main.c에 있는 전역 변수임을 알지 못합니다. 이 경우 3행과 같이 extern 선언이 필요합니다. extern 선언은 변수가 다른 파일에 있음을 알리

는 역할만을 할 뿐 새로운 전역 변수를 만드는 것은 아닙니다. 따라서 count가 필요한 파일은 모두 extern 선언으로 전역 변수를 공유할 수 있습니다. average 함수도 입력한 값의 평균을 구하기 위해 count가 필요하므로 average.c 파일의 1행에서 extern 선언을 해서 6행에서 count를 사용합니다.

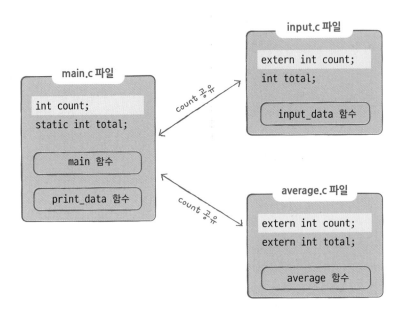

만약 input.c 파일에서 extern 선언을 하지 않고 별도로 전역 변수를 선언하면 하나의 독립된 파일로 컴파일은 가능합니다. 그러나 링크 단계에서 문제가 발생합니다. 같은 이름의 전역 변수가 중복되어 average.c 파일의 1행에 있는 extern 선언은 어떤 파일의 전역 변수를 공유하는 것인지 알 수 없기 때문입니다. 따라서 다른 파일과 데이터를 공유할 필요가 없는 전역 변수라면 다른 파일과의 중복을 차단하는 것이 좋습니다.

✚ 여기서 잠깐 컴파일러가 전역 변수를 처리하는 방식

컴파일러가 둘 이상의 파일에 같은 이름의 전역 변수를 허용하는 경우
기본적으로 둘 이상의 파일에 같은 이름의 전역 변수를 사용할 수 없습니다. 그러나 일부 컴파일러는 하나의 전역 변수를 제외한 나머지를 자동으로 extern 선언해 전역 변수를 공유하기도 합니다. 그러나 이 경우라도 모든 전역 변수에 초기화를 하면 독립된 전역 변수로 처리하므로 중복 에러가 발생합니다. 이런 특징은 컴파일러에 따라 처리 방식이 다를 수 있으므로 다른 파일의 전역 변수를 공유하는 경우라면 항상 명시적으로 extern 선언을 하는 것이 좋습니다.

컴파일러가 extern 선언에 초기화를 허용하는 경우
extern 선언은 저장 공간을 메모리에 할당하지 않으므로 초기화할 수 없습니다. 만약 초기화를 허용하는 컴파일러라면 extern 선언을 독립된 전역 변수의 선언으로 간주하고 변수의 저장 공간을 할당합니다. 이때 초기화된 같은 이름의 전역 변수가 다른 파일에 있으면 링크 과정에서 중복 문제가 발생할 수 있습니다. 이 또한 컴파일러에 따라 처리 방식이 다를 수 있으므로 extern 선언을 한 경우는 초기화하지 않도록 주의해야 합니다.

전역 변수에 **static**을 붙이면 하나의 소스 파일에서만 사용할 수 있습니다.

main.c 파일의 8행에 선언한 **total**은 정적 전역 변수이므로 같은 파일에 있는 **main** 함수와 **print_data** 함수에서만 사용할 수 있습니다. 또한 **input.c**의 4행과 같이 다른 파일에 같은 이름의 전역 변수를 선언하는 것도 가능합니다. 이 경우 별도의 저장 공간을 갖는 전역 변수가 선언되며 **average.c**의 2행과 같이 다른 파일에서 **extern** 선언을 통해 공유할 수 있습니다.

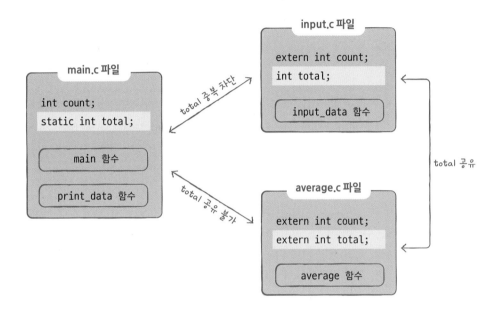

정적 전역 변수는 하나의 파일에서만 사용되고 다른 파일과의 공유는 차단되므로 다른 파일에서 같은 이름의 전역 변수를 새로 선언해 사용할 수 있다는 장점이 있습니다. 또한 사용 범위를 하나의 파일로 제한하므로 데이터를 보호할 때 유용합니다. 예를 들어 중요한 데이터를 정적 전역 변수로 선언하고 하나의 독립된 파일로 작성하면 다른 파일에서 임의로 수정하는 것이 불가능합니다.

변수뿐 아니라 함수에 **static** 예약어를 사용하면 함수를 정의한 소스 파일에서만 사용할 수 있습니다. 예를 들어 **input.c** 파일에 있는 **input_data** 함수를 다음과 같이 정의하면 다른 파일에서는 **input_data** 함수를 호출할 수 없습니다.

```
static int input_data(void) { ... }
```

함수를 하나의 파일에서만 사용하는 경우 정적 함수로 정의하면 다른 파일에서 잘못 호출할 가능성을 사전에 차단할 수 있으며 다른 파일에서 같은 이름의 함수를 정의할 수 있습니다. 함수에 **static**을

고급편

사용하지 않으면 함수 선언은 기본적으로 extern 선언으로 간주됩니다. 따라서 extern 없이 원형 선언만으로 다른 파일의 함수를 호출할 수 있습니다. 단, 다른 파일에 있는 함수임을 명시적으로 표현하기 위해 extern을 붙이기도 합니다.

헤더 파일의 필요성과 중복 문제 해결 방법

분할 컴파일할 때는 사용자 정의 헤더 파일이 필요합니다. 헤더 파일은 텍스트 파일로 소스 코드의 일부를 따로 만들어 필요한 파일에서 인클루드해서 씁니다. 헤더 파일은 각 파일에 공통으로 필요한 코드를 모아 만듭니다.

예를 들어 하나의 함수를 여러 파일에서 사용하는 경우 각 파일에는 모두 같은 함수 선언이 필요합니다. 또는 하나의 전역 변수를 여러 파일에서 공유하는 경우 각 파일에는 모두 같은 extern 선언이 필요합니다. 그뿐 아니라 구조체 선언이 여러 파일에 동시에 필요할 수도 있습니다. 따라서 함수의 선언이나 extern 선언, 구조체 선언 등을 헤더 파일로 만들면 필요할 때 인클루드해 쉽게 공유할 수 있습니다.

또한 헤더 파일의 내용을 수정하더라도 전처리 과정에서 인클루드하는 모든 파일에 수정된 내용을 빠르고 정확하게 반영할 수 있습니다. 물론 다른 프로그램에 재활용하는 것도 가능합니다. 다만, 헤더 파일을 재활용하는 경우 구조체 등이 중복 선언될 수 있으므로 이 문제를 해결해야 합니다.

예제를 통해 헤더 파일의 중복 포함 문제를 해결하는 방법을 찾아보겠습니다.

헤더 파일의 중복 포함 문제 해결 방법

Point 구조체 선언   소스 코드 point.h

```
01  #ifndef _POINT_H_          // _POINT_H_ 매크로명이 정의되어 있지 않으면
02  #define _POINT_H_          // _POINT_H_ 매크로명 정의
03
04  typedef struct
05  {
06      int x;                 // x좌표
07      int y;                 // y좌표
08  } Point;
09
10  #endif                     // #ifndef _POINT_H_의 끝
```

Line 구조체 선언　　소스 코드 `line.h`

```
01  #include "point.h"               // Point 구조체를 위해 포함
02
03  typedef struct
04  {
05      Point first;                 // 첫 번째 점
06      Point second;                // 두 번째 점
07  } Line;
```

Point와 Line 구조체 모두 사용　　소스 코드 `main.c`

```
01  #include <stdio.h>
02  #include "point.h"               // Point 구조체 선언
03  #include "line.h"                // Line 구조체 선언
04
05  int main(void)
06  {
07      Line a = { {1, 2}, {5, 6} };         // Line 구조체 변수 초기화
08      Point b;                             // 가운데 점의 좌표 저장
09
10      b.x = (a.first.x + a.second.x) / 2;  // 가운데 점의 x좌표 계산
11      b.y = (a.first.y + a.second.y) / 2;  // 가운데 점의 y좌표 계산
12      printf("선의 가운데 점의 좌표 : (%d, %d)\n", b.x, b.y);
13
14      return 0;
15  }
```

실행결과　　×

선의 가운데 점의 좌표 : (3, 4)

이 예제는 2개의 헤더 파일과 하나의 소스 파일로 분할 컴파일됩니다. `line.h` 헤더 파일에 선언된 Line 구조체는 Point 구조체를 멤버로 쓰므로 Point 구조체가 선언된 `point.h`를 인클루드합니다. 이 상황에서 두 헤더 파일이 모두 필요한 경우 문제가 발생합니다. 즉, `main.c` 파일은 Line 구조체와 Point 구조체가 모두 필요하므로 `main.c`의 2행과 3행에서 `point.h`와 `line.h` 헤더 파일을 인클루드합니다.

그러나 `line.h`가 `point.h`를 인클루드하므로 결국 `main.c`에는 `point.h`가 중복 포함되는 문제가 발생합니다. 이 경우 Point 구조체가 두 번 선언되므로 중복 선언 에러가 발생합니다. 함수의 선언이나 `extern` 선언의 경우는 중복 선언이 가능하지만, 구조체는 중복 선언이 허용되지 않습니다. 만약 이름이 같은 구조체 선언이 둘 이상 있을 수 있다면 멤버의 형태가 다르고 구조체의 이름이 같은 경우 구조체 변수의 형태를 결정할 수 없게 됩니다.

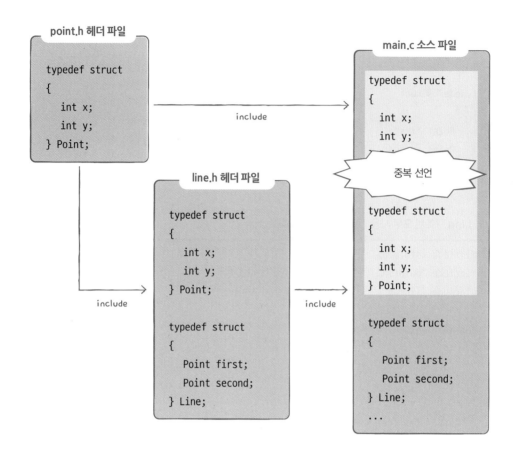

물론 헤더 파일 간의 포함 관계를 알고 있으므로 `main.c`를 작성할 때 `line.h` 헤더 파일 하나만 인클루드하는 방법도 있습니다. 그러나 보통 헤더 파일 간의 포함 관계를 일일이 고려하지 않고 필요한 헤더 파일을 인클루드하므로 헤더 파일이 중복 포함되어 헤더 파일에 있는 구조체 선언이 중복되는 문제가 언제든지 발생할 수 있습니다.

이런 헤더 파일의 중복 포함 문제를 해결하기 위해 조건부 컴파일 전처리 명령을 사용합니다. 즉, 헤더 파일의 처음에 특정 매크로명을 정의해 같은 헤더 파일이 두 번 이상 포함될 때는 조건검사를 통해 헤더 파일이 중복 포함되지 않도록 만듭니다. 자세한 내용은 그림을 보면서 살펴보겠습니다.

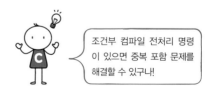

조건부 컴파일 전처리 명령이 있으면 중복 포함 문제를 해결할 수 있구나!

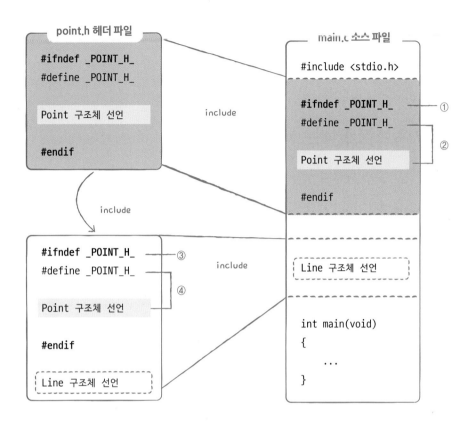

point.h가 main.c에 처음 인클루드될 때 ①에서 매크로명 _POINT_H_가 정의되어 있지 않으므로 ②가 포함됩니다. 따라서 바로 매크로명 _POINT_H_가 정의되고 Point 구조체가 선언됩니다. 그 후에 두 번째 인클루드될 때는 매크로명 _POINT_H_가 정의되어 있으므로 ③에서 조건이 거짓이 되고 따라서 ④는 자연스럽게 추가되지 않습니다. 이후 몇 번이고 point.h가 인클루드되더라도 모두 추가되지 않으므로 Point 구조체가 중복 선언되는 일은 발생하지 않습니다. 예제는 설명의 편의를 위해 point.h에만 중복 제거 방법을 사용했지만, line.h도 같은 방법으로 헤더 파일을 만드는 것이 좋습니다.

헤더 파일의 중복 포함 문제를 해결하지 않으면 다양한 포함 경로를 통해 자신을 다시 포함해 포함 과정을 무한 반복하다 컴파일이 중단될 수도 있습니다. 결국 모든 헤더 파일을 만들 때는 매크로명을 처음에 정의해 같은 헤더 파일이 두 번 이상 포함되지 않도록 해야 합니다, 매크로명은 헤더 파일명과 비슷하게 만들어 헤더 파일이 다르면 인클루드하더라도 매크로명이 중복되지 않도록 합니다. VC++ 컴파일러의 시스템 헤더 파일도 대부분 파일의 중복 포함을 방지하기 위해서 조건부 컴파일 명령을 사용합니다.

마무리

▶ 6가지 키워드로 끝내는 핵심 포인트

• 모듈은 독립적으로 컴파일과 디버깅이 가능한 하나의 파일이다.

• 분할 컴파일된 개체 파일은 링크link되어 하나의 프로그램(파일)이 된다.

• 파일 간에 전역 변수를 공유할 때는 extern을 쓰고 공유를 제한할 때는 static을 쓴다.

• 헤더 파일의 중복 포함 문제는 조건부 컴파일 지시자로 해결할 수 있다.

▶ 표로 정리하는 핵심 포인트

표 19-3 분할 컴파일과 데이터의 공유 방법

구분	사용 예	기능
분할 컴파일 과정	main.c sub.c	2개의 소스 파일 작성
	main.obj sub.obj	각각 컴파일 후 개체 파일 생성
	19-8.exe	링크로 실행 파일 생성
전역 변수의 공유	extern int count;	다른 파일의 전역 변수 count 사용
	static int total;	다른 파일에서 공유할 수 없도록 제한
헤더 파일의 중복	#ifndef _POINT_H_	매크로명이 정의되어 있지 않으면
	#define _POINT_H_	매크로명을 정의하고
	Point 구조체 선언	헤더 파일의 내용 처리
	#endif	#ifndef의 끝 표시

▶ 확인 문제

지금까지 분할 컴파일 방법을 살펴봤습니다. 분할 컴파일을 하면 파일이 나눠지므로 전역 변수의 공유 방법과 중복 문제 해결에 주의해야 합니다. 또한 각 파일이 독립적으로 컴파일될 수 있도록 적절한 헤더 파일을 사용해야 합니다. 대부분의 프로그램이 분할 컴파일의 방법으로 구현되므로 문제를 통해 개념을 정리하고 분할 컴파일을 연습해 보겠습니다.

1. 다음 2개의 파일로 분할 컴파일된 프로그램의 실행결과를 적으세요.

```c
// main.c
#include <stdio.h>
extern void set_key(int);
extern int get_key(void);
int key;
int main(void)
{
    int res;
    set_key(10);
    key = get_key();
    set_key(20);
    res = key + get_key();
    printf("%d", res);
    return 0;
}
```

```c
//sub.c
static int key;
void set_key(int val)
{
    key = val;
}
int get_key(void)
{
    return key;
}
```

실행결과 ☓

2. 다음 중 extern과 static을 사용한 전역 변수에 대한 설명 중 <u>옳지 않은</u> 것을 고르세요.

① static을 쓰면 둘 이상의 파일에서 같은 이름의 전역 변수를 각각 선언할 수 있다.

② static을 사용한 전역 변수를 다른 파일에서 extern 선언으로 공유할 수 없다.

③ extern 선언은 중복이 가능하므로 헤더 파일에 넣어 사용하는 것이 좋다.

④ 다른 파일에 있는 static 전역 변수를 공유할 때는 static 선언이 필요하다.

3. 다음 중 사용자 정의 헤더 파일의 내용으로 <u>적합하지 않은</u> 것을 고르세요.

① 매크로 함수 정의

```
#define FUNC(x, y, z) (((x) * (y)) / (z))
```

② 구조체 선언

```
struct robot
{
    char skill[20];
    int energy;
};
```

③ 전역 변수 선언과 초기화

```
int key_flag = 0;
```

④ 함수 선언

```
int input_data_from_file(void);
```

▶ 도전 실전 예제

도전 **사칙연산 계산기 프로그램**

사칙연산 수식을 입력하면 그 결과를 출력하는 프로그램을 작성합니다. 단, 수식을 입력하는 함수와 사칙연산 함수를 매크로 함수로 작성하세요.

```
</> 실행결과                                                    ✕
수식 입력(종료 Ctrl+Z) : 10 + 20
10 + 20 = 30
수식 입력(종료 Ctrl+Z) : 10 - 4
10 - 4 = 6
수식 입력(종료 Ctrl+Z) : 10 * 5
10 * 5 = 50
수식 입력(종료 Ctrl+Z) : 10 / 4
10 / 4 = 2
수식 입력(종료 Ctrl+Z) : ^Z
```

지금까지 수고했어!
도전 실전 예제 풀이
는 여기서 확인해 봐!

고급편

A 아스키 코드표

표 A-1 아스키 코드표(ASCII code, American Standard Code for Information Interchange)

문자	값	문자	값	문자	값	문자	값
Ctrl-@ NUL	0	Ctrl-P DLE	16	space	32	0	48
Ctrl-A SOH	1	Ctrl-Q DC1	17	!	33	1	49
Ctrl-B STX	2	Ctrl-R DC2	18	"	34	2	50
Ctrl-C ETX	3	Ctrl-S DC3	19	#	35	3	51
Ctrl-D EOT	4	Ctrl-T DC4	20	$	36	4	52
Ctrl-E ENQ	5	Ctrl-U NAK	21	%	37	5	53
Ctrl-F ACK	6	Ctrl-V SYN	22	&	38	6	54
Ctrl-G BEL	7	Ctrl-W ETB	23	'	39	7	55
Ctrl-H BS	8	Ctrl-X CAN	24	(	40	8	56
Ctrl-I HT	9	Ctrl-Y EM	25	)	41	9	57
Ctrl-J LF	10	Ctrl-Z SUB	26	*	42	:	58
Ctrl-K VT	11	Ctrl-[ESC	27	+	43	;	59
Ctrl-L FF	12	Ctrl-\ FS	28	,	44	〈	60
Ctrl-M CR	13	Ctrl-] GS	29	–	45	=	61
Ctrl-N SO	14	Ctrl-^ RS	30	.	46	〉	62
Ctrl-O SI	15	Ctrl-_ US	31	/	47	?	63

문자	값	문자	값	문자	값	문자	값
@	64	P	80	`	96	p	112
A	65	Q	81	a	97	q	113
B	66	R	82	b	98	r	114
C	67	S	83	c	99	s	115
D	68	T	84	d	100	t	116
E	69	U	85	e	101	u	117
F	70	V	86	f	102	v	118
G	71	W	87	g	103	w	119
H	72	X	88	h	104	x	120
I	73	Y	89	i	105	y	121
J	74	Z	90	j	106	z	122
K	75	[	91	k	107	{	123
L	76	\	92	l	108	¦	124
M	77	]	93	m	109	}	125
N	78	^	94	n	110	~	126
O	79	_	95	o	111	DEL	127

정렬은 데이터를 일정한 규칙에 따라 나열합니다. 작은 값부터 큰 값 순서로 나열하면 오름차순 정렬 ascending sort 이며, 반대로 큰 값에서 작은 값 순서로 나열하면 내림차순 정렬 descending sort 입니다. 정렬하는 방법은 다양하지만, 여기서는 비교적 쉽게 사용할 수 있는 **선택 정렬** selection sort 을 소개합니다. 예를 들어 다음과 같이 배열이 초기화되었을 때 배열의 값을 오름차순으로 정렬해 봅시다.

```c
int a[5] = { 3, 2, 1, 6, 5 };
```

3	2	1	6	5
a[0]	a[1]	a[2]	a[3]	a[4]

순서1 **우선 배열에서 가장 작은 값을 첫 번째 요소에 저장합니다.**

방법은 간단합니다. 첫 번째 요소를 기준으로 나머지 요소들을 차례로 비교하면서 기준 요소의 값이 비교하는 값보다 크면 두 값을 바꿉니다. 이 과정을 단계별로 살펴보면 다음과 같습니다.

❶ 기준이 되는 a[0]이 a[1]보다 크므로 두 요소의 값을 바꿉니다.

이 과정이 끝나면 a[0], a[1] 두 요소 중에 작은 값이 a[0]에 저장됩니다. 이 상태에서 a[0]를 기준으로 다음 요소인 a[2]와 비교하고 바꾸는 과정을 반복합니다.

❷ 기준이 되는 a[0]이 a[2]보다 크므로 두 요소의 값을 바꿉니다.

이 과정이 끝나면 a[0], a[1], a[2] 3개의 요소 중에 가장 작은 값이 a[0]에 저장됩니다. 이 상태에서 a[0]을 기준으로 다음 요소인 a[3]과 비교하고 바꾸는 과정을 반복합니다.

❸ 기준이 되는 a[0]이 a[3]보다 작으므로 그대로 둡니다.

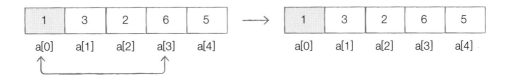

이 과정이 끝나면 a[0], a[1], a[2], a[3] 4개의 요소 중에 가장 작은 값이 a[0]에 저장됩니다. 끝으로 a[0]을 기준으로 마지막 요소인 a[4]와 비교하고 바꾸는 과정을 반복합니다.

❹ 기준이 되는 a[0]이 a[4]보다 작으므로 그대로 둡니다.

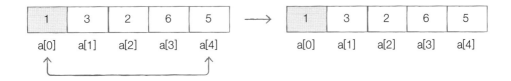

❶ ~ ❹ 의 과정이 끝나면 가장 작은 값이 배열의 첫 번째 요소에 저장됩니다. 일단 여기까지 코드로 구현해 봅시다.

가장 작은 값을 구하는 과정

```
for (j = 1; j < 5; j++) ──────→  j는 1부터 4까지 증가
{                                (두 번째 요소부터 마지막까지)

    if (a[0] > a[j]) ──────→  첫 번째 요소와 나머지
    {                          요소를 비교

        temp = a[0]; ┐
        a[0] = a[j]; ┘──────→  교환 작업
        a[j] = temp;
    }
}
```

순서2 이제 가장 작은 값을 구하는 과정을 두 번째 요소를 기준으로 반복합니다.

❶ 기준이 되는 a[1]이 a[2]보다 크므로 두 요소의 값을 바꿉니다.

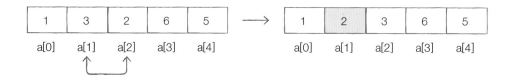

이 과정이 끝나면 a[1], a[2] 두 요소 중에 작은 값이 a[1]에 저장됩니다. 이 상태에서 a[1]을 기준으로 다음 요소인 a[3]과 비교하고 바꾸는 과정을 반복합니다.

❷ 기준이 되는 a[1]이 a[3]보다 작으므로 그대로 둡니다.

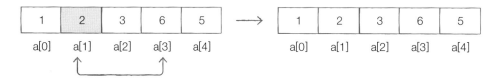

이 과정이 끝나면 a[1], a[2], a[3] 3개의 요소 중에 가장 작은 값이 a[1]에 저장됩니다. 이 상태에서 a[1]을 기준으로 마지막 요소인 a[4]와 비교하고 바꾸는 과정을 반복합니다.

❸ 기준이 되는 a[1]이 a[4]보다 작으므로 그대로 둡니다.

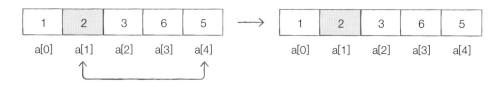

❶ ~❸ 의 과정이 끝나면 두 번째 가장 작은 값이 배열의 두 번째 요소에 저장됩니다. 이렇게 기준이 되는 요소를 다음 요소로 이동하면서 기준 요소가 a[3]이 될 때까지 가장 작은 값을 구하는 과정을 반복합니다. 마지막 요소는 자신이 가장 작은 값이므로 이 과정을 반복하지 않아도 됩니다. 결국 배열 요소 수보다 하나 적은 수만큼 가장 작은 값을 구하는 과정을 반복하면 모든 배열 요소가 오름차순으로 정렬됩니다. 일단 앞서 구현했던 가장 작은 값을 구하는 코드를 '배열 요소 수 - 1'만큼 반복하는 코드를 만들어 봅시다.

```
for (i = 0; i < 4; i++)  ←———— 가장 작은 값을 구하는 과정 4번 반복
{
    for (j = 1; j < 5; j++)
    {
        if (a[0] > a[j])
        {
            temp = a[0];      ←———— 가장 작은 값을 구하는 과정
            a[0] = a[j];
            a[j] = temp;
        }
    }
}
```

이 코드는 첫 번째 가장 작은 값만 4번 구하고 끝납니다. 앞서 설명한 알고리즘은 가장 작은 값을 구하는 과정이 반복될 때마다 기준이 되는 요소가 다음 요소로 바뀌고 첫 번째 비교 대상이 되는 요소도 기준 요소 다음 요소로 바뀝니다. 따라서 j-for문에 있는 a[0]은 i-for문이 반복될 때마다 첨자가 하나씩 증가해야 하며 j-for문에서 j의 초깃값도 i의 값이 증가할 때마다 함께 증가해야 합니다. 이 규칙을 모두 적용해서 예제를 만들어 봅시다.

B-1 직접 해보는 손코딩

배열의 값을 오름차순으로 정렬 소 스 코 드 예제B-1.c

```
01  #include <stdio.h>
02
03  int main(void)
04  {
05      int a[5] = { 3, 2, 1, 6, 5 };
06      int i, j, temp;
07
08      for (i = 0; i < 4; i++)           // 가장 작은 값을 구하는 과정 반복 횟수
09      {
10          for (j = i + 1; j < 5; j++)    // 첫 번째 비교 대상은 기준 요소 다음부터 시작
11          {
12              if (a[i] > a[j])           // 기준 요소 a[i]와 나머지 요소 a[j] 비교
13              {
14                  temp = a[i];           // 교환 작업
15                  a[i] = a[j];
16                  a[j] = temp;
17              }
```

```
18              }
19          }
20
21      for (i = 0; i < 5; i++)
22      {
23          printf("%5d", a[i]);
24      }
25
26      return 0;
27  }
```

```
실행결과                          ✕
        1    2    3    5    6
```

이 예제는 선택 정렬 알고리즘을 충실히 반영하고 있으나 비교하고 교환하는 횟수가 많아 실행 효율이 떨어집니다. 따라서 가장 작은 값을 구할 때 기준이 되는 요소와 나머지 요소를 비교하면서 가장 작은 값의 위치만 기억해 두고 비교 과정이 모두 끝난 후에 한 번만 교환하도록 수정하면 좀 더 나은 코드를 만들 수 있습니다.

B-2 직접 해보는 손코딩

배열의 값을 오름차순으로 정렬 – 개선된 선택 정렬   소스 코드   예제B-2.c

```
01  #include <stdio.h>
02
03  int main(void)
04  {
05      int a[5] = { 3, 2, 1, 6, 5 };
06      int i, j, temp;
07      int min;
08
09      for (i = 0; i < 4; i++)            // 가장 작은 값을 구하는 과정 반복 횟수
10      {
11          min = i;                       // i가 가장 작은 값의 첨자라고 가정
12          for (j = i + 1; j < 5; j++)    // 첫 번째 비교 대상은 기준 요소 다음부터 시작
13          {
14              if (a[min] > a[j])         // 가장 작은 값이 a[j]보다 크면
15              {
16                  min = j;               // j가 가장 작은 값의 첨자가 된다.
17              }
18          }
19          if (min != i)                  // 가장 작은 값의 위치가 바뀌었으면
20          {
```

```
21              temp = a[i];                    // 두 값 교환
22              a[i] = a[min];
23              a[min] = temp;
24          }
25      }
26
27      for (i = 0; i < 5; i++)
28      {
29          printf("%5d", a[i]);
30      }
31
32      return 0;
33 }
```

실행결과

| 1 | 2 | 3 | 5 | 6 |

B | 선택 정렬 알고리즘 **629**

C 여기서 잠깐 모음

01-2 컴파일과 컴파일러 사용법

1. 🖉 소스 파일 작성 – 전처리 – 컴파일 – 링크

2. 🖉 ① 기계어　　　② 개체 파일　　　③ 링크

02-1 C 프로그램의 구조와 데이터 출력 방법

1. 🖉 ③

   주석문은 함수와 관계없이 소스 코드 어디서나 사용할 수 있습니다.

2. 🖉 ① %d　　　② %d　　　③ %lf

3. 🖉

📟 실행결과	✕
Happy!	
Baby	

   printf("Hello world!\n"); 문장은 주석기호 /* */ 안에 있으므로 주석문이 됩니다. Be가
   출력된 후에 \r에 의해 커서가 B의 위치로 이동해 Happy!가 출력되므로 Be가 지워집니다. 그 후
   에 \n에 의해 줄이 바뀌고 Baby가 출력됩니다.

02-2 상수와 데이터 표현 방법

1. 🖉

10진수	8진수	16진수	2진수
11	13	B	1011
17	21	11	10001
26	32	1A	11010
65	101	41	1000001

2. 🖉 -10 (정)　1e4 (실)　-1. (실)　-1.5e-3 (실)

   +032 (정)　3.14 (실)　0xff (정)

3.

```c
#include <stdio.h>
int main(void)
{
    printf("학번 : %d\n", 32165);        // 정수는 %d로 출력
    printf("이름 : %s\n", "홍길동");      // 문자열은 %s로 출력
    printf("학점 : %c\n", 'A');          // 문자는 %c로 출력
    return 0;
}
```

03-1 변수

1. 🖽 float, double

unsigned int형에서 int를 생략하고 unsigned만 사용할 수도 있습니다.

2. 🖽

```
🖸 실행결과                    ✕
a : 6
```

a = a + 1;은 현재의 a의 값에 1을 더해 다시 a에 대입하는 문장입니다. 따라서 1부터 3까지 계속 더하면 6이 됩니다.

3.

```c
#include <stdio.h>

int main(void)
{
    int kor = 70, eng = 80, mat = 90;    // 세 과목의 변수 선언과 초기화
    int tot;                             // 총점을 저장할 변수 선언

    tot = kor + eng + mat;               // 세 변수의 값을 더해 총점 변수에 저장
    printf("국어 : %d, 영어 : %d, 수학 : %d\n", kor, eng, mat);   // 점수 출력
    printf("총점 : %d", tot);            // 총점 출력

    return 0;
}
```

03-2 데이터 입력

1. **정답** ③

   ① ch는 char형 변수이므로 **%c** 변환 문자를 사용합니다.

   ② sh는 short형 변수이므로 **%hd** 변환 문자를 사용합니다.

   ③ 2개 이상의 변수에 입력할 때는 변환 문자를 이어서 사용합니다.

   ④ double형 변수에 입력할 때는 **%lf** 변환 문자를 사용합니다.

2. **정답** ① fruit   ② &cnt

   char 배열에 문자열을 입력할 때는 배열명만 사용하고 그 외의 변수에는 &를 씁니다.

3.
```c
#include <stdio.h>

int main(void)
{
    char ch;                           // 문자를 저장할 변수

    printf("문자 입력 : ");            // 입력 안내 메시지
    scanf("%c", &ch);                  // 변수 ch에 문자 입력
    printf("%c문자의 아스키 코드 값은 %d입니다.", ch, ch);
    // ch의 값을 변환 문자를 바꿔 한 번은 문자로 한 번은 아스키 코드 값으로 출력한다.
    return 0;
}
```

04-1 산술 연산자, 관계 연산자, 논리 연산자

1.
```c
#include <stdio.h>

int main(void)
{
    double a = 4.0, b = 1.2;

    printf("%.1lf + %.1lf = %.1lf\n", a, b, a + b);
    printf("%.1lf - %.1lf = %.1lf\n", a, b, a - b);
    printf("%.1lf * %.1lf = %.1lf\n", a, b, a * b);
```

```
        printf("%.1lf / %.1lf = %.1lf\n", a, b, a / b);
        // double형이므로 소수점까지 계산한다.
        // 소수점 이하 첫째 자리까지 출력해야 하므로 % 다음에 .1을 사용한다.

        return 0;
    }
```

2.
```
    #include <stdio.h>

    int main(void)
    {
        int a, b, tot;
        double avg;

        printf("두 과목의 점수 : ");
        scanf("%d%d", &a, &b);              // 점수 입력
        tot = a + b;                        // 두 점수를 더해 총점을 구한다.
        avg = tot / 2.0;
        // 평균 계산, tot가 정수형이므로 나누는 값을 2.0과 같이 실수값으로 사용해야 한다.
        // 그렇지 않으면 피연산자가 모두 정수값이므로 몫을 계산한다.

        printf("평균 : %.1lf\n", avg);

        return 0;
    }
```

3.
```
    #include <stdio.h>

    int main(void)
    {
        int kor = 3, eng = 5, mat = 4;              // 국어, 영어, 수학의 학점 초기화
        int credits;                                // 전체 학점을 저장할 변수
        int res;                                    // 연산 결과를 저장할 변수
        double kscore = 3.8, escore = 4.4, mscore = 3.9;  // 각 과목의 평점 초기화
        double grade;                               // 평점의 평균을 저장할 변수

        credits = kor + eng + mat;                  // 전체 학점 계산
        grade = (kscore + escore + mscore) / 3.0;   // 평점의 평균 계산
```

```
    res = (credits >= 10) && (grade > 4.0);          // 전체 학점이 10학점 이상이고
    // 평점 평균이 4.0보다 크면 참이므로 결과는 1, 그렇지 않으면 거짓이므로 결과는 0
    printf("%d\n", res);

    return 0;
}
```

04-2 그 외 유용한 연산자

1.
```
#include <stdio.h>

int main(void)
{
    int res;

    res = sizeof (short) > sizeof (long);
    // sizeof의 피연산자로 자료형 이름을 사용해 크기를 바이트 단위로 계산한다.
    // short형의 크기가 long형보다 크면 참이므로 1, 그렇지 않으면 0을 res에 저장한다.

    printf("%s\n", (res == 1) ? "short" : "long");
    // res가 1과 같으면 short형의 크기가 크므로 출력하고
    // 그렇지 않으면 long형을 출력한다.

    return 0;
}
```

2.
```
#include <stdio.h>

int main(void)
{
    int seats = 70;         // 경기장의 좌석 수(seats) 초기화
    int audience = 65;      // 입장객 수(audience) 초기화
    double rate;            // 입장률(rate)을 저장할 변수

    rate = (double)audience / (double)seats * 100.0;
    // 'audience / seats'를 바로 연산하면 둘 다 int형이므로 몫을 계산한다.
    // 이 경우 입장객 수가 좌석 수보다 크지 않으므로 항상 0이 출력된다.
```

// 따라서 소수점까지 계산할 수 있도록 double형으로 형 변환한다.
// 나누기(/)와 곱하기(*)는 우선순위가 같으므로 연산 방향에 따라 왼쪽부터
// 나누기 연산이 먼저 수행된다.

```
        printf("입장률 : %.1lf%%\n", rate);                    // 입장률 출력
```
        %는 변환 문자와 함께 사용되므로
        % 자체를 출력할 때는 이처럼 두 번 연속 사용해야 합니다.
```
        return 0;
}
```

3.
```
#include <stdio.h>

int main(void)
{
        int hour, min, sec;      // 시, 분, 초를 저장할 변수
        double time = 3.76;      // 시간 초기화

        hour = (int) time;       // 형 변환으로 정수 부분만을 골라낸다.
        time -= hour;            // 한 시간이 안 되는 부분만을 다시 저장한다.
        time *= 60.0;            // 분 단위로 환산
        min = (int) time;        // 정수 부분만을 골라내어 분으로 저장한다.
        time -= min;             // 일분이 안 되는 부분만을 다시 저장한다.
        time *= 60.0;            // 초 단위로 환산
        sec = (int) time;        // 정수 부분만을 골라내어 초로 저장한다.
        printf("3.76시간은 %d시간 %d분 %d초입니다.\n", hour, min, sec);   // 변환한 시간 출력

        return 0;
}
```

05-1 if문

1. ①

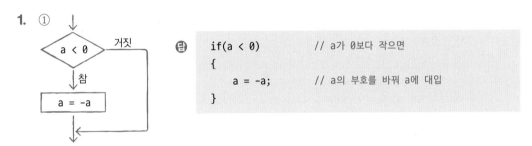

a의 값이 0보다 크거나 같으면 조건식이 거짓이므로 a의 부호를 바꾸지 않습니다. 즉, if문을 사용해 a의 값이 음수일 때 양수로 바꾸는 코드입니다.

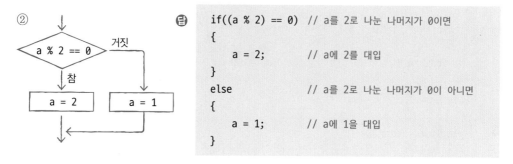

```
if((a % 2) == 0)  // a를 2로 나눈 나머지가 0이면
{
    a = 2;        // a에 2를 대입
}
else              // a를 2로 나눈 나머지가 0이 아니면
{
    a = 1;        // a에 1을 대입
}
```

a를 2로 나눈 나머지가 0이면 a가 짝수고 그렇지 않으면 홀수입니다. 즉, a가 짝수면 2로 바꾸고 홀수면 1로 바꾸는 코드입니다.

2. ① chest <= 90   ② chest <= 100

②의 조건식으로 (chest > 90) && (chest <= 100)를 사용할 수도 있지만 ①의 조건이 거짓인 경우 ②의조건을 검사하므로 chest > 90의 조건을 넣을 필요가 없습니다.

3.

```
#include <stdio.h>
int main(void)
{
    double height = 179.5;                    // 키를 저장할 변수 선언과 초기화
    double weight = 75.0;                     // 몸무게를 저장할 변수 선언과 초기화
    if((height >= 187.5) && (weight < 80.0))  // 키가 187.5 이상이고
    {                                         // 몸무게가 80 미만이면
        printf("ok\n");                       // ok 출력
    }
    else                                      // 그 이외의 경우
    {
        printf("cancel\n");                   // cancel 출력
    }
    return 0;
}
```

if문의 조건식에서 관계 연산자(>=, <)가 논리 연산자(&&)보다 우선순위가 높아 관계 연산자가 먼저 수행되므로 조건식 안에 괄호가 없어도 결과는 같습니다. 그러나 연산자 우선순위를 명

확히 하기 위해 괄호를 사용하는 것이 좋습니다. 논리곱 연산자는 두 피연산자가 모두 참인 경우만 참이므로 키가 187.5보다 작거나 몸무게가 80 이상이면 조건식은 거짓이 됩니다.

05-2 if문 활용과 switch ~ case문

1. 📋 ③

break는 switch ~ case문의 블록을 탈출할 때 사용됩니다.

2. 📋 default:

조건식의 결과가 0이 아닌 경우는 모두 참이 출력되므로 default를 사용합니다.

3.

```c
#include <stdio.h>
int main(void)
{
    int age = 25, chest = 95;
    char size;
    if (age < 20)                          // 나이가 20 미만이면
    {
        if (chest < 85) size = 'S';        // 20세 미만 chest 값에 따라 사이즈를 결정
        else if (chest < 95) size = 'M';
        else size = 'L';
    }
    else                                   // 나이가 20보다 크거나 같으면
    {
        if (chest < 90) size = 'S';        // 20세 이상 기준으로 사이즈를 결정
        else if (chest < 100) size = 'M';
        else size = 'L';
    }
    printf("사이즈는 %c입니다.\n", size);    // 결정된 사이즈 출력
    return 0;
}
```

06-1 while문, for문, do ~ while문

1. 답

```
do {                        // 중괄호를 do 옆에 붙이면 한 줄을 줄일 수 있다.
    scanf("%d", &a);        // 키보드로 a에 정수 입력
} while (a < 0);            // 입력된 값이 음수면 입력을 반복
```

반복할 문장을 실행한 후 조건을 검사하므로 do ~ while문으로 작성합니다. 입력되는 값이 음수면 다시 입력하고 0을 포함해 양수가 입력되면 반복을 끝냅니다. 프로그램에서 양수가 필요한 경우 잘못된 입력을 걸러 내는 용도로 이 코드를 사용할 수 있습니다.

2. 답

```
for (i = 0; i < 5; i++)     // 변수 i를 하나씩 증가시키면서 5보다 작은 동안 반복
{
    printf("Be happy\n");   // 실행문
}
```

i = 0은 초기식으로 한 번 실행되고 출력문과 증감식이 반복되므로 for문으로 작성합니다. 또는 증감식을 반복할 문장으로 포함시켜 while문으로 작성하는 것도 가능합니다.

```
i = 0;                      // 일단 반복문 시작 전에 i를 0으로 초기화
while (i < 5)               // i가 5보다 작은 동안 반복
{
    printf("Be happy\n");   // 실행문
    i++;                    // 여기서 i값을 하나 증가시킨다.
}
```

3.

```
#include <stdio.h>
int main(void)
{
    int i;
    for (i = 0; i < 10; i++)    // i는 0부터 9까지 하나씩 증가되므로 열 번 반복
    {
        printf("$");            // 실행문
    }
    return 0;
}
```

06-2 반복문 활용

1. **답** 12번

   바깥쪽 i-for문이 세 번 반복되고 안쪽 j-for문이 네 번 반복되므로 j-for문 안에 있는 문장은 총 열두 번 반복됩니다.

2. **답** 9번

   안쪽의 j-for문은 기본적으로 네 번 반복되나 j가 2일 때 break에 의해 반복이 끝나므로 결국 출력문은 j의 값이 0, 1, 2일 때 세 번만 실행됩니다. 이 반복문을 바깥쪽 i-for문에서 다시 세 번 반복하므로 출력문은 총 아홉 번 실행됩니다. break는 가장 가까운 반복문인 j-for문만 벗어나며 바깥쪽 i-for문은 계속 반복됩니다.

3.
```
#include <stdio.h>
int main(void)
{
    int i, j;                           // 반복 제어 변수
    for (i = 0; i < 5; i++)             // i는 0부터 4까지 다섯 번 반복, 행의 수
    {
        for (j = 0; j < 5; j++)         // j는 0부터 4까지 다섯 번 반복, 열의 수
        {
            if ((i == j) || (i + j == 4))   // 대각선의 위치가 되었을 때
                printf("*");            // 별 출력
            else                        // 그 외의 위치는
                printf(" ");            // 빈칸 출력
        }
        printf("\n");                   // 한 행이 끝나면 줄을 바꾼다.
    }
    return 0;
}
```

이 문제를 풀려면 이중 for문이 화면에 어떤 모양으로 출력하는지를 이해해야 합니다. 바깥쪽 for문은 행(row)을 바꾸고 안쪽 for문은 열(column)을 바꾸면서 5행 5열의 화면에 출력합니다. 단, 빈칸과 별 중에 어떤 것을 출력할지는 행과 열을 결정하는 i와 j의 값에 따라 결정됩니다. 오른쪽 아래로 이어지는 대각선은 i와 j의 값이 같으며 왼쪽 아래로 이어지는 대각선은 i와 j를 더한 값이 4가 되므로 이 조건을 만족할 때 별을 출력하도록 if문을 작성합니다.

07-1 함수의 작성과 사용

1. **답** ① double   ② double a, double b

   ① 두 실수의 평균도 실수이므로 반환값의 형태는 double.

   ② 호출할 때 2개의 실수가 전달되므로 double형 매개변수 선언.

2. 함수 선언 •   • 함수에 필요한 값을 주고 함수를 사용한다.

   함수 정의 •   • 함수 원형을 컴파일러에 알린다.

   함수 호출 •   • 함수 원형을 설계하고 내용을 구현한다.

3.
```c
#include <stdio.h>
double centi_to_meter(int cm);     // 함수 선언
int main(void)
{
    double res;                    // 함수의 반환값을 저장할 변수
    res = centi_to_meter(187);     // 함수 호출, 반환값을 res에 저장
    printf("%.2lfm\n", res);       // 반환된 res의 값 출력

    return 0;
}

double centi_to_meter(int cm)      // 함수 정의 시작
{
    double meter;                  // 필요한 변수 선언
    meter = cm / 100.0;            // 매개변수 cm의 값을 m단위로 환산
    return meter;                  // 환산된 값 반환
}
```

07-2 여러 가지 함수 유형

1. **답** ④

   ① void func(int, double); ---- func(1.5, 10); → 매개변수의 순서가 int, double 이므로 호출할 때 정수, 실수가 되어야 합니다.

   ② int func(void); ---- func(void); → 함수를 호출할 때는 void를 사용하지 않습니다.

   ③ void func(void); ---- func() + 10; → 반환값이 없는 함수는 호출문을 수식의 일

부로 사용할 수 없습니다.

④ int func(double); ---- printf("%d", func(3.4)); → func 함수가 반환하는 값이 printf 함수에 의해 출력됩니다.

2.
```c
#include <stdio.h>
void sum(int n);                    // 함수 선언
int main(void)
{
    sum(10);                        // 1부터 10까지의 합 출력
    sum(100);                       // 1부터 100까지의 합 출력
    return 0;
}
void sum(int n)                     // 매개변수에 합을 구할 마지막 값을 받는다.
{
    int i, tot = 0;                 // 반복 회수를 세는 변수와 합을 누적할 변수 정의
    for(i = 1; i <= n; i++)         // 1부터 매개변수 n까지 i 증가
    {
        tot += i;                   // i를 반복해 tot에 누적한다.
    }
    printf("1부터 %d까지의 합은 %d입니다.\n", n, tot);   // n과 tot 출력
}
```

3.
```c
int func(int n);    // 2*n*n + 3*n을 계산한 후에 그 절댓값을 구하는 함수
int poly(int n);    // 2*n*n + 3*n을 계산해 반환하는 함수
```

🖥 **실행결과** ✕

9

func 함수는 poly 함수가 반환한 2 * n * n + 3 * n 값의 절댓값을 구해 반환합니다.

08-1 배열의 선언과 사용

1. 탭 ① int ary[5];   ② double ary[10];   ③ int ary[3]   ④ char ary[5];

2. 탭 int ary[6] = { 1, 2, 3 }
   배열 요소 개수가 6개인 int형 배열을 선언하고 처음 3개만 초기화하면 나머지 배열 요소는 0으로 자동 초기화됩니다.

3.

```c
#include <stdio.h>

int main(void)
{
    int A[3] = { 1, 2, 3 };         // 초기화된 A 배열
    int B[10];                      // 초기화되지 않은 B 배열
    int i;

    for (i = 0; i < 10; i++)        // B 배열을 채우기 위해 B 배열 요소의 개수만큼 반복
    {
        B[i] = A[i % 3];            // A 배열 첨자가 0 ~ 2를 갖도록 나머지 연산자 사용
    }

    for (i = 0; i < 10; i++)
    {
        printf("%5d", B[i]);        // B 배열 출력
    }
    return 0;
}
```

실행결과 ☒

```
    1    2    3    1    2    3    1    2    3    1
```

08-2 문자를 저장하는 배열

1. 답 ① ○   ② ○   ③ ×   ④ ×

① 남는 배열 요소에는 자동으로 0이 채워집니다.

② 문자열 끝의 널 문자를 포함해 9개의 배열 요소를 할당합니다.

③ 널 문자를 저장할 공간이 없습니다.

④ 배열의 크기가 작고, 중괄호 없이 하나의 문자열만 초기화할 수 있습니다.

2. 답 ④

3. 답 ① temp   ② str1   ③ str1   ④ str2   ⑤ str2   ⑥ temp

① temp ② str1 → temp 배열에 str1 배열의 문자열 대입

③ str1 ④ str2 → str1 배열에 str2 배열의 문자열 대입

⑤ str2 ⑥ temp → str2 배열에 temp 배열의 문자열 대입

09-1 포인터의 기본 개념

1. 답 ① char *p;   ② int *p;   ③ double *p;

2. 답

수식	&ch	&in	&db	*&ch	*&in	*&db
결괏값	100	101	105	'A'	10	3.4

&ch, &in, &db는 각 변수가 할당된 메모리의 시작 주소 값입니다.

*&ch는 &ch의 연산 결과인 주소 100에 다시 간접 참조 연산을 수행해 주소 위치의 변수 ch의 값이 됩니다. 보통 & 연산으로 구한 주소는 포인터에 저장해 쓰지만, 주소 값을 바로 * 연산에 사용하는 것도 가능합니다.

3.
```
int a = 10;            // a를 10으로 초기화
int *p = &a;           // a의 주소를 p에 저장해 p가 a를 가리키도록 초기화
*p = 20;               // p가 가리키는 변수(a)에 20 대입
printf ("%d", a) ;     // 20으로 바뀐 a값 출력
```

답 ⟦⟧ 실행결과   ✕

20

09-2 포인터 완전 정복을 위한 포인터 이해하기

1. 답 상수 ②, ⑤ / 변수 ①, ③, ④

&a는 변수 a의 시작 주소 값이므로 주소 상수

p는 포인터 변수, *p는 p가 가리키는 변수 a

2. 답 ④

pc와 pd는 포인터이므로 크기가 4바이트로 같습니다.

*pc는 pc가 가리키는 변수의 크기이므로 1바이트

*pd는 pd가 가리키는 변수의 크기이므로 8바이트

3. 답 ⟦⟧ 실행결과   ✕

20, 10

변수 a, b를 가리키는 포인터 pa, pb의 값을 바꾸어 pa가 b를 가리키고 pb가 a를 가리키도록 합니다. 따라서 *pa, *pb는 각각 b와 a의 값을 출력합니다. pa, pb를 교환할 때 사용하는 변수는 pa, pb와 같은 형태의 포인터를 사용합니다.

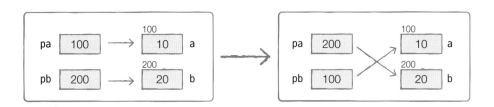

10-1 배열과 포인터의 관계

1. **답** ① 100　　② 3.5　　③ 116　　④ 0.5　　⑤ 7.4　　⑥ 2

　① 배열명은 첫 번째 배열 요소 ary[0]의 주소

　② 포인터 연산식 *(ary + 1)은 배열 요소 표현식 ary[1]과 같습니다.

　③ pa가 100이고 가리키는 자료형이 double이므로 100 + (2 * sizeof(double))

　④ pa[3]는 *(pa + 3)과 같습니다.

　⑤ pb는 ary + 2로 초기화되었으므로 *pb는 세 번째 배열 요소가 됩니다.

　⑥ (116 - 100) / sizeof(double)

2. **답** ① ×　　② ×　　③ ○　　④ ○　　⑤ ×　　⑥ ○

　① 배열 요소의 수가 5개이므로 첨자는 0~4만 사용해야 합니다.

　② ary는 배열명으로 주소 상수 100이므로 증가 연산자를 사용할 수 없습니다.

　③ *ary는 첫 번째 배열 요소이므로 ++(*ary)는 그 값을 증가시킵니다.

　④ 포인터 연산식으로 바꾸면 *(pb - 2)가 되고 pb의 값 116에서 가리키는 자료형의 크기(8)를 곱해서 빼 주면 100이므로 결국 첫 번째 배열 요소의 주소가 됩니다. 여기에 간접 참조 연산을 수행하므로 결국 첫 번째 배열 요소를 사용합니다.

　⑤ 초기화된 pb는 세 번째 배열 요소를 가리키므로 pb + 3은 배열의 할당 영역을 벗어납니다.

　⑥ ++pa는 전위형이므로 먼저 pa가 두 번째 배열 요소를 가리키도록 하고 이어서 간접참조 연산으로 두 번째 배열 요소를 사용합니다.

3. 🖐 pb++; 또는 ++pb;

pb가 가리키는 배열 요소를 출력하고 다음 배열 요소로 이동해야 하므로 증가 연산자를 사용합니다.

10-2 배열을 처리하는 함수

1. 🖐 ③

매개변수가 포인터이므로 주소를 인수로 주는 호출이면 모두 가능합니다. ①, ②의 배열명 ary는 주소이므로 호출이 가능하고 ④의 ary + 2는 세 번째 배열 요소의 주소를 주고 호출합니다. 이 경우 배열의 중간부터 데이터를 처리할 때 사용합니다. ③의 ary는 double형 배열이므로(int *)형 포인터에 대입하면 안 됩니다.

2.
```
void print_month(int *mp)                    // 배열명을 저장할 포인터
{
    int i;                                   // 반복 제어 변수
    for (i = 0; i < 12; i++)                 // 출력 열두 번 반복
    {
        printf("%5d", mp[i]);                // 각 달의 일수 출력
        if((i + 1) % 5 == 0) printf("\n");   // 출력 개수가 5의 배수면 줄 바꿈
    }
}
```

11-1 아스키 코드 값과 문자 입출력 함수

1. 🖐 ①, ③, ④, ⑥

① 'a' → 소문자 'a'의 아스키 코드 값은 97

② 'A' – 32 → 대문자 'A'의 아스키 코드 값은 65, 'A' – 32는 33

③ 'b' – 1 → 소문자 'b'의 아스키 코드 값은 98, 'b' – 1의 값은 97

④ 'A' + ('b' – 'B') → 대문자 'A'의 아스키 코드 값 65, 소문자와 대문자의 차는 32

⑤ 97 – '0' → 문자 '0'의 아스키 코드 값은 48, 97-48=49

2.
```c
#include <stdio.h>
int main(void)
{
    char ch;

    printf("문자 입력 : ");
    scanf("%c", &ch);                               // 문자 입력
    printf("%c문자의 아스키 코드 값 : %d\n", ch, ch);   // %d로 아스키 코드 값 출력
    return 0;
}
```

11-2 버퍼를 사용하는 입력 함수

1. **답** ②

① fflush (stdout); → 출력 버퍼의 내용을 지울 때 사용

③ fgetc(stdin); → 버퍼에서 하나의 문자만 가져와 반환

④ scanf("%c", &ch) ; → 버퍼에서 하나의 문자만 가져와 ch에 저장

2. **답** ②, ⑤, ⑥

② ch = scanf("%c"); → scanf 함수의 반환값은 입력에 성공한 데이터의 개수

⑤ getchar(&ch); → getchar 함수는 인수가 없음, getchar()와 같이 사용

⑥ scanf("%c", &num) → 문자를 입력할 때는 char형 변수 사용

3. **답** ① '\n', ② (ch >= 'a') && (ch <= 'z')

① 입력 버퍼의 끝에 있는 개행 문자 전까지 입력

② 소문자의 아스키 코드 값 범위를 검사

12-1 문자열과 포인터

1. **답** char *ps

char 포인터와 char형 배열 모두 문자열로 초기화할 수 있으나 ps += 5와 같이 ps 값을 바꾸는
일은 포인터만 할 수 있습니다. 배열명은 상수이므로 값을 바꿀 수 없습니다.

2. 🖐 ② printf("%s", str[0]);

str[0]는 char형 배열의 첫 번째 요소며 'a'가 저장되어 있습니다. 따라서 printf 함수의 인수로 소문자 a의 아스키 코드 값 97이 전달되며 printf 함수는 97번지부터 널 문자가 나올 때까지 문자열을 출력합니다. 메모리 97번지가 어떤 용도로 사용될지 알 수 없으므로 실행결과는 예상할 수 없습니다.

3. 🖐 fgetc(stdin);

scanf 함수로 좋아하는 동물 이름을 입력한 후에는 버퍼에 남아 있는 개행 문자가 fgets 함수의 입력으로 사용되므로 좋아하는 이유를 입력하지 못합니다. 따라서 scanf("%s", ani); 문장 다음 행에 fgetc(stdin); 문장을 추가해 버퍼에 남아 있는 개행 문자를 지웁니다.

12-2 문자열 연산 함수

1. 🖐 ② ⑤ ⑥

② strcat(str, ps); → str 배열에 붙여 넣을 공간이 부족합니다.

⑤ strcat("cute", str); → "cute" 뒤에 str을 붙여 넣을 공간이 없습니다.

⑥ strncpy(ps, str, strlen(str)); → ps가 연결하고 있는 문자열 상수는 바꿔서는 안 됩니다.

2.
```
strcpy(str, "wine");                  // str 배열에 wine 복사
strcat(str, "apple");                 // wine 뒤에 apple을 붙임
strncpy(str, "pear", 1);              // 문자열 pear에서 첫 번째 문자만 str에 복사
// 복사한 후에 널 문자를 붙이지 않으므로 wineapple이 pineapple로 바뀜
printf("%s, %d\n", str, strlen(str));  // str 배열의 문자열과 그 길이를 구해 출력
```

> 🖥 실행결과 ✕
>
> pineapple, 9

3.
```
#include <stdio.h>
#include <string.h>
int main(void)
{
```

```
    char str[80];                        // 문자열을 입력할 배열
    char res_str[80];                    // 생략 문자열을 저장할 배열
    char *star = "**********";           // 생략 부분을 채울 문자열
    int len;                             // 입력 문자열의 길이 보관
    printf("단어 입력 : ");
    scanf("%s", str);
    len = strlen(str);                   // 입력한 단어의 길이 계산
    if (len <= 5)                        // 길이가 5 이하이면 그대로 복사
    {
        strcpy(res_str, str);
    }
    else                                 // 5보다 크면
    {
        strncpy(res_str, str, 5);        // 일단 다섯 문자만 복사
        res_str[5] = '\0';               // 마지막에 널 문자 저장
        strncat(res_str, star, len - 5); // 문자열의 길이만큼 별로 채움
    }
    printf("입력한 단어 : %s, 생략한 단어 : %s\n", str, res_str);
    return 0;
}
```

13-1 변수 사용 영역

1. **답** ③ ④ ⑤ ⑥

   ③ 전역 변수의 사용 범위가 더 큽니다.

   ④ auto를 사용한 지역 변수는 자동 초기화되지 않습니다.

   ⑤ 하나의 함수 안이라도 블록을 새로 열면 같은 이름의 변수를 선언할 수 있습니다.

   ⑥ 지역 변수에 우선권이 있습니다.

2. **답**

🖵 실행결과	✕
30	

   a는 전역 변수이므로 main 함수와 func 함수에서 모두 사용할 수 있습니다. 따라서 func 함수에서 마지막으로 대입한 30이 출력됩니다.

3. 🖐 static

func 함수가 반환하는 값이 1부터 10까지 계속 증가하려면 함수 안에 선언한 a값이 계속 유지되도록 정적 지역 변수로 선언해야 합니다.

13-2 함수의 데이터 공유 방법

1. 🖐 void swap(int *pa, int *pb);　　　　　　값을 복사해서 전달하는 방법

　　double avg(int a, int b);　　　　　　　　주소를 반환하는 함수

　　char *get_str(void);　　　　　　　　　　주소를 전달하는 방법

2. 🖐 지역 변수인 n의 주소를 반환하고 있습니다. 3행을 static int n;과 같이 작성해야 합니다.

3. 🖐 *pr = *pa + *pb;

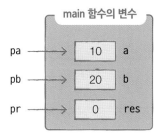

add_by_pointer 함수는 반환값을 사용하지 않고 포인터인 매개변수를 통해 인수를 받고 결과값도 매개변수 pr를 통해 호출한 함수의 변수 res에 직접 저장합니다.

14-1 다차원 배열

1. 🖐 ① int stock[25][200]; → 재고량은 정수이므로 int형 배열 선언

　　② double sight[50][2]; → 시력은 소수점이 있으므로 double형 배열 선언

　　③ char word[15000][46]; → 마지막 널문자까지 포함해 각 행의 길이는 46열로 선언

2. 🖐 ② ④ ⑤

　　② 초기화를 하더라도 열의 수는 생략할 수 없습니다.

　　④ "banana"는 널 문자까지 포함해 7자이므로 열의 길이를 7로 선언해야 합니다.

　　⑤ 열의 수가 생략되었습니다.

3. **답** ① i == j   ② (i == j) ¦¦ (i == (4 - j))

14-2 포인터 배열

1. **답** char *pary[5] = { "apple", "pear", "peach", "banana", "melon" };

2. **답** hope

3. **답** ④

pary는 배열 요소가 4개인 배열이므로 첨자는 0부터 3까지만 사용해야 합니다.

15-1 이중 포인터와 배열 포인터

1. 4.5 → ppg가 가리키는 포인터가 가리키는 변수의 값, 즉 grade의 값   **답**
      300 → ppg의 주소
      100 → pg의 주소가 가리키는 변수의 값, 결국 pg의 값
      100 → ppg가 가리키는 변수의 값, 결국 pg의 값
      200 → ppg가 가리키는 변수의 주소, 결국 pg의 주소

▥ 실행결과	✕
4.5	
300	
100	
100	
200	

2. **답**

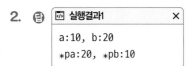

```
▥ 실행결과1                    ✕
a:10, b:20
*pa:20, *pb:10
```

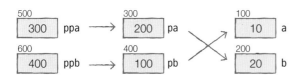

이중 포인터로 pa, pb의 값을 바꾼 것이며 a, b의 값은 변함이 없습니다. 그러나 pa, pb가 가리키는 대상이 바뀌었으므로 pa, pb를 통해서 a, b의 값을 서로 바꿔 사용할 수 있습니다.

3. 🔁 ① char **p;   ② int (*p)[3];   ③ int *p;   ④ char **p;   ⑤ int (*p)[2][3];

① 포인터 배열의 배열명은 이중 포인터로 받음

② 2차원 배열의 배열명은 배열 포인터로 받음

③ 부분배열 ary[0]는 자체가 1차원 배열임

④ ps[2]는 포인터이므로 그 주소인 &ps[2]는 이중 포인터로 받음

⑤ 2행 3열의 2차원 배열 전체를 가리키는 배열 포인터

15-2 함수 포인터와 void 포인터

1. ① double (*fpa)(int, int);   ② void (*fpb)(char *);   ③ int *(*fpc)(int);

2. 🔁 printf("%d", ((int *)vp)[2]);

형 변환 연산자는 배열 연산자보다 우선순위가 낮으므로 형 변환이 먼저 수행되도록 괄호를 사용해야 합니다. 배열 연산자는 배열 요소를 쓸 때 사용하는 대괄호이며 배열명에 첨자를 더하고 간접참조 연산자를 사용하는 포인터 표현과 같은 연산입니다.

```
ary[2]   ->   *(ary + 2)
```

3. 🔁

📟 실행결과	✕
6	

pary는 함수 포인터 3개를 요소로 갖는 배열로 pary[0], pary[1], pary[2]는 각각 add, sub, mul을 가리키는 함수 포인터입니다. 따라서 2와 1의 합, 차, 곱을 res에 누적해 출력합니다.

16-1 동적 할당 함수

1. 🔁 ① (double *) malloc(sizeof(double));

② (int *) malloc(10 * sizeof(int));

③ (char *) malloc(80 * sizeof(char));

2. 🔁 ① max == 0 또는 max == NULL   ② free(max);

3. 🔁 pa

sizeof(ary)는 배열 전체의 크기이므로 pa는 20바이트를 할당합니다. 이어서 pa[3]는 pa를 배열처럼 사용할 때 네 번째 요소의 값이므로 pb는 4 * sizeof(int) 크기인 16바이트를 할당합

니다. realloc 함수는 첫 번째 인수가 NULL이면 두 번째 인수의 바이트 크기만큼 동적 할당하며 pa[4]는 5이므로 pc는 5바이트를 할당합니다.

16-2 동적 할당 저장 공간의 활용

1.
```
int **matrix = (int **) malloc(4 * sizeof(int *));
// 포인터 배열로 사용할 공간의 동적 할당
for (i = 0; i < 4; i++)
{
    matrix[i] = (int *) malloc(5 * sizeof(int));
    // 각 행을 동적 할당해 포인터 배열에 연결
}
```

2.
```
for (i = 0; i < 4; i++)      // 각 행의 동적 할당 영역 반환
{
    free(matrix[i]);
}
free(matrix);               // 포인터 배열로 사용한 동적 할당 영역 반환
```

3. 🔖 ① int argc, char **argv   ② argc - 1   ③ argv[i + 1]

17-1 구조체

1.
```
struct book
{
    char title[30];
    char author[20];
    int page;
    int price;
};
```

2.

```c
#include <stdio.h>
struct cracker        // 구조체 선언
{
    int price;        // 가격을 저장할 멤버
    int calories;     // 열량을 저장할 멤버
};
int main(void)
{
    struct cracker basasak;                                      // 구조체 변수 선언
    printf("바사삭의 가격과 열량을 입력하세요 : ");
    scanf("%d%d", &basasak.price, &basasak.calories);            // 멤버에 값 입력
    printf("바사삭의 가격 : %d원\n", basasak.price);              // 입력된 값 출력
    printf("바사삭의 열량 : %dkcal\n", basasak.calories);
    return 0;
}
```

3. 답 ① ② ③ ④

① strcpy 함수는 첫 번째 인수로 받은 주소에 문자열을 복사하므로 event에 복사받을 공간을 먼저 확보한 후에 복사해야 합니다.

```c
a.event = (char *)malloc(80);          // 80바이트 저장 공간을 확보한 후에
strcpy(a.event, "figure skating");     // 동적 할당한 공간에 문자열 복사
```

② name은 배열명으로 주소 상수이므로 대입 연산자 왼쪽에 올 수 없습니다.

③ num은 struct profile의 멤버이므로 a.player.num과 같이 멤버에 접근해야 합니다.

④ skill도 포인터이므로 입력한 문자열을 저장할 공간을 먼저 확보한 후에 입력해야 합니다.

17-2 구조체 활용, 공용체, 열거형

1.

```c
printf("이름 : %s", mp->name);
printf("나이 : %d", mp->age);
printf("성별 : %c", mp->gender);
printf("키 : %.1lf", mp->height);
```

2. 답 ① Train 또는 struct train ② tail = tail->next;

```
typedef struct train Train;   // struct train을 Train으로 형 재정의
struct train
{
    int seats;
    Train *next;              // 먼저 struct train을 재정의했으므로 Train 사용 가능
};
```

tail 포인터가 항상 연결 리스트의 마지막 위치를 기억하도록 새로운 구조체 변수를 연결한 후에는 tail의 값을 마지막 위치로 바꿉니다.

3. 답

```
실행결과                    ✕

현재 방향 : 왼쪽
```

```
typedef enum { CYAN, MAGENTA, YELLOW = 5, BLACK } COLOR;
typedef enum { UP, DOWN, LEFT, RIGHT } ARROW;
```

열거형 선언과 동시에 COLOR와 ARROW형으로 재정의합니다. COLOR의 열거 멤버 CYAN은 0, MAGENTA는 1, YELLOW는 5, BLACK은 6의 값을 가지며 ARROW 멤버의 값은 0부터 차례로 1씩 증가합니다.

```
for (c = CYAN; c <= BLACK; c++)      // 0부터 6까지 일곱 번 반복
{
    direction++;                     // direction을 1 증가
    direction = direction % 4;       // direction은 1, 2, 3, 0, 1, 2, 3...으로 순환
    if (c == my_color) break;        // my_color가 YELLOW이므로 5에서 반복 종료
}
```

결국 c는 0부터 5까지 여섯 번 반복하므로 direction의 최종값은 2, 방향은 왼쪽이 됩니다.

18-1 파일 개방과 입출력

1. **답** ②, ⑤

   ② 파일 포인터는 스트림 파일에 있는 FILE 구조체 변수의 주소를 저장합니다.

   ⑤ EOF는 파일의 끝을 의미하는 단어로 그 값은 -1입니다.

2. **답** ②, ③, ④

   ② 입출력 함수가 같은 파일 포인터를 사용하면 스트림 파일의 버퍼를 공유합니다.

   ③ 프로그램에서 필요하다면 여러 파일을 동시에 개방할 수 있습니다.

   ④ 파일의 끝을 표시하는 별도의 값이 파일에 저장되는 것은 아닙니다.

3. **답** ① FILE   ② "r"   ③ 0 또는 NULL

18-2 다양한 파일 입출력 함수

1. **답** ③   → 나머지 함수의 반환값 형태는 모두 int형이며 fgets 함수는 char *형입니다.

2. **답** ②

```
char str[5];
char ch;
int i = 0;

ch = fgetc(stdin);              // 표준 입력 스트림 파일을 사용하므로 키보드로 문자 입력

while ((i < (sizeof(str) - 1)) && (ch != '\n'))  // 배열에 여유가 있고 개행문자가 아니면
{
    str[i++] = ch;              // 입력한 문자를 배열에 저장
    ch = fgetc(stdin);          // 다음 문자 입력
}

if (i < (sizeof(str) - 1)) str[i++] = ch;        // 조건이 참이면 개행문자를 배열에 저장
str[i] = '\0';                                   // 마지막에 널 문자 저장
```

키보드로 입력한 한 줄의 데이터를 개행문자까지 배열에 저장하므로 fgets 함수의 기능을 구현한 코드입니다. 단, 파일 포인터는 stdin을 사용합니다.

3. 📋

> **실행결과** ✕
>
> empty

처음 fgetc 함수가 호출될 때 파일의 데이터가 작으므로 모든 데이터가 버퍼로 입력됩니다. 이어서 fgetc 함수를 반복 호출해 버퍼의 모든 내용을 지우므로 이후 호출되는 fgets 함수는 입력할 데이터가 없습니다. 결국 fgets 함수는 널 포인터를 반환하며 str 배열의 초깃값 empty가 그대로 출력됩니다.

19-1 전처리 지시자

1. 📋 ④

#ifdef, #ifndef는 조건식으로 매크로명만 사용하며 매크로명의 정의 여부를 확인합니다.

2. 📋

> **실행결과** ✕
>
> 35

매크로 함수의 부작용을 확인합니다. 매크로 함수의 호출문장 SUM(20, 5) * 3은 전처리 과정에서 20 + 5 * 3으로 치환되고 컴파일러는 5 * 3을 먼저 계산한 후에 20과 더합니다. 따라서 최종 결괏값은 35가 됩니다.

3.
```
#ifndef DEBUG                    // DEBUG 매크로명이 정의되지 않았다면
    flag = 0;
#elif LEVEL == 1                 // DEBUG 매크로가 정의되고 LEVEL 매크로가 1이면
    flag = 1;
#elif defined(MAX_LEVEL) && (LEVEL == 2)    // MAX_LEVEL이 정의되고 LEVEL이 2면
    flag = 2;
#else                            // 그 이외의 모든 경우
    flag = 3;
#endif                           // 조건부 컴파일의 끝
```

📋
> **실행결과** ✕
>
> 3

19-2 분할 컴파일

1.
```
// main.c
#include <stdio.h>
extern void set_key(int);        // sub.c 파일에 있는 함수의 선언 extern은 생략 가능
extern int get_key(void);        // sub.c 파일에 있는 함수의 선언 extern은 생략 가능
```

```
int key;               // 전역 변수 선언, sub.c 파일의 key는 static이므로 중복되지 않는다.
int main(void)
{
    int res;
    set_key(10);               // sub.c의 static key에 인수 10 저장
    key = get_key();           // sub.c의 key값을 main.c의 전역 변수 key에 저장
    set_key(20);               // sub.c의 static 전역 변수 key의 값을 20으로 바꿈
    res = key + get_key();     // main.c의 전역 변수 key와 sub.c의 static key의 합
    printf("%d", res);
    return 0;
}
```

```
// sub.c
static int key;               // 정적 전역 변수로 main.c에서 extern 선언으로 공유할 수 없음
void set_key(int val)         // 정적 전역 변수 key의 값을 설정하는 함수
{
    key = val;
}
int get_key(void)             // 정적 전역 변수 key의 값을 다른 파일에서 사용할 수 있도록 반환
{
    return key;
}
```

> ⟨/⟩ **실행결과**   ✕
>
> 30

정적 전역 변수로 변수의 사용을 하나의 파일로 제한하면 다른 파일에서는 함수를 통해서만 사용할 수 있으므로 허용되지 않은 접근을 막고 데이터를 보호할 수 있습니다.

2. 달 ④ static 전역 변수의 사용 범위는 파일로 제한되므로 다른 파일에서 공유할 수 없습니다.

3. 달 ③ 초기화한 전역 변수의 선언은 헤더 파일이 여러 파일에 인클루드되었을 때 전역 변수의 중복 문제가 발생합니다.

찾아보기